安徽省志

Chorography of Anhui Province

银行志

Banking

(1986—2005)

安徽省地方志编纂委员会办公室

Compilatory Commission of Anhui Chorography

方志出版社

Publishing House of Local Records

图书在版编目（CIP）数据

安徽省志. 银行志：1986—2005 / 安徽省地方志编纂委员会办公室编.—北京：方志出版社，2016.8
ISBN 978-7-5144-1969-6

Ⅰ.①安…　Ⅱ.①安…　Ⅲ.①安徽省—地方志②银行史—安徽省—1986—2005 Ⅳ.①K295.4

中国版本图书馆CTP数据核字（2016）第064634号

安徽省志·银行志（1986—2005）

编　　者：安徽省地方志编纂委员会办公室编
责任编辑：宁　芳

出 版 人：冀祥德
出 版 者：方志出版社
地址　北京市朝阳区潘家园东里9号（国家方志馆4层）
邮编　100021
网址　http://www.fzph.org
发　　行：方志出版社发行中心
电话（010）67110500
经　　销：各地新华书店
印　　刷：安徽联众印刷有限公司

开　　本：889 × 1194　　1/16
印　　张：27印张
字　　数：527千字
版　　次：2016年8月第1版　　2016年8月第1次印刷
印　　数：0001-1500册

ISBN　978-7-5144-1969-6　　定价：320.00元

安徽省地方志编纂委员会

曾任安徽省地方志编纂委员会成员

主　任: 王金山(2006.12—2009.3)

王三运(2009.3—2012.5)

李　斌(2012.5—2013.6)

副主任:(按姓氏笔画为序)

王　信　田唯谦　仲建成　吕振凡　孙亚军　朱文根

吴　行　张武扬　张岳峰　夏邦文　董介林　谢广祥

委　员:(按姓氏笔画为序)

马新民　王　洵　王宇铭　王守亚　王佛生　王林建

王学银　王宜斌　方志华　邓顺华　叶如强　朱　宁

任兆祥　刘　泉　刘成典　刘志祥　刘战平　江刘伍

江明安　毕美家　孙永吉　李　明　李玉华　李抗美

李迎春　李明阳　李维勇　杨本清　杨绿章　肖桂兰

吴　浩　吴　静　吴韦人　吴世平　吴桂和　余　群

汪华东　汪建国　汪炳瑜　沈　毅　张　永　张少国

张正耀　张华建　陈　平　陈亚萍　陈运才　陈素伟

林　红　罗　宏　罗建国　罗曙生　金　燕　俞凤翔

周　庆　周建春　郑　宏　郎　涛　赵卫弘　胡　冰

施立业　洪治社　洪禹侯　秦亚东　聂庆义　聂皖辉

莫　欣　夏育才　徐礼国　徐家声　郭　敏　郭本纯

高　莉　高俊文　高维岭　黄玉明　黄发友　黄红文

黄家华　曹承锋　崔海燕　董　庆　蒋传华　蒋福亮

楚建平　蔡建平　樊　勇

《安徽省志》总编室

主　任：朱文根

副主任：刘成典　吴　静　王守亚　严　希　吴良琴　王　晖

成　员：(按姓氏笔画为序)

王富宏　计媛媛　史五一　朱海滨　孙　平　苏爱梅

杜中文　李宇涵　杨永成　余祖本　张　军　张　慧

周小平　胡　利　胡卫星　黄志军　章慧丽

《安徽省志·银行志》审稿组

初　审：吴良琴

复　审：刘成典　陶　诚

核　审：朱文根　刘兴亚

审查验收

安徽省人民政府

《安徽省志·银行志》编纂委员会

《安徽省志·银行志》编辑室

1991年5月,国务委员、中国人民银行行长李贵鲜会见省人行行级干部

2001年9月,中国人民银行行长戴相龙(左四),安徽省委、常务副省长张平(右四)到巢湖半汤培训中心调研人民银行业务

1998 年 8 月 10 日，国家开发银行与安徽省政府签署投融资合作协议

2006 年 2 月，安徽省委书记郭金龙、省长王金山与国家开发银行安徽省分行行长徐明共贺双方第三轮开发性金融合作顺利拉开序幕

2002 年 2 月，中国人民银行合肥中心支行举行武警安徽省总队第四支队发行库守卫队进驻仪式

2007 年 6 月，中国人民银行合肥中心支行举行新办公楼奠基仪式

由中国人民银行合肥中心支行牵头，银行、证券、保险监管部门和各金融银行、金融机构参加的“2004 年度安徽省金融形势分析会”召开

中国人民银行合肥金融监管办事处不断推进双文明单位创建工作，取得丰硕成果

2004 年 4 月 5 日，中国银监会主席刘明康调研合肥市商业银行

2004 年，中国银监会主席刘明康到安徽调研

1995 年 1 月，中国农业发展银行安徽省分行成立大会

中国工商银行安徽省分行“WTO 与中国工商银行经营理念”青年辩论赛

2005年4月，中国工商银行安徽省分行"弘扬长征精神 促工行改革发展"主题宣传活动启动仪式

2002年12月7日，中国农业银行安徽省分行与合肥市政府全面合作协议暨"绿色家园"贷款启动签字仪式

2005 年 3 月 1 日，中国农业银行与安徽省政府举行金融服务“三农”行动计划合作协议签字仪式

2002 年 12 月，中国银行安徽省分行与国元证券举行 A、B 股“银券通”业务开通仪式

2000年11月，中国银行安徽省分行召开新闻发布会宣布率先在全省开办“外汇宝”业务

1986年，中国建设银行安徽省分行支持建设的淮河上最长公路、铁路两用桥——淮河大桥

1988年，中国建设银行安徽省分行支持的合肥同步辐射实验室

1988年4月8日，交通银行合肥支行开业

1998 年 6 月，交通银行合肥分行在合肥首家推出本外币一本通储蓄业务

2002 年 3 月 10 日，光大银行合肥支行承办安徽省首届银企经济论坛

2001 年 12 月,招商银行中国科技大学拼搏奖学金签约仪式

2003 年,招商银行与江汽公司举行签约仪式

2004 年 9 月 3 日，上海浦东发展银行芜湖分行发行芜湖市首张银企联名卡-东方-商之都联名卡

2004 年 12 月 18 日，安徽省农村信用社联合社开业

2000 年 3 月 20 日，中国长城资产管理公司合肥办事处成立暨揭牌仪式上，同时举行了长城、信达、东方资产管理公司与中国扬子集团有限公司债转股协议签字仪式

2002 年 9 月，兴泰信托投资有限责任公司揭牌仪式

总 凡 例

一、《安徽省志(1986—2005)》以马克思列宁主义、毛泽东思想、邓小平理论、“三个代表”重要思想和科学发展观为指导,坚持辩证唯物主义和历史唯物主义,全面、客观、系统地计述1986—2005年间安徽省自然、政治、经济、文化、社会等方面的情况。

二、本志贯彻国务院《地方志工作条例》《安徽省地方志工作条例》,依法修志。

三、本志遵循中国地方志指导小组《地方志书质量规定》,力求存真求实、客观公正、全面系统、寓观点于记述之中。

四、本志各分志名称为《安徽省志·××志(1986—2005)》

五、本志记述的地域范围为2005年的安徽省行政区域;时间上限为1986年,下限为2005年,少数分志的时限根据情况作适当上溯或下延,特色分志不设时限。

六、本志采用述、记、志、传、图、表、录等体裁,以志为主。各分志一般为篇章节条目体,部分为章节条目体,个别分志根据实际需要采用条目体。

七、入志人物坚持生不立传的原则。除人物志外,各分志坚持以事系人,人随事出的原则,不设人物录、人物简介。

八、本志采用规范书面语体文、记述体。表述力求严谨、朴实、简洁、流畅。语言文字、标点符号、计量单位等使用规范,按国家规定执行。

九、本志资料由各承编单位搜集整理,文中不注明出处。

十、本志采用省统计部门公布的法定数据,没有列入统计范围的,采用业务主管部门的统计数据。

十一、本志所涉及组织、机构、法律法规、文件、会议等专有名称,第一次使用时间全称,简称扩注于全称之后。各类译名以新华通讯社译文为准。

十二、本志所用地图均以安徽省测绘部门和有关部门绘制或审定的为准。

十三、本志设总凡例、各分志设凡例。

凡　　例

一、《安徽省志·银行志》根据行业的构成采取篇章节条目体，系统反映行业的历史和现状。本志坚持党性原则，以马克思主义为指导，运用辩证历史唯物主义方法进行编纂。

二、本志为续修志书。由于金融体系变化较大，为体现行业的继承及创新，在首轮志书的基础上对篇、章、节均进行了调整及增设。如原“机构”章改为“机构”篇；增设“银行业务”篇等。

三、本志的时间上限为1986年，下限为2005年。部分内容根据实际情况适当上溯或下延。

四、本志表格排列按所在篇章编排顺序。如“表4－2－5”为第四篇第二章第五表。

五、本志资料由银行系统各单位提供，部分资料来源于档案、旧志、年鉴。统计数据采用各参编单位上报的资料，由于统计口径不一致，个别略有误差。资料来源一般不标明出处。

目　　录

Main Contents

概　述

金融是经济的核心,是调节宏观经济的重要杠杆。金融连接着各行各业的生产经营,联系每个社会成员和千家万户,是沟通整个社会经济生活的命脉和媒介。安徽省银行业金融机构业务面向全省,对全省经济活动、人民生活发挥着举足轻重的作用。

1985年1月,中国人民银行安徽省分行作为中国人民银行的派出机构,专门行使中央银行职能,承担安徽省金融调控职责和领导、管理、协调、监督、稽核专业银行及非银行金融机构的任务。从1999年1月1日起,中国人民银行实行体制改革,撤销中国人民银行安徽省分行,中国人民银行合肥分行更名为中国人民银行合肥中心支行。根据上述机构的变动,相应调整国家外汇管理局的分支机构,设立国家外汇管理局合肥分局。2001年8月21日,国家外汇管理局合肥分局更名为国家外汇管理局安徽省分局。安徽省政策性银行业金融机构不断完善。1995年1月,成立中国农业发展银行安徽省分行。国家开发银行合肥分行成立于1999年4月,2003年4月更名为国家开发银行安徽省分行。随着安徽省经济逐步开放和发展,全省金融业务进一步拓展,先后成立多家商业银行。1986年以前,安徽省的商业银行有工商银行安徽省分行、农业银行安徽省分行和中国银行安徽省分行。1986年,成立建设银行安徽省分行、安徽省邮政储汇局。1988年,成立交通银行合肥分行。之后,中信银行合肥分行、光大银行合肥分行、招商银行合肥分行、上海浦东发展银行芜湖分行相继在省内成立,开设多家网点开展金融业务。

徽商银行为地方法人金融机构,由合肥、芜湖、马鞍山、安庆、淮北、蚌埠6家商业银行及六安、淮南、铜陵、阜阳科技、阜阳鑫鹰、阜阳银河、阜阳金达7家城市信用社于2005年组建而成。安徽省农村信用社联合社为2004年深化农村信用社改革的成果,于2004年12月在合肥挂牌成立。安徽省的非银行金融机构,至2005年末有3家,即银联商务安徽分公司、安徽国元信托投资有限责任公司、合肥兴泰信托有限责任公司。银联商务安徽分公司成立于2004年,国元信托和兴泰信托分别成立于2001年和1986年。国元信托由省信托投资公司和省国际信托投资公司重组而成。伴随银行业的体制改革,为了消化其剥离出来的不良资产,全省自1999年始,先后成立中国华融资产管理公司合肥办事处、中国长城资产管理公司合肥办事处、中国东方资产管理公司合肥办事处、中国信达资产管理公司合肥办事处。办事处成立之初,为对口接收相应商业银行的不良资产,并进行管理和经营,之后逐步改为商业化运作。

从1995年起,国家以立法形式确立中国人民银行中央银行的地位,省内各国有专业银行开始向商业银行转变。各家商业银行根据其自身机构特点,按照产业结构调整要求,扩大信贷范围,开拓和发展存贷款业务,有效支持安徽省经济社会发展。1986年,安徽省各项存款余额为141.17亿元,贷款余额为236.85亿元,存贷比例为170%。至2005年,安徽省各项存款余额为5993.82亿元,贷款余额为4313.55亿元,存贷比例为72%。与1986年相比,存款增长41倍,贷款增长17倍。安徽省银行业金融机构开展外汇业务的时间先后不一。最早开办外汇业务的是中国银行安徽省分行。之后,省内其他商业银行,经外汇管理局核准,陆续开办外汇业务。开办的外汇业务项目包括外汇存贷款、结售汇、国际借贷、国际结算等品种。至2005年末,外汇业务已成为各商业银行的利润点之一。

为适应安徽省金融业发展的需要,银行业金融机构内部的各项制度建设也逐步修改、制定,日臻完善。财务管理制度和会计核算办法,是银行业经营管理中十分重要的制度。与此同时,中国人民银行安徽省分行连续制定货币信贷类、货币金银类、支付结算类、金融监管类、国库类的管理条例和办法等多份文件,下发至辖区内的银行业金融机构。省内的各家银行业金融机构各自制定与本行相适应的各类文件、规定,以规范其业务运营程序,防范风险。对这些金融规章,在金融管理部门内成立执法职能和法律事务工作部门,定期或不定期检查执行情况,并建立查后的上报制度。对于劳动用工制度,同样随着银行业金融机构的改革不断深入。同时,随着全省的银行业金融机构改革和发展,各银行业金融机构也都各自建立起适合于自身的内控稽核机构和各类制度,并将内控的理念、理论和方法引入经营管理之中。1986年,中国人民银行安徽省分行建立稽核机构,对全省的银行业金融机构全面开展稽核工作。全省范围内的银行业金融机构的业务、资金、财务活动都是稽核对象。根据实践做法,各商业银行将内控从领导层和监督审计部门延伸到业务部门和业务环节,制定一些标准化的业务流程、操作手册和岗位说明书,促进各行内控机制不断完善。

金融业本身就是服务行业,为社会和公众提供更多的方便。1986年后,安徽省银行业金融机构,根据上级金融管理部门制定的政策和法规,结合安徽的实际情况,不断创新服务工具,以更便捷、更多样的方式为客户服务。安徽省银行业金融机构在结算、清算、中间业务、金融科研和电子化建设等方面也迅速发展。20世纪80年代末期,省内不少银行业金融机构使用计算机录入数据,由于没有实现计算机联网,行与行之间的结算资金周转缓慢。90年代初,中国人民银行推行电子联网运行,安徽于1991年10月参加,至1997年11月,安徽大部分地区实现跨行跨区域电子联行业务,取代手工操作的联行方法。2003年起,中国人民银行开发了现代化支付系统,全省银行业金融机构通过各自系统平台,先后接入这一系统并投入运行。对于疏通货币政策传导、密切各金融市场间有机联系、加速社会资金周转、提高资金使用效率、防范金融风险、推动金融工具创新、改善金融服务及维护公众对货币的信心具有重要的意义。由于有了上述的技术保障,使得全省的金融服务品种不断地增加。在中间业务类中,被社会接纳、接触面最广的是银行卡。全省最早发行银行卡始于1988年,较早发行的有工商银行安徽省分行、农业银行安徽省分行和中国银行安徽省分行分别发行的牡丹卡、金穗卡和长城卡,到2005年,银行卡被社会广泛接纳,成为使用最便捷的金融支付工具。20世纪末,全省银行业金融机构的中间业务仅限于支付结算类、担保类、代理类几个品种,且年收入很少。2000年后,中间业务的种类增加了承诺类、交易类、基金托管、咨询顾问类等,业务量和收入得到较快增长。

安徽省的金融监管,在中国银监会安徽监管局成立前,由中国人民银行安徽省分行及中国人民银行合肥中心支行按照有关金融法规,组织有关部门进行相关行政执法活动。至2003年8月,中国人民银行合肥中心支行将对全省银行业金融机构监管职责,整体移交给刚成立的中国银监会安徽监管局。同年10月,安徽省银监局正式行使全省银行业金融机构监管职能。

经济决定金融,金融反作用于经济。安徽省银行业金融机构认真总结过去发展经验,在金融管理部门指导下,解放思想,转变观念,强化内部建设,加强银政、银企联系,在继续大力支持和促进安徽省经济发展的同时,不断地提高和完善自己,走持续、健康发展之路。

第一篇　机　构

第一章　中国人民银行

第一节　中国人民银行安徽省分行

机构沿革　1985年1月，中国人民银行安徽省分行不再对企业、个人直接办理业务，作为中国人民银行派出机构，专门行使中央银行职能，承担安徽省金融宏观调控职责和领导、管理、协调、监督、稽核专业银行及非银行金融机构的任务。主要任务是加强信贷总量的控制和金融机构的资金调节，保持货币稳定。安徽省分行系一级分行，为厅局级建制，正、副行长由总行任命，对辖内分支行实行垂直领导。分行机关内设办公室、人事处（含保卫处）、监察稽核处、综合计划处、货币发行处、会计处、金融管理处、老干部处、外汇管理办公室、金融研究所、工会、纪检组。辖属地市二级分行15个、县支行69个，所属银行学校1所。行址设在合肥市金寨路188号。

中共安徽省委在中国人民银行安徽省分行建立党组实施政治领导，省纪委派驻省金融系统纪律检查组。安徽省分行行长任党组书记，全面负责党政和业务管理，副行长配合行长开展工作。分别设置总稽核、总经济师和总会计师，为副行级行政职务。总稽核协助行长开展金融稽核监督工作，总经济师和总会计师在正、副行长领导下具体负责有关业务工作。1985年3月18日，省政府批准建立由中国人民银行安徽省分行牵头的金融联席会议制度，发挥协调决策作用。1986年12月9日，经总行批准成立的中国人民银行安徽省分行理事会，取代金融联席会议制度，为省政府领导下的金融决策机构。理事会由省分行正、副行长和各专业银行行长、保险公司、国际信托投资公司主要负责人，以及省计委、经委、财政厅负责人组成，理事长由中国人民银行安徽省分行行长担任。安徽省分行理事会研究分析经济、金融形势，对涉及全省重大金融事项进行决策，确立金融机构分工和机构设置或撤并。至此，中国人民银行安徽省分行的中央银行职能和宏观调控作用得到加强和发挥。1987年1月26日，建立安徽省金融工会人民银行工作部。1991年1月，总行批复“三定”方案，中国人民银行安徽省分行在辖区内履行中央银行职责，具体领导和管理安徽省的金融事业，负责中央银行业务经营。中国人民银行安徽省分行机关内设20个职能处室、4个直属单位。1993年12月，国务院实施金融体制改革，中国人民银行进一步强化金融调控、金融监管和金融服务职能。中国人民银行安徽省分行主要职能调整为：贯彻实施货币政策，保持货币稳定；对金融机构实行严格监管,保证金融体系安全有效运行。履行的职责是金融监督管理、调查统计分析、横向头寸调剂、经理国库、发行基金调拨、外汇管理和联行清算等。1995 年《中华人民共和国中国人民银行法》颁布,首次以国家立法形式确立中央银行的地位。1998 年,按照中央金融工作会议的部署,改革人民银行管理体制,撤销省级分行,设立跨省区分行。同时,成立人民银行系统党委,党的组织关系实行垂直领导,行员垂直管理。1998 年 8 月 5 日,成立中共中国人民银行安徽省分行委员会。11 月 20 日,国务院批转省级机构改革实施方案,撤销安徽省分行,成立南京分行,在江苏省和安徽省行政区划内履行中央银行职能,中国人民银行安徽省分行领导管理职能履行到 1998 年 12 月 31 日。

中国人民银行安徽省分行领导班子成员一览表

表 1 - 1 - 1

职务	姓名	任职时间
行长(党委(组)书记)	杨长增	1983.08.08—1990.10.11
	宋　明 (副省部级)	1990.10.11—1994.12.09
	汪　斌	1994.12.09—1997.06.11
	崔　扬	1997.06.11—1998.08.26
副行长(党委〈组〉副书记　委员)	杨长增	1980.04.12—1983.08.08
	郭　芳	1981.10.24—1985.03.09
	张舜治	1981.10.24—1985.03.09
	汪　斌	1993.08.17—1994.12.09
	樊子贵	1984.10.22—1985.03.09
	方　喻	1984.10.22—1985.03.09
	喻成璞	1984.10—1995.01.05
	杨治国	1985.03.09—1991.02.12
	刘益端	1990.05.14—1997.12.10
	陈　艾	1995.04.17—1997.04.02
	陈秀生	1995.04.17—1998.11.20
	郭义明	1996.08.26—1997.11.15
	计承江	1997.06.11—1998.11.20

续表 1－1－1

职务	姓名	任职时间
督导(正厅级)	汪斌	1997.06.11—1998.08.20
巡视员	朱嘉坡	1991.03.29—1992.08.18
	张世恭	1992.08.18—1993.04.25
纪检组长(监察专员)	杨治国	1985.09.21—1992.08.03
	王宝槐	1992.06.29—1994.02.25
	陈　艾	1992.08.03—1995.04.17
	汪传宝	1995.04.17—1998.01.23
	徐光太	1998.07.13—1999.01.15
总稽核	崔　麒	1985.04.26—1994.09.25
	吴启寿	1994.09.25—1997.12.10
总经济师	薛建文	1986.09—1992.02.29
	吴长久	1992.08.03—1997.06.19
总会计师	方大栋	1986.09—1993.04.23
金融工会主席	林义根	1987.01.21—1994.09.25
	刘益端	1994.09.25—1996.06.28
	傅业宏	1996.06.28—1998.11.20

内设(所属)机构　人民银行安徽省分行撤销前,内设机构为办公室(含《金融时报》记者站)、银行处、非银处、农金处、稽核处、货币信贷处、外管处、国际收支处、调统处、会计处、国库处、科技处(清算分中心)、货币金银处、人事教育处、机关党委、纪检监察一室、纪检监察二室、纪检监察三室、保卫处、离退休干部处、工会办公室、营业部、金融研究所、后勤服务中心(基建办)、外汇调剂中心、融资中心。辖属16个地市级分行、71个县市级支行;所属银行学校、干部学校、培训中心各1所和劳动服务公司1个。

第二节　中国人民银行合肥中心支行

机构沿革　1998年,中国人民银行实行体制改革,按经济区域设立一级分行。1998年11月,撤销安徽省分行。合肥分行更名为合肥中心支行,作为省会城市中心支行,隶属南京分行,为副厅局级建制。同时,设置南京分行合肥金融监管办事处,负责安徽辖区金融监管职责。管理体制变革后,中国人民银行合肥中心支行在总行和南京分行的领导下,履行中央银行职能,承担安徽辖区的业务和管理职责,工作重心由金融监管转向金融宏观调控和金融服务。

1999 年 1 月 1 日起,中国人民银行合肥中心支行开始履行管理职能。对金融机构的监管限于合肥辖区,对金融机构的服务面向全省,负有对全省人民银行系统调查统计、科技、会计、国库、货币金银、保卫、支付清算业务的指导与管理职责。人民银行合肥中心支行内设 16 个职能处室、3 个专职党群工作机构、3 个直属单位;所属培训中心 2 所、银行学校 1 所;辖属县支行 3 个。根据中国人民银行省会城市中心支行职能设置、内部机构和人员编制的规定,内设办公室(党委办公室,含《金融时报》安徽记者站)、银行监管处、非银行金融机构监管处、合作金融机构监管处(含安徽省信用合作协会筹备办公室)、货币信贷管理处、统计处、会计财务处、支付科技处、国库处、货币金银处、内审处、外汇管理处、国际收支处、人事教育处(组织部)、保卫处、纪检办公室(监察室)、机关党委办公室、工会办公室(宣传群工部)、离退休干部管理处、营业部(清算分中心)、外汇交易分中心、后勤服务中心。2000 年 5 月,中国人民银行合肥中心支行迁址合肥市梅山路 2 号银保大厦。

中国人民银行合肥中心支行实行党委领导下的行长负责制。党委书记由行长担任,副行长、纪委书记、工会主任为党委成员。设置合肥中心支行纪委(监察室),与同时并存的合肥市金融系统纪律检查办公室、合肥市金融系统监察室合署办公。2001 年,根据总行和分行的授权对所在地金融机构进行监管,实施货币政策。承担安徽省国库经理、支付清算、货币发行、金融统计、金融科技、安全保卫等金融服务职能和外汇外债管理工作。2003 年,国务院机构改革方案将中国人民银行对银行业金融机构、金融资产管理公司、信托投资公司及其他存款类金融机构的监管职能分离出来,成立中国银行业监督管理委员会。明确中国人民银行职能为制定和执行货币政策、维护金融稳定、提供金融服务。8 月,中国人民银行合肥中心支行将其银行管理处、非银行金融机构监管处、合作金融机构监管处、信用合作管理办公室和纪委其他金融机构纪检监察处共计 66 人,整体划转中国银监会安徽监管局。从此,中国人民银行合肥中心支行不再承担对金融机构监管职能,而是强化执行货币政策,加强金融服务,转换实施对金融业宏观调控方式。随着中国人民银行法的修订,中国人民银行合肥中心支行增加了防范和化解系统性金融风险,维护金融稳定;维护支付清算系统的正常运行;组织协调部署金融业反洗钱工作;管理信贷征信业,推动建立社会信用体系;组织开展金融研究等工作职能。

中国人民银行合肥中心支行领导班子成员一览表

表1－1－2

职务	姓名	任职时间
行长(党委书记)	计承江	1998.11.20—2004.05.09
	陶为群	2004.05.09—2007.06.07
	刘伟建	2007.06.07—2013.09
副行长(党委副书记委员)	陶为群	1998.12.17—2001.06.06
	孙有坤	1998.12.17—2002.10.17
	崔宏书	1998.12.17—2005.09.05
	陈发余	2000.09.14—2005.09.26
	陶　诚	2001.04.03—2011.09 2014.05—
	陈仁华	2002.02.09—2007.07.06
	戴季宁	2002.02.09—2007.06.01 2010.11.05—2014.11
	单　凯	2003.01.02—2014.10
工会主任(党委委员)	陈仁华	2000.08.09—2002.02.09
纪委书记(党委委员)	陈发余	1998.12.17—2000.09.14
	单　凯	2000.09.14—2001.04.03
	史　敏	2002.02.09—2009.03.06 2012.04.18—2014.10
助理督导(副厅局级)	傅业宏	1998.11.20—2001.02.12
监管专员(副厅局级)	孙有坤	2002.10.17—2004.10.12
助理巡视员(副厅局级)	崔宏书	2005.09.05—2007.01.08
	单　凯	2014.10—2015.09
调研员(副行级)	陈发余	2005.09.26—2007.01.15

内设(所属)机构　2005年末,中国人民银行合肥中心支行内设职能处室19个,包括办公室、货币信贷管理处、金融稳定处、调查统计处、会计财务处、支付结算处、科技处、货币金银处、国库处、内审处、人事处、金融研究处、征信管理处、国际收支处、经常项目管理处、资本项目管理处、事后监督中心、保卫处、离退休干部处;党群工作机构7个,设党委办公室(与行政办公室合署办公)、组织部(与人事处合署办公)、纪检监察室、工会办公室,另设宣传部、机关党委办公室、团委,3个机构合署办公,统称宣传群工部;直

属单位3个,设营业部(清算分中心)、后勤服务中心、钞票处理中心。所属黄山、半汤2所培训中心;辖属肥东、肥西、长丰3个县支行。

第三节 国家外汇管理局安徽省分局

机构沿革 1984年,国家外汇管理局安徽省分局从中国银行合肥分行剥离,划归中国人民银行安徽省分行,实行“一个机构,两块牌子”,与中国人民银行安徽省分行合署办公,设立外汇管理办公室。主要任务是根据国家外汇管理的规定,制定安徽辖区的外汇管理办法并组织实施,编报安徽辖区外汇收支计划,管理贸易和非贸易外汇,加强外汇市场管理,检查处理违反国家外汇管理规定的案件。1985年3月,中国人民银行安徽省分行正、副行长兼任国家外汇管理局安徽省分局正、副局长。1986年7月,辖区15个地市相应成立分局。1988年,总局批准设立外汇调剂中心,为中国人民银行安徽省分行直属单位,其职责是组织省外外汇资金和办理省内外汇调剂业务。1990年11月,经总行批复,设立外汇综合业务处和外汇管理处。1991年3月,增设外资处。1992年10月22日,设立桐城支局。1992年12月25日,设立天长、全椒、滁州三县(市)支局。1996年4月11日,安徽省分局设外汇业务处、外汇管理处,撤销外汇综合业务处、外资处。1997年10月13日,总行通知设立外汇业务管理处和国际收支处,撤销外汇业务处、外汇管理处。1998年11月20日,中国人民银行实行体制改革,撤销中国人民银行安徽省分行的同时,撤销国家外汇管理局安徽省分局;中国人民银行合肥分行更名为中国人民银行合肥中心支行。根据上述机构的变动,相应调整国家外汇管理局的分支机构,设立国家外汇管理局合肥分局。国家外汇管理局安徽省分局领导管理职能履行到1998年12月31日。

1999年1月1日,国家外汇管理局合肥分局履行对外管理职能,其管辖范围仍为安徽全省,辖内有地市级中心支局15个、县(市)级支局5个。合肥分局成立后,局长由合肥中心支行行长兼任,设专职副局长职位,由一名副行长兼任。2001年8月21日,国家外汇管理局合肥分局更名为国家外汇管理局安徽省分局,随即调整安徽省分局内设机构。设立国际收支处、经常项目管理处、资本项目管理处3个职能处,履行国家外汇管理局部分职能。国际收支处职责是负责安徽省分局日常事务和辖内国际收支、外汇收支统计制度的建立、实施、监测、预警和分析等。经常项目管理处职责是负责辖区内经常项目外汇管理、监督、检查,办理进出口收付汇核销和规范境内外外汇账户等管理。资本项目管理处职责是负责辖内资本项目外汇交易和外汇的汇入、汇出及兑付等管理。

国家外汇管理局安徽省分局领导班子成员一览表

表1-1-3

行　名	职　务	姓　名	任职时间
国家外汇管理局安徽省分局	局长	杨长增	1985.03—1990.10.11
		宋　明	1990.10.11—1994.12.09
		汪　斌	1994.12.09—1997.06.11
		崔　扬	1997.06.11—1998.08.26
	副局长	喻成璞	1985.04—1995.01.05
		杨治国	1986.02—1991.02.12
		汪　斌	1986.02—1994.12.09
		刘益端	1990.05.14—1997.12.10
		陈　艾	1995.04.17—1997.04.02
		陈秀生	1995.04.17—1998.11.20
		郭义明	1996.08.26—1997.11.15
		计承江	1997.06.11—1998.11.20
国家外汇管理局安徽省分局（含合肥分局）	局长	计承江	1998.11.20—2004.05.09
		陶为群	2004.05.09—2007.06.07
	专职副局长	崔宏书	2001.12.26—2005.09.05

内设(所属)机构　2005年末，国家外汇管理局安徽省分局内设3个职能处室。国际收支处(外汇综合处)设综合科、统计信息科、外汇市场管理科、外汇检查科、反洗钱科、技术支持科。经常项目管理处设综合科、进口核销科、出口核销科、服务贸易科。资本项目管理处设综合科、外资科、外债科、资本市场管理科。省分局辖全省16个市中心支局、6个县(市)支局。

第四节　内设(所属)机构沿革

1986年1月，保卫工作职能从人事处划出，设立保卫处；6月，增设国库处；9月，监察稽核处改稽核处。

1987年1月26日，设立安徽省金融工会人民银行工作部；4月18日，建立《金融时报》安徽记者站；6月4日，增设宣传教育处；7月初，设立电子计算中心。

1988年4月16日，安徽省外汇调剂中心在合肥成立并开业，负责外汇的调剂和融通；6月6日，成立安徽融资公司。

1989 年 1 月 2 日,设立安徽省金融系统监察专员办公室;2 月 1 日,成立中国人民银行安徽省分行干部学校(正处级),校址设在黄山市屯溪区;4 月 10 日,撤销安徽融资公司。

1990 年 3 月 27 日,贯彻总行改革联行制度的决定,加速资金周转,提高资金使用效益,设立中国人民银行安徽省分行(正处级);11 月 5 日,分行牵头组建成立安徽省证券公司筹备处,活跃长期资本市场,扩大直接融资渠道,推动证券市场发展。

1991 年 2 月 25 日,设立思想政治工作办公室,与机关党委合署办公;3 月 16 日,安徽省分行批复安徽证券公司属于非银行金融机构,行政上挂靠安徽省分行(正处级建制);7 月 30 日,总行批复同意成立安徽省金融市场(处级机构建制)为分行直属单位。

1992 年 3 月 25 日,设立安徽省分行资金清算分中心(副处级机构);5 月 12 日,成立安徽省分行劳动服务公司(副处级机构),实行自主经营,独立核算(1993 年 4 月 3 日更名为安徽省银海实业开发公司);5 月 20 日,设立安徽省分行利率储蓄管理处,与计划资金处合署办公;10 月 21 日,设立安徽省分行调查统计处,撤销调研信息处。

1994 年 2 月 28 日,安徽省分行批复安徽省金融市场,同意其更名为安徽省融资中心,建立和完善全省资金拆借市场体系;3 月 25 日,成立安徽证券交易中心;4 月 19 日,中共安徽省纪委驻金融系统纪检组、安徽省金融系统监察专员办公室内设 3 个室(副处级建制),即纪检监察一室、二室、三室;11 月 30 日,设立“三防一保”办公室。

1995 年 9 月 4 日,成立安徽省分行半汤培训中心(副处级);6 月 5 日,设立养老保险统筹办公室(副处级建制),挂靠人事处。

1996 年 4 月 11 日,设立安徽省分行银行管理处、非银行金融机构管理处,撤销金融管理处,设立国家外汇管理局安徽省分局外汇业务处、外汇管理处,撤销外汇综合业务处、外资处;7 月 5 日,安徽省分行制定脱钩方案,与安徽省证券公司在机构、资金、财务、业务、人事和行政等方面不再保持所属关系,人民银行的股份转让给当地财政部门;7 月 29 日,省金融纪检组内设的 3 个室,机构级别由副处级升为正处级。

1997 年 3 月 14 日,撤销“三防一保”办公室,其工作职责并归保卫处;7 月 30 日,总行通知设立农村合作金融管理处(正处级)。

1998 年 6 月 12 日,按总行办公厅《关于进一步抓好党政机关与所办经济实体脱钩工作的通知》要求,省分行与省财政厅就省证券公司转让问题达成一致意见,完成与省证券公司的脱钩;年底,省分行成立安徽省证券登记公司整顿脱钩领导小组。

1999 年 1 月 8 日,安徽省分行半汤和黄山培训中心更名为合肥中心支行半汤、黄山培训中心;4 月 5 日,根据“先脱钩、后理顺”的原则,银海实业公司(原省分行劳动服务公司)转让给安徽银行学校;4 月 30 日,统计处更名为调查统计处;5 月 13 日,总行通知法律事务办公室挂靠办公室,清算分中心挂靠营业部合署办公,《金融时报》记者站挂靠办公室,金融学会秘书处工作由调查统计处承担,钱币学会工作由货币金银处代管,银行学校按属地管理原则交合肥中心支行管理。

2000年6月12日，合肥中心支行纪委、合肥中心支行监察室、合肥市金融系统纪律检查办公室、合肥市金融系统监察室，内设综合处、人民银行纪检监察处、其他金融机构纪检监察处；6月30日，设立合肥中心支行信用合作管理办公室（正处级），负责安徽省农村信用社行业管理；7月3日，南京分行转总行《关于同意撤销安徽证券登记公司的批复》；7月10日，设立合肥钞票处理中心（副处级）；9月19日，支付科技处更名为科技处；9月，安徽银行学校169人（包括离退休39人）整体划转安徽大学；11月8日，致函安大东区管委会（原安徽银行学校），由合肥中心支行接收银海实业公司的人、财、物。

2001年6月19日，总行通知撤销中国外汇交易中心合肥分中心等17个分中心；8月21日，调整国家外汇管理局安徽省分局内设机构，设国际收支处、经常项目管理处、资本项目管理处。

2002年8月9日，成立中共中国人民银行合肥中心支行委员会党校，校址设在半汤培训中心；8月12日，银行监管处更名为银行管理处，具体负责辖内政策性银行、国有商业银行、邮政储蓄机构、股份制商业银行和合肥市商业银行的日常行政管理、现场检查和非现场监管工作。

2003年2月18日，接南京分行批复，撤销安徽省融资中心；10月16日，合肥中心支行按总行通知，将银行管理处、非银行金融机构监管处、合作金融机构监管处、信用合作管理办公室和纪委其他金融机构纪检监察处划转银监会省级派出机构；12月10日，增设金融稳定处、支付结算处、金融研究处、征信管理处、事后监督中心。

2004年3月1日，纪检监察办公室更名为纪委监察室；6月7日，总行通知设立监察室，与纪委合署办公，监察室主任由同级纪委副书记兼任，纪委监察室恢复为纪检监察办公室；12月9日，按总行规定，与安徽银海实业公司在人、财、物等方面彻底脱钩，最终以竞标方式转让给北京恒鑫泉经贸有限公司。

2005年，合肥中心支行内部机构设置为职能处室19个，党群工作机构7个，直属单位3个，所属培训中心2所。

第二章　中国银行业监督管理委员会安徽监管局

第一节　机构沿革

根据中共十六大精神和全国十届人大一次会议的决定,2003 年 4 月,中国银行业监督管理委员会成立,正式履行银行业监管职责,下半年在全国各地陆续设立派出机构。2003 年 7 月,安徽省开始组建银行业监管机构。10 月 12 日,中国银行业监督管理委员会安徽监管局(简称“安徽银监局”)挂牌成立,正式行使全省银行业金融机构监管职能。截至 2005 年底,经过两年多的发展,安徽银监局基本形成了“机构完整、功能完备、机制完善”的全省银行业监管组织体系。

2005 年,全省银行业金融机构成立了行业自律组织——安徽省银行业协会。依据《中华人民共和国银行业监督管理法》的规定,安徽银监局负责监督指导省银行业协会工作。安庆、淮北、淮南、芜湖、蚌埠、马鞍山、宣城、滁州、宿州、铜陵、池州、巢湖等 12 个市银行业金融机构也成立了银行业自律组织,分别接受所在地银监分局的监督指导。

第二节　领导班子成员

安徽银监局领导班子成员一览表

表 1-2-1

职　务	姓　名	任职时间
党委书记、局长	陈秀生	2003.09—2005.06
	杨家才	2005.06—2007.02
党委委员、副局长	周建春	2003.09—2008.07
	徐光太	2003.09—2009.02
	翟晓华	2004.12—2008.07
党委委员、纪委书记	陈尚立	2003.09—2005.12
	李大林	2005.12—2013.01

续表 1－2－1

职务	姓名	任职时间
党委委员、局长助理	李的洋	2003.01—2005.12
	康立国	2003.11—2005.12
	李大林	2003.11—2005.12
副巡视员	李的洋	2005.12—2007.03
	康立国	2005.12—2009.02

第三节　内设(所属)机构

截至2005年底,安徽银监局机关设有7个专业监管部门,即国有银行监管一处,负责监管工商银行安徽省分行和农业银行安徽省分行;国有银行监管二处,负责监管中国银行安徽省分行和建设银行安徽省分行;股份制银行监管处,负责监管交通银行合肥分行、中信银行合肥分行、光大银行合肥分行、招商银行合肥分行、浦东发展银行芜湖支行、兴业银行合肥分行(筹);政策性银行和邮政储蓄机构监管处,负责监管国家开发银行安徽省分行、农业发展银行安徽省分行和全省邮政储蓄机构;城市商业银行监管处,负责监管徽商银行;合作金融机构监管处,负责监管农村合作银行、各级农村信用社联社及农村信用社;非银行金融机构监管处,负责监管金融资产管理公司和信托投资公司。除上述监管处室以外,还设有3个承担一定综合性监管职能的部门,即办公室,承担全省银行业监管业务的综合协调工作;政策法规处,承担全省银行业监管中有关行政处罚事务的审查和规范性文件的审核工作;统计信息处,承担全省银行业监管数据的统计分析工作。此外,还设有纪检监察、组织人事、宣传、工会、财务会计、后勤服务等支持保障部门。截至2005年末,安徽银监局在16个省辖市(合肥除外)设有银监分局,在60个县(市)设有监管办事处。全系统共有933名从事监管及其支持保障的正式员工。

第三章 政策性银行

第一节 国家开发银行安徽省分行

机构沿革 1999年4月16日,根据中国人民银行银复〔1999〕243号《关于原中国投资银行合肥等6家支行改为国家开发银行分行的批复》精神,国家开发银行合肥分行正式挂牌成立,公开营业。

2003年4月,经中国人民银行批准,国家开发银行29家分行和2家代表处统一更名,即由所在地城市命名变更为所在省(自治区、直辖市)命名,分行更名为国家开发银行安徽省分行。

国家开发银行安徽省分行主要通过开展中长期信贷与投资等金融业务,以市场化方式服务安徽省经济社会发展。贯彻国家宏观经济政策,筹集和引导社会资金,缓解省内经济社会发展的瓶颈制约和薄弱环节,致力于以融资推动市场建设和规划先行,支持安徽省基础设施、基础产业、支柱产业,以及战略性新兴产业等领域发展和省内重点项目建设,促进区域协调发展、支持城镇化、中小企业、"三农"、教育、中低收入家庭住房、医疗卫生以及环境保护等瓶颈领域的发展,支持国家和地方"走出去"战略,积极拓展国际合作业务。

领导班子成员 1999年4月—2000年2月:郭明社任分行临时党委书记、工作组组长。

2000年2月—2005年9月:朱明任分行第一任党委书记、行长,班子成员包括郭明社、王树立、吴炳璐、陈剑波、柳卫建。

2005年9月—2011年2月:徐明任分行第二任党委书记、行长,班子成员包括吴炳璐、柳卫建、卢汉文。

国家开发银行安徽省分行领导班子成员一览表

表1-3-1

职 务	姓 名	任职时间
党委书记、行长	朱 明	2000.02—2005.09
党委书记、行长	徐 明	2005.09—2011.02
临时党委书记、工作组组长	郭明社	1999.01—2000.02
党委委员、副行长	郭明社	2000.02—2001.07
党委委员、纪委书记	王树立	2000.02—2002.11
党委委员、副行长	吴炳璐	2001.07—2006.06
党委委员、副行长	陈剑波	2002.11—2004.01
党委委员、副行长、纪委书记	柳卫建	2002.11—2012.09
党委委员、副行长	卢汉文	2005.12—2011.02

内设机构 国家开发银行安徽省分行内设机构情况见表1-3-2。

国家开发银行安徽省分行内设机构变迁一览表

表1-3-2

时 间	内设机构及变动情况
1999年4月	设立办公室(机关服务中心)、综合计划处、财务会计处、信贷一处、信贷二处、人事处(党委办公室、监察稽核处)、营业部
2000年8月	设立计划财务处、稽核处、监察处(纪检办公室)、营业部(国际业务部);撤销综合计划处
2001年6月	信贷一处、信贷二处合署办公
2001年12月	设立办公室(党委办公室)、综合业务处(信息处)、财会处(营业部)、稽核监察处(稽核处、监察处、纪检办公室);撤销办公室(党委办公室)、计划财务处、营业部(国际业务部)
2002年8月	设立评审处、信用管理处、客户处、人事处(党委组织部)
2003年3月	设立经营管理处、营运处;撤销综合业务处(信息处)、财会处(营业部)
2003年6月	设立客户一处、客户二处;撤销客户处
2004年12月	设立客户三处
2005年12月	设立财会处;撤销营运处

第二节 中国农业发展银行安徽省分行

机构沿革 中国农业发展银行安徽省分行成立于1995年1月,直属中国农业发展银行总行领导,是国有独资农业政策性银行。中国农业发展银行成立初期,省以下机构暂未设立,业务由农业银行全面代理。但代理体制很难达到国家组建农业政策性银行的预期效果,1996年8月22日,国务院正式下发了《关于农村金融体制改革的决定》,农业发展银行安徽省分行进行了认真部署。到1996年12月20日,全省15个地市分行、10个市分行营业部、62个县除绩溪县、祁门县、休宁县、黟县、石台县、黄山区、徽州区外62个县(市)支行及省分行营业部全部宣告成立,并于1997年1月1日基本实现全部营业机构挂牌对外营业。至2005年末,中国农业发展银行安徽省分行的业务范围不断扩大,由原有的支持粮棉油购销储延伸到以粮棉油为主业的农业产业化龙头企业、加工转化企业,及化肥储备、活体肉储备等其他储备业务的资金需求。2005年,撤销铜陵市分行所辖铜陵县支行。

中国农业发展银行安徽省分行领导班子成员一览表

表1-3-3

职　务	姓　名	任职时间
行长	喻成璞	1995.02—1998.02
	姚广秀	1998.02—2001.02
	吴国栋	2001.02—2003.10
	肇玉奇	2003.10—2005.12
纪委书记	阮怀同	1999.09—2005.12
副行长	姚广秀	1995.02—1998.02
	金恩芳	1995.08—2003.12
	崔承德	1998.02—2003.08
	肇玉奇	2001.08—2003.10
	丁传敏	2001.12—2005.12
	王英聚	2003.09—2005.12
	操良玉	2003.08—2005.12
	韩　毅	2005.08—2005.12
行长助理	丁传敏	1999.09—2001.12
	韩　毅	2003.08—2005.08

分支机构　截至2005年末，全省共有机构88个，其中省分行1个，二级分行（含省分行营业部）16个，县级支行（含市分行营业部）71个。主要职能为：按照国家的法律、法规和方针、政策，以国家信用为基础，筹集农业政策性信贷资金，承担国家规定的农业政策性金融业务以及政府平台项目融资业务，为农业和农村经济发展服务。

2005年底中国农业发展银行安徽省分行分支机构统计表

表1－3－4　　单位：个

地区	省级分行	二级分行	县级支行
合肥市	1	1	3
淮北市	－	1	2
亳州市	－	0	0
宿州市	－	1	5
蚌埠市	－	1	4
阜阳市	－	1	10
淮南市	－	1	2
滁州市	－	1	7
六安市	－	1	6
马鞍山市	－	1	2
巢湖市	－	1	5
芜湖市	－	1	4
宣城市	－	1	6
铜陵市	－	1	1
池州市	－	1	3
安庆市	－	1	9
黄山市	－	1	2

第四章　国有商业银行

第一节　中国工商银行安徽省分行

机构沿革　中国工商银行安徽省分行(全称为中国工商银行股份有限公司安徽省分行,简称工商银行安徽省分行)是中国工商银行股份有限公司(简称工总行)辖属的一级分行,成立于1984年。

1984年1月,中国人民银行安徽省分行下发《关于人民银行工商银行机构分设意见的通知》,正式确定设立中国工商银行安徽省分行,并规定省内各级中国人民银行、工商银行先实行一个机构两块牌子、两套账目、资金分开的过渡办法。1984年底,省及地市中国人民银行、中国工商银行两行正式分开运营,中国人民银行县支行及办事处全部划归工商银行安徽省分行。2005年10月,中国工商银行完成了股份制改造,中国工商银行安徽省分行更名为中国工商银行股份有限公司安徽省分行。

中国工商银行安徽省分行领导班子成员一览表

表1-4-1

职务	姓名	任职时间
行长	张舜治	1986.01—1992.06
	方　瑜	1992.06—1996.12
	张延亮	1996.12—1998.09
	朱立飞	1998.09—2000.12
	刘卫星	2001.01—2006.04

表 1－4－1

职务	姓名	任职时间
副行长	张舜治	1985.03—1986.01
	樊子贵	1985.03—1995.03
	方　瑜	1985.03—1992.06
	郭　芳	1985.03—1992.06
	吴　醒	1992.06—1999.06
	袁　皓	1992.06—2002.04
	金　广	1997.08—2000.04
	朱文信	1997.08—2009.06
	蒋玉林	2000.09—2006.11
	刘卫星	2000.12—2001.01
	鲍余和	2000.09—2002.02
	常真旺	2002.03—2011.04
	梁延国	2002.05—2010.09
	苏国庆	2005.08—2014.04
纪检组组长	彭　进	1992.05—1998.09
纪委书记	彭　进	1998.09—2001.06
	朱洪海	2002.02—2011.04

内设机构　成立之初，省分行机关主要设立以下处室：办公室、劳资处、人事教育处、保卫处、监察处、科技处、工商信贷处、信托处、计划处、会计出纳处、技改信贷处、储蓄处、工会、机关党委等 14 个处室。1985 年 8 月，分行监察处分设为党组纪检组和稽核处；工商信贷处分设为工业信贷处、商业信贷处；会计出纳处分设为会计处、出纳处；办公室分设为行政处和办公室。1986 年 2 月，设立城市金融研究所。1987 年 5 月，设立调研信息处。1991 年，省分行内设机构根据总行“三定”原则进行了一次调整。1995 年，设立住房信贷处，1998 年，设立管理信息处、资产风险管理处、法律事务处、银行卡业务处，组建计划财务处，撤销城市金融研究所。2000 年后，工总行根据以市场为导向、以效益为目标、以防范风险为主线的原则，对省行内设机构做了改革调整。截至 2005 年末，分行内部设有办公室、计划财务部、管理信息部、机构业务部、资金营运部、银行卡业务部、个人金融业务部、公司业务部、小企业金融业务部、信贷管理部、信贷评估部、投资银行部、资产风险管理部、住房金融业务部、国际业务部、会计结算部、内控合规部、法律事务部、监察室、信息科技部、人力资源部、保卫部、党务工作部、电子银行部、

股改办、离退休人员管理中心,共26个职能部门,并设有安徽金融培训学校、黄山干部培训中心等2个直属机构。

工商银行安徽省分行主要职能是,为客户提供商业银行服务,同时加强内部控制,增强核心竞争力,提高经营绩效和企业价值,促进安徽经济发展和社会进步。主要经范围有:办理人民币存款、贷款,国内外结算,办理票据承兑、贴现,各类汇兑业务,代理资金清算,提供信用证服务及担保,代理销售业务,代收代付业务,代理证券资金清算业务(银证转账),代理保险业务,保管箱服务,资信调查、咨询、见证业务,贷款承诺,企业、个人财务顾问服务,组织或参加银团贷款,外汇存款,外汇贷款,外币兑换,出口托收及进口代收,银行卡业务,电话银行、网上银行、手机银行业务,办理结汇、售汇业务,以及经监督机构和工总行批准办理的其他业务等。

分支机构 工商银行安徽省分行成立时,辖属8个地区中心支行、8个市支行。1986年6月27日,辖属的亳县支行更名为亳州市支行。1988年12月12日,辖属的安庆市支行和安庆地区中心支行合并,成立新安庆市支行。设立池州地区中心支行。1994年11月8日,成立安徽省分行营业部。1996年8月16日,辖属的阜阳、六安、宿县、巢湖、宣城、池州地区中心支行分别更名为阜阳分行、六安分行、宿县分行、巢湖分行、宣城分行、池州分行。1998年12月30日,辖属的合肥市分行与省分行直属二级机构合并成立新的省分行营业部。2000年6月6日,宿县分行更名为宿州市分行。截至2005年末,工商银行安徽省分行下辖1家省分行营业部、15家二级分行和亳州市支行。

2005年底中国工商银行安徽省分行分支机构统计表

表1-4-2　　单位:个

机构名称	一级分行	二级分行	县级市支行	县支行	城区支行	城郊办事处	二级支行	分理处	集镇办事处	储蓄所	一级分行营业部	直属分行营业部	二级分行营业部	合计
省分行营业部	–	–	–	3	17	–	7	31	–	23	1	–	–	82
安庆分行	–	1	–	5	9	–	3	26	–	4	–	–	1	49
蚌埠分行	–	1	–	1	7	–	2	28	–	2	–	–	1	42
巢湖分行	–	1	–	4	–	–	–	17	–	8	–		1	31
池州分行	–	1	–	2	2	–	3	8	1	2	–	–	1	20
滁州分行	–	1	–	4	3	–	2	22	–	5	–	–	1	38

续表 1－4－2　　单位:个

机构名称	一级分行	二级分行	县级市支行	县支行	城区支行	城郊办事处	二级支行	分理处	集镇办事处	储蓄所	一级分行营业部	直属分行营业部	二级分行营业部	合计
阜阳分行	－	1	－	4	5	1	－	23	－	16	－	－	1	51
淮北分行	－	1	－	1	10	2	－	18	－	5	－	－	1	38
淮南分行	－	1	－	1	6	－	－	23	－	16	－	－	1	48
黄山分行	－	1	－	2	5	1	－	14	－	1	－	－	1	25
六安分行	－	1	－	3	3	－	－	14	－	10	－	－	－	31
马鞍山分行	－	1	－	－	9	－	1	12	－	5	－	－	1	29
宿州市分行	－	1	－	3	5	－	1	8	7	4	－	－	1	30
铜陵分行	－	1	－	1	10	－	－	7	1	10	－	－	－	30
芜湖分行	－	1	－	2	7	1	9	24	－	3	－	－	1	48
宣城分行	－	1	－	4	3	－	2	8	－	1	－	－	1	20
亳州市支行	－	－	2	2	－	－	1	11	－	7	－	－	－	23
合　计	1	15	2	42	101	5	31	294	9	122	1		13	636

营业网点　1984年底,辖属机构708个,其中,省分行1个、中心支行8个、市支行8个、县支行65个、城市办事处76个、分理处53个、储蓄所423个、集镇办事处71个,干校2个、工具厂1个。从1996年开始,工商银行对连续3年亏损的县支行进行了改革试点工作,1998年7月,根据工总行《中国工商银行县支行机构改革试点方案》,省分行对辖内无效和低效县支行进行了撤并。从20世纪90年代后期开始,对规模较小、距离较近、机构重叠、效益低下的城区支行实行合并。截至2005年末,工商银行安徽省分行共有各类营业机构636个,其中省行机关1个、省分行营业部1个、二级分行15个、县(市)级支行44个、城区支行101个、二级支行31个、分理处294个、储蓄所122个、城郊办事处5个、集镇办事处9个、二级分行营业部13个。

自助网点(包括ATM机)　在加快网点建设步伐的同时,工商银行安徽省分行积极推进自助银行建设,加大自动存取款机、登折机等自助设备的投放力度,为客户提供了更多的服务渠道。截至2005年末,工商银行安徽省分行设有自助银行28个,投放ATM机561台、多媒体查询机142台,初步形成了实体网点与电子银行协调互补的渠道格局。

第二节 中国农业银行安徽省分行

机构沿革 1955年,为适应农业合作化运动和农业生产发展需要,国务院决定成立中国农业银行。同年6月16日,安徽省人民委员会批准成立中国农业银行安徽省分行,至6月底,全省各县支行相继成立,与中国人民银行同址办公,挂两块牌子,一套人员,一套账务,内部分工。1957年3月,安徽省人民委员会根据中国人民银行和中共安徽省委"整顿编制、精简机构"精神,决定将各级农业银行并入中国人民银行。1963年10月,为加速农业发展,加强对农业的支援,中共中央、国务院决定建立中国农业银行。同年12月21日,经安徽省人民委员会批准,中国农业银行安徽省分行再度成立,与中国人民银行安徽省分行同址办公。本次分设从上到下划转账务,与中国人民银行分署办公。1965年11月,中共中央、国务院批转中国人民银行、中国农业银行党组《关于中国农业银行同中国人民银行合并的请示报告》,同意两行合并。12月10日,中国人民银行安徽省分行、中国农业银行安徽省分行宣布机构合并,1966年2月,中国农业银行安徽省分行牌子取消。

1979年2月,为加强支农资金管理,中共中央、国务院发出《关于恢复中国农业银行的通知》,同年10月1日,安徽省革命委员会批准恢复中国农业银行安徽省分行。1980年1月,与中国人民银行安徽省分行划清账务,分署办公。1995年1月,中国农业银行安徽省分行与中国农业发展银行安徽省分行分设。1996年,农村信用社与中国农业银行脱离行政隶属关系。

1986—2005年安徽省农业银行领导班子成员一览表

表1-4-3

姓 名	行长任职时间	副行长任职时间	纪委书记(纪检组长)任职时间	行长助理任职时间
王士举	1983.06—1990.11	1980.04—1983.06	-	-
程世铭	1990.11—1993.10	1981.10—1990.11	-	-
马永伟	-	1983.06—1984.06	-	-
黄永宪	-	1983.06—1993.10	-	-
郑 峰	-	-	1987.01—1988.12	-
程凤谷	1993.10—2000.02	1988.09—1993.10	-	-

续表 1－4－3

姓　名	行长任职时间	副行长任职时间	纪委书记（纪检组长）任职时间	行长助理任职时间
袁振华	－	1990.11—1990.11	－	1987.01—1990.11
洪礼平	－	1990.11—1996.07	－	－
姚广秀	－	1993.10—1994.12	1990.11—1993.10	－
杨　泳	－	1995.04—2003.12	－	－
侯茂生	－	1995.04—1998.08	－	－
丁延平	－	－	1993.10—1995.04	－
陆嘉康	－	1995.08—2000.03	－	－
牛　莉	－	1996.05—2000.03	－	－
刘方成	－	－	－	1998.08—2000.03
谢利克	－	1998.08—2009.08	－	－
杨　琨	2000.02—2003.11	－	－	－
甘能平	－	2001.02—2009.08	2004.12—2005.08	－
赵　勤	－	2004.12—	2001.02—2004.12	－
郑　鑫	2003.11—2007.01	－	－	－
汪贵胜	－	2005.03—	－	－
孙妙宇	－	2008.12—	－	2005.03—2008.12
刘　舒	－	－	2005.08—2009.08	－

内设机构　中国农业银行安徽省分行恢复后，县级农业银行多数在 1980 年 1 月 1 日恢复对外办公。2 月，合肥、淮南、淮北三市成立市支行；3 月，地区级中心支行先后恢复；5 月，芜湖成立市支行，铜陵、马鞍山、蚌埠、安庆 4 市成立办事处。1981 年 2 月，铜陵、马鞍山、蚌埠、安庆 4 个市办事处改为市支行。至此，全省所辖 8 个专区、8 个省辖地级市全部建立中心支行一级机构。1981 年，屯溪、宿州、阜阳、六安设省辖县级市支行。1984 年，原太平县支行更名为黄山市支行，为省辖县级市支行。1988 年 4 月，设立黄山市分行，撤销徽州地区中心支行。1988 年，池州地区成立，增设池州地区中心支行，辖青阳、石台、东至、贵池 4 个县（市）支行。1993 年 2 月，合肥市支行更名为合肥市分行，8 月，芜湖市支行更名为芜湖市分行。1996 年，安庆、滁州、蚌埠、淮南、淮北、马鞍山、铜陵等七个市支行更名为市分行，阜阳、宿县、六安、巢湖、池州、宣城等 6 个地区中心支行更名为二级分行。1998 年，安徽省分行与合肥市分行合并，设立安徽省分行，下设省分行营业部，负责合肥市及所辖肥东、肥西、长丰等区县分支机构管理。2001 年 8

月,亳州市支行(地市级)设立,辖涡阳县、蒙城县、利辛县和谯城区支行,12 月 9 日,正式挂牌,直属安徽省分行管理。2005 年 5 月,亳州市支行更名为亳州分行。

农业银行安徽省分行恢复之初,内设人事、信贷、拨款监督、信用合作、计划会计、监察等 8 个处和办公室、工会。1980 年,增设农村金融研究所。1981 年,计划会计处分为计划、会计 2 个处。1982 年,将信贷处分为社队信贷处和企业信贷处。1984 年,增设教育处。1985 年,增设信息处、储蓄处、审计处;撤销监察处,更名为纪检组。1989 年,省农业银行内设机构调整,增设工业信贷处、商业信贷处、调研室、撤销工商信贷处、农村金融研究所。同时,机关的老干部管理工作和行政管理工作从劳动人事处、办公室分离,增设老干部管理处、行政处。1991 年 6 月,调研室撤销,其调研任务由办公室承办。1995 年 5 月,农业银行安徽省分行精简内部管理机构,教育处、行政处分别并入人事处、办公室,工业信贷处、商业信贷处并为工商信贷处,机关党委、政工办与工会工作委员会合并办公,老干部管理处更名为离退休干部办公室,同时增设信用卡部、房地产信贷部、安徽农村金融研究所。此后,根据不同阶段工作要求,内设机构多次调整。至 2005 年底,农业银行安徽省分行机关设有办公室、法律事务处、资产负债管理处、财务会计处、公司业务处、机构业务处、保险代理处、个人业务处、农业信贷处、房地产信贷处、信贷管理处、资产风险管理处、银行卡部、国际业务部、科技处、客户服务中心、人事处、机关党委、团委、审计处、监察室、保卫处、总务处等 23 个处室,各自发挥专业部门职能管理和工作指导作用。

分支机构 中国农业银行安徽省分行营业网点分布情况见表 1-4-4。

2005 年底中国农业银行安徽省分行营业网点统计表

表 1-4-4　　单位:个

单位	一级分行	二级分行	支行	翻牌支行	营业所	储蓄所	营业部	干校	其他	合计
省分行	1	-	-	-	-	-	-	-	-	1
营业部	-	-	15	10	51	2	-	-	1	79
阜阳分行	-	1	10	2	97	6	-	-	1	117
宿州分行	-	1	8	3	73	-	-	-	-	85
滁州分行	-	1	10	-	54	5	-	-	-	70
六安分行	-	1	9	1	74	5	1	-	-	91
巢湖分行	-	1	7	-	53	2	-	-	1	64
池州分行	-	1	7	-	13	5	-	-	1	27
宣城分行	-	1	11	-	45	2	-	1	-	60

续表1－4－4　　单位：个

单位	一级分行	二级分行	支行	翻牌支行	营业所	储蓄所	营业部	干校	其他	合计
蚌埠分行	－	1	9	1	42	14	1	－	－	68
淮南分行	－	1	5	8	23	14	－	－	－	51
淮北分行	－	1	4	－	31	4	－	－	－	39
马鞍山分行	－	1	5	4	17	5	1	－	－	33
芜湖分行	－	1	10	1	41	－	－	－	1	54
铜陵分行	－	1	3	1	9	4	－	－	－	18
安庆分行	－	1	12	－	78	10	1	1	－	103
黄山分行	－	1	9	1	34	1	－	1	－	47
亳州分行	－	1	4	2	35	18	－	－	－	60
总计	1	16	138	34	770	97	4	3	5	1067

自助网点(包括ATM机)　1993年，中国农业银行安徽省分行第一台ATM机上线运行。1999年以来，围绕“让金穗卡更好用”目标，中国农业银行安徽省分行不断加大自助设备投放力度，ATM机逐年递增，至2005年底，全省农业银行ATM机总数达到280台。

2001年，中国农业银行安徽省分行在合肥金城支行设立第一家自助银行，经过5年发展，至2005年底，全省农业银行共设立自助银行37家。

2004年5月1日，中国农业银行安徽省分行开通全省ATM远程监控系统，实现全省ATM运行状况实时监管、实时维护，加强ATM管理，提高ATM机使用效率。同年，加强ATM形象进行标准化改造，统一交易流程，并对ATM灯箱、护栏形象标识进行统一规范。2005年，建立健全全省农业银行自助设备档案，内容涵盖自助设备品牌、型号、类型、状态、安装行名称、管理员姓名、所在行联系电话、维保商等内容，全面掌握全省自助设备第一手资料。

第三节　中国银行安徽省分行

机构沿革　1977年，为适应安徽省对外贸易的发展，满足出口结汇需要，中国银行合肥分行成立，直接办理合肥地区外汇业务，并负责管理中国银行蚌埠办事处，1978年正式挂牌营业，成为中国人民银行安徽省分行下属二级机构。1984年，中国银行合肥分行从中国人民银行安徽省分行分设，升格为中国银行省级管辖分行。1992年，中国银行合肥分行更名为中国银行安徽省分行，合肥庐州分行更名为合肥市分行。1999

年,中国银行安徽省分行与合肥市分行管理职能合并,撤销合肥市分行,合肥地区9家直属支行正式对外挂牌。2004年8月,中国银行股份有限公司挂牌成立,中国银行安徽省分行更名为中国银行股份有限公司安徽省分行。

中国银行安徽省分行领导班子成员一览表

表1-4-5

姓名	职务	任职时间
郑如梅	党组副书记、副总经理/副行长(主持工作)	1984.07—1986.10
吴福五	党组副书记、代理总经理(代理行长)	1986.10—1989.03
	党组书记、总经理(行长)	1989.03—1997.10
段永宽	党组副书记、副行长	1985.08—1992.11
	党组书记、行长	1997.10—2000.05
祁泽瑞	党委书记、行长	2000.05—2004.02
沈肖芜	总稽核	1998.08-2000.06
	副行长	2000.06—2004.02
	党委书记、行长	2004.02—2009.09
唐小晴	行长助理	2000.03—2002.05
	副行长	2002.05—2009.09
	党委书记、行长	2009.09—
杨开其	副行长	1984.07—1994.03
张祥	行长助理	1989.04—1993.01
	副行长	1993.01—2000.05
邢献琪	行长助理	1989.02—1993.01
	副行长	1993.01—1997.11
刘珍贵	副行长	1994.09—1998.05
刘书文	纪检组长	1994.09—1997.10
车德宇	副行长	1997.07—2002.02
邱根泉	行长助理	1998.03—2000.06
戴　勤	行长助理	1998.08—2000.06
戴栋梅	工会主席	1998.08—2002.10

续表 1-4-5

姓名	职务	任职时间
陈　卫	纪委书记	2000.05—2003.01
孔繁钦	副行长	2002.05—2008.10
张庆亮	副行长	2002.05—2004.12
李松茹	总稽核	2002.03—2012.02
李文清	纪委书记	2003.01—2009.11
张　勇	行长助理	2004.12—2006.12

内设机构　中国银行合肥分行成立初期,机关内没有设置内部机构,仅有人员工作分工。到1980年底,设立了人事秘书、计划信贷、会计出纳和进出口业务4个科室。分支机构只有蚌埠一个办事处。

1984年,合肥分行独立和升格以后,机关内部机构设置逐步完善,先后设立了办公室、人事处(含监察、保卫工作)、综合计划处、会计出纳处、国际结算处(含进出口、存汇)、信贷处、信托部等7个处室。分支机构有蚌埠、芜湖、安庆、阜阳4个支行和宿州办事处。

1988年底,共设置有办公室、人事处(监察、保卫)、综合计划处、会计出纳处、国际结算处、信贷处、信托部(信托咨询公司)、存汇处、工会、稽核处、保卫处、营业部、电脑部、基建处、机关党委、监察室16个处室。

1999年6月,省分行机关内部处室进行了调整重组,调整为行长办公室(党委办公室)、人事教育处(党委组织部)、资金计划处、风险管理处、财会处、机构管理处、分业管理处、公司业务处、零售业务处、结算业务处、营业部、清算处、稽核处、监察处、保卫处、信息科技处、法律事务处、总务处、工会工作委员会(党委宣传群工部)19个处室。1999年8月,成立省分行团委。2001年成立党委宣传部和保全业务处。

2005年7月,为适应中国银行股份制改革后的管理体制要求,按照集约化经营和前、中、后台分离的原则,对业务和管理模式进行了整合,将本部22个处室整合为四大类共19个部门,其中业务拓展和产品部门包括公司业务部、金融机构部、个人金融部、银行卡部、国际结算部;业务支持和运营部门包括计划财务部、运营部、会计结算部;风险内控和监督部门包括风险管理部、授信执行部、法律与合规部、监察稽核部;支持保障和行政管理部门包括办公室、人力资源部(党委组织部)、信息科技部、保卫部、党务工作部、工会、总务部。

分支机构

营业网点　截至2005年底,全辖机构总数386个,其中一级分行1个、二级分行16个,城区支行82个,县支行46个,分理处241个。

2005年底中国银行安徽省分行营业网点统计表

表1－4－6 单位:个

序号	单位	一级分行	二级分行	支行		分理处	储蓄所	合计
				县支行	城区支行			
1	省分行	1	-	2	27	9	-	39
2	芜湖分行	-	1	3	6	26	-	36
3	黄山分行	-	1	4	1	11	-	17
4	马鞍山分行	-	1	1	8	8	-	18
5	池州分行	-	1	2	-	11	-	14
6	宣城分行	-	1	3	-	13	-	17
7	滁州分行	-	1	4	2	17	-	24
8	巢湖分行	-	1	4	-	13	-	18
9	淮北分行	-	1	1	3	12	-	17
10	六安分行	-	1	5	-	14	-	20
11	安庆分行	-	1	5	8	25	-	39
12	宿州分行	-	1	4	-	15	-	20
13	蚌埠分行	-	1	1	6	14	-	22
14	阜阳分行	-	1	4	3	26	-	34
15	淮南分行	-	1	-	14	4	-	19
16	铜陵分行	-	1	-	4	9	-	14
17	亳州分行	-	1	3	-	14	-	18
合计		1	16	46	82	241	-	386

自助网点(包括ATM机) 自2002年起,建立全辖ATM设备档案,制定ATM业务管理制度,规范ATM操作流程,并对ATM灯箱、形象等标准进行了统一规范;依托自助设备的服务优势,加快柜面业务分流,提高业务办理效率,减少客户排队等候时间,提升客户满意度。截至2005年末,共投放ATM机152台,其中离行式ATM机16台。2002年,在合肥四牌楼支行设立了第一家自助银行。截至2005年末,共设立自助银行18家。

第四节　中国建设银行安徽省分行

机构沿革

1986—1993年,中国建设银行主要从事重点建设项目管理、协助清理在建项目、协助推行投资包干、审查基建财务决算等政策性业务。1993年,国务院发布《关于金融体制改革的决定》后,建设银行肩负的财政职能等政策性业务正式分离,转变为从事中长期信贷业务为主的国有商业银行,按现代商业银行机制运行。

1994年起,实施与确立股份制改造和建立现代金融企业制度战略目标。中国建设银行安徽省分行(简称建行安徽省分行)实现了从粗放型经营向集约型经营的转化,按照以效益为中心、以银行价值最大化为目标的指导思想,稳步推进各项改革,因地制宜地进行了分支机构改革,解决了一地多行问题。

1999年,实施信贷管理体制改革。对信贷机构设置进行了调整,实行前后台分开,前、后台分工明确又相互协作,使建行安徽省分行的信贷业务管理逐步走向规范化。

1999年8月,撤销原遍布全省各地的各级审计机构,在建行安徽省分行本级配备了总审计师,成立总审计室,分片在合肥、芜湖、安庆、淮南、淮北跨区域设立隶属于总审计室的5个处级审计办事处。2003年,全省各二级分(支)行全面完成了城区营业机构的扁平化管理改革,城区营业机构全部实现"分行—支行、分理处、储蓄所"的二级管理模式,继续加快了会计营运、风险筹管理体制改革。

中国建设银行安徽省分行领导班子成员一览表

表1-4-7

姓名	职务	任职时间
李献臣	行长、党组书记	1986.06—1999.06
程永年	副行长、党组副书记	1983.06—1989.05
曹景琪	副行长	1983.06—1989.05
	总工程师	1989.05—1996.10
肖启民	党组纪检组长、机关党委书记	1984.10—1989.05
郭　伟	副行长、党组成员	1989.05—1997.09
段庆生	总经济师	1989.05—1995.01
王亚明	总会计师	1993.06—2001.09

续表1-4-7

姓名	职务	任职时间
张援朝	副行长、党组成员	1996.06—1998.09
	副行长、党委委员	1998.09—1999.12
	副行长、党委副书记	1999.12—2000.08
李凤霞	副行长、党委委员	1994.09—2005.12
张天保	行长、党委书记	1999.06—2005.12
杜皖青	总审计师	1999.12—
段超良	副行长、党委委员	2000.08—2003.07
	副行长、党委副书记	2003.07—2005.12
范绍杰	副行长、党委委员	2000.08—2005.12
王晓昕	副行长、党委委员	2000.08—2005.12
田苗根	纪委书记、党委委员	2000.08—2005.12
徐明堑	工会主席	2003.08—2005.12

内设机构 1985年12月,中共安徽省建设银行党组报经中国人民银行安徽省分行党组和省金融工会批准,于1986年1月成立安徽省金融工会建设银行工作委员会(简称省建行系统工会)。2月,中共安徽省建设银行党组决定,地市支行单独设党的纪检机构。

1989年5月,建设银行安徽省分行决定在地、市支行成立监察室。根据建行总行部署,1990年7月,设立省建设银行和地市支行党组纪检组。各级行的纪检部门受同级行党组和上级纪检部门的双重领导。1998年9月,根据中央精神,金融系统党组织实行垂直管理,省建设银行党组改为党委,纪检组改为纪委。各地市支行党组也相应改为党委,纪检组改为纪委。

1986年2月,成立稽核审计处。此后,各地市支行的稽核审计机构相继成立。主要任务是:对全省建设银行系统执行国家的有关方针、政策和执行信贷、现金、外汇、财务计划的情况以及会计工作进行稽核审计。

1986年12月,成立保卫处。1987—1990年,在各地市、县支行成立保卫机构的基础上,初步形成了保卫组织网络。1986年,设立计算机开发应用管理机构,管理全辖系统电子化工作。1987年1月,省建行计算机站正式成立,1989年更名为计算机应用处,负责省建行系统电子化建设的工作规划、设备选型、应用系统网络建设、软件开发、维护与推广,以及组织、管理、指导工作。

1986年12月,报经中国人民银行总行批准,成立建设银行安徽省信托投资公司,基本任务是吸收各项存款，开办信托、委托业务，进行建设投资、代理证券发行交易和融资业务。与此同时，根据中国人民银行公布的《金融信托投资管理办法》，各地市支行也相继组建了17家信托投资公司。

1987年3月，经建设银行总行批准，成立安徽省投资管理学校。其主要任务是注重培养能够在建设银行从事投资管理、经营货币的德才兼备的专业人才。

1987年5月，组建债券储蓄处，各地、市支行的储蓄科和储蓄网点也相继建立。1988年7月成立营业处，下辖能源交通办事处，后改为营业部。1998年初，成立省建行国际业务部，开办外汇信贷和国际结算业务。3月，为了配合推行商品房制度和住房制度改革，省建行成立房地产开发部，与建筑经济处合署办公，内设经营科、工程科、财务科，主要任务是经营城市土地开发和房产业务。其名称先后更改为房地产信贷部、住房金融与个人信贷部，主要从事全行个人住房贷款业务、个人消费贷款业务和委托性住房金融业务的管理。

1990年，建行安徽省分行在全国建行系统率先组建了工商信贷处，从事全面流动资金贷款业务管理。1993年，设立信用卡中心，从事信用卡业务管理。同年2月，在合肥、芜湖、淮北3个二级分行开办了信用卡业务，逐步形成以合肥为中心，辐射全省各主要城市的信用卡业务网络。

1995年，成立委托代理处，归口管理全行的中间业务。1996年，成立资产负债管理委员会，主要负责全行资产负债比例管理。1999年，设立公司业务部，主要履行全行公司业务产品、规划、考核、行业研究、人员队伍建设、应用系统操作推广、相关资源配置等事项的综合管理，是负责全行公司类客户本币业务的经营管理部门。同年，设立资产保全处，后改为资产保全部，是主要负责全行不良资产、抵债资产、非剥离债转股等特殊资产催收、经营和处置的经营管理部门。

1999年，设立信贷管理委员会、信贷风险管理委员会（分别下设办公室）。同年，设立信贷审批部，履行全行信用风险评级认定、组织授信业务审批的职能，承担对应总行授信管理部的相应职责。2002年，成立资产保全管理委员会，主要负责全行不良资产经营与处置重大问题的决策以及规范管理。2005年1月，成立电子银行部，主要承担全行网上银行、电话银行、重要客户系统等电子银行业务的经营管理职责。

分支机构

营业网点　1988年7月，省建行成立营业处。截至1990年底，下属机构有：合肥、安庆、铜陵、芜湖、马鞍山、蚌埠、淮南、淮北、宣城、巢湖、黄山、六安、滁县、阜阳、宿县、池州等市地和淮北煤炭专业支行，以及75个县支行、82个城镇办事处、28个分理处、440个储蓄所。

1990年后，营业网点布局由粗放型向集约型转变。2003年，全省各二级分（支）行全面完成城区营业机构的扁平化管理改革，城区营业机构全部实现了“分行—支行、分理处、储蓄所”的管理模式。截至2005年底，安徽省分行下属机构有钟楼、庐阳、城东、城西、三孝口等5个合肥城区直管支行;蚌埠、芜湖、淮南、马鞍山、安庆、宿州、阜阳、亳州、黄山、滁州、淮北、铜陵、宣城、六安、巢湖、池州等16个地市二级分行,51个县支行,193个分理处。

自助网点(包括ATM机) 1994年,ATM机开始新装2台;1995年,新装ATM机10台;1996年,新装ATM机10台;1997年,新装ATM机9台;1998年,新装ATM机14台;1999年,新装ATM机12台;2000年,新装ATM机11台;2001年,新装ATM机13台;2002年,新装ATM机55台;2003年,新装ATM机62台;2004年,新装ATM机69台;2005年,新装ATM机83台。至2005年末,总数量达到350台。

第五节 交通银行安徽省分行

机构沿革 交通银行安徽省分行(简称交行安徽省分行)(2004年9月21前,为交通银行合肥分行)筹备工作始于1987年8月。12月26日,交通银行总管理处批准合肥市政府关于成立交通银行合肥支行筹备组的报告,同意成立交通银行合肥支行筹备组,隶属于交行南京分行。1988年3月30日,经交行南京分行批准,合肥支行在合肥市阜阳路45号一楼开始试营业。4月9日,交通银行合肥支行印章正式启用,同时停止使用交通银行合肥支行筹备组印章。4月10日,交行总管理处颁发给合肥支行联行行号为62835号。1989年7月28日,中国人民银行批准交通银行合肥支行正式开业,9月,交通银行批准交通银行合肥支行正式开业(交银〔1989〕340号),支行行政级别与当地市级金融机构相同。1990年8月27日,经中国人民银行和交行总管理处批准,交通银行合肥支行正式改称交通银行合肥分行。改称分行后,其原隶属关系与行政级别不变。

1991年3月25日,南京分行同意成立交通银行合肥分行管理委员会。1995年3月13日,合肥分行由交通银行管辖分行改为直属分行。2000年2月14日,交通银行同意将合肥分行列为省级金融单位。2004年9月21日,交通银行机构调整,合肥分行定为省级分行,管辖4家省辖行(芜湖分行、蚌埠分行、淮南分行、安庆分行)。2004年9月,明确交通银行合肥分行享受省级分行待遇。

交通银行合肥分行领导班子成员一览表

表1-4-8

职务	正职	副职	任职时间
经理	胡宏胜	-	1988.04—1990.08
	-	丁洪池	1988.04—1990.08

续表 1-4-8

职务	正职	副职	任职时间
总经理	胡宏胜	-	1990.08—1994.07
	-	丁洪池	1990.08—1994.07
	-	虞善生	1993.03—1994.08
行长	胡宏胜	-	1994.07—1996.05
	李善发	-	1996.05—2000.11
	吴力权	-	2001.11—2011.04
	-	吴力权	2000.08—2001.11
	-	丁洪池	1994.07—1998.07
	-	夏永宁	1997.02—1999.12
	-	汤增发	1995.12—2004.05
	-	花　俊	2000.12—2013.02
	-	王学武	2001.12 - 2006.07

内设机构　1988 年 4 月，支行内部机构设置一室五部，即办公室、人事教育部、信贷部、综合计划部、会计出纳部（含营业部）和国际业务部。1988 年 10 月 17 日，合肥市总工会同意交通银行合肥支行成立工会委员会。

1989 年 5 月，经合肥市机构编制委员会办公室（简称合肥市编制委）同意，支行增设部、室、办事处，内设机构调整为二室一科五部，即办公室、稽核室、人事教育部（内设保卫科）、综合计划部、信贷业务部、会计出纳部（含营业部）、国外业务部。1990 年 10 月，经合肥市机构编制委同意，内部机构增设保卫处；信贷部改为信贷一部、信贷二部、信贷三部；人事教育部、会计出纳部改称为“处”，营业部单设。

1991 年 5 月，经交通银行南京分行批准，内部机构增设监察室。1992 年 1 月，经合肥市劳动局同意，设立劳动服务部。1992 年 10 月，经人民银行合肥中心支行同意，设立保险业务部。

1994 年 3 月，经交通银行南京分行批准设立合肥分行储蓄处。1995 年 11 月，交通银行合肥分行设立电脑部。1996 年 10 月，交通银行合肥分行增设业务发展处（合交银〔1996〕88 号）；11 月，设立信贷管理处，综合计划部更名为综合计划处。1997 年 2 月，经中国人民银行合肥分行同意，设立营业部；8 月设立行政处。

1998 年 3 月，分行设立信贷一处、信贷二处、风险资产管理处。1999 年 7 月，分行撤销信贷一处、信贷二处，设立市场营销处；撤销信贷管理处，设立授信管理处；撤销储蓄处，设立私人金融业务处。2001 年 2 月，市场营销处更名为公司业务处，国外业务部更名为国际业务部。

2002 年 2 月,会计出纳处更名为财务会计处。2003 年,成立放款中心。2004 年 9 月,人事教育处更名为人力资源部,风险资产管理处更名为风险监控处。

2005 年 6 月,成立会计结算处和预算财务处,撤销综合计划处和财务会计处;设立法律合规部,与风险监控部合署办公;稽核处改称为审计部。7 月,根据总行(交银办〔2005〕108 号)要求,各分行统一内设机构和职务称谓,除党委办公室、党委组织部、党委宣传部、工会、团委等部门的机构暂不变外,其他内设机构一律取消"处""科"称谓。省分行的处级机构称谓由"处"改称"部",内设科室称谓取消;省辖行的处级机构称谓由"处"改称"部",内设科室称谓取消;办公室、监察室及冠以"中心"的机构称谓保留不变,职务称谓也不变。

分支机构 1989 年 10 月,设立支行三孝口办事处;12 月,设立支行江淮分理处。1990 年 6 月,江淮分理处、寿春路桥分理处升格为办事处。1991 年,设立当涂路分理处。1992 年,设立南七分理处、阜阳路桥分理处。1993 年,设立花园巷储蓄所;5 月 17 日,设立长江中路分理处。1994 年,设立蜀山中路分理处;4 月 24 日,设立合裕路分理处;8 月,设立三里庵分理处;10 月,设立黄山路分理处。1995 年 6 月,设立琅琊山分理处、琥珀南村分理处;7 月 28 日,设立铜陵路口分理处。1996 年 5 月,设立银河大厦分理处、桐城路储蓄所。

1998 年 12 月,杏花支行开业。1999 年 10 月,繁华支行开业。

2000 年 9 月,三孝口办事处、江淮办事处、寿春路桥办事处升格为支行;7 月,撤销花园巷储蓄所,变更为马鞍山路支行;12 月,蜀山中路分理处、黄山路分理处升格为支行。2001 年 1 月,撤销桐城路储蓄所,变更为高新区支行;撤销琅琊山路分理处,变更为全椒路分理处。10 月,阜阳路桥、合裕路、当涂路、三里庵、南七五处分理处升格为支行。

2002 年 3 月,设立三牌楼支行。2003 年 1 月,撤销铜陵路分理处,变更为东陈岗分理处,3 月,升格为支行。当月,银行大厦、长江中路、全椒路、琥珀南村四处分理处升格为支行。12 月,设梅山路支行。

2005 年 9 月,设科学大道支行。8 日,全椒路支行变更为长江东路支行;银河大厦支行变更为芜湖路支行。

2005 年底交通银行合肥分行营业网点统计表

表 1 -4 -9　　单位:个

单位	网点合计	营业部	中心支行	二级网点数量	直属网点数量	离行式自助银行区
合肥分行	25	1	–	–	23	1
芜湖分行	20	1	–	–	18	1
蚌埠分行	19	1	5	13	–	–
淮南分行	19	1	–	–	17	1
安庆分行	14	1	–	–	12	1
合计	97	5	5	13	70	4

第五章 股份制商业银行

第一节 中信银行合肥分行

机构沿革 中信银行股份有限公司合肥分行成立于1996年8月,2004年6月升格为二级分行,2005年10月升格为总行直属省级分行,2006年12月更名为中信银行股份有限公司合肥分行(简称中信银行合肥分行)。

中信银行合肥分行领导班子成员一览表

表1-5-1

姓名	职务	任职时间
杨瑜	行长	1996.08—1998.03
许其善	行长	1998.03—2001.08
何小龙	行长	2001.08—2005.12
许连臣	副行长	1996.08—1998.03
裴文忠	副行长	1999.09—2009.03
陈　庶	副行长	2000.04—2003.12
张建强	副行长	2002.03—2005.12

分支机构

营业网点 截至2005年12月30日,中信银行合肥分行共设立营业机构7个,分别为分行营业部、美屯支行、南七支行、邮电大厦支行、长江路支行、金寨路支行、新站支行。

ATM机 截至2005年,分行共有7台ATM机。

第二节　中国光大银行合肥分行

机构沿革　1999 年 3 月，经国务院和中国人民银行批准，中国光大银行与国家开发银行在全国范围内接收原中国投资银行。中国光大银行合肥分行在接收原投资银行安徽省分行营业网点及商业银行业务的基础上成立，当时为直属支行。2002 年底，经中国光大银行和中国人民银行批准，中国光大银行合肥直属支行升格为分行，所辖分理处同时升格为支行。

中国光大银行合肥分行领导班子成员一览表

表 1－5－2

姓名	职务	任职时间
程　达	接收组组长	1999.03—1999.12
李　健	行长	1999.12—2006.07
王金铎	行长助理	1999.12—2003
	副行长	2003—2006.12
张友琪	行长助理	1999.12—2001
何荣玺	副行长	2001.04—2006.07
	行长	2006.07—2008.07
杨　明	行长助理	2003.08—2005.09
张　红	行长助理	2005.09—2008.06

内设机构　2005 年末，中国光大银行合肥分行下辖分行营业部 1 家、同城支行 6 家，及公司业务部 1 家。分行本部设 11 个职能部室，分别为分行办公室、稽核部、计划财务部、会计结算部、资产保全部、国际业务部、私人业务部、公司业务管理部、信息科技部、风险管理部。

分支机构

营业网点

2005年底中国光大银行合肥分行业务网点一览表

表1-5-3

序号	网点	地址
1	中国光大银行合肥分行营业部	合肥市芜湖路258号
2	中国光大银行合肥庐江路支行	合肥市庐江路29号
3	中国光大银行合肥长江路支行	合肥市长江路158号华都宾馆
4	中国光大银行合肥长江西路支行	合肥市长江西路677号昌河大厦
5	中国光大银行合肥阜南路支行	合肥市阜南路230号
6	中国光大银行合肥马鞍山路支行	合肥市屯溪路168号
7	中国光大银行合肥经济技术开发区支行	合肥市繁华大道283号

自助网点

2005年底中国光大银行合肥分行自助网点一览表

表1-5-4

序号	自助网点地址
1	合肥市三孝口肯德基店
2	合肥市市府广场乐普生
3	经济技术开发区长虹美菱工业园内
4	蜀山区屯溪路安徽中医学院教学楼主楼
5	庐阳区寿春路百花宾馆大门口
6	包河区屯溪路自来水公司大门口
7	包河区桐城路广电大楼一楼大厅
8	包河区合巢路397号安徽电气工程学院
9	淠河路88号三十八所保安室

第三节 招商银行合肥分行

机构沿革 招商银行合肥分行(以下简称合肥分行)经中国人民银行及招商银行总行批准,成立于2001年11月28日,是在安徽设立的一级分行,直属招商银行总行管理。办公楼选址于合肥市长江路436号三孝口金城大厦。

招商银行合肥分行领导班子成员一览表

表1－5－5

姓名	职务	任职时间
朱新建	行长	2001.12—2005.12
连柏林	副行长	2001.12—2003.05
张增荣	副行长	2001.12—2002.06
王万青	行长助理	2002.06—2003.08
	副行长	2003.08—2005.12
孟凡安	行长助理	2002.06—2003.08
	副行长	2003.08—2005.12

内设机构　成立之初，内设机构分别为办公室、公司银行部、个人银行部、风险控制部、会计部，辖1营业机构（分行营业部）。2002年，合肥分行完成大钟楼支行、四牌楼支行及四家自助银行（其中2个为离行式自助银行）的建设，并全部对外营业。同时，分别在合肥市北、西、南3个区域选定3家意向支行网点，机构网点经营布局在合肥初步铺开。2002年，共设置四部一室，分别为办公室、公司银行部、个人银行部、风险控制部、会计部。2003年，完成五里墩支行、马鞍山路支行、南七支行3家支行，6个自助银行（其中3个为离行式自助银行）及5个单点ATM的建设，新建网点全部于当年对外营业，使合肥分行在合肥市区的各类营业网点总数达到20个，网点布局日趋合理。2003年，共设置五部一室，分别为办公室、公司银行部、个人银行部、风险控制部、会计部，并将内控管理、稽核监督、安全保卫等职能从办公室划出，赋予新成立的稽核监保部。2004年，根据总行《招商银行机构管理规定》等制度要求，在已有网点布局基础上，合肥分行着手加大自助银行与单点服务设施建设，以缓解柜面压力。2004年，完成新建同城一级支行1家（招商银行合肥金屯支行），新建离行式自助银行1家（招商银行合肥商之都自助银行），设置ATM取款机3台（省人大会议中心ATM、江淮汽车ATM、ABB公司ATM）。为加大国际业务专营度，成立国际业务部，并根据资金管理及使用效率需要，成立计划资金部。2004年，共设置七部一室，分别为办公室、公司银行部、个人银行部、国际业务部、风险控制部、会计部、稽核监保部、计划资金部。2005年，合肥分行新建长江路支行、新站支行、曙光商厦自助银行、鼓楼商厦自助银行。同时，根据机构发展需要，向总行申请增加1家支行、1家自助银行的建设计划，用于合肥黄山路支行、合肥三里庵家乐福自助银行的筹建。此外，为优化自助网点产能，合肥分行搬迁交易量较小的桐城路自助银行。2005年，合肥分行大幅调整内设机构。其中，整合个人银行部职能，更名为零售银行部，分离其核算、信息技术、个贷审批等职能。在各分支经营机构设立零售银行部。增设信息技术部、信贷管理部，将原风险控制部更名为授信审批部，剥

离其贷后管理的相关职能赋予信贷管理部。在分行公司银行部内设公司银行二部,赋予其专营财政业务职能,对分行办公室、会计部、公司部、零售银行部、稽核监保部等部室的内设室职能进行调整和完善,将分行清机中心整体移交会计部管理。2005年设置九部一室,分别为办公室、公司银行部、零售银行部、国际业务部、计划资金部、授信审批部、会计部、稽核监保部、信息技术部、信贷管理部。

分支机构

营业网点

2005年底招商银行合肥分行营业网点一览

表1-5-6

序号	名称	地址
1	分行营业部	合肥市长江中路436号金城大厦
2	大钟楼支行	合肥市屯溪路251号世纪云顶一层
3	马鞍山路支行	合肥市马鞍山路77号
4	南七支行	合肥市金寨路2号
5	四牌楼支行	合肥市徽州大道507号
6	五里墩支行	合肥市长江西路347-1号
7	金屯支行	合肥市屯溪路258号
8	长江路支行	合肥市长江中路7号
9	新站支行	合肥市胜利路88号

离行式自助银行

2005年底招商银行合肥分行自助银行一览表

表1-5-7

序号	名称	地址
1	蒙城路自助银行	合肥市蒙城路79号
2	中国科技大学自助银行	合肥高科技广场北二座21号
3	新华书店自助银行	合肥市长江中路152号新华店楼下
4	商之都自助银行	宿州路8号商之都北门
5	鼓楼自助银行	合肥市宿州路96号
6	新曙光商厦自助银行	合肥市金寨路136号

续表1－5－7

序号	名称	地址
7	分行营业部自助银行	合肥市长江中路436号金城大厦
8	大钟楼支行自助银行	合肥市屯溪路251号世纪云顶一层
9	马鞍山路支行自助银行	合肥市马鞍山路77号
10	南七支行自助银行	合肥市金寨路2号
11	四牌楼支行自助银行	合肥市徽州大道507号
12	五里墩支行自助银行	合肥市长江西路347－1号
13	金屯支行自助银行	合肥市屯溪路258号
14	长江路自助银行	合肥市长江中路7号
15	新站支行自助银行	合肥市胜利路88号

单点ATM机

2005年底招商银行合肥分行ATM机一览表

表1－5－8

序号	名称	地址
1	省广电局单点设备	省广电局内
2	炮兵学院单点设备	解放军炮兵学院12号宿舍楼内
3	电子工程学院单点设备	解放军电子工程学院宿舍区超市旁
4	电子工程学院单点设备	解放军电子工程学院图书馆内
5	人保大厦单点设备	梅山路银保大厦一楼

第四节　上海浦东发展银行芜湖分行

机构沿革　上海浦东发展银行芜湖分行成立于2000年3月31日，2007年9月7日，总行正式批准升格为省一级分行，2008年1月28日，经中国银行业监督管理委员会批准，于8月1日正式对外挂牌，是安徽省省会城市以外的唯一一家省一级分行。

浦发银行芜湖分行领导班子成员一览表

表1-5-9

姓名	职务	任职时间
钱荣华	行长	2000.03—2000.11
郑立智	行长	2000.11—2011.05
张蝶依	副行长	2000.03—2002.07
钱惠军	见习行长	2002.07—2003.12
钱惠军	行长助理	2003.12—2013.4
袁宣东	行长助理	2002.07—2008.06

内设机构 支行成立初,下设办公室、资财部、市场部、综合业务部、营业部。截至2013年末,分行内设公司银行业务管理部、贸易与现金管理部、零售业务管理部、运营管理部、风险管理部、资财部、信息科技部、人力资源部、办公室9个部室。

网点 截至2005年末,分行设营业部、开发区支行、二街支行3个营业网点,自助银行(离行式)4个,ATM机(在行式)2台。2005年6月7日,分行二街分理处升格为二街支行。

第六章　地方法人金融机构

第一节　徽商银行

机构沿革　2005 年 9 月 26 日，中国银监会和安徽省人民政府批复同意《安徽省城市商业银行联合重组工作实施方案》。11 月 18 日，中国银监会批准同意合肥市商业银行更名为徽商银行股份有限公司。12 月 27 日，安徽省政府批准成立徽商银行股份有限公司，合并芜湖市商业银行、马鞍山市商业银行、安庆市商业银行、淮北市商业银行、蚌埠市商业银行，及六安城市信用社、淮南城市信用社、铜陵城市信用社、阜阳科技城市信用社、阜阳鑫鹰城市信用社、阜阳银河城市信用社、阜阳金达城市信用社组建而成。12 月 28 日，徽商银行股份有限公司正式开业，注册资本金为 25 亿元。

徽商银行领导班子成员一览表

表 1－6－1

姓名	职务	任职时间
戴荷娣	董事长、党委书记	2005.12—2008.01
李　和	副行长（主持工作）	2005.12—2009.11
张仁付	党委副书记、纪委书记	2005.12—
张　震	监事长	2005.12—
许德美	副董事长	2005.12—
赵继策	副董事长	2005.12—2009.12
吴秀芳	副董事长	2005.12—2009.12
李小皖	副监事长	2005.12—2011.04
王贵生	副行长	2005.12—
慈亚平	副行长	2005.12—

内设机构　徽商银行总行设置办公室、计划财务部、授信评审部、风险管理部、公司银行部、小企业银行部、零售银行部、资金经营部、国际业务部、电子银行部、科技信息

部、会计结算部、人力资源部、发展规划部、审计部、监察保卫部、党委办公室、总行营业部等18个部门。其中,公司银行部、小企业银行部、零售银行部、资金经营部、国际业务部、电子银行部为经营部门;计划财务部、会计结算部为业务管理部门;科技信息部、人力资源部、发展规划部、审计部、监察保卫部、党委办公室为职能部门;办公室为综合管理部门和综合服务部门。

分支机构

营业网点

2005年底徽商银行营业网点统计表

表1-6-2　　单位:个

单位	分行	支行	机构数
总行营业部	1	–	1
合肥	1	36	37
芜湖	1	20	21
马鞍山	1	16	17
安庆	1	20	21
蚌埠	1	30	31
淮北	1	13	14
铜陵	1	8	9
六安	1	11	12
淮南	1	11	12
阜阳	1	4	5
总计	11	169	180

自助网点　2000年,合肥市商业银行第一台自助柜员机投入使用。2001年,15家支行增设ATM机。随后,芜湖、马鞍山、安庆、淮北等4家城市商业银行相继配置ATM机。至2005年底,徽商银行成立时,全行ATM机总数达到65台。

2001年,合肥市商业银行3家24小时自助银行投入使用,随后,芜湖、马鞍山、安庆、淮北等4家城市商业银行相继设立自助银行。至2005年底,徽商银行成立时共设立自助银行13家。

第二节　安徽省农村信用社联合社

机构沿革　1986—1995 年,受中国人民银行的委托,农业银行县支行管理和领导农村信用社。1996 年,遵照《国务院关于农村金融体制改革的决定》(国发〔1996〕33 号),农村信用社与农业银行脱离行政隶属关系。1996 年底—1999 年,省农村金融体制改革领导小组及其办公室行使对全省农村信用社管理职权。1999—2003 年初,人民银行行使对全省农村信用社管理职能。2003 年初,银行业监督管理委员会成立,信用社又划归银行监管机构管理。2003 年 6 月 27 日,国务院下发《深化农村信用社改革试点方案》(国发〔2003〕15 号)。2004 年,安徽成为全国深化农村信用社改单第二批试点省份。10 月 9 日,省委常委会研究决定组建安徽省农村信用社联合社(简称省联社),为正厅级机构,比照事业单位管理。11 月 12 日,省农村信用社联合社党委成立。12 月 18 日,安徽省农村信用社联合社在合肥挂牌成立。省联社由全省 83 家县级农村信用社联合社共同发起并入股组成,依法履行行业自律管理和服务职能,是具有独立法人地位的地方性金融机构。根据省政府授权,承担对全省农村信用社的管理、指导、协调和服务功能。省联社的主要职能是制定全省农村信用社改革和发展规划并组织实施;制定行业自律管理制度并督促执行;指导农村信用社健全法人治理结构,建立规范、有效的经营管理机制,完善内控制度,创新服务方式,拓展新的业务领域;组织电子化、综合业务网络建设和管理,提供信息咨询服务;依法指导督促农村信用社选举理事、监事和聘用主要管理人员,负责农村信用社、农村银行理事长(董事长)、主任(行长)的考核提名;负责组织和指导全省农村信用社员工培训;组织农村信用社之间资金调剂和融通,办理或代理农村信用社资金清算和结算业务,参加资金市场,为农村信用社融通资金;协调有关方面关系,维护农村信用社的合法权益等。省联社不具体经营存贷款业务。

安徽省农村信用社联合社领导班子成员一览表

表 1－6－3

姓名	职务	任职时间
张良庆	党委书记、理事长	2004.11—2013.12
李　工	党委委员、副理事长、副主任	2004.11—
莫元法	党委委员、副主任	2004.11—

内设机构　至 2005 年底,省联社内设机构分别为办公室、人力资源部、业务管理部、财务会计部、审计稽核部、监察保卫部、科技信息中心、清算中心。在 14 个省辖市设立办事处,主要承担省联社赋予的审计稽核、督促检查任务。

分支机构 2005年末,省联社下设14个办事处,管辖83家法人机构,其中有1家农村合作银行(马鞍山农村合作银行)、82家县级联社。

第七章　安徽邮政储汇局

第一节　机构沿革

1986年4月21日，根据安徽省邮电管理局邮劳字〔1986〕54号文件，成立安徽省邮政储汇局，为处级企业机构，属安徽省邮电管理局。11月，安徽省邮电管理局撤销安徽省邮政储汇局，其职责和工作并入省邮电管理局邮政处，对外保留安徽省邮政储汇局名称，对内单设储汇组，管理邮政储蓄、汇兑等业务。

1988年3月3日，经安徽省邮电管理局（邮劳字〔1988〕号）文件通知，成立安徽省邮政储汇报刊发行局，与安徽省邮票公司合署办公，为省邮电管理局直属单位，处级编制。省邮政储汇报刊发行局下设储汇科，管理储蓄、汇兑等业务。9月，经安徽省邮电管理局决定，安徽省邮政储汇报刊发行局与安徽省邮票公司分设，省邮政储汇报刊发行局为副处级编制。

1990年10月，经安徽省邮电管理局决定，安徽省邮政储汇报刊发行局建制调整为正处级，其隶属关系及职责不变。

1998年12月，邮电分营后，安徽省邮政储汇报刊发行局划归安徽省邮政局。1999年8月，撤销安徽省邮政储汇报刊发行局，成立安徽省邮政储汇局。

第二节　领导班子成员

安徽省邮政储汇局领导班子成员一览表

表1－7－1

姓名	职务	任职时间
朱忠孝	局长	1986.04—1986.11
	局长	1988.04—1988.09
周久发	局长	1988.09—1990.10
程　鸥	局长	1990.10—1992.08
涂荣林	副局长（主持工作）	1992.08—1996.10

续表1-7-1

姓名	职务	任职时间
刘世伟	局长	1996.10—1999.08
蔡援朝	副局长(主持工作)	1999.08—2000.04
徐勤建	局长	2000.04—2005

第三节　内设机构

1986年4月,省邮电管理局邮政处内设的汇兑稽核科划归省邮政储汇局管理。1988年4月,安徽省邮政储汇报刊发行局与安徽省邮票公司合署办公,设邮政储汇科等部门。9月,安徽省邮政储汇报刊发行局与安徽省邮票公司分设,省邮政储汇报刊发行局设邮政储汇科等部门。

1989年3月,邮政储汇科分设为储蓄科和汇兑科。11月,储蓄科更名为储汇管理科,汇兑科更名为汇兑稽核科。1990年11月,储汇管理科更名为储汇经营科,增设检查科。1991年9月,增设微机室。至此,局内机构编制为储汇经营科、检查科、汇兑稽核科、微机室等部门。1993年6月,增设财务科,储汇经营科更名为储蓄科,汇兑稽核科更名为汇兑科。

1999年8月,新组建的安徽省邮政储汇局内设储蓄业务经营科、汇兑业务稽核科、储汇检查科等部门。2000年8月,增设代理业务部;12月,增设绿卡清算中心。2003年9月,增设代理保险部;10月,绿卡清算中心更名为清算中心,储汇检查科更名为稽查科,代理业务部更名为中间业务部,汇兑业务稽核科更名为汇兑业务经营科。2005年1月,增设资金运作中心。

第四节　分支机构

营业网点　1986年5月1日,恢复开办储蓄业务。首先在合肥、蚌埠、芜湖、安庆等地区的13个邮政网点开办个人活期、定期储蓄业务。1987年,开办邮政储蓄的邮政网点已达597个。1990年,全省邮政储蓄网点757个。1995年,全省邮政储蓄网点1487个。至2005年底,全省邮政储蓄网点达到1593个,其中农村971个、县城252个、城市370个。

2008年,中国邮政储蓄银行安徽省分行成立,当年末,全行共拥有一类支行248个、二类支行594个、代理储蓄网点801个,初步形成了自上而下,独立完整的银行运营体系;随着业务的拓展,中国邮政储蓄银行安徽省分行结合二类支行改革及现代全功能商业银行建设标准,科学选址,优化网点布局,加大网点建设改造力度,银行服务环境明显改善。

2014 年末中国邮政储蓄银行安徽省分行分支机构统计表

表 1 – 7 – 2

单位	一级分行	二级分行	一级支行	营业网点			
				一类支行	二类支行	代理储蓄网点	合计
省分行	1	–	–	–	–	–	1
合肥市分行	–	5	42	–	39	90	171
淮北市分行	–	1	1	13	11	33	57
亳州市分行	–	1	3	19	31	67	117
宿州市分行	–	1	4	23	34	69	126
蚌埠市分行	–	1	3	20	20	61	101
阜阳市分行	–	1	5	28	53	97	178
淮南市分行	–	1	1	16	24	30	70
滁州市分行	–	1	6	25	23	55	103
六安市分行	–	1	5	25	31	86	142
马鞍山市分行	–	1	3	20	15	45	80
芜湖市分行	–	1	4	21	43	45	109
宣城市分行	–	1	6	25	19	55	99
铜陵市分行	–	1	1	12	11	23	46
池州市分行	–	1	3	15	14	46	75
安庆市分行	–	1	8	36	51	116	203
黄山市分行	–	1	5	18	22	47	87
合计	1	16	63	358	441	965	1765

自助网点（包括 ATM 机）　1996 年，随着金融电子化建设的推进，邮政储蓄开始投放 ATM 等自助网点设备，当年布放 ATM 机 4 台。至 2000 年底，全省布放 ATM 机 264 台。至 2005 年底，全省邮政储蓄拥有 ATM 机 296 台、自助服务区 22 处、多媒体查询机 19 台。

2008 年，邮储银行组建成立后，在加快网点改造建设步伐的同时，注重电子渠道拓展，加强自助银行建设和自助设备的投放管理，当年全省新增 ATM 机 103 台，总数达到 479 台，自助服务区达 32 处。2011 年末，电子渠道建设步伐加快，全年新增 ATM 等自助设备 318 台，累计达到 1002 台。

第八章　非银行金融机构

第一节　金融资产管理公司

中国华融资产管理公司合肥办事处

机构沿革　1999 年 7 月 21 日,中国华融资产管理公司在北京成立,随后公司从安徽省工商银行系统选调业务骨干,组建合肥办事处(省分行级),2000 年 4 月 18 日,合肥办事处正式挂牌开业。合肥办事处充分运用国家政策和专业技能,有效防范和化解金融风险,促进了全省企业扭亏脱困和法人治理结构的改善,最大限度地减少了国家的损失。

中国华融资产管理公司合肥办事处领导班子成员一览表

表 1-8-1

姓名	职务	任职时间
金　广	党委书记	2000.04—2005.12
	总经理	2000.04—2005.12
陈鸿友	党委成员	2000.04—2004.10
	副总经理	2000.04—2004.10
朱新建	党委成员	2000.04—2001.01
	副总经理	2000.04—2001.01
李同毓	党委成员	2001.11—2005.12
	副总经理	2001.11—2005.12
陈　朴	党委成员	2004.10—2005.10
	副总经理	2004.10—2005.10
任津平	党委成员	2005.04—2005.12
	副总经理	2005.06—2005.12

内设机构　办事处成立后，根据当时政策性业务经营管理需要，设立了5个部门：综合部、资金财务部、债权管理部、股权管理部、审计评估部（与股权管理部合署办公）。其中，综合部内设人秘组、行政组；资金财务部内设综合信息组、财务组、资金核算组；债权管理部内设综合组、皖北组、皖中组、皖南组；股权管理部内设综合组、项目一组、项目二组。2000年4月20日，成立中国华融资产管理公司合肥办事处资产评估委员会和中国华融资产管理公司合肥办事处资产处置委员会。综合管理部主要职能是承担行政后勤、人力资源、办事处的整章建制工作，工会、团委、统战等行政管理工作。债权管理部主要职能是负责接收工商银行不良资产并对其进行日常管理，制定不良资产的处置方案。股权管理部主要职能是办理辖内债转股企业审查报批，对公司持股企业股权进行日常管理和适时退出。审计评估部主要职能是对办事处债权、股权的收购、管理、处置情况实施审计，对办事处接收的资产及企业进行审计评估。资金财务部主要职能是编制办事处综合经营计划并对计划完成情况进行考核，负责办事处财务计划的实施及费用的会计账务处理，以及组织实施会计核算工作。

2001年3月29日，办事处保留综合部、资金财务部，撤销债权管理部、股权管理部和审计评估部，成立资产经营一部、资产经营二部、资产经营三部和审计法律部。2001年6月27日，成立中共中国华融资产管理公司合肥办事处纪律检查委员会。

2002年1月21日，办事处将内设机构重新调整为8个部门：办公室、资金财务部、审计法律部、业务综合部、资产经营一部、资产经营二部、资产经营三部、资产经营四部。其中，办公室基本上承继综合部职能；资金财务部职能未做大的变动；审计法律部的职能为各项业务的审计和法律咨询；业务综合部的职能为负责合肥市、巢湖市不良资产的管理与处置，资产处置委员会秘书处工作、办事处债权资产管理和处置工作的综合及统计分析，股权业务的数据汇总及相关报表的报送和信息管理工作；资产经营一部的职能主要为负责芜湖市、宣城市、黄山市、六安市的不良资产处置清收工作；资产经营二部的职能主要为负责蚌埠市、淮北市、阜阳市、宿州市的不良资产处置清收工作；资产经营三部的职能主要为负责安庆市、铜陵市、池州市的不良资产处置清收工作及债转股企业工作；资产经营四部的职能主要为负责马鞍山市、淮南市、滁州市的不良资产处置清收工作。

2003年4月3日，根据公司关于审计部门独立设置的要求，办事处撤销审计法律部，成立审计部。原审计法律部的法律事务职能归并入业务综合部，在业务综合部内设立法律事务部。

中国长城资产管理公司合肥办事处

机构沿革　中国长城资产管理公司是经国务院批准，成立于1999年10月18日的国有独资金融机构，隶属国务院。公司在全国设立30个办事处，省以下不再设立分支机构。合肥办事处于2000年3月20日挂牌成立，行政直属总公司管理。公司系统受银监会直接监管，同时接受中国人民银行、财政部、审计署等部门的监督。公司的经营范围是依据授权,收购并经营中国农业银行剥离的不良资产;债务追偿,资产置换,转让与销售;债务重组及企业重组;债权转股权及阶段性持股,资产证券化;资产管理范围内的上市推荐及债券、股票承销;直接投资;发行债券、商业借款;向金融机构借款和向中国人民银行申请再贷款;投资、财务及法律咨询与顾问;资产及项目评估;企业审计与破产清算;资产租赁业务;经金融监管部门批准的其他业务。

中国长城资产管理公司合肥办事处领导班子成员一览表

表1-8-2

姓名	职务	任职时间
牛　莉	党委书记、总经理	2000.01—2009.10
刘方成	党委委员、副总经理	2000.01—2013.01
张盛沛	党委委员、纪委书记、副总经理	2000.01—2011.12

内设机构　2000—2007年初,按照政策性资产处置总体要求,在内部机构的设置上,本着“审处分离、部门制约、岗位制衡”的原则,成立了“六委一组”,设立7个部、室。“六委一组”是:经营决策委员会、内审工作委员会、资产处置委员会、财务审查委员会、资产评估审查委员会、物资采购评审委员会和中介机构选聘评审小组。“六委一组”的成员分别由有关部门的负责人及相关人员组成,由办事处总经理或分管副总经理担任负责人。7个部、室是综合管理部(人力资源部)、资金财务部、法律事务部(评估管理部)、处置办、监察审计部、资产经营部、市场拓展部(室)。

中国东方资产管理公司合肥办事处

机构沿革　中国东方资产管理公司合肥办事处是中国东方资产管理公司在安徽省的分设机构,经中国人民银行批准,于2000年4月13日正式成立,无下设分支机构。机构性质为独资国有省分行级金融机构。主要任务是负责收购、管理和处置中国银行安徽省分行剥离的不良资产。经总公司授权具体经营、办理以下业务:收购并经营中国银行安徽省分行剥离的本外币不良资产;本外币债务追偿,本外币资产置换、转让和销售;本外币债务重组及企业重组;本外币债权转股及阶段性持股;直接投资;投资、财务及法律咨询与顾问;资产及项目评估;企业审计与破产清算;资产租赁业务。

中国东方资产管理公司合肥办事处领导班子成员一览表

表1－8－3

姓名	职务	任职时间
张　祥	公司筹备组长、总经理、党委书记	2000.01—2004.11
戴　勤	副总经理、党委委员	2000.01—2002.09
崔海涛	副总经理、党委委员	2000.01—2005.05
丁建平	副总经理、党委委员	2005.05—2007.05
徐劲流	助理总经理、党委委员	2005.07—2006.11
高则年	纪委副书记、党委委员	2005.09—2006.11

内设机构　2000年，设有办公室、人力资源部、资产评估部、资产经营部、资金财会部“四部一室”。办公室承担党务工作、综合协调、纪检监察、内部审计、后勤保障职能；人力资源部承担人事管理、组织建设、党群工作、宣传教育、员工培训职能；资产评估部承担资产收购、评估、处置审查职能；资产经营部承担资产管理、处置经营职能；资金财会部承担资金计划、会计管理、综合统计职能。

2001年2月，撤销人力资源部和资产评估部，人力资源部职能并入办公室，在办公室内设立法律工作组。资产评估部职能（包括处审办职能）并入资金财会部。资产经营部分设为资产经营一部、资产经营二部、资产经营三部。办公室承担综合协调、人事管理、宣传教育、党团工会组织建设、纪检监察、内部审计管理职能和法律支持、安全保卫、后勤保障职能。资金财会部（与处审办合署办公）承担资金计划、会计管理、资产评估、处置审查管理职能。资产经营一部承担股权资产管理及处置经营职能；资产经营二部承担债权资产管理及处置经营职能；资产经营三部承担外贸企业债权资产管理及处置经营职能。2002年4月，撤销法律工作组，其职能并入处审办。处审办主要承担资产处置、项目评审、中介选聘、法律咨询职能，与办公室合署办公。

2004年7月，对各资产经营部职能范围进行了调整。其中，资产经营一部承担股权资产管理处置经营职能，同时负责管理处置黄山、马鞍山、宿州、铜陵、芜湖、宣州6个地区债权资产；资产经营二部负责管理处置安庆（不包括安庆外贸“资产包”）、蚌埠、巢湖、池州、滁州、淮南、六安7个地区债权资产；资产经营三部负责管理处置省直及合肥、阜阳、淮北、亳州地区和安庆外贸“资产包”债权资产。

2005年11月，为统筹兼顾政策性处置与商业化运作，内设机构扩充为“五部二室”，即办公室、资产经营一部、资产经营二部、资产经营三部、市场开发部、资金财会部和资产处置审查办公室。其中，办公室承担综合协调、人事管理、宣传教育、组织建设、纪检监察、内部审计管理职能和安全保卫、后勤服务、科技信息保障职能。资产经营一部承担马鞍山、芜湖、铜陵、黄山、宣州、滁州南片6个地区债权资产管理及经营处置职能;资产经营二部承担合肥、巢湖、六安、池州、安庆中片5个地区债权资产管理与经营处置职能;资产经营三部承担阜阳、亳州、淮北、淮南、宿州、蚌埠北片6个地区债权资产管理与经营处置职能。市场开发部负责政策性债转股(含资本金投资)项目的管理与经营运作,并承担资产收购、资产营销、产品开发、委托处置、委托理财、财务顾问等投行中介业务市场开拓职能。资金财会部承担资金计划、会计管理、综合统计管理职能。资产处置审查办公室作为办事处资产处置审查委员会、资产评估审核委员会、律师中介机构选聘小组办事机构,承担处置审查、评估审核、中介机构选聘管理、法律咨询服务,以及业务综合指导管理职能。

中国信达资产管理公司合肥办事处

机构沿革　1999年8月19日,依据中国人民银行(银复〔1999〕180号)文件《关于中国信达资产管理公司设立办事处的批复》精神,中国信达资产管理公司依据信总发〔1999〕15号文件,决定设立中国信达资产管理公司合肥办事处(简称信达合肥办事处),住所位于合肥市,属于省级非银行金融机构。信达合肥办事处是安徽省行政区划内成立的第一家国有独资金融资产管理公司办事处。同年11月11日,信达合肥办事处正式挂牌,并开始以管理、处置不良资产为主业,在总公司一级法人授权下从事经营活动。

中国信达资产管理公司合肥办事处领导班子成员一览表

表1-8-4

姓名	职务	任职时间
姬德勤	办事处党委书记、主任	1999.08—2008.3
高　琴	办事处党委委员、副主任	2000.08—2006.5

内设机构　1999年10月26日,办事处内成立不良资产接收领导小组,下设4个接收小组,负责接收全省建行系统的规定范围的信贷不良资产。同年底,组建办事处工会委员会和共青团支部。2000年1月11日,信达合肥办事处成立综合管理部、资产管理部、投资银行部。综合管理部内部按业务进行组合,设立政秘组合、人事组合、财务组合、后勤组合,履行办公室、财务、人事、技术保障、审计、后勤管理职能,兼管党群工作。资产管理部按业务和区域内部设立项目组,履行债权管理、法律事务等职能。投资银行部履行股权管理、资产置换、转让与销售等职能。10月24日,组建中共信达合肥办事处纪律检查委员会。同年,办公场所迁至偿债房产润安大厦内。2001年2月14日,办事处内设综合管理部、资产管理部、投资银行部仍然保留。便于与上级公司联系,具体执行的内设机构调整为综合管理部、综合业务部、实体办公室、项目一部、项目二部、项目三部,并成立决策委员会、资产处置审核委员会、报酬委员会。9月7日,根据公司要

求，设立资金财务部。2002 年 2 月 27 日，撤销综合业务部。2003 年 2 月 17 日，对办事处内设机构进行调整，分为综合管理部、审核委办公室、资产管理部、投资银行部（包括法律事务部）、实体管理办公室、资金财务部、合肥评估中心暨评估部。2004 年 3 月 24 日，内设机构进行整合，将原 7 个部门整合成综合管理部（包括评估中心）、资产管理部、投资银行部（包括实体管理办公室）、资金财务部（包括审核委办公室）4 个部门。2005 年 3 月 11 日，保留综合管理部、资产管理部、投资银行部、资金财务部，设立评估审核部，撤销审核委办公室、实体办公室、资产评估部。资产管理部主要负责政策性不良资产（含偿债物）、银建委托资产的管理和处置，以及中国银行不良资产的批发业务。投资银行部主要负责债转股的管理与处置，以及交通银行不良资产、中国移动公司委托资产的管理与处置工作。综合管理部主要负责文秘宣传、党群、纪检监察、干部组织、人事劳资工作，行政和内部审计工作。评估审核部主要负责资产处置方案的审查和组织资产评估。资金财务部主要负责财务管理和信息系统的管理与维护工作。同时成立了资产处置审核委员会、商业化业务委员会和报酬委员会 3 个专门委员会。

第二节　信托

国元信托

机构沿革　国元信托创立于 2001 年 12 月 20 日。省政府为顺应信证分业、行业重组的发展趋势，按照国家信托行业整顿工作的精神要求，决定由安徽国元控股（集团）有限责任公司作为主发起人，以安徽省国际信托投资公司和安徽省信托投资公司的信托类净资产，联合其他有资格的法人，以现金出资的方式，共同发起设立安徽国元信托投资有限责任公司。注册资本为人民币 16 亿元。其中，国元集团出资 15.82 亿元，持股比例占比 98.88%；其他五家省内国有企业合计出资 0.18 亿元，持股占比 1.12%。

2005 年，引入战略投资者，通过向上海新华闻投资有限公司和首都机场集团公司减持国元信托的股权（其中，上海新华闻投资有限公司出资 7.18 亿，持股占比 44.87%；首都机场集团公司的出资 1.44 亿，持股占比 9%），至此，国元信托共有 8 家股东，国元集团出资 7.2 亿元，持股比例为 45%，为第一大股东。

安徽国元信托有限责任公司领导班子成员一览表

表1-8-5

姓名	职务	任职时间
凤良志	董事长	2001—2002.08
过仕刚	总经理	2001.03—2005.09
	董事长	2002.09—
王少钦	总　裁	2002.02—2009

内设机构　公司依法建立了股东大会、董事会、监事会和经营层“三会一层”的法人治理结构。制定与之相适应的“三会一层”议事规则,明确决策、执行、监督等方面的职责权限,形成了合理的职责分工和制衡机制,保障了“三会一层”的规范运作。股东会、董事会决定重大决策和经营方针,对经营层实行授权经营和工作监督;经营层通过目标管理、制定内部控制的制度体系和监督执行体系,对公司业务和管理实施控制;部门之间相互协作又相互制约。

公司下设部门:办公室、人力资源部(内含人事管理、机关党委、工会)、计划财务部、稽核审计部、风险及合规管理部、行政事务部、信托业务一部、信托业务二部、信托业务三部、金融同业部、市场营销部、资本运营部。

合肥兴泰信托有限责任公司

机构沿革　1986年11月,经中国人民银行总行批准,合肥市信托投资公司(简称“合肥信托”)成立,行政上隶属合肥市财政局领导。公司成立初,实收资本金700万元,地址在花园街77号。1987年2月开业。1991年,安徽省信托投资公司成立,合肥市信托投资公司作为“安徽省信托投资公司营业部”相对独立经营。1996年,合肥市信托投资公司变更登记为安徽省信托投资公司合肥分公司,保持原有体制、隶属关系不变。

2003年12月17日,中国银监会正式批准原安徽省信托投资公司合肥分公司分立为独立法人——合肥兴泰信托有限责任公司。

合肥兴泰信托有限责任公司领导班子成员一览表

表1-8-6

姓名	职务	任职时间
胡铁成	公司负责人、经理	1986.11—1992

续表 1-8-6

姓名	职务	任职时间
李　工	公司总经理	1992—1998
崔兴梅	公司总经理	1998—2002
孙立强	公司董事长(法人代表)	2002—2005

内设机构

1986 年,公司内设秘书科、业务科、计划会计科、营业部 4 个部门。1998 年,公司内设机构调整为九部一处一室:信贷部、营业部、计划会计部、证券一部、阜阳路证券部、红星路证券部、上海斜土路证券部、投资部、房地产部、人教保卫处、办公室。

2003 年 12 月,合肥兴泰信托有限责任公司正式挂牌。公司重新登记后,按照现代企业法人治理要求,公司建立健全了股东会、董事会、监事会,并设立了投资决策委员会、风险控制委员会、薪酬与考评委员会、审计委员会。公司内设机构包括信托业务部、托管部、投资银行部、自有资产管理部、研究发展部、计划财务部、稽核部、人力资源部、办公室 9 个部门。

第三节　银联商务有限公司安徽分公司

机构沿革　银联商务有限公司安徽分公司于 2004 年 3 月 10 日成立,是银联商务有限公司在安徽省设立的银行卡收单及专业化服务机构。截至 2005 年底,服务商户达到 1308 家,维护 POS 终端 3445 台,受理银行卡刷卡交易 209.4 万笔,清算交易金额 38 亿元。

银联商务有限安徽分公司领导班子成员一览表

表 1-8-6

姓名	职务	任职时间
石文友	总经理	2004.03—2005.04
胡伟钢	副总经理	2005.04-2008.09

内设机构　2004 年,公司主要在合肥地区开展银行卡收单及专业化服务,下设综合部、市场部、业务部和技术部 4 个部门。综合部集行政管理、人事管理及财务管理等职能;市场部主要负责银行卡收单市场业务拓展、终端维护和市场服务;业务部主要负责风险管理、商户入网管理及资金清算管理;技术部主要负责终端技术管理、办公网络维护等工作。2005 年,在原有 4 个部门基础上,新设立蚌埠、芜湖、淮南、六安和巢湖等 5 个地市业务部,主要负责当地的市场拓展、终端维护和市场服务。

第二篇　中央银行业务

第一章　货币信贷

第一节　货币政策

信贷政策

实贷实存，相互融通阶段　1985年1月，“实贷实存”的信贷管理体制开始实行，按照“统一计划、划分资金、实贷实存、相互融通”的原则，中国人民银行安徽省分行对辖内信贷进行调控管理。

统一计划。中国人民银行和专业银行的信贷资金，全部纳入国家综合信贷计划，由人民银行总行综合平衡，经国务院批准后，再核定专业银行信贷收支计划和向人民银行的借款计划；各专业银行省分行在总行批准的计划内安排各市支行的信贷收支计划和向人民银行的借款计划。划分资金。专业银行的自有资金和其他各种信贷资金经中国人民银行总行核定给专业银行总行后，作为各行的营运资金由其自主经营、独立核算、实贷实存，专业银行同中国人民银行之间资金往来，实行上贷下存、实贷实存，并实行差别利率。中国人民银行安徽省分行在总行下达的借款额度内，一次或分几次借给专业银行省分行，由其再分配给所属行、处，存入在中国人民银行开立的存款户专用。相互融通。在一个地区内，各行可以互相拆借，充分发挥资金的横向调剂作用。中国人民银行不再对外办理信贷业务，只办理金融系统内存、贷款，负责金融宏观调控。

1986—1990年，“实贷实存”信贷管理体制又作了一些改进和完善。主要是：1987年开始，中央银行对专业银行贷款按“合理供应、确定期限、有借有还、周转使用”的原则，实行期限管理；中央银行贷款分为两类，一类是年度性贷款；一类为短期贷款，包括日拆性贷款、季节性贷款和再贴现贷款。中央银行总行每年核批省（市）分行的贷款限额，由其按规定灵活掌握贷放，未经批准不得突破；明确规定，中央银行对专业银行不包资金供应，并将实贷实存下放到二级分行办理。

在贯彻执行中，银行编制计划以资金供给制约资金需求；执行计划靠吸收存款、发行金融债券、同业拆借以及挖掘内部资金潜力，提高资金使用效益，实现总量平衡；信贷资金实贷下放到二级分行。专业银行上下级之间资金往来的调拨关系改为借贷关系。中国人民银行对专业银行资金往来亦由单纯供应资金转为实行资金调控，根据经济发展和宏观调控的需要，确定对专业银行是否贷，贷多少，什么时候贷。同时，增强资金间接调控手段，1986 年建行存款准备金率降为 10% 后，1987 年 11 月又调整各专业银行存款准备金率，从 10% 提到 12%。

总量控制、比例管理阶段　1992 年，安徽省银行各项贷款余额 681.33 亿元，比年初增加 120.54 亿元。人民银行安徽省分行争取到贷款规模 18.07 亿元，其中调剂规模 8.2 亿元，建仓规模 4950 万元，清欠规模 4099 万元，专项贷款规模 2.81 亿元，剔除救灾因素，中国人民银行调剂规模比上年增加 3.7 亿元。

1993 年，安徽省贷款规模全年共增加 125.97 亿元，其中工行安徽省分行 42.8 亿元，农行安徽省分行 33.85 亿元，中行安徽省分行 10.5 亿元，建行安徽省分行 31.21 亿元，中国人民银行专项贷款 3.15 亿元。

1993 年 12 月，根据中共中央十四届三中全会通过的《关于建立社会主义市场经济体制的决定》，国务院做出《关于金融体制改革的决定》，要求建立在国务院领导下独立执行货币政策的中央银行宏观调控体系；建立政策性金融与商业性金融分离，以国有商业银行为主体，多种金融机构并存的金融组织体系；建立统一开放、有序竞争、严格管理的金融市场体系。

1994 年，中国人民银行总行制定《信贷资金管理试行办法》，提出逐步实行"总量控制、比例管理、分类指导、市场融通"的新的信贷资金管理办法。具体如下：

中国人民银行对货币信贷总量的控制由主要依靠信贷规模管理逐步转向运用社会信用规划、再贷款、再贴现、公开市场操作、准备金率、基准利率、比例管理、贷款限额等手段的管理。对金融机构的信贷资金实施安全性、流动性管理。指标体系主要包括资本充足率、存贷款比例、中长期贷款比例、资产流动性比例、备付金比例等。在统一的货币政策下，对不同的金融机构，在不同的时期实行不同的管理办法。金融机构可以通过市场筹集和融通资金。按总行要求，中国人民银行安徽省分行当年开始对城市信用社和金融信托公司实行资产负债比例管理。1994 年末，城市信用社资本充足率为 11.1%，超过规定 3.1 个百分点，存贷比 68%，比年初下降 2 个百分点；信托公司资本充足率达到 19.6%，超过规定 11.6 个百分点；自营存贷比 105%，比年初下降 13.3 个百分点，超过规定 30 个百分点。

1995 年，全省金融机构各项贷款 1279.25 亿元（包括人民银行再贴现），比年初增加 242.54 亿元，除农发行安徽省分行因粮棉油收购超规模 16.2 亿元外，其他银行均控制在总行下达的贷款规模以内。城市信用社存贷款比例达到 56.42%，比年初 67.98% 下降 11.56 个百分点。年初，中国人民银行发出了《关于收回人民银行分行短期资金限额的通知》，下达全省 1.7 亿元短期资金收回任务。中国人民银行安徽省分行根据各地市短期资金使用情况，及时将收贷任务分解给各二级分行执行，并按月检查收回进度，如期完成了收贷任务。

1996 年，中国人民银行实行存贷款比例管理基础上的贷款规模管理。中国人民银行分支机构监管贷款规模的主要职责是以商业银行和政策性银行总行下达各分支行的贷款规模或存贷款比例为依据，对商业银行和政策性银行的信贷业务进行监管。为此，中国人民银行安徽省分行发文明确信贷规模监管的责任和要求，及时通报各商业银行地市行的贷款规模；按月对各商业银行和政策性银行贷款规模执行情况进行考核，并按季进行通报。至年底，全省各商业银行和政策性银行共收到贷款规模256.955亿元，贷款实绩252.63亿元，各行贷款发放控制在总行下达的贷款规模和存贷款比例之内。

中国人民银行先后取消了对合作金融机构、股份制商业银行和其他商业银行的贷款限额管理。到1997年，贷款限额管理仅限于国有商业银行和政策性银行。

指导性计划管理阶段　1997年12月，中国人民银行总行根据中共中央、国务院《关于深化金融改革，整顿金融秩序，防范金融风险的通知》要求，下发《关于改进国有商业银行贷款规模管理的通知》，决定从1998年1月1日起，对商业银行贷款增加量的管理，取消指令性计划，改为指导性计划，在逐步推行资产负债比例管理和风险管理的基础上，实行"计划指导，自求平衡，比例管理，间接调控"的信贷资金管理体制。

中国人民银行对商业银行贷款增加量，不再按年分季下达指令性计划，改为按年（季）下达指导性计划。商业银行以法人为单位对资金来源与运用实行自求平衡。商业银行以法人为单位逐步实行资产负债比例管理。中国人民银行综合利用存款准备金、再贷款、再贴现、公开市场业务和利率等货币政策工具，及时调控基础货币，保持贷款适度增长。

1999年，中国人民银行合肥中心支行力促稳健的货币政策与有关的货币信贷政策措施在辖区内全面贯彻执行，积极引导辖区金融机构正确处理防范金融风险和增加信贷投放的关系。引导农村金融机构改进金融服务，适当增加农业贷款的投放。合肥市金融机构对农业贷款增加6989万元。引导金融机构稳步推进和拓展消费信贷业务，增加对个人的消费贷款，个人住房贷款比年初增加16518万元，增长3.09倍。积极配合有关部门落实封闭贷款的发放，与合肥市经济贸易委员会联合对11户企业进行调查和推荐工作，承贷行共发放封闭贷款2420万元。

2000年，中国人民银行合肥中心支行按季组织召开安徽省、合肥市两级货币信贷政策执行情况分析会，并结合实地调研情况，拟写分析报告，提出货币信贷政策调整建议，要求辖内金融机构尽快组织执行。年初，会同安徽经济委易委员会对安庆、蚌埠市金融机构封闭贷款政策的执行情况进行了检查。8月，会同省教育厅、省财政厅拟定《安徽省教育助学贷款贯彻实施意见》，11月，对工、农、中、建4家国有独资银行教育助学贷款开办情况进行了调查。参加了经济实用住房建设计划落实情况的检查。

2002年，中国人民银行合肥中心支行成功承办"2002年安徽省银企合作项目衔接会"，为银企双方提供交流的平台，会上，银行业金融机构共与全省100多家工商企业签订了贷款协议，资金总额达517.71亿元。认真贯彻落实中小企业信贷政策，引导各金融机构把扶持中小企业特别是私营个体经济放到战略地位来认识，努力增加对中小企业和个私经济的信贷投放，并于6月8—9日，组织合肥市商业银行参加合肥市"发展个私经济服务周”活动。

2003 年,中国人民银行合肥中心支行引导金融机构加大对民营经济的支持力度,组织召开商业银行、民营企业座谈会,代安徽省政府草拟了《改进对民营企业金融服务的实施办法》,提出支持民营企业发展的具体措施。

2004 年,中国人民银行合肥中心支行认真落实《关于进一步加强产业政策和信贷政策协调配合控制信贷风险有关问题的通知》精神,协调、督促和指导商业银行调整贷款投向,优化信贷结构,防范信贷风险。开展对合肥市钢铁、电解铝、水泥等过度投资行业贷款情况的调研,对如何改进和加强信贷窗口指导进行调查。

2005 年,中国人民银行合肥中心支行根据《中国人民银行办公厅关于对银行支持农业产业化发展有关情况进行调研的通知》要求,指导农业银行加强对 155 家省级和 20 家国家重点农业产业化龙头企业的信贷服务工作,切实解决产业化龙头企业收购资金紧张的问题。5 月,与安徽省发展与改革委员会(简称省发改委)联合承办了 2005 年“861 行动计划银企合作项目衔接会”,共签约 238 个项目,签约金额 1455 亿元。

再贷款政策 1985—1994 年,中国人民银行将专业银行发放的贷款分为两类:一类是年度性再贷款,用于解决专业银行因经济合理增长和承担国家较多的中长期政策性贷款任务而引起的信贷资金不足,期限一般为一年。另一类是短期再贷款,用于解决专业银行信贷资金营运中先支后收或存款季节性下降、贷款季节性上升因素引起的临时性资金短缺需要,一般为 10—20 天,最长不超过 4 个月。年度性再贷款与短期再贷款分别平衡,分别管理,分别控制。

1998 年,中国人民银行总行《关于中国人民银行分行再贷款管理若干规定的通知》强调,再贷款实行指令性计划管理,各省、自治区、直辖市分行任何时点的再贷款余额均不得突破总行核定的限额;集中再贷款管理和审批权限,短期融通资金由省、自治区、直辖市分行逐笔审批,再贴现的管理与操作集中在一级分行和少数中心城市分行,农村信用社再贷款审批权集中在地(市)级分行。按照规定范围和期限发放再贷款,短期融通资金用于解决商业银行支付清算的临时头寸不足,其中,国有商业银行期限不超 20 天,其他商业银行期限不超 7 天,再贴现最长期限 6 个月,农村信用社贷款中支农资金需要的期限最长 6 个月,季节性资金需求期限最长 3 个月,临时清算头寸不足需求的期限最长 20 天。

短期再贷款 1999 年 2 月 6 日,中国人民银行印发《短期再贷款管理暂行办法》,提出“限额控制、授权操作”的原则,县(市)支行不得审批短期再贷款;分行短期再贷款只能用于解决借款人同城票据清算和联行汇差清算的临时头寸不足,以及其他短期流动性不足。12 月 2 日,为加强对股份制商业银行、城市商业银行和城市信用社等中小金融机构支持力度,在短期再贷款项下增设中小金融机构再贷款,用于支持资信情况良好的城市商业银行和城市信用社增加中小企业贷款和扩大消费贷款,并将短期再贷款的期限由 3 个月放宽到 1 年。头寸再贷款是为解决辖内商业银行同城票据清算和联行

汇差清算的临时头寸不足而发放的贷款,期限一般为7天,最长20天;中小金融机构专项再贷款,是指中国人民银行为支持资信良好且有有效贷款需求的城市商业银行和城市信用社发放的再贷款,期限不超过1年。

2000年,为配合国家支持中小企业发展的宏观政策和有效支持地方经济发展,对城市商业银行增加有效信贷投放形成的流动性不足,在确保资金安全的条件下给予再贷款支持。由此形成的资产单独考核,暂不列入资产负债比例指标考核体系。

2005年,随着金融机构加强流动性管理,短期再贷款需求逐步减少,只有少数金融机构偶尔申请办理头寸再贷款,中小金融机构再贷款需求一直为零。随着城市商业银行改革逐渐深入,城市商业银行资金短缺状况彻底改观,再贷款需求开始消退。

1999—2005年短期再贷款投放情况统计表

表2-1-1　单位:亿元

年份	1999	2000	2001	2002	2003	2004	2005
头寸再贷款累放	30.88	23.47	63.27	59.91	22.55	8.87	7.6
中小金融机构再贷款累放	-	5.22	13.21	16.39	20.63	13.75	0
短期再贷款累放合计	30.88	28.69	76.48	76.3	43.18	22.62	7.6

对农村信用社再贷款　1997年1月12日,中国人民银行印发《对农村信用合作社贷款管理暂行规定》,对农村信用社再贷款管理实行"总量控制、限额管理、划分权限、余额监控"的方法。农村信用社将这项贷款用于国务院和各省、自治区、直辖市政府确定的贫困地区农业生产的资金需要,用于解决农业生产季节性原因出现的先支后收的短期资金需要;用于支付清算出现的临时资金需要,期限分别为6个月以内、3个月以内和20天以内,对同一借款人发放贷款要有一定的间隔期。2000年,根据中国人民银行《关于进一步改善金融服务支持春耕生产安排意见》,对支农力度较大的农村信用社,优先给予再贷款,支农再贷款限额不再实施期限管理,分行不再保留再贷款限额,中心支行只保留少量再贷款限额,下达支行限额不低于辖内总限额的80%。

2001年4月17日,中国人民银行印发《中国人民银行对农村信用合作社贷款管理办法》,对农村信用社再贷款管理实行"限额控制、规定用途、设立台账、到期收回、周转使用",规定分支行可跨年度周转使用上级下达的再贷款限额,但再贷款期限最长不超过12个月,贷款到期后不予展期。对解决农村信用社支付头寸不足的再贷款,期限不得超过20天,余额不得超过辖内再贷款限额的5%。2002年,中国人民银行对《中国人民银行对农村信用合作社贷款管理办法》进行修订,对借款人归还再贷款确有困难的,允许按规定予以展期,展期期限累计不得超过2年。

1999—2005 年对农村信用社再贷款投放情况统计表

表 2 -1 -2　　单位:亿元

年份	1999	2000	2001	2002	2003	2004	2005
累放	9.49	20.13	33.47	50.83	53.95	49.97	19.68

紧急再贷款　为有效防止辖内个别金融机构支付风险的蔓延,维护全辖金融体系的安全和稳定,保护广大储户的合法权益,紧急再贷款最初实行总行授权分行审批。2002 年 4 月 14 日,紧急再贷款由总行授权分行(含营业管理部)审批,改由总行集中审批。总行审批后,由分行负责发放、监督管理和到期收回。2002 年 9 月 20 日,分行占用的紧急再贷款限额,按实际占用的余额考核,对停业整顿(撤销)的金融机构所占用的紧急再贷款,到期后不再办理展期手续,自动转入逾期贷款账户。

安徽省辖内发生的紧急再贷款是由中国人民银行利辛县支行对利辛县农村信用社发放的。2001 年 8 月以后,利辛县农村信用社各项存款一度呈大幅下降趋势,特别是城区信用社先后出现了支付风险,经批准动用法定存款准备金后,2002 年 3 月 28 日起,中国人民银行利辛县支行累计向该县信用联社发放紧急贷款 21 笔,金额 9000 万元,由该县其他部分信用社提供担保,用于春店、城关、文化路、纪王场、南关、北关、东关等 7 家农村信用社储蓄存款本金及合法利息兑付。

地方政府向中央专项借款　地方政府向中央专项借款是指经国务院批准,中国人民银行发放再贷款,并通过指定的地方商业银行向省(自治区、直辖市)政府的融资,专项解决地方要关闭的农村合作基金会、各类信托投资公司、城市商业银行、城市信用社的个人债务和合法外债。

2000 年 4 月 29 日,中国人民银行、财政部联合印发《地方政府向中央专项借款管理规定》(银发[2000]148 号),详细对地方政府向中央专项借款的申请、使用、管理和归还做了明确规定,使用期限一般为 6—8 年,一次落实借款合同,分年签订借款借据,借款期内按季计息。2000—2005 年,安徽省政府专项借款累计发放 6.13 亿元。但由于各省地方财政负担较重,贷款不久后逐步停止主动还本付息,而由中央财政在税收返还资金中予以扣划,至 2005 年末,已主动归还及扣划方式累计归还政府专项借款 3.73 亿元。

农村合作基金会清理整顿专项借款　为妥善处置农村合作基金会清理整顿中出现的问题,解决农村合作基金会个人存款兑付缺口,经中国人民银行总行授权,从 2000 年起,中国人民银行合肥中心支行分两期通过合肥市商业银行(2005 年 12 月,改为徽商银行)对安徽省财政厅发放农村合作基金会清理整顿专项借款 3.14 亿元。其中 2000 年第一期借款为 2.17 亿元,2002 年第二期借款为 0.97 亿元,至 2005 年末,全省累计偿还 1.35 亿元。

粮食风险基金专项借款　为解决安徽省1999年度配套粮食风险基金缺口问题，经人民银行总行授权，从2001年起，中国人民银行合肥中心支行通过合肥市商业银行（后改为徽商银行）对安徽省财政厅发放粮食风险基金专项借款2.19亿元。

撤销信托投资公司专项借款　2001年，为妥善解决安徽省滁州市、蚌埠市信托投资公司撤销后个人债务兑付问题，经中国人民银行总行授权，从2001年起，中国人民银行合肥中心支行通过合肥市商业银行（后改为徽商银行）对安徽省财政厅发放供销社社员股金兑付专项借款0.8亿元。

人民银行自办金融机构再贷款　滁州、阜阳、中国原城亳州市信用社为安徽省内中国人民银行自办金融机构，因经营不善资不抵债被监管部门下令撤销。为解决这些城市信用社个人存款兑付的资金缺口，人民银行合肥中心支行在总行授权下，对其提供了专项再贷款支持，经努力，三家机构的资产已经全部处置清收完毕。2005年末，全省自办金融机构再贷款余额为18152.94万元，其中原滁州、阜阳、亳州城市信用社再贷款分别为11021.27万元、5554.67万元、1577万元，这些再贷款均已转入逾期账户。

其他再贷款　其他再贷款包括1993年以前对其他银行和非银行金融机构发放的尚未收回的再贷款、通过融资中心拆出占用的再贷款等。由于改革初期中国金融市场及其管理不够完善，金融机构、金融组织因停业、撤销等各种原因无力偿还，导致部分再贷款被长期占用。后经多方努力，中国人民银行合肥中心支行已收回部分其他再贷款，并对剩余其他再贷款进行维权处置。截至2005年，安徽省其他再贷款4990万元，其中，1993年前再贷款余额4193万元，融资中心划转贷款797万元，均已停息挂账。

再贴现政策　1984年12月24日，中国人民银行总行颁布《商业银行承兑、贴现暂行办法》，在全国范围内开展商业汇票承兑和贴现业务。1986年，颁布《中国人民银行再贴现试行办法》，对专业银行持有的商业承兑汇票和银行承兑汇票开办再贴现业务。1988年，颁布《银行结算办法》，将商业汇票作为清理拖欠的一项措施，作为货款结算的一种工具，并规范了结算、承兑、贴现、再贴现的处理程序和会计核算手续。同年，还颁布《关于加强商业汇票管理促进商业汇票发展的通知》，继续倡导和促进商业汇票的使用和推广。

1994年，为加强中央银行宏观调控能力，中国人民银行总行专门安排再贴现资金，用于煤炭、电力、冶金、化工、铁道等行业，以及棉花、烟叶、生猪、食糖等农副产品已贴现票据的再贴现。此项业务标志着中央银行首次将再贴现作为调整信贷结构工具予以运用。

1997年，中国人民银行印发了《商业汇票承兑、贴现与再贴现管理暂行办法》（银发〔1997〕216号）的通知，明确了再贴现操作管理的一系列标准，如再贴现期限最长4个月，再贴现实行总量、期限和投向比例控制，中国人民银行安徽省分行将各市分行和部分县（市）支行作为再贴现转授权窗口，转授权窗口在分行核定的再贴现限额内按照规定办理再贴现业务。其他县级支行不得自行办理再贴现业务，但可受理、初审辖内金融机构的再贴现申请,提出初审意见,报转授权窗口审批后经办有关业务。1998 年,为防范商业汇票风险,按总行要求严肃商业汇票结算纪律,完善承兑授权管理推动授信业务发展、集中再贴现业务管理和开展现场检查等举措,加强了对商业汇票同贴现限额的集中管理和再贴现的集中审批。取消县支行转授权窗口地位,但县支行仍可接受再贴现业务的初审,逐笔报市分行审批后办理具体的再贴现手续。

2001 年 7 月,中国人民银行发出了《关于切实加强商业汇票承兑贴现和再贴现业务管理的通知》,9 月,将再贴现利率由 2.16% 提高为 2.97%。11 月,中国人民银行对办理银行承兑汇票业务实行控制,要求承兑总量不得超过其上年末各项存款余额的 5%。金融机构票据业务及人民银行再贴业务出现回落。2003 年,中国人民银行取消了“承兑总量不得超过其上年末各项存款余额的 5%”的承兑风险控制指标,对跨行支付结算业务实行约定代理。9 月,中国人民银行调高存款准备金率 1 个百分点,金融机构再贴现需求再度趋旺。2004 年开始,由于金融机构流动性普遍过剩,票据市场价格走低,一度突破再贴现利率下限,金融机构办理再贴现业务利差倒挂,再贴现需求逐渐下降,全年再贴现累放下降至 3.28 亿元。2005 年,没有再贴现业务发生。

1994—2005 年安徽省再贴现业务统计表

表 2-1-3　　单位:亿元

年份	1994	1995	1996	1997	1998	1999	2000	2001	2002	2003	2004	2005
余额	4.5	8.93	8.92	6.35	5.93	8.07	16.99	12.84	2.29	19.57	0.03	0

存款准备金政策

人民币存款准备金　1984 年,中国人民银行开始对人民币存款准备金进行管理。1985 年,中国人民银行改变了按存款种类核定存款准备金率的做法,一律调整为 10%。1987 年,将存款准备金率从 10% 调至 12%。1988 年 9 月,存款准备金率上调至 13%。

1998 年 3 月 21 日,经国务院批准,中国人民银行决定,对原有存款准备金制度实施改革。改革的主要内容是:调整各金融机构一般存款缴存范围,将原财政性存款中的机关团体存款和财政预算外存款划为金融机构一般存款;将原各金融机构在中国人民银行的“缴存一般存款”和“备付金存款”两个账户合并,统称为“准备金存款”;将法定存款准备金率 13% 调低至 8%;对各金融机构的法定存款准备金按法人统一考核;对各金融机构法定存款准备金按旬考核;金融机构按法人统一存入中国人民银行的准备金存款低于上一旬末一般存款余额的 8%,中国人民银行对其不足部分按照每日万分之六的利率处以罚息。此外,还将金融机构法定和超额准备金利率统一下调到同一水平 5.22%。

为及时解决部分农村信用社和城市信用社出现的严重支付困难,防范和化解金融风险,中国人民银行于1998年9月18日和1999年2月21日先后改进了农村信用社和城市信用社动用法定存款准备金的管理,规定农村信用社和城市信用社动用存款准备金由省分行审批,分行可授权中心支行审批,中心支行审批动用存款准备金额度不得超过其应缴金额的50%,由县(市)支行初审上报;一级分行批准动用法定存款准备金的农村信用社个数不能超过辖内农村信用社总数的30%。2004年3月4日,中国人民银行总行规定,人民银行合肥中心支行负责审批安徽省城乡信用社动用法定存款准备金,审批权限不得下放,并将批准运用金融机构数的权限扩大至不超过所在地机构总数的50%,批准金融机构动用人民币法定存款准备金额比例保持不变。

1999年11月21日,为鼓励金融机构增加信贷投入,中国人民银行将金融机构法定存款准备金率由8%下调至6%。2003年9月21日,为收缩金融机构的信贷规模,中国人民银行将存款准备金率由6%上调至7%,此次对城乡信用社不作调整,城乡信用社仍执行6%的存款准备金率。

2004年4月25日,中国人民银行开始实行差别存款准备金率,金融机构适用的存款准备金率与资本充足率、资产质量状况等指标挂钩,对资本充足率不足4%的金融机构存款准备金率提高0.5个百分点。未进行股份制改造的国有商业银行、城乡信用社暂缓执行差别存款准备金率。安徽省没有商业银行执行差别存款准备金率。同时,为防止货币信贷过快增长,存款准备金率上调至7.5%,城乡信用社仍执行6%,执行差别存款准备金率的金融机构执行8%。

外汇存款准备金　1997年1月1日,为保证金融的稳定运行,中国人民银行总行先后颁布《外资金融机构存款准备金缴存管理办法》和《外汇存款准备金管理规定》。规定从即日起,各国有商业银行和股份制商业银行上缴外汇存款准备金。中资金融机构外汇存款准备金率为2%,外资金融机构存款到期日在3个月以内的外汇存款准备金率为5%,3个月以上外汇存款准备金率为3%,按季缴存。

利率政策　1985年4月1日起,定期储蓄存款半年、1年、3年期的月利率分别提高到4.5‰、5.7‰、6.6‰。1985年8月1日,再次提高定期储蓄存款利率,半年、1年、3年、5年、8年期的月利率分别提高到5.1‰、6.0‰、6.9‰、7.8‰、8.7‰。

1986年3月1日,中国人民银行安徽省分行对定活两便储蓄利率作出统一规定:存期不满1个月,不计利息;存期1个月以上、不满半年,按活期计息;存期半年以上(含半年)、不满1年,按储蓄存款半年利率打九折计息;存期在1年以上(含1年),按储蓄存款定期1年利率打九折计息。12月,对存期不满1个月的零数,改不计息为按实存天数计付利息。

1987年5月23日,中国人民银行安徽省分行根据中国人民银行《关于储蓄存款利率规定的通知》作出规定,各金融机构和邮政部门,必须按照《中华人民共和国银行管理暂行条例》规定的"各种存款的最高利率和各种贷款的最高利率,由中国人民银行总行拟定"的原则,执行统一利率政策,各专业银行和金融机构均不得擅自提高存款利率。农村信用社的储蓄存款利率可在低于市场利率、高于国家规定的基准利率的幅度内浮动。浮动幅度在20%以内的报当地农业银行批准,20%以上的报中国人民银行安徽省分行批准。同年,中国人民银行安徽省分行执行总行6月17日批准的《中国银行大额定期储蓄存款章程》,允许大额定期储蓄存款利率比同期存款利率上浮10%。

1988年9月1日,提高定期储蓄存款利率。城乡居民储蓄存款利率调整后,农村信用社(城镇、城关、大工矿区除外)的存款利率按规定报批,可按新的利率标准上下浮动20%,其他金融机构(包括邮政储蓄)一律按统一规定的利率执行,各级银行及其他金融机构(包括邮政储蓄)都要执行统一的利率政策和利率标准,任何单位和个人不得擅自或变相提高存款利率。各级人民银行要加强检查监督,对违反规定者要严肃处理。个人大额定期存单的利率可在调整后定期存款利率的基础上上浮5%,不得突破。从9月10日起,开办人民币长期保值储蓄存款。全省各银行、城市和农村信用社以及邮政储蓄等部门,对城乡居民个人3年期以上定期存款(包括整存整取、存本取息、华侨人民币储蓄存款)均予以保值。10月4日,中国人民银行安徽省分行通知省内个别市的专业银行,前一时期发放的大面额存单,其利率上浮违反规定,要立即予以制止,并督促有关银行进行纠正。10月20日,中国人民银行安徽省分行转发中国人民银行《关于加强利率管理工作的暂行规定》,明确中国人民银行是国家管理利率的唯一机关,其他单位均不得制定与国家利率政策和有关规定相抵触的利率政策和具体办法,不得以任何借口和方式强迫金融机构提高或降低(包括变相提高或降低)存款利率。

1989年2月1日,全省各银行再次提高城乡居民定期储蓄存款年利率。各存期的年利率分别为半年期9%,1年期11.34%,2年期12.24%,3年期13.14%,5年期14.94%,8年期17.64%。5月2日,人民银行安徽省分行根据中国人民银行银发〔1989〕40号文件关于"各银行可增设一年期以下的存款利率档次,其利率在计算复利不超过一年期存款利率的基础上确定"的精神,决定增设3个月、9个月储蓄存款档次,月利率分别为6.45‰和8.55‰。办理1年期以下大额定期存单应报经中国人民银行安徽省分行批准,未经批准的一律停办。6月1日起,各银行及邮政储蓄部门对城乡居民个人3个月存款利率最高限为月利率6.3‰。8月2日,中国人民银行安徽省分行转发中国人民银行制定的《大额可转让定期存单管理办法》,规定大额可转让定期存单的月利率最高限为:1个月、3个月、6个月、9个月、12个月分别为5.85‰、6.93‰、8.25‰、9.33‰、10.5‰,在此范围内利率可以下浮,下浮的幅度由各发行单位自行确定。

1990年2月1日起,各金融机构强化利率管理工作,各银行、城乡信用社和其他非银行金融机构严格按照中国人民银行规定的储蓄存款利率执行,一律不准上浮。根据国务院关于"双紧方针不变,适当调整力度"的要求,4月15日起,对储蓄存款利率进行了首次下调。

1991年3月25日,中国人民银行决定调整存款利率,各项存款利率在现行基础上平均下调1个百分点,对城乡居民3年以上定期存款仍实行保值。1991年,中国人民银行发布《关于调整存款利率的通知》，决定从4月21日起，城乡居民定期存款9个月档次年利率由7.56%下调为6.48%，向个人发行的大额可转让定期存单按调整后的利率上浮5%。

1993年，为了贯彻执行国务院《储蓄管理条例》，1月12日，中国人民银行制定了执行此项条例的若干规定。5月12日，中国人民银行发布《关于调整存款利率的通知》，决定各项存款利率在现行基础上平均上调1.19个百分点。6月29日，中国人民银行决定再次提高存款利率，各项存款利率在现行基础上平均上调1.35个百分点。10月14日，中国人民银行发布《关于大额特种储蓄存单到期处理问题的通知》，各银行机构可将到期的大额特种储蓄存单自动转存为普通定期储蓄存款。10月14日，中国人民银行发布《关于进一步加强外币利率管理的几项规定》，强调了中国人民银行是外币利率管理的主管机关，统一行使外币利率管理权，鉴于当时外币利率水平普遍偏低，允许金融机构对外币存款利率可最高上浮5%。

1995年，根据国家统计局提供的"全国社会商品零售及服务项目价格总指数"计算，人民银行公布了人民币长期保值储蓄存款贴补率的通知，1995年5月、7月、8月、9月、11月及1996年1月份到期的人民币保值储蓄存款的年保值贴补率分别为12.27%、13.01%、12.99%、12.64%、12.07%、和11.31%，换算成日贴补率分别为3.41/‱、3.61/‱、3.61/‱、3.61/‱、3.51/‱、3.35/‱、3.14/‱，对1995年5月、7月、8月、9月、11月及1996年1月到期的5年期定期储蓄存款，原定存款期即为保值期；对其到期的3年期定期储蓄存款，从1993年7月11日开始直至存款到期日为止为保值期；对8年期的定期储蓄存款，从1988年9月10日开始直至存款到期日为止为保值期。

1996年2月14日，为制止存款业务中的不正当竞争行为，在中国人民银行组织下，工商银行、农业银行、中国银行、建设银行和交通银行共同商定了《制止存款业务中不正当竞争行为的若干规则》，对继续使用不正当手段进行存款业务竞争的机构进行处理。5月2日，由于宏观经济调控已取得显著成效，为适当减轻企业利息负担，经国务院批准，中国人民银行决定从5月1日起，适当降低金融机构存款利率，各项存款年利率在现行基础上平均下调0.98个百分点。8月20日，经国务院批准，中国人民银行决定从1996年8月23日起，再次降低金融机构各项存款利率，在现行基础上平均下调1.5个百分点。

1997年2月20日，中国人民银行发布《关于严禁将公款转为储蓄存款的通知》，严格禁止金融机构为完成储蓄承包任务乱拉存款，防止引起经济金融秩序的混乱。10月23日，中国人民银行决定从即日起降低金融机构各项存款利率，在现行基础上平均下调1.1个百分点。

1998年2月27日，中国人民银行下发《关于印发朱镕基副总理、温家宝同志有关制止高息揽储重要批示的通知》，对不执行利率规定的违法行为，要依照国家法律、法规和中国人民银行金融规章进行惩处。3 月 24 日,经国务院批准,中国人民银行决定从 1998 年 3 月 25 日起,降低金融机构各项存款利率,在现行基础上平均下调 0.16 个百分点。6 月 21 日,为维护良好的存款秩序,中国人民银行发布关于立即停办有奖储蓄的通知,各金融机构从文到之日起,一律停办新的有奖储蓄。6 月 30 日,中国人民银行发布《关于降低存款利率的通知》,决定从 1998 年 7 月 1 日起,降低金融机构存款利率,各项存款的年利率在现行基础上平均下调 0.49 个百分点。12 月 7 日,中国人民银行决定,降低金融机构存款利率,在现行基础上平均下调 0.5 个百分点,其中活期、3 个月存款利率不变,1 年期存款利率由 4.77% 下调到 3.78%。12 月 15 日,中国人民银行发布《关于利率调整有关具体问题的补充通知》,统一全国通知存款和协定存款利率水平,其中,通知存款年利率 1 天调整为 1.80%,7 天调整为 2.34%;协定存款年利率调整为 2.16%,从 1998 年 12 月 21 日开始执行。

1999 年 1 月 3 日,中国人民银行印发《通知存款管理办法》,通知存款的最低起存金额个人为 5 万元,单位为 50 万元;最低支取金额个人为 5 万元,单位为 10 万元。1 月 14 日,为解决部分农村信用社资金剩余、缓解经营困难的状况,中国人民银行决定对农村信用社开办特种存款,本次开办特种存款金额为 100 亿元,其中 3 个月期 60 亿元,6 个月期 40 亿元,3 个月期利率为年利率 3.87%,6 个月期利率为年利率 4.05%。6 月 9 日,中国人民银行发布《关于降低存款利率的通知》,决定从 1999 年 6 月 10 日起,降低金融机构存款利率,各项存款年利率在现行基础上平均下调 1 个百分点。7 月 8 日,中国人民银行发布《关于邮政储蓄转存款利率问题的通知》,邮政储蓄转存款利率仍按 5.922% 执行,至 1999 年底,再作调整。

2000 年 1 月 11 日,中国人民银行发布《关于邮政储蓄转存款利率问题通知》,从 1999 年 12 月 21 日开始,邮政储蓄存款利率由 5.922% 调整为 4.6008%。3 月 28 日,中国人民银行印发《教育储蓄管理办法》的通知,鼓励城乡居民以储蓄方式为子女教育积蓄资金,采用实名制,为零存整取定期储蓄存款,存期分为 1 年、3 年和 6 年,最低起存金额 50 元,本金合计最高限额为 2 万元。8 月 24 日,经国务院批准,中国人民银行决定从 9 月 21 日开始,改革外币利率管理体制,大额外币存款利率由金融机构与客户协商确定,小额外币存款利率由银行业协会统一制定。

2001 年 2 月 7 日—11 月 12 日,中国人民银行共 8 次调整包括美元、英镑、欧元、日元、港币、加拿大元与瑞士法郎等的小额外币存款利率,并不断加大对外币存款利率的监管,按季对期限、金额、利率进行统计和分析。2002 年 2 月 21 日,中国人民银行降低存款利率 0.25 个百分点,并在 11 月 19 日对主要外币的小额存款利率进行了调整。

2003 年 6 月 9 日,中国人民银行发布《关于个人住房公积金存款账户日常销户结清时的利率适用和计结息方式的通知》,规定居民个人的住房公积金存款账户日常销户结清时,当年归集的,按销户日挂牌公告的活期存款利率结计利息;上年结转的,按销户日挂牌公告的 3 个月整存整取存款利率结计利息。7 月 2 日,调整美元、欧元、港币、英镑和瑞士法郎等外币小额存款利率，自此起，中国人民银行只公布美元、欧元、港币和日元的小额存款利率，其他币种则改由各商业银行确定公布。

2004年，中国人民银行决定从10月29日起，上调金融机构存款基准利率，并允许存款利率下浮，其中金融机构一年期存款利率由现行的1.98%提高到2.25%，上调0.27个百分点，其他各档次存款利率也相应调整，金融机构以中国人民银行规定的人民币存款基准利率为上限，实行存款利率下浮制度，即人民币存款利率下限为0，上限为各档次存款基准利率。11月18日，经国务院批准，上调美元小额外币存款利率，并自即日起人民银行不再公布美元、欧元、日元小额外币存款利率，改由商业银行自行确定并公布。

2005年5月27日，中国人民银行对人民币存款计结息的有关规定进行适当修改，个人活期存款按季结息，按结息日挂牌活期利率计息，每季末月的20日为结息日。除活期存款和定期整存整取存款外，通知存款、协议存款、定活两便、存本取息、零存整取和整存零取等其他存款的计、结息规则，由开办业务的金融机构法人以不超过中国人民银行同期限档次存款利率上限为原则，自行制定并提前告知客户。

单位存款利率管理　1985年4月1日起，提高企事业单位定期存款利率，单位1年、2年、3年期的定期存款年利率，分别调整为4.32%、5.04%、5.76%。1987年6月21日起，调整企业单位定期存款利率。1年、2年、3年期的企业单位定期存款利率，分别调整为月利率4.2‰、4.8‰、5.4‰，同时，增设半年期档次，月利率为3.6‰。为了发挥信用社引导、平抑民间借贷利率的作用，对信用社存款利率适当放活，规定从1987年10月1日起，信用社（城镇、城关、大工矿区信用社除外）的存款利率，试行在国家规定的利率上下浮动20%。

1988年，中国人民银行从9月1日起，提高银行存款利率。企业、事业单位的存款利率，与个人存款利率“持平”。企业活期存款年利率调整为2.88%，企业、事业单位1年、2年、3年期定期存款年利率分别调整为8.64%、9.18%、9.72%，增设5年、8年期利率档次，年利率分别为10.80%、12.42%，半年期定期存款年利率调整为6.48%。10月20日，中国人民银行发布《关于加强利率管理工作的暂行规定》，明确中国人民银行是国家管理利率的唯一机关，其他单位均不得制定与国家利率政策和有关规定相抵触的利率政策和具体办法，不得以任何借口和方式强迫金融机构提高或降低（包括变相提高或降低）存款利率。

1989年2月1日，中国人民银行决定提高企业、事业单位定期存款利率。半年、1年、2年、3年、5年、8年期存款的年利率分别调到9%、11.34%、12.24%、13.14%、14.94%、17.64%。规定各金融机构（含农村信用社）的存款利率一律不得向上浮动。

1990年4月15日起，降低存款利率，企事业单位定期存款3个月、6个月、9个月、1年、2年、3年、5年、8年期年利率分别降至6.30%、7.74%、9%、10.08%、10.98%、11.88%、13.68%、16.20%。1990年8月21日，再次降低存款利率，企事业单位的活期存款年利率由 2.88% 降到 2.16% ,实行分段计息;企事业单位定期存款 3 个月、6 个月、9 个月、1 年、2 年、3 年、5 年、8 年期年利率分别降到 4.32% 、6.48% 、7.56% 、8.64% 、9.36% 、10.08% 、11.52% 、13.68% 。

1991 年 5 月 3 日,为保证储户利息的支付,邮电部、中国人民银行发布《关于 1990 年下调利率后对邮政储蓄老存款利差补贴的通知》,对邮电部调整利率日以前吸收的定期储蓄存款多支付的利息差额,由中国人民银行给予一次性补贴。

1993 年,经国务院批准,中国人民银行决定从 7 月 11 日起,提高人民币存款利率,并实行 3 年以上定期储蓄存款保值。企事业单位活期存款年利率由 2.16% 提高到 3.15% ,定期存款年利率平均上调 1.72 个百分点。8 月 19 日,中国人民银行发布《关于邮政储蓄转存款利率及保值储蓄补贴问题的通知》,邮政储蓄转存在中国人民银行的活期存款、长期存款年利率随此次利率调整相应上调,活期存款利率调整为年利率 3.15% ,长期存款利率调整为年利率 12.42% 。8 月 21 日,中国人民银行发布《关于不准擅自提高和变相提高存款利率的十项规定》,各金融机构必须严格执行法定的存款利率。

1996 年 8 月 18 日,中国人民银行发布《关于对农村信用社开办 1996 年第一期特种存款的通知》,决定在 1996 年分两期对农村信用社开办 200 亿元特种存款,并于 8 月开办第一期,金额为 80 亿元,期限为 6 个月,年利率为 11.7% 。12 月 6 日,中国人民银行发布《关于对农村信用社开办 1996 年第二期特种存款的通知》,金额为 120 亿元,期限 3 个月,因年内中国人民银行两次降低金融机构存、贷款利率,所以本次开办的特种存款年利率由年初确定的 12.78% 下调为 10.08% 。

1997 年 11 月 15 日,中国人民银行印发《人民币单位存款管理办法》的通知,任何个人不得将私款以单位名义存入金融机构,任何单位不得将个人或其他单位的款项以本单位名义存入金融机构。11 月 24 日,为有利于在全国范围内尽快推进统一的企业职工基本养老保险制度的建立,中国人民银行发布《关于对养老保险基金活期存款实行优惠利率的通知》,决定养老保险基金存入各商业银行的活期存款,从 1998 年 1 月 1 日起,按 3 个月整存整取定期存款利率计息,1998 年 1 月 1 日以前存入的活期存款,以 1 月 1 日为界,分段计息。

1998 年 3 月 11 日,中国人民银行发布《关于调整邮政储蓄转存款利率的通知》,从 1997 年 12 月 21 日起,实行统一的邮政储蓄转存款利率,年利率为 7.452% 。6 月 20 日,中国人民银行发布《关于调整邮政储蓄转存款利率的通知》,从 1998 年 3 月 25 日起,邮政储蓄部门在人民银行的转存款利率由年利率 7.452% 下调到 7.218% ,邮政储蓄转存款实行分段计息,按季结息,每季末月 20 日为结息日。7 月 3 日,中国人民银行发布《关于农村信用社特种存款续存的通知》,本次续存的特种存款金额为 130 亿元,其中 3 个月 44 亿元,6 个月 86 亿元,3 个月期年利率 5.13% ,6 个月期年利率 5.22% 。

1999 年 3 月 2 日,中国人民银行发布《关于印发《人民币利率管理规定》的通知》,

对1990年颁布的《利率管理暂行规定》进行了修订。10月18日，中国人民银行发布《关于对保险公司试办协议存款的通知》，主要内容为：保险公司协议存款仅限于商业银行法人对中资保险公司法人办理；保险公司协议存款仅限于5年以上存款，5年以下存款仍按同期同档次存款利率执行；保险公司协议存款最低起存金额为3000万元。12月2日，中国人民银行发布《关于对农村信用社开办特种存款的通知》，本次开办的特种存款金额为200亿元，期限为3个月，年利率3.06%。

2001年3月19日，中国人民银行发布了《关于证券公司在商业银行开立的B股保证金账户存款利率的通知》，对于各证券公司在商业银行开立的B股保证金账户存款，统一按中国人民银行公布的同种小额外币活期存款利率计息，不得浮动。针对部分农村信用社资金剩余、经营困难的状况，中国人民银行于12月14日下发通知，决定对农村信用社继续开办特种存款，本次开办特种存款的额度为200亿元，期限3个月，利率3.24%，法定存款准备金未达到6%及借用再贷款尚未归还的农村信用社，不得认购特种存款。对于认购的农村信用社，在特种存款到期之前不再发放再贷款。

2002年2月8日，中国人民银行对商业银行开办社会保障基金协议存款进行了规定，社会保障基金协议存款仅限于商业银行法人；协议存款的最低起存金额为5亿元，利率水平、期限、结息与付息的方式由双方协商确定，存款期内不得提前支取，存款凭证可用作融资的质押物；协议存款仅限于5年期以上存款，而存入的活期存款则按单位活期存款利率计息。3月4日，中国人民银行决定从2002年2月21日开始，邮政储蓄转存款利率下调0.2538个百分点，由现行的4.6008%下调到4.347%。12月5日，中国人民银行就开办养老保险个人账户基金协议存款事宜发布通知，协议存款的最低起存年限为5年，对活期存款，自2002年12月1日起，改按单位活期存款利率计息，其他规定与社保基金协议存款相关规定相同。8月29日，中国人民银行决定再次对农村信用社开办特种存款，本次额度为300亿元，期限为3个月、6个月、12个月3个档次，每档次的特种存款额度各为100亿元，利率分别为2.70%、2.97%和3.15%。

2003年2月24日，中国人民银行下发《关于国库存款计付利息有关问题的通知》。此次计息范围为各级财政机关在各级国库的"地方财政库款""财政预算专项存款"和"财政预算外存款"会计科目核算的国库存款。结息办法是按照单位活期存款利率按季结息。9月1日，中国人民银行就邮政储蓄转存款利率问题下发通知，自2003年8月1日起，邮政储蓄新增存款转存入人民银行的部分，按照金融机构的准备金存款利率计息。以前的邮政储蓄老转存款暂按现行转存款利率计息。11月3日，中国人民银行对中国银行业监督管理委员会批复的邮政储汇局与中资商业银行、农村信用社办理协议存款的有关利率问题进行了规定，协议存款的期限为3年以上，最低存款金额为3000万元，利率水平、期限、结息和付息方式由双方协商确定。

2005年1月10日，中国人民银行就商业银行对外资保险公司办理人民币协议存款业务发布规定，中资商业银行法人及其授权的分支机构可开办协议存款业务，而获得经营人民币业务许可的外资独资商业银行、中外合资银行和外国银行分行,在已开放人民币业务的地域也可以办理协议存款。每笔起存金额须在人民币3000万元以上,存款期限须在5年以上。5月27日,中国人民银行发布通知,对人民币存款计结息的有关规定进行适当修改,单位活期存款按日计息,按季结息,每季度末月的20日为结息日。8月30日,为保证远期交易合同的履行,中国人民银行就全国银行间债券市场债券远期交易保证金存款利率问题发布通知,对于交易双方自行保管的保证金,其利率按放开金融机构同业存款利率的政策执行,利率水平及付息方式由双方协商确定。对于集中保管的保证金,由全国银行间同业拆借中心或中央国债登记结算有限责任公司在中国人民银行当地分行开立专户存放,中国人民银行对其不计付利息。

贷款利率

流动资金贷款利率管理　1985年4月1日,中国人民银行提高流动资金贷款利率,工商企业流动资金贷款的月利率由6‰调高到6.6‰。1986年1月1日起,县以下(不含县)基层供销社贷款,月利率由6‰调高为6.6‰。4月26日、7月17日,中国人民银行分别发布《金融信托投资机构管理暂行规定》《城市信用合作社管理暂行规定》,金融信托投资机构贷款利率按中国人民银行的规定执行;城市信用合作社的贷款利率可参照中国人民银行的贷款利率上下浮动。为了支持粮食收购,6月21日起,对平价粮贷款继续执行优惠利率政策,按现行流动资金贷款月利率6.6‰减3.3‰计收;议价粮贷款、商办工业粮食贷款仍按月利率6.6‰计息。国家委托代购粮视同平价粮,贷款利息也按月利率3.3‰计收。1987年1月,中国人民银行决定将贷款利率20%浮动权授予各专业银行。各专业银行省分行按国家经济政策,根据客户经营利润、信用状况、贷款期限、风险程度,以及银根松紧等因素,在国家规定的现行流动资金贷款利率的基础上向上浮动,浮动幅度不超过20%。

1988年9月1日,中国人民银行提高流动资金贷款利率,1年期流动资金贷款的年利率由7.92%调整为9%。各银行及其他金融机构对各档次的贷款利率有权上浮30%,并可根据不同行业、部门、企业的具体情况实行差别利率。1989年2月1日,中国人民银行提高贷款利率,1年期流动资金贷款年利率提高到11.34%。

1990年8月21日,中国人民银行再次降低贷款利率,1年期流动资金贷款年利率由10.08%下调到9.36%;6个月期贷款年利率由9%调到8.64%;3个月期贷款年利率维持原水平不变。3个月期、6个月期的贷款利率掌握在临时性周转资金贷款的利率范围内。1991年4月8日,中国人民银行发布《关于调整贷款利率的通知》,从4月21日起,取消3个月期流动资金贷款利率档次,按6个月期调整后的利率档次执行。降低贷款利率,各项贷款利率在现行基础上下调0.7个百分点,对优惠贷款利率也实行下调。11月4日,中国人民银行发布《关于民族用品定点生产企业贷款实行优惠利率的通知》,各专业银行对定点生产企业的流动资金贷款实行优惠利率,按年利率5.76%执行。由于银行抵押贷款业务量的不断增加。11月16日,中国人民银行发布《关于统一执行抵押贷款利率有关事宜的通知》,抵押贷款按国际惯例,应低于一般信用贷款利率,其利率水平按低于同期同档次流动资金贷款一个百分点以内,由专业银行按自身情况自行确定。

1995年6月26日,中国人民银行调整各项贷款利率,从7月1日始,1年期流动资金贷款年利率由10.98%上调为12.06%。7月31日,中国人民银行发布《商业银行自营住房贷款管理暂行规定》,个人住房贷款列入流动资金贷款计划,由各商业银行按合理需要在年内新增贷款规模中发放。

1996年6月18日,中国人民银行发布《关于落实300户重点国有企业及其主办银行名单和银行流动资金贷款有关问题的通知》,改进对国有大中型企业的服务,加强信贷资金管理。

1997年2月5日,中国人民银行、中华人民共和国国家科学技术委员会(简称国家科委)发布《关于进一步加强1997年科技开发贷款管理工作的通知》,要求各银行加强资金调度,对有市场、效益高、信誉好的科技项目和企业,积极筹措资金,优先支持。10月6日,为改进金融服务,中国人民银行发布了《关于合理确定流动资金贷款期限的通知》,要求有关银行在发放流动资金贷款时,要合理确定贷款期限。10月24日,中国人民银行发布《关于民族贸易和民族用品生产贷款继续实行优惠利率的通知》,对此类贷款的范围、利息补贴的程序进行规定。

1998年10月19日,经国务院批准,中国人民银行决定扩大对小企业贷款利率的浮动幅度,各商业银行和城市信用社最高上浮幅度由现行的10%扩大为20%,最低下浮幅度10%不变。农村信用社最高上浮由现行的40%扩大为50%。1999年8月25日,中国人民银行决定进一步扩大对中小企业贷款利率浮动幅度,各商业银行、城市信用社对中小企业贷款利率最高上浮幅度扩大到30%,最低下浮幅度10%不变,农村信用社最高上浮幅度50%不变,对大型企业贷款利率最高上浮幅度10%、最低下浮幅度10%不变。

2001年3月13日,中国人民银行下发《关于民族贸易和民族用品生产贷款继续实行优惠利率的通知》,要求继续执行1997年发布的利率优惠的通知,并将执行期延长至2005年。2003年1月9日,中国人民银行总行下发通知,增加中国银行、中国建设银行为执行上述优惠利率政策的承贷银行。

2000年6月,中国人民银行合肥中心支行对农村信用社一季度贷款利率政策执行情况的专项检查,共抽查合肥市郊区、肥东、肥西、长丰县19个社、部。共检查贷款6058笔,金额2.29亿元。检查发现的主要问题是未执行中长期贷款"利率一年一定"。2003年,对肥西县部分农村信用社利率执行情况进行了检查,对其在利率执行中存在的问题提出了意见和建议。2004年1月,农村信用社贷款利率最高上浮幅度为100%。2004年10月,城乡信用社贷款利率浮动上限扩大为130%。

固定资产贷款利率管理 1985年4月1日,中国人民银行对基本建设贷款在利率上实行期限管理,将原来较低的基本建设贷款利率同技术改造贷款利率拉平,并对占用期限较长的基本建设贷款规定了较高的利率。8月1日起,提高固定资产贷款利率,改变固定资产贷款利率低于流动资金贷款利率和储蓄存款利率的不合理状况,进一步将技术改造贷款利率和基本建设贷款利率定为同一种贷款利率,称为“固定资产贷款利率”,并根据不同贷款期限实行差别利率。固定资产贷款1年以内(含1年)年利率为7.92%;1年以上至3年(含3年)年利率为8.64%;3年以上至5年(含5年)年利率为9.36%;5年以上至10年(含10年)年利率为10.08%;10年以上年利率为10.80%。

1986年12月8日,根据《关于机电产品出口卖方信贷执行优惠利率的通知》的要求,确定机电产品出口卖方信贷优惠利率为:5年以下(含5年)贷款月利率为4.5‰;5年以上至10年(含10年)贷款月利率为5.1‰;10年以上至15年贷款月利率为5.7‰。当年特种贷款年利率为10.80%—14.40%。

1987年1月,实行差别利率的开发性贷款,按贷款期限分为下列2档:5年以下的贷款,年利率由9.36%调整为5.88%,银行对贷款单位按年利率2.88%计收利息;5年以上的贷款,年利率由10.08%调整为7.32%,银行对贷款单位按年利率4.32%计收利息。中央财政对开发性贷款按年利率3%予以补贴。12月21日起,对国营公路专业运输企业的更新汽车贷款,实行利率优惠,不分期限长短,银行均按年利率7.92%计收利息。

1988年9月1日,1年以内(包括1年)、1年以上至3年、3年以上至5年、5年以上至10年、10年以上,其固定资产贷款年利率分别提高到9.00%、9.90%、10.80%、13.32%、16.20%。1989年2月1日,中国人民银行再次提高固定资产贷款利率。1年期固定资产贷款年利率提高到11.34%;1年以上至3年期贷款的年利率提高到12.78%;3年以上至5年期贷款的年利率提高到14.4%;5年以上至10年期贷款的年利率提高到19.26%;10年期以上固定资产贷款的利率根据1年期贷款利率的复利确定。

1990年2月1日起,因金融机构强化利率管理的需要,银行固定资产贷款利率一律不准向上浮动。城乡信用社贷款利率的上浮幅度,以中国人民银行规定的贷款利率为基准,最高不能超过50%。从3月21日起,降低固定资产贷款利率。基本建设贷款年利率调整为:1年以下(含1年)10.08%,1年以上至3年(含3年)10.80%,3年以上至5年(含5年)11.52%,5年以上11.88%。技术改造贷款不论期限长短,年利率均为10.08%。8月21日起,再次对固定资产贷款利率下调,技术改造贷款年利率由10.08%,下调到9.36%;基本建设贷款利率,1年以下(含1年)年利率降到9.36%,1年以上至3年(含3年)年利率降到10.08%,3年以上至5年(含5年)年利率降到10.80%,5年以上毛利率降到11.16%。特种贷款年利率由12.96%降到10.80%。1994年12月26日,固定资产贷款利率上调0.72%。

农业贷款利率管理　1985年4月1日,提高银行农业贷款利率,国营农业、农村集体、合作经济和农户的农业生产贷款(即种养业贷款)月利率调为6.6‰,农村个体工商、运输、服务业贷款月利率从7.8‰提高到9.6‰。增加5年以上（不分年限）农业开发性贷款利率档次，定月利率为6.0‰。8月1日起，随着固定资产贷款利率的提高，农业开发性贷款利率相应提高，1年、3年、5年期及5年以上贷款的月利率，分别提高到4.8‰、5.4‰、6.0‰、6.6‰。对国营农业企业发放的种养业投资性贷款，也按开发性贷款利率执行。1986年1月1日起，中国农业银行对新办小水电增加固定资产贷款，月利率提高到6.6‰（不分年限）。

1987年1月24日，中国人民银行将贷款利率20%浮动权授予各专业银行。2月21日，中国农业银行总行将贷款利率浮动权下放到省分行，由省分行按国家经济政策，根据客户经营利润、信用状况、贷款期限、风险程度，以及银根松紧等因素，在国家规定的现行流动资金贷款利率的基础上向上浮动，幅度不超过20%。

1988年9月1日，随着银行存、贷款利率的调整，农业贷款利率也有所提高。国营农场、乡村集体生产组织以及农民个体的种养业，月利率提高到7.5‰。1989年2月1日，国营农场、乡村集体生产组织以及农民个体种养业贷款，年利率提高到11.34%；农业开发性贷款、国营农场投资性贷款的年利率提高，1年以下（含1年）11.34%，1年至3年（含3年）12.78%，3年至5年（含5年）14.40%，5年以上19.26%。1990年3月21日，国营、集体农业企业和国营农场、乡村集体生产组织及个体种养业贷款的年利率下降到10.08%；农业开发性贷款、国营农业投资性贷款的年利率，1年以下（含1年）下降到10.08%，1—3年（含3年）下降到11.52%，3—5年（含5年）下降到13.14%，5—10年（含10年）下降到18.00%，10年以上调整为20.70%。8月21日，再次降低贷款利率。农业开发性贷款、国营农业投资性贷款的年利率，3年以下（含3年）调整为9.36%，3年以上调整为10.08%。

1993年3月25日，中国人民银行发布《关于提高对农业银行发放的粮棉油贷款利差补贴的通知》，对农业银行发放的粮棉油收购贷款的利差补贴由原来的0.72%提高到0.9%，补贴办法不变。1995年3月7日，由于粮棉油贷款属于政策性优惠贷款，仍实行优惠利率，其利差损失由农业发展银行与财政部统一核算，鉴于此，中国人民银行发布《关于对粮棉油优惠贷款停止实行利差补贴的通知》，从1994年12月21日开始，中国人民银行不再对粮棉油优惠贷款实行利差补贴。

2000年1月24日，中国人民银行印发《农村信用合作社农户联保贷款管理指导意见》，对贷款人条件、贷款用途、利率，以及发放、管理等做出了规定。

2001年6月11日，中国人民银行联合财政部、国务院扶贫开发领导小组和农业银行共同下发《扶贫贴息贷款管理实施办法》，明确贷款主要用于国家扶贫开发工作重点县，发放主体为农业银行，期限以1年为主，最长不超过3年，统一执行3%的年利率，贴息资金由财政部安排，纳入当年财政预算。

个人贷款利率管理　1994年12月12日，中国人民银行、国务院房改领导小组、财政部颁布《政策性住房信贷业务管理暂行规定》，对政策性住房资金来源、运用范围及利率等进行相应规定。1998年5月9日,中国人民银行对《个人住房担保贷款管理试行办法》进行修改,颁布《个人住房贷款管理办法》,主要内容为个人住房贷款业务可在所有城镇办理;个人住房贷款限用于购买自用普通住房和城市居民修建自用住房,不得用于购买豪华住房,并对贷款的期限与利率进行了规定。

1999年2月23日,中国人民银行印发《关于开展个人消费信贷的指导意见》,确保在切实防范金融风险的同时,有效扩大消费信贷规模。8月17日,国务院转发了中国人民银行等部门《关于国家助学贷款管理规定(试行)》,要求各金融机构要努力探索开展教育消费信贷的有效途径,积极创办各种形式的助学贷款业务。9月16日,中国人民银行发布《关于助学贷款利率执行问题的通知》,鼓励金融机构积极创办各种形式的助学贷款业务,在中国人民银行利率政策规定的范围内,既可以实行期限档次贷款利率,也可以本着对客户优惠的原则执行1年期贷款利率。9月21日,中国人民银行调整个人住房贷款期限和利率。商业银行用信贷资金发放的个人住房贷款,最长期限由20年延长到30年,降低个人住房贷款利率水平,5年以下(含5年)按年利率5.31%执行,5年以上按年利率5.58%执行。

2002年2月7日,中国人民银行、教育部和财政部发布《开展国家助学贷款工作的具体措施》,对发放贷款的学校、学生范围、额度、银行等内容进行规定。3月1日,经国务院批准,中国人民银行决定降低个人住房公积金贷款利率,从2月21日开始,5年以下贷款利率由4.14%下调为3.6%,5年以上贷款利率由4.59%下调为4.05%。个人住房贷款利率相应下调,5年以内由5.31%降为4.77%,5年以上由5.58%降为5.04%。8月15日,中国人民银行发布《关于加强住房公积金信贷业务管理的通知》,对承办银行、公积金的提取和使用,以及有关利率的管理进行规定。12月24日,中国人民银行、财政部、国家经贸委、劳动和社会保障部下发《下岗失业人员小额担保贷款管理办法》,对此类贷款的对象、额度、期限、用途、利率以及贴息和担保基金与机构进行具体规定。

2003年7月16日,中国人民银行、财政部、国家发改委及劳动和社会保障部下发《关于〈下岗失业人员小额担保贷款管理办法〉有关问题的补充通知》,对贷款人范围、贴息及相关指标的解释进行了规定。

2005年,中国人民银行从3月17日起,调整商业银行住房信贷政策,取消商业银行自营性个人住房贷款优惠利率,改按商业性贷款利率执行。房地产价格上涨过快的城市或地区,个人住房贷款最低首付比例由20%提高到30%。

同业拆借利率　1986年10月,中国人民银行规定资金拆借要贯彻自愿互利的原则,拆借的期限和利率由双方协商议定,各金融机构要信守协议,坚持按期归还。1990年6月,根据《中华人民共和国银行管理暂行条例》,中国人民银行制定了《同业拆借管理试行办法》,规定:同业拆借的期限和利率高限由中国人民银行总行根据资金供求情况确定和调整,拆借资金的期限一般为1个月。其他金融机构对专业银行拆出资金,期限最长不超过4个月;同业拆借的利率,最高不得高于中国人民银行对专业银行日拆贷款利率的30%；拆借双方可在规定的限度之内，协商确定拆借资金的具体期限和利率；同业拆借利息及服务费收取一律转账结算，不得收取现金。在利息或服务费之外，不得以任何形式收取“回扣”和“好处费”。

1993年6月，中国人民银行对资金拆借的期限和利率进行了严格控制：资金拆借要以日拆为主，任何拆借最长不得超过1个月，一般不得展期；所有金融机构拆借资金的利率，不得超过中国人民银行规定的最高限，不得在利息或服务费以外收取任何其他费用。

1996年6月1日起，中国人民银行对同业拆借利率不再实行上限管理的直接控制方式，而由拆借双方根据市场资金供求情况，自行确定同业拆借利率，以强化利率对市场资金供求的调节作用。2005年，全省累计发生隔夜拆借151笔26.74亿元，年加权平均利率6.87%。

中国人民银行对金融机构的存贷款利率　1985年起，实行“统一计划、划分资金、实贷实存、相互融通”的信贷资金管理办法，中国人民银行对专业银行的存款和贷款实行不同的利率。专业银行向中国人民银行存款，月利率为3.6‰；计划内借款，月利率为3.9‰；临时借款，月利率为4.2‰。中国人民银行总行根据调节资金供求的需要，可以调整上述利率。

1986年4月、7月，中国人民银行分别发布《金融信托投资机构管理暂行规定》和《城市信用合作社管理暂行规定》，信托投资机构与中国人民银行资金往来利率，享受专业银行待遇；城市信用合作社与人民银行、专业银行的资金往来，按联行利率规定办理。8月1日，中国人民银行对专业银行的存、贷款利率作调整，专业银行缴存的存款准备金利率仍维持月利率3.6‰不变。鼓励专业银行将暂时不用的资金存入中国人民银行，专业银行存入中国人民银行的存款，月利率由3.6‰提高到4.8‰。

1987年1月1日起，中国人民银行对专业银行在1985年1月1日以后发放的贷款实行期限利率。贷款期限分为三类：一类为年度性贷款，期限1—2年（原计划内贷款），按月利率5.4‰计息；一类为日拆性贷款（原临时贷款），期限最长不超过20天，按月利率5.4‰计息；一类为季节性贷款（原临时贷款），期限最长不超过4个月，按月利率5.7‰计息。9月21日起，为了贯彻落实“收紧财政和信贷、控制需求、稳定物价、保持经济平衡和稳定发展”的方针，适当提高中国人民银行贷款利率。中国人民银行对各专业银行、各金融机构的年度性贷款和短期贷款（不包括铺底资金贷款）的月利率一律提高到6‰，再贴现利率按贷款月利率6‰降低5%—10%计收利息。1988年2月1日，中国人民银行再次调整对各专业银行和其他金融机构的存、贷款利率，调高专业银行和其他金融机构的存款准备金利率，月利率提高到4.2‰。1988年9月1日，提高中国人民银行对专业银行存、贷款利率。专业银行在中国人民银行的备付金存款（即金融机构在中国人民银行的存款），月利率提高到5.4‰；中国人民银行的年度性贷款，月利率提高到6.9‰；季节性贷款，月利率提高到6.3‰；日拆性贷款，月利率提高到5.

7‰;再贴现率按同档次利率上下浮动5%—10%。

1989年2月1日,中国人民银行提高对专业银行和其他金融机构的存、贷款利率。各金融机构上缴中国人民银行的存款准备金,年利率调到7.20%;在中国人民银行的备付金存款,年利率调到8.64%;年度性贷款,年利率调到10.44%;季节性贷款,年利率调到9.72%;日拆性贷款,年利率调到9.0%。中国人民银行对金融机构开办的特种存款,1989年2月1日起,1年期年利率提高到12.6%,半年期年利率提高到9.72%,3个月期年利率为9.39%。1990年2月1日,中国人民银行分行对专业银行和其他非银行金融机构贷款利率的浮动权收归总行掌握。3月21日,中国人民银行降低对专业银行的存、贷款利率。各金融机构上缴人民银行的存款准备金和备付金存款年利率一律调整为7.92%,中国人民银行对专业银行的贷款利率不再划分档次,统一按年利率9%执行。中国人民银行对专业银行的再贴现,按同档次利率上下浮动5%—10%。8月12日,中国人民银行再次降低对专业银行的存、贷款利率。各金融机构上缴中国人民银行的存款准备金和备付金存款的年利率降到6.84%,中国人民银行对各金融机构的各类贷款的年利率降到7.92%。

1991年5月13日,中国人民银行发布《关于调整银行存贷款利率的补充通知》,对金融机构逾期贷款由原定的日息万分之四改为万分之三计收利息。

1993年2月11日,中国人民银行发布《关于进一步加强宏观金融调控的通知》,对各金融机构进行管理。3月3日,中国人民银行印发《对金融机构贷款管理暂行办法》的通知,进一步改进和完善中央银行贷款管理,加强宏观金融调控。中国人民银行将根据货币政策目标和经济、金融形势,对金融机构贷款的总量和结构,合理分配和灵活调度资金,以保持货币基本稳定,促进国民经济持续、稳定、协调地发展。5月12日,中国人民银行提高贷款利率,各项贷款年利率在现行的基础上平均上调0.82个百分点,各项优惠贷款利率水平相应上调,其利差补贴标准和办法不变。6月29日,中国人民银行决定提高贷款利率,各项贷款年利率在现行基础上平均上调1.38个百分点。

1994年12月26日,中国人民银行对人民银行再贷款以及固定资产贷款利率进行调整。再贷款利率在现行利率基础上平均上调0.24%,固定资产贷款利率在现行利率基础上上调0.72%。

1995年6月26日,中国人民银行发布关于调整各项贷款利率的通知,从当年7月1日开始,再贷款年利率在现行基础上平均上调0.24个百分点。1996年5月2日,中国人民银行发布关于降低金融机构贷款利率的通知,再贷款年利率在现行基础上平均下调0.48个百分点。8月20日,中国人民银行决定从1996年8月23日起,再次降低金融机构贷款利率,各项贷款年利率在现行基础上平均下调1.2个百分点,再贷款年利率在现行基础上平均下调0.39个百分点。

1998年3月21日,将金融机构法定和超额准备金利率统一下调到5.22%。3月24日,经国务院批准,中国人民银行决定从3月25日起,降低金融机构贷款利率0.6

个百分点。5 月 19 日，中国人民银行发布《关于统一调整人民银行对农村信用社再贷款的通知》，对农村信用社的再贷款年利率，从 1998 年 6 月 20 日起，统一调整为：20 天以内为 5.40%；3 个月以内为 5.85%；6 个月以内为 6.03%；1 年为 6.39%。6 月 30 日，中国人民银行决定从 7 月 1 日起，降低金融机构贷款利率，在现行基础上平均下调 1.12 个百分点，再贷款年利率平均下调 1.82 个百分点。12 月 5 日，中国人民银行决定从 12 月 7 日起，降低金融机构贷款利率，在现行基础上下调 0.5 个百分点，再贷款利率下调 0.55 个百分点。

2002 年 2 月 21 日，经国务院批准，中国人民银行降低金融机构贷款利率。各项贷款年利率在现行基础上平均下调 0.5 个百分点。7 月 5 日，中国人民银行下发修订《对农村信用社贷款管理办法》，以便更好地支持农村信用社发放农户贷款，缓解农民贷款难问题。

2003 年 12 月 10 日，中国人民银行扩大金融机构贷款利率浮动区间，自 2004 年 1 月 1 日起，贷款利率不再根据企业所有制性质、规模大小分别制定，商业银行、城市信用社贷款利率浮动区间扩大 0.9—1.7 个百分点，农村信用社贷款利率浮动区间扩大到 0.9—2 个百分点。同时，中国人民银行发布了《关于人民币贷款利率有关问题的通知》，就有关人民币贷款利率及计结息等事宜进行了规定。

2004 年 3 月 14 日，中国人民银行决定从 2004 年 3 月 25 日起，实行再贷款浮息制度。10 月 28 日，中国人民银行上调贷款利率，其中 1 年期贷款利率由现行的 5.31% 提高到 5.58%，适当上调个人住房公积金贷款利率和商业银行自营性个人住房贷款利率，相应上调各项优惠贷款利率。12 月 31 日，中国人民银行发布《关于 2005 年再贷款浮息有关问题的通知》，自 2005 年 1 月 1 日起，对农村信用社发放的再贷款执行加点浮息前的再贷款基准利率，其中 1 年期利率为 3.24%；对农业发展银行的再贷款中超过中国人民银行核定再贷款基数的部分，利率按发放日前一年的 7 年期国债加权平均发行利率加 0.5 个百分点。

2005 年，中国人民银行按照利率改革和管理的要求，5 月 27 日发布通知，对涉及人民币贷款计结息的有关文件进行适当修改，明确贷款利率换算和计算公式。本次通知于同年 9 月 21 日起执行。

外汇存贷款利率　1993 年 10 月 14 日，国家规定中国人民银行为外币利率管理的主管机关，统一行使外币利率管理权。各金融机构允许在法定利率的基础上对各种外币存款利率按最高上浮 5%，贷款利率按最高上浮 10% 的幅度浮动。

2000 年 9 月 21 日，中国人民银行改革外币利率管理体制，放开外币贷款利率，各种外币贷款利率及结息方式由金融机构根据国际金融市场利率变动情况等因素自行确定。大额外币存款利率由金融机构与客户确定，银行业协会负责调整；小额外币存款由银行业协会统一制定。2001 年 2 月至 2003 年 7 月，中国人民银行 9 次调整小额外币存款利率。自 2003 年 7 月始，只公布美元、欧元、港币和日元小额存款利率，英镑、瑞士法郎、加拿大元等外币小额存款利率,改由各商业银行确定并公布。

2002年4月,为对外币贷款和大额外币存款的利率进行监测,中国人民银行制定了对外币贷款和大额外币存款利率实行备案管理制度。安徽辖内地方法人金融机构要制定外币利率管理办法,按月对本系统内外币贷款和大额存款的各币种,期限档次的最高利率和加权平均利率,以及当月发生额等情况进行统计,并报中国人民银行备案。

2003年11月20日起,全省开办外汇业务的地方法人金融机构外币小额存款(300万美元以下)利率,以中国人民银行公布的外币小额存款利率为上限,根据国际金融市场利率变化情况自主确定。各金融机构要在外币利率备案表中增加外币小额存款利率的内容。

自2004年11月18日起,中国人民银行不再公布美元、欧元、日元、港币2年期小额外币存款利率,改由商业银行自行确定并公布。

2005年5—12月,中国人民银行共5次上调小额外币存款利率上限。

专项贷款 1985年起,中国人民银行管理发放的专项贷款主要有老少边穷发展经济贷款、县办工业贷款、地方经济开发贷款、外商和台商企业贷款、金银专项贷款、外汇抵押贷款、购买外汇人民币贷款、其他专项贷款等。1991年,安徽遭受特大水灾,中国人民银行总行确定对沿淮六县自1991—1995年每年安排6000万元专项贷款。中国人民银行安徽省分行积极争取总行各项专项贷款资金支持,扩大安徽的信贷总量,改善了信贷结构,支持工业企业的基本建设和技术改造项目,支持县级和贫困地区经济发展。

专项贷款的管理发放由中国人民银行二级分行或委托行评估拟申请贷款项目,上报省分行,经贷前调查,审批下达贷款指标,拨付资金。当地人民银行委托专业银行发放管理,到期收回本息。为加强专项贷款管理,总行计划、资金司内设专项贷款处,省分行计划资金处内设信贷科,二级分行也有专人负责。省分行组织了专项贷款培训班,经常深入贷款企业进行调查、检查。

1986—1990年中国人民银行安徽省分行主要专项贷款余额统计表

表2-1-4 单位:万元

项目 \ 年份	1986	1987	1988	1989	1990
各项贷款合计	14163	23596	37568	43787	62362
老少边穷发展经济贷款	5553	8609	12953	17717	24899
地方经济开发贷款	8370	12687	17828	18651	24483
购买外汇人民币贷款	240	1030	910	930	1170
外汇抵押贷款	-	922	4587	4447	5592

续表2-1-4　　单位:万元

项目＼年份	1986	1987	1988	1989	1990
金银专项贷款	-	348	1290	1952	3718
其他专项贷款	-	-	-	90	2500

1992年,全省共增加专项贷款3.12亿元,其中扶贫贷款7297万元,地方经济开发贷款1761万元,其他专项贷款6498万元。共对100多个项目投资6.35亿元,老少边穷贷款和县办工业贷款重点支持老区脱贫致富,尤其是县办骨干企业。地方经济开发贷款和其他专项贷款重点支持高科技新产品的开发,尤其是合肥科技园、芜湖小区的开发。同时开拓新的贷款领域,争取到国务院分批下达本省利用结存外汇技术改造项目总投资39546万元,用汇总额3783万美元。同年,落实6个项目,贷款指标4342万元。

1993年,中国人民银行安徽省分行重点支持合肥、黄山、芜湖等地。下拨合肥分行购汇人民币贷款额度2894万元,其中合肥叉车厂624万元,合肥矿机厂805万元,无线电三厂223万元,肥东纺织厂974万元,化妆品厂268万元。下拨芜湖市其他专项贷款1000万元。对黄山太平湖大桥贷款700万元。1994年,按照年初全省金融工作会议提出的“两个中心两条线,一个窗口十个县”的战略重点,专项贷款重点支持了合肥、黄山的经济开发,支持了裕安大厦的建设,支持了沿江四市和沿淮六县的经济开发和全省的“1235”工程。全年共对合肥的9个项目贷款8551万元,黄山的9个项目贷款1598万元,裕安大厦贷款480万元,沿淮六县的40多个项目贷款6233万元,“1235”工程中的十多个项目贷款1000多万元,以上几方面累计发放贷款17862.1万元。

1994年初,根据专项贷款逾期贷款已达2.3亿元,涉及288个项目的实际情况,要求各地抓好收贷,力争逾期贷款回收率比1993年要有较大提高。1994年全年共收回各类专项贷款2.1亿多元,剔除流动资金因素,实际收回近1亿元。

1995年6月15日,中国人民银行总行发布《关于做好专项贷款本息清收工作的通知》,到期贷款本金和6月20日的计息仍应照收,不得因划转工作延误本息的收回,坚决停止所有专项贷款的发放,未用指标一律停止使用,收回的贷款本金也不得再周转使用。同年,根据《关于划转人民银行专项贷款的通知》精神,中国人民银行安徽省分行对全省专项贷款划转工作进行了布置,加强对专项贷款管理工作,用年初剩余指标和部分收回再贷指标支持续建项目,对新开工项目一律不贷款。1996年,根据总行的规定,中国人民银行安徽省分行加大专项贷款管理的力度,狠抓专项贷款的收贷收息工作,要求各地市分行实行行长负责制,按照“落实责任、逐年回收、余额下降、严格考核”的要求,到12月末,全省共收回专项贷款7654万元。

1998年,按照中国人民银行、中国农业银行、中国农业发展银行三总行联合下发的

《关于把农业发展银行扶贫、开发等专项贷款业务划归农业银行的通知》等有关文件要求,及时对全省的划转工作进行了布置,共计向农业银行划转信贷资金516389万元。1999年,中国人民银行出台《关于改进专项贷款管理的通知》(银发〔1999〕228号),规定国有独资商业银行不再承办政策性贷款,原则上不再保留“专项贷款”形式。

第二节 金融市场管理

安徽融资中心 1991年9月26日,安徽省金融市场正式开业。安徽省金融市场的成立标志着安徽省经济、金融体制改革迈出了新的步伐,对于促进安徽省经济的发展和资金的横向融通,提高信贷资金使用效益,增强中央银行的宏观调控能力,产生了积极的影响。

安徽省金融市场是直属中国人民银行安徽省分行的金融事业单位,实行会员基金制。首批会员有省各专业银行、省各专业银行的信托投资公司、省国际信托投资公司、省证券公司等10家金融机构,会员基金达6000多万元。随着金融市场业务的不断发展,市场根据实际情况分期、分批、有计划地接纳更多的会员单位和会员基金,不断增强融通资金的实力。同时市场还加入了中国人民银行总行全国市场报价系统,是该系统的会员单位。

安徽省金融市场以“服务第一、信誉第一、效率第一”为宗旨,遵循平等互利原则,认真贯彻执行国家的各项金融方针和政策,立足安徽,面向全国。充分利用市场先进的技术设备手段和信息来源及时广泛等优势,为省内外各金融机构融通资金、进行证券集中交易和金融信息咨询,以及其他金融市场活动提供服务。

安徽金融市场成立之初,受当时全国拆借市场利率居高不下的影响,拆借利率采取“高进高出”的办法。

1992年下半年以后,股票、房地产投资出现失控,出现非法集资和乱拆借,拆借市场陷入混乱,存在金融机构违规利用拆借资金逃避信贷规模控制,大量转移信贷资金炒房地产,炒股票,办公司,或用于地方财政开支搞开发区、上新项目,扩张固定资产投资规模,变短期资金为长期投资,提高拆借资金利率,严重干扰了宏观金融调控,危及金融秩序的稳定。1993年3月,中国人民银行下发了《关于进一步加强对同业拆借管理的通知》,要求规范拆借行为,严格规定拆出拆入资金来源及用途;严禁非金融机构和个人参与同业拆借,严禁超过规定的期限和数量拆入拆出资金;严禁乱收手续费和其他好处等。严禁用拆入资金搞固定资产投资、购买有价证券、经营或炒买炒卖房地产及向企业投资参股;凡是备付金率低于5%,或有到期中国人民银行贷款未还的金融机构一律不得拆出资金;严格规定同业拆借期限,并对违反同业拆借规定的行为制定了详细的罚则。但由于当时金融市场运作不规范,这些规定没有得到全部执行,拆借市场违规愈演愈烈。6月,国务院下发《关于当前经济情况和加强宏观调控的意见》,决定纠正乱集资、乱提高利率和乱拆借，开始整顿、治理乱拆借。据此，中国人民银行下发《关于进一步整顿和规范同业拆借市场秩序的通知》，采取坚决措施，堵住邪门，打开正道，整顿同业拆借市场。在市场组织架构上，成立一家由中国人民银行安徽省分行牵头的安徽省融资中心，调剂本地区各金融机构资金余缺。省以下部分中心城市设立融资中心办事处，要求所有跨系统、跨地区的资金拆借必须通过融资中心办理。

1994 年，省融资中心按照人民银行总行要求进行职能转换，停止利用拆借资金扩大贷款规模，特别是固定资产贷款规模，逐步收回违规拆借资金，严格执行利率政策，维护拆借市场的利率秩序。

1995 年，省融资中心贯彻人民银行总行抑制通货膨胀，实行适度从紧的货币政策的方针，在融资品种上适当增加短期资金的比重，减少了较长期限资金的拆出，加快了资金的周转，防止金融机构将拆借资金用于填补信贷缺口或规模外投资，拆借对象限制在专业银行和商业银行。中国人民银行安徽省分行利用掌握的头寸贷款，积极支持省融资中心开展融资业务，通过融资中心支持安徽省经济的发展，余额一般保持在 1.5 亿元左右。

1996 年 1 月 3 日，全国统一的同业拆借市场网络开始运行。安徽省融资中心按照总行的统一部署，积极参与全国统一同业拆借市场筹建工作，并成为全国同业拆借市场一级网络成员。各地融资中心在几年的发展过程中，业务规模扩展很快，资金在不断循环使用过程中形成部分长期性占用和逾期，风险较大。1997 年 6 月，中国人民银行总行下发《关于融资中心改制的方案（草稿）》，提出了融资中心由自营性业务为主转换到以服务监管职能为主的改制思路。

从 1997 年 7 月起，省融资中心按照总行关于清收逾期资金的要求，在全省范围内开展扎实的清收工作。融资中心逾期资金清理是一项较为复杂的工作，由于清理时间跨度大，人员更迭频繁，清理难度很大。根据总行融资中心清理工作会议的部署，1999 年之后，人民银行合肥中心支行成立融资中心清理工作小组，行长为组长，从法律办、会计处、内审处、监察室抽调人员办公。2002 年，组织召开两次安徽省融资中心清理工作会议，组织清理有关债权债务。至 2002 年末，收回债权 5335.5 万元，清偿债务本金 3356 万元，利息 6334 万元，撤销融资办 9 家，基本完成全省融资中心的清理工作任务，融资中心逐步退出市场。

同业拆借市场　1996 年 1 月，全国统一的同业拆借市场网络开始运行。该网络系统由拆借中心电子网络组成的同业拆借交易一级网和由各省融资中心牵头组织的二级网络组成。融资中心逾期资金清收完毕并予以撤销后，同业拆借业务主要通过拆借中心一级拆借网络办理。1998 年以后，安徽省同业拆借市场进入稳步发展阶段，市场成员类型不断丰富，成员数量不断增加，财务公司、股份制商业银行、农村信用社联社先后加入同业拆借市场。

加强货币市场管理，积极为地方金融机构资金拆借业务办理鉴证。2000 年中国人民银行合肥中心支行共为金融机构办理融资鉴证78笔,融资金额207.66亿元,在一定程度上缓和了部分金融机构资金的紧张局面,促进了同业拆借市场发展。

为场外融资进行电子备案。2004年,中国人民银行合肥中心支行对辖区金融机构场外融资情况进行初步调查,组织全省金融机构参加中国人民银行南京分行举办的场外融资电子备案培训,安徽省场外融资电子备案系统于12月开始试运行。

强化同业拆借市场准入管理。建立健全同业拆借管理制度,2005年制定印发《安徽省同业拆借市场管理暂行办法》。进一步规范法人金融机构进入银行间同业拆借市场的管理工作,审核批复六安市城市信用社加入全国银行间同业拆借市场,办理了六安城市信用社和马鞍山市农村信用联社2家金融机构申请和调整拆借限额。

场外拆借交易量小,主要为隔夜头寸拆借。2005年,安徽省场外拆借业务稳步发展,辖内金融机构在银行间市场外累计完成拆借交易179笔,累计成交量为29.71亿元。场外同业拆借业务以同城金融机构因清算头寸不足相互之间发生的隔夜拆借为主,全年累计发生隔夜拆借151笔26.74亿元,占全部场外拆借业务交易量的90.03%,年加权平均利率6.87%。7天拆借发生23笔2.31亿元,加权平均利率3.54%。3个月拆借发生5笔0.65亿元,加权平均利率4.07%。

票据市场 1979年以前,对商业信用一直采取禁止或限制政策,银行结算替代了商业信用,不存在票据市场。1981年开始,中国人民银行上海市分行进行了票据承兑和贴现的试点。1984年12月,中国人民银行颁发了《商业汇票承兑、贴现暂行办法》,鼓励工商企业间的商业信用实行票据化。1986年4月,针对当时企业相互拖欠货款、占用资金严重,已影响社会资金周转和企业生产经营正常进行,中国人民银行和中国工商银行联合下发《关于实行商业汇票承兑贴现办法清理拖欠货款的通知》,并在部分城市开展用商业汇票承兑、贴现办法清理拖欠货款的试点,允许专业银行对工商企业进行票据贴现。用于贴现的票据限于在商品交易基础上产生的商业承兑汇票和银行承兑汇票。同时允许各专业银行间办理转贴现业务。

中国人民银行安徽省分行认真办好再贴现业务,促进安徽省票据承兑业务发展。利用承兑票据融通资金,支持安徽省经济发展。如1995年,先后发放再贴现贷款28.1亿元,比上年增加21.6亿元;年末再贴现余额8.9亿元,比年初增加4.4亿元。在做法上,抓规范运作,严格按总行规定的用途、期限办,不允许变动处理;调动地市人民银行的积极性,对50万元以下的小额再贴现业务由地市分行办理,鼓励、促进办得少的地市办理再贴现业务;支持促进专业银行和交通银行办理贴现贷款,鼓励企业使用商业承兑票据达到融资的目的,缓解安徽省资金紧张矛盾。1995年,全省通过银行开出承兑票据177.8亿元,年末,未到期余额54.3亿元;安徽省企业接受银行承兑票据100.4亿元,年末,未到期余额26.3亿元。商业承兑票据贴现业务的发展,使一大批如美菱、马钢等效益好的企业资金得到优先支持。

1995年,《中华人民共和国票据法》颁布,有关票据业务的法规和制度得以完善。

1996 年,中国人民银行安徽省分行制定下发《关于规范票据承兑贴现再贴现业务的意见》,推动了全省票据承兑贴现业务的健康发展,缓解了企业和商业银行资金紧张的矛盾,支持了地方经济的快速健康发展。

1999 年开始,安徽省大中型企业票据结算较普遍,为发展票据业务奠定了基础。同时大批的中小企业均使用商业汇票进行结算,形成了一定规模。票据品种逐步多样化,产品关联度高且有稳定供需关系的企业开始推行和发展商业承兑汇票。辖内一些商业银行根据自身的管理需要设立了票据专营“窗口”,集中办理系统内的票据业务;打破了票据区域、系统的封锁,票据自由转让,企业自主寻求贴现行;随着利率市场化改革不断深入,企业、银行能根据资金的供求矛盾自主调节贴现利率,发挥了利率杠杆的作用。票据背书转让在安徽省内比较普遍,票据一般背书转让 3—4 次,有的多达十几次,通过转让,解决了企业的资金问题。由于签发银行承兑汇票可获得企业一定比例的保证金存款,商业银行为应对存款任务压力,积极签发银行承兑汇票。

2005 年,安徽省辖内各金融机构签发银行承兑汇票 850.78 亿元,同比增长 39.66%;办理票据贴现 973.12 亿元,同比增长 43.05%。12 月末,签发的未到期的银行承兑汇票余额为 382.31 亿元,同比增长 41.79%;票据贴现余额 256.8 亿元,同比增长 27.38%。

中小金融机构交易日益活跃。股份制商业银行和城市商业银行的票据业务得以迅速壮大,全年辖内股份制商业银行和城市商业银行签发承兑汇票和累计办理贴现同比分别增长了 54.06% 和 84.39%,占全部金融机构承兑签发量和累计贴现额的比重分别达 49.96% 和 36.12%,同比分别提高了 5.5 个百分点和 11.96 个百分点,票据市场竞争主体多元化格局已经形成。

第二章 金融稳定

第一节 金融稳定评估

2003 年,金融监管体制改革后,人民银行维护金融稳定的职能以法律形式确立。根据人民银行合肥中心支行“三定”方案,2004 年,人民银行合肥中心支行成立金融稳定处,承担辖区金融稳定具体工作。金融稳定评估作为人民银行履行金融稳定职能的日常性业务和工作基础,人民银行合肥中心支行着眼于维护区域金融稳定,通过实地调研、座谈、访谈、问卷调查、非现场监测等方式手段,掌握各种影响区域金融稳定因素的变动情况,采用定性分析、定量分析、比较分析、案例分析、指标分析、模型分析等分析方法,评估经济运行环境、金融市场、金融业、金融基础设施、金融生态环境等对区域金融稳定的影响。

深入开展专项调查研究,突出金融稳定履职导向。对影响安徽金融安全运行的宏观经济、金融体系和金融生态环境等因素进行深层次调查分析,专项调查所涉及的内容均为社会广泛关注的热点、难点问题。通过调查,初步掌握了情况,探索了方法,为建立针对安徽省金融风险特征的监测评估制度奠定基础。

立足区域经济金融发展总量与结构性特点,搭建安徽省金融稳定评估框架和指标体系。通过监测分析宏观经济、金融机构、金融市场、金融基础设施及其金融生态环境变化情况,按照有关评估框架、标准和方法,判断金融稳定状况,并提出相应的政策建议。

针对辖内金融风险特征,开展阶段性金融稳定评估。为把握辖区金融稳定整体态势,全面掌握影响辖区金融稳定的风险因素,综合分析银行、证券、保险业运行情况及监管数据,认真开展银行业、证券期货业、保险业、金融控股公司等分行业的风险评估。

撰写《安徽省金融稳定报告》,整合系统资源推动金融稳定评估工作。成立了以行长为组长、相关部门参加的金融稳定分析小组,以撰写《安徽省金融稳定报告》为龙头,落实各部门金融稳定工作职责,实现了数据信息和人力资源的有效整合。确立了“上下联动、本级突破”的工作思路,将地市金融稳定工作重点定位于“开展有区域特征的金融风险监测和金融稳定评估,并为撰写《安徽省金融稳定报告》提供支撑条件”,形成了分工明确、重点突出、特色鲜明的金融稳定评估工作体系。认真制定《金融稳定报告》撰写方案，完成《安徽省金融稳定报告》，报告成为区域金融稳定评估方面的重要文献。

第二节　金融风险管理

风险监测预警和处置　建立区域金融风险监测体系。金融风险监测是一项系统性工作，涉及经济、金融领域和银行、证券、保险等多个行业，需及时掌握大量信息数据予以支撑。安徽省金融风险监测指标体系分四大类、35个子项，400多个指标，基本涵盖宏观经济运行、金融市场、金融基础设施、金融生态环境等影响安徽金融体系运行的主要风险变量。补充完善1994年以后金融稳定指标数据，完成全省农村信用社、城市商业银行、城市信用社5年数据的采集工作，初步建立了安徽金融稳定基础数据库，并在动态数据归集、分析模型开发等方面进行积极探索。同时，根据金融机构类型和不同风险特征，初步建立地方金融风险分类监测制度，对重点行业企业、系统重要性金融机构、高风险农村信用社的风险苗头保持高度敏感，做到及时发现、准确排查潜在风险。

加强地方金融风险预警提示。金融风险监测作为维护金融稳定的基础性工作，在做好日常风险监测分析的基础上，探索建立风险预警制度，针对监测过程中所发现的突出问题和风险隐患及时进行预警提示。监测指标出现异常波动或趋势性变化时，约请金融机构负责人谈话，下发风险提示书，要求该金融机构开展自我排查，增强风险意识，加强风险管理和应对准备。借助金融稳定协调机制等平台，向相关金融机构、监管部门、政府相关部门通报、提示风险监测情况。利用信贷登记咨询系统向证监局提供上市公司贷款和担保情况查询，发现了一批重要监管线索。

切实防范和化解金融风险。根据监测，建立高风险预警机制，制订化解风险的规划和措施。努力降低农村信用社的经营风险。2000—2005年，安徽省人民银行系统救助和处置了全省15起高风险法人金融机构，其中处置类7起，救助类8起。加强与地方政府及相关部门的信息交流与沟通联系，及时摸排、掌握风险底数，依职责积极参与区域范围内的金融风险和金融突发事件处置协调工作，并提出相关建议。

风险应急管理　2005年，安徽省政府办公厅印发《安徽省金融突发事件应急预案》，作为《安徽省突发公共事件总体应急预案》的专项预案，该预案明确规定了预案适用范围、组织体系、预防预警机制和行动、金融突发事件的分级及响应程序。与此同时，人民银行合肥中心支行制定完善《人民银行合肥中心支行银行业法人金融机构重大流动性风险应急预案》（以下简称《流动性风险应急预案》），全省17地市均制定了金融突发事件应急预案，全省初步建立政府领导下的金融风险应急工作体系。《流动性风险应急预案》对预案的适用范围、救助条件、救助程序以及职责分工等做了明确规定。

妥善应对辖内金融案件和非法金融活动。及时了解、掌握辖内金融案件及非法集资活动情况，动态评估并及时上报其对事发金融机构乃至区域金融稳定造成的负面影响。积极参与辖区打击和处置非法集资工作，利用央行账户管理等手段，在打击处置非法集资中配合打非领导小组成员单位最大限度防止非法资金的抽逃，组织召开会议建议各金融机构密切关注集资风险，加强贷款和银行账户管理。加强打击和处置非法集资相关问题的调研工作，结合金融案件高发态势，主动联系有关部门单位，加强现场调研和归类研究，编写风险案例。

第三节　金融生态环境建设

金融稳定协调机制　2004 年 8 月，成立安徽省金融监管联席会议，发起单位包括人民银行合肥中心支行、安徽银监局、安徽证监局、安徽保监局。制定《安徽金融监管协作备忘录》，初步实现金融监管信息及有关统计数据共享。在联席会议机制下，一行三局联合编制了《安徽省突发性金融风险应急处置预案》，并上报省政府。银监部门与人民银行合肥中心支行就制定安徽省《农村信用社改革期间突发性金融风险处置应急预案》及防范过渡期间风险进行了有效协作。保监部门与银监部门通过监管协作渠道联合制定《关于加强银行代理寿险业务的管理暂行办法》，加强银行代理寿险业务的规范化管理。人民银行合肥中心支行与银监部门就原人民银行自办城市信用社市场退出工作进行联合部署，加快有关城市信用社市场退出工作的进程。2005 年 4 月，省政府金融工作办公室成立，管理地方金融机构，为金融业提供协调服务。

地方政府债务规范行为　随着地方财政收入的增长以及各项拖欠工程款清理力度的加大，隐性债务存量逐年减少，对金融稳定的影响逐步减弱。2004—2005 年，地方政府积极开展拖欠农村信用社欠款清理工作，安徽省政府金融债务质量显著改善。

社会信用环境　2000 年起，安徽省开展了创建金融安全区工作。省政府成立安徽省创建金融安全区工作领导小组（后改为联席会议）及办公室（设在人民银行合肥中心支行）。中共安徽省委宣传部与人民银行合肥中心支行联合下发了《安徽省创建金融安全区宣传工作指导意见》。省创安办拟订《关于整顿市场经济秩序打击逃废金融债务的实施意见》，并与省高院、工商局、监察厅、人民银行合肥中心支行联合下发，为全省金融企业维护、落实债权提供了依据。安徽省创建金融安全区领导小组于 2000 年制定下发《安徽省创建金融安全区工作指导意见》和《安徽省创建金融安全区考核评价办法》。为做好全省创安考评工作，细化操作，省创安办制定下发了《安徽省创建金融安全区考评实施方案》和《安徽省创建金融安全区督导工作实施方案》。2002 年 9 月，省创安办在全省范围内部署了创安诚信宣传月活动。2005 年，根据经济金融形势发展要求，创建金融安全区活动开始向金融生态环境建设过渡。

创建金融安全区活动的开展，有力促进了社会信用环境的改善和公众信用意识的提升。2005 年对大众征信情况随机抽样 100 份问卷调查显示，在还款意愿上，72% 的人员表示愿意及时还款。企业信用意识提高程度较大。企业信用状况日趋好转，逃废银行债务行为得到有效遏制。企业信用状况在不同区域及经济主体间差异明显，安徽省沿江与南部地区信用状况好于北部地区，私营和三资企业信用状况好于国有和集体企业。“信用安徽”建设取得突破性进展，安徽省被国家确定为全国五个信用建设试点省市之一。

打击非法金融活动　1995—2005 年，安徽省加大打击非法金融活动的力度，对非法金融活动始终保持高压态势。先后查处了宣州市“把子会”、合肥市三荣大厦非法集资活动和亳州、阜阳等市的非法金融活动。2005 年，安徽省打击 19 起非法集资或涉嫌非法集资活动，涉及 7 个地市，涉案总金额约 4.1 亿元人民币；及时平息 13 起投资者聚集上访事件，有效维护了区域金融稳定。

第三章　外汇管理

第一节　经常项目

经常项目外汇管理办法,随国家制定的政策变更而变化。1985—2005 年,大致可分为两个时期。

1985—1994 年经常项目外汇管理

外汇留成管理　1979 年 8 月,国务院决定实施外汇留成制度。1985 年 3 月,国家调整外汇留成办法,提高地方留成比例。国务院下达安徽省地方留成外汇用汇指标 1 亿美元,不允许超过指标对外付汇,此项用汇指标控制到 1987 年底结束。安徽省按净创汇额计算,一般商品净收汇留成 25%,留成外汇由省外汇局和对外经济贸易厅核拨,每半年核发一次。超过国家下达出口基数的出口收汇,一般商品上缴中央 30%,地方留成 70%,机电产品全部留成地方。

外汇调剂管理　1980 年 10 月,国家外汇管理局、中国银行发出试办调剂外汇工作的通知,制定了《调剂外汇暂行办法》。1988 年,国家外汇管理局根据国务院颁布的《关于外汇调剂的规定》,在北京设立全国调剂中心,在外汇管理局统一领导和管理下,各省、自治区、直辖市、计划单列城市、经济特区和沿海开放城市都设立了外汇调剂中心。1988 年,安徽省外汇调剂中心成立。

贸易外汇管理　1990 年 12 月,国家外汇管理局发布《出口收汇核销管理办法》,1991 年起,开始办理出口收汇核销。1992 年,出口收汇核销制度继续完善,制定了《违反出口收汇核销管理处罚规定》和《按价格标准监督收汇管理规定》等规定,初步建立出口核销数据库和统计分析制度。

服务贸易及个人外汇管理　改革开放初期,允许非居民个人汇入或携入的外汇可以兑换成外汇兑换券。外汇券以人民币为面额。在中国居住的外国机构不允许把外汇券兑换成人民币。非居民个人可在其离境时凭最初购买外汇券的水单,将不超过原兑换额 50% 的外汇券换成外币携带出境。外商投资企业的外国职工以及来自港澳地区的员工,可将其在中国挣得的工资和所得的收入在依法纳税后,经国家外汇管理局或其分局批准后,汇出境外。收取外汇券的单位经外汇局批准,将收入的外汇券存入银行,按收支两条线进行管理。收券单位把外汇券兑换给银行的,可以按规定给予外汇留成。

从1985年起，安徽省开办了境内居民外币存款业务。凡从国外和港澳地区给境内居民个人的汇款和境内居民个人的手持外汇，既可以保留，也可在指定银行开立外汇储蓄账户存入银行，还可以通过指定银行在外汇调剂中心按市场汇率出售。在国外和在港澳地区工作的境内居民个人所得的全部外汇收入，或国内居民个人从国外及港澳地区所得的版权费、稿费、奖金、补贴、酬金，及其他外汇收入，须调回境内并允许保留。派赴外国或港澳地区工作的人员和临时出国人员，按照国家规定给予个人使用的部分，准许全部保留。对居民个人供汇限制较严，只在规定允许的方面给予少量的用汇。携带外汇出境的居民个人必须在离境时出示携带证。

特殊区域的经常项目外汇管理　1991年，国家外汇管理局发布《保税区外汇管理暂行办法》，允许保税区企业留有现汇，对保税区其他的经常项目外汇管理也制定了区别于一般贸易区的管理政策。

1994—2005年经常项目外汇管理　人民币经常项目有条件可兑换时期（1994—1996年）

外汇收支管理　1994年3月、1996年1月，国务院先后发布施行了《结汇、售汇及付汇管理暂行规定》和《中华人民共和国外汇管理条例》，取消外汇上缴和留成，取消外汇收支的指令性计划，建立银行强制结售汇制度。中资企业收汇结汇给国家，不得开立外汇账户。对外商投资企业、驻华机构、来华人员及个人实行意愿结汇制度。允许外商投资企业开立外汇账户。本外币转换通过外汇调剂中心进行，用汇单位（外商投资企业除外）持有效凭证从其外汇账户中支付或到外汇指定银行进行外汇兑付。

贸易外汇管理　1994年8月，国家实施进口付汇核销制度。在对进口付汇进行真实性审核的基础上，将付汇的金额与海关的数据进行匹对，监督进口企业货到付款的真实性，避免资本项目外汇混入经常项目，产生逃套汇。进口付汇核销制度最初由外汇指定银行实施，1997年后，国家外汇管理局进行全权管理。

服务贸易及个人外汇管理　1994年1月1日，安徽省根据国家禁止外币在市场上流通，不得在国内使用外币作为计价货币的规定，停止发行外汇兑换券、侨汇物质供应票，市场上流通的外汇兑换券必须到中国银行兑换成美元或者人民币。一切外汇的收入或者支出都必须到外汇指定银行通过账户进行。1994年11月22日，中国人民银行公告，外汇券停止流通，1996年6月30日为外汇兑换券最后收兑日。

特殊区域的经常项目外汇管理　1995年，发布《保税区外汇管理办法》，对保税区、区内企业等概念做了明确的定义，对保税区内的经常项目外汇账户管理重新做了规定。规定外汇收支通过银行账户进行，制定了保税区的外汇进口和核销办法，对区内企业经常项目外汇账户、贸易项下外汇收支和进出口核销管理给予一定的倾斜政策。

人民币经常项目可兑换时期（1996—2001年）

外汇收支管理　1997年9月，中国人民银行实施《境内外汇账户管理规定》及《关于允许中资企业保留一定限额外汇收入的通知》，逐步统一中、外资企业的待遇。对外商投资企业实行限额结汇制度,在核定的最高金额内保留经常项目外汇收入。2001年,安徽省根据国家外汇管理局实施的《中资企业外汇结算账户实施细则》,放宽中资企业外汇结算账户开立标准,扩大开户范围,对中资企业外汇账户实行年检制度。

贸易外汇管理　1997年1月17日,国家外汇管理局发布《贸易进口付汇核销监管暂行办法》,于同年3月1日施行,进口核销业务由外汇管理局办理。1998年9月1日,国家外汇管理局与海关总署联合推出进口报关单联网核查系统,实现报关单信息在外汇管理局、银行、企业间联网共享,提高数据核查的准确性和有效性。

服务贸易外汇管理　1999年10月18日,国家外汇管理局与国家税务局联合下发《关于非贸易及部分资本项目项下售付汇提交税务凭证有关问题的通知》,规定境外企业及个人在中国境内的合法所得汇出时提交有关税务凭证,完善非贸易售付汇和国家税收管理。

个人外汇管理　对居民个人经常项目外汇收入、支出、账户管理等方面做较为详尽的规定。将居民个人用汇限额从1000美元提高到2000美元,对超出限额部分,经外汇管理局批准后也予以外汇,保证居民、非居民个人携带外汇进出境的正常需求。

加入世贸组织以后(2001—2005年)

外汇收支管理　加入世贸组织后,经常项目外汇收支管理的结售汇限额进一步放宽。企业可保留经常项目现汇的比例从2002年的20%核定账户限额,放宽到2004年的50%,在一定程度上做到了"按需核限"。2006年,限额再次进行了重大的调整,境内机构按上年度经常项目外汇收入的80%和经常项目外汇支出的50%之和核定限额。在外汇账户方面,2002年开始,取消中资企业开立经常项目外汇账户的条件限制,允许具有涉外经营权,或有经常项目外汇收入的中资企业和外商投资企业开立经常项目外汇账户。同时,将原有的外汇结算账户和外汇专用账户合并为经常项目外汇账户,设计开发外汇账户管理信息系统。2005年2月5日,国家外汇管理局发布《关于调整经常项目外汇账户限额管理办法的通知》,将境内机构超限额结汇期限由现行的10个工作日延长为90日,允许境内机构在其经常项目外汇账户余额超出核定限额后的90日内仍可保留其外汇资金。

贸易外汇管理　2001年,国家外汇管理局与海关总署共同开发了中国电子口岸出口收汇系统。在中国电子口岸的公共信息中心建立了出口收汇核销单、出口报关单的电子底账。2003年《出口收汇核销管理办法》正式实施,外汇管理局分别从"国际收支统计监测系统"和中国电子口岸出口收汇系统获取出口收汇和出口报关信息。2003年10月,进出口报关单联网核查系统迁移到中国电子口岸,于2004年7月发布《货到汇款项下贸易进口付汇自动核销管理规定》,由银行在办理货到汇款项下进口付汇的同时自动完成核销手续。

服务贸易外汇管理　中国加入世贸组织后,国家出台政策对服务贸易项下的无形资产、国际海运、境外承包工程和劳务合作、计算机和信息服务,贸易进口项下信息服务、国际赔偿项,咨询服务项下境外广告、展览等18项售付汇业务进行了规范。除法规不明确的,且超过一定金额的非贸易项目售付汇由外汇管理局进行真实性审核外,其他均由外汇指定银行进行真实性审核,由程序性审核逐步转向合规性审核。

个人外汇管理　为适应中国加入WTO的进程,至2005年,先后7次提高购汇指导性限额。2002年8月,安徽省推广应用境内居民个人购汇管理信息系统。

特殊区域的经常项目外汇管理　2001年,国家重新修改特殊经济区域管理办法,在保税区外汇管理、边境贸易外汇管理以及新出台的包机贸易经常项目外汇管理方面都做了新的调整和规定。2002年7月25日,国家外汇管理局对1995年发布的《保税区外汇管理办法》进行修改,发布新的《保税区外汇管理办法》,调整保税区外汇管理有关政策,规范保税区内企业外汇登记及外汇年检、外汇账户、外汇收支和结售汇管理等内容。2002—2003年,先后制定《边境贸易外汇管理办法》等一系列边境贸易外汇管理办法,初步建立边境贸易银行结算体系。2002年6月21日,经国务院批准,安徽省芜湖出口加工区正式成立。

第二节　资本项目

根据1980年制定的《中华人民共和国外汇管理暂行条例》,中国人民银行、国家外汇管理局针对具体外汇收支业务也制定了有关政策规定,涉及资本项目外汇收支的有《外债统计监测暂行规定》《境外投资外汇管理办法》《外债(转)贷款登记管理办法》《境外投资外汇管理办法细则》《境内机构借用国际商业贷款管理办法》《境内机构对外提供外汇担保管理办法》等。

1996年1月制定的《中华人民共和国外汇管理条例》,改变旧条例的管理模式,按照资本项目、经常项目不同外汇收支性质区别管理。同年6月,制定《结汇、售汇及付汇管理规定》,进一步细化了资本项目、经常项目外汇收支管理。

直接投资外汇管理　1984年,安徽省设立第一家外商投资企业——安利人造革有限公司。投资总额为970万元人民币,注册资本400万元,其中,中方合肥塑料六厂出资240万元,占60%;外方意大利工厂设备设计公司出资160万元,占40%。1996年6月以前,外商投资企业外汇收支管理没有划分资本项目和经常项目,企业经外汇管理局批准,通过当地外汇调剂中心进行外汇对人民币的买卖。1996年6月,外商直接投资外汇管理主要包括外商投资企业外汇登记管理、外汇资本金账户管理、外汇资本金结汇管理,以及境外投资者先行回收投资、撤资购付汇管理等。

1992年12月,马鞍山市雨山湖饭店经批准设立境外投资企业中皇餐饭馆有限责任公司。该项目投资总额为40万美元,其中,中方马鞍山雨山湖饭店投资20.4万美元,外方美国姆达尔·丘尔群公司投资19.6万美元。境外直接投资外汇管理主要包括境外投资风险审查和外汇资金来源审查、境外投资外汇登记、缴存汇回利润保证金、境外投资资金汇出审批、境外投资资金汇回管理等。2003年3月,《国家外汇管理局关于简化境外投资外汇资金来源审查有关问题的通知》明确规定:取消境外投资外汇风险审查和汇回利润保证金。2005年10月,《国家外汇管理局关于境内居民通过境外特殊目的公司融资及返程投资外汇管理有关问题的通知》明确规定:境内居民个人经外汇管理部门审核、登记,可以在境外设立特殊目的公司。

外债管理 外债管理主要包括外债登记、外债账户管理、外债结汇管理、外债还本付息管理等内容。

外商投资企业可以直接对外借债,2003年1月后,对其借债规模予以限制。国家发展计划委员会、财政部、国家外汇管理局联合发布的《外债管理暂行办法》规定:外商投资企业举借的中长期外债累计发生额和短期外债余额之和应当控制在审批部门批准的项目总投资和注册资本之间的差额以内。在差额范围内,外商投资企业可自行举借外债。超出差额的,须经原审批部门重新核定项目总投资。

除外商投资企业以外的其他单位借外债,须经有关政府部门审批,在核定指标范围内对外借债。1986年,人民银行总行下达安徽省"七五"期间外债指标2000万美元,1987年追加安徽省500万美元指标。国家外汇管理局安徽省分局根据实际需求,分配给安徽省国际信托投资公司1500万美元,分配给中国银行合肥分行1000万美元。

证券投资管理 1985年10月,安徽省国际信托投资公司成为安徽省第一家开办外汇业务的非银行金融机构。外汇业务经营范围是外汇信托投资、外汇租赁、咨询、担保等。对非银行金融机构外汇业务的管理主要有市场准入和退出管理、外汇资本金管理、外汇利润管理等。

1993年11月,马鞍山钢铁股份有限公司作为安徽省第一家在香港上市公司发行H股,募集资金4.88亿美元。1996年3月,安徽古井股份有限公司作为安徽省第一家境内上市外资股公司在深圳发行B股,募集资金2.11亿美元。对该类业务的管理主要有外汇管理登记、外汇账户管理、募集资金结汇管理、境内外上市公司回购本公司上市流通股份管理等。

2003年7月,铜陵有色金属(集团)公司经批准成为安徽省第一家开展境外期货套期保值业务的公司。对该类业务的管理主要有外汇登记管理、外汇账户管理等。

第三节 国际收支与监测

安徽省执行1995年9月14日发布的《国际收支统计申报办法》相关规定。与全省有关的几个部分如下:

国际收支统计间接申报 中国居民通过境内金融机构从境外收入款项或向境外支付款项的,应当按照有关操作规程进行国际收支统计申报;非中国居民通过境内金融机构从境外收入款项或向境外支付款项的,由境内金融机构按照有关操作规程进行国际收支统计申报。

汇兑业务统计申报　中国境内办理外币兑换人民币以及人民币兑换外币业务的兑换机构,应当填写汇兑业务统计申报表,并按照规定向外汇局申报其办理的汇兑业务情况。

直接投资统计申报　中国境内的外商投资企业以及对境外直接投资的企业,应当填写直接投资统计申报表,并按照规定直接向外汇管理局申报其直接投资者与直接投资企业间的所有者权益、债权债务状况以及分红派息等情况。

证券投资申报　此处证券投资指非居民投资人对中国境内公司发行的境内上市外资股、境外上市外资股以及其派生形式的投资。非居民投资人指外国和港、澳、台地区的投资人。中国境内的证券交易商以及证券登记机构进行自营或代理客户进行对外证券交易的,应当向国家外汇管理局或其分支局申报其自营和代理客户的对外交易,及相应的收支、分红派息情况。

金融机构对境外资产负债及损益申报　凡在中国境内的金融机构,都必须按照有关操作规程的规定填报金融机构对境外资产负债及损益申报表,向国家外汇管理局申报其自身的资产、负债及损益情况。

第四节　外汇市场监督管理

外汇牌价管理　中国人民银行于1978年开始管理外汇牌价。按国家外汇管理局公布的外汇牌价,督促中国银行合肥分行执行,并将国家下达的各种货币折成美元的内部统一折算率,适时转发省内各类外贸进出口公司等单位,作为外汇统计之依据。为弥补外汇牌价与实际换汇成本差额,调动企业出口创汇积极性,1981年4月,中国银行合肥分行开办外汇调剂业务。1986年,外汇调剂业务由安徽省外汇管理局(简称省外管局)直接办理。同年3月,报经国家外汇管理局认可,将部分外汇调剂权下放至地方外管分局。1994年外汇体制改革后,在全国范围内建立了统一的银行间外汇市场,实现了人民币官方汇率与外汇调剂市场汇率并轨。2005年7月21日人民币汇率机制改革后,人民币汇率初具弹性。至此,安徽省外管局实行银行挂牌汇价浮动区间管理。外汇指定银行对客户挂牌的美元对人民币现汇卖出价与买入价之差不得超过中国人民银行公布的美元交易中间价的4%,银行可在规定的价差幅度范围内自行调整当日美元现汇和现钞买卖价。

银行结售汇业务市场准入管理　1978年8月,中国银行合肥分行成立后,安徽开始设置经营外汇业务的机构。1994—1998年,省外管局负责银行全部外汇业务的准入和监管。1998年,按照国务院关于机构改革的精神,由人民银行承接银行外汇业务市场准入的审批职能,以及对银行外币资产质量和风险的监管职能。2003年,经国务院批准,银监会挂牌成立,承担了由人民银行移交的银行风险监管职责。同年,全国人大常委会明确商业银行经营结售汇业务,须经人民银行批准。由于人民银行不承担机构监管职能,结售汇业务的市场准入由外汇管理局负责。

银行结售汇业务主要包括即期结售汇业务、远期结售汇业务、人民币与外币掉期业务、人民币外汇货币掉期业务,以及人民币外汇期权业务。1987 年 2 月,省外管局根据国务院批复中国人民银行《金融机构代客户办理即期和远期外汇买卖管理规定》,批准中国银行合肥分行试行开办此项业务。1994 年,实行外汇管理体制改革,取消各类外汇留成、上缴和额度管理制度,对境内机构外汇收支实行银行结汇和售汇制度。至此,经常项目的各类外汇收支直接到银行办理。资本项目的各类外汇收支经外汇管理部门直接批准或者由银行审核后,也在银行办理。因此,对外汇市场的监督管理,是通过对银行结售汇业务的监督管理来实现的。

2005 年 11 月,省外管局依据《中华人民共和国关于扩大外汇指定银行对客户远期结售汇业务和开办人民币与外币掉期业务有关问题的通知》,审核批准中国银行安徽省分行开办人民币与外币掉期业务。

第四章　金融服务

第一节　支付结算

结算工具　改革开放前，中国人民银行借鉴苏联结算管理经验，在全国推行支票结算、保付支票结算、计划结算、托收无承付结算、电信拨（汇兑）结算、特种账户结算、信用证结算、托收承付结算等8种结算方式。1985年，人民银行总行相继推行票汇结算、商业汇票承兑、贴现业务和中央银行再贴现业务，为适应农村家庭经营承包和农副产品收购对银行结算需求，推行定额转账支票结算。同年，中国银行发行第一张银行卡“长城卡”。1986年，为适应多种经济形式及经济关系的结算要求，总行批准开办个体经济和个人使用支票业务，结束银行只为国有和集体经济提供转账结算服务的历史。1987年8月1日，为适应经济体制和金融体制改革的要求，满足江苏、浙江、安徽、上海地区经济密切往来的需要，改进票汇结算办法，推行华东三省一市汇票。为从根本上摆脱计划经济体制下支付结算的专用性和计划性特征，提高结算业务水平，中国人民银行总行对支付法规制度进行改革。1988年，国务院批转总行《关于改革银行结算的报告》，中国人民银行总行制定《银行结算办法》及《银行结算会计核算手续》，1989年4月1日执行。基本内容包括：明确银行支付结算的性质为中介性、服务性。确立银行与客户的平等信用关系。强调结算工具的“方便、通用、迅速、安全”功能。坚持“恪守信用，履约付款，谁的钱进谁的账，由谁支配，银行不垫款”的原则。通过改革确立票据在结算中的主导地位，大力推行银行汇票、商业汇票、本票、支票和信用卡等信用支付工具。

20世纪90年代初期，由于缺乏经验以及制度建设滞后，乱集资、乱拆借、乱设金融机构、乱办经济实体的风气盛行，造成经济过热、市场秩序比较混乱的局面，通货膨胀形势比较严峻。企业相互拖欠货款，银行结算秩序混乱。为使经济走上健康发展轨道，维护正常的经济金融秩序，在国务院的领导下，人民银行会同各专业银行开始整顿结算纪律，努力促进符合市场经济要求的支付结算体系的形成。1990—1993年，总行整顿开户和结算秩序，取消多头开户、纠正压票、随意退票、无理拒付，积极参与清理货款拖欠等。

1993年11月，十四届三中全会通过《中共中央关于建立社会主义市场经济体制若干问题的决定》提出，要“实现银行系统计算机网络化，扩大商业汇票和支票等结算工具的使用面,严格结算纪律,提高结算效率,积极推行信用卡,减少现金流通量”。1994年9月,中国人民银行总行召开全国银行结算工作会议。会议以“严格结算纪律,整顿结算秩序,推动企业清欠,加速资金周转,促进经济发展”为主题,针对当时存在的随意压票退票、截留挪用客户和他行资金、人为阻塞汇路、账户管理失控等问题,提出坚决执行“三不准”,即不准以任何理由压票、随意退票、截留挪用客户和他行资金,受理无理拒付、自行拒付退票,不扣或少扣滞纳金;不准在结算制度之外规定任何附加条件,影响汇路畅通;不准违反规定开立账户的严厉要求。会议提出政策措施,扩大银行汇票签发和兑付,方便购销活动,加速资金周转。在大中城市积极开办银行本票,以中心城市为依托,建立跨区域票据交换中心。这一时期,中国人民银行安徽省分行着手组织区域性票据交换,合肥市、芜湖市将所辖县纳入城区交换,推广使用信用卡,统一信用卡制度和标准,推行定期借记、贷记支付工具,用于收取劳务费、税款、社会保险基金和代发工资等业务。1994年,修订《商业汇票办法》和《再贴现办法》,在煤炭、电力、冶金、化工和铁道行业大力推行商业汇票结算,引导企业树立商业信用,促进商业信用和银行信用相结合。

1995年,第八届全国人民代表大会第三次会议通过《中国人民银行法》,全国人民代表大会常务委员会颁布《中华人民共和国票据法》,对各种票据行为、票据权利的行使、票据义务的履行等做出全面系统规定。1997年9月,中国人民银行总行颁布《支付结算办法》,以支付工具为主线、以权利责任为核心,对1988年制定《银行结算办法》作了系统的修改。为有效贯彻实施票据法,经国务院批准,中国人民银行总行10月颁布实施《票据管理实施办法》,以票据活动管理为核心,将票据规则和制度具体化。这一时期安徽省银行卡业务较快发展,信用卡发卡量、交易量,以及ATM机具、POS机布放也有较大程度的发展。1999年,中国人民银行总行发布《银行卡业务管理办法》,以促进银行卡业务规范发展。进入21世纪,中国人民银行总行按照党中央、国务院部署和要求,以构建安全、高效的支付体系为目标,加快非现金支付工具推广和创新。安徽省支付体系改革和建设步入创新、跨越发展的新时期。在市场力量与政府部门共同推动下,非现金支付工具飞跃式发展,形成以票据和银行卡为主体,以新兴电子支付工具为发展方向的非现金支付工具体系格局。

在票据领域,总行完善票据业务制度,调整简化票据、结算凭证种类格式,保持对空头支票的必要处罚,改善票据业务环境,推进华东三省一市汇票业务的发展,促进区域性票据市场的形成和发展,改进票据处理流程。

2001年,中国实现“314”目标(即国有商业银行在300个以上地市级分支机构实现行内的联网通用,涵盖本省17个地市,全国性股份制银行和邮政储蓄机构在所有的地市级分支机构实现行内的联网通用,在100个以上城市实现银行卡跨行通用,在40个以上城市推广普及“银联”标识,实现银行卡的异地跨行通用),至2003年底,基本实现,此举大大加快安徽省银行卡联网通用进程。2003年12月,总行调整银行卡跨行交易收费办法和标准，理顺银行卡业务参与各方利益分配机制。2005 年，中国银联安徽分公司成立，致力建设运营银行卡跨行信息交换系统，推进银行卡联网通用。安徽省银行卡基本实现联网通用，银行卡产业链形成，行业技术标准得到普遍遵循。4 月，总行等九部委联合出台《关于促进银行卡产业发展的若干意见》，提出银行卡产业发展指导思想和原则、工作重点、工作要求。安徽省贯彻执行意见精神，成立安徽省银行卡工作联席会议办公室，统筹规划和指导银行卡工作，制定落实相关政策措施，协调解决银行卡发展中突出问题，指导和推动全省银行卡产业的发展。

结算方式　1985 年，推行异地委托收款结算方式和限额结算方式，适用于不具备托收承付结算条件的商品交易、劳务供应，以及其他应收款项的结算。但是，安徽省银行结算反映出的突出问题，如大宗商品交易大量使用现金，结算在途时间长，资金占压多，企业之间拖欠严重。主要原因是结算方式虽种类繁多，但功能单一，不够灵活方便；结算手段落后，环节多，效率低；银行结算包收款，银行信用包揽商业信用；结算行政性监督多，超越银行结算的应有职责；结算管理薄弱，差错、延压、事故多。1988 年，停止托收承付、国内信用证、委托付款、托收无承付、保付支票、省内限额结算等 6 种结算方式，保留汇兑和委托收款，确立“三票一卡”的主体地位。银行结算建立以人民银行为主体的联行清算中心，结算手段电子化进程列为重要内容，以实现汇划款项与资金清算同步，减少压票、退票，减少对客户资金的挤占挪用，规范业务标准。

20 世纪 90 年代初期，为维护结算秩序，提高银行结算效率，改进结算服务，中国人民银行紧密结合经济、金融体制改革的实际，加强对各银行、金融机构支付结算管理的执法力度，建立和完善结算法规。1993 年 6 月，总行修订《邮政汇兑资金清算办法》，解决影响社会安定和人民生活的邮政汇款兑付难的“绿条子”问题。12 月，颁发《查询、冻结、扣划企事业单位银行存款办法》，维护社会经济秩序和有关当事人的合法权益，保证司法部门严格执法。1994 年 9 月，总行颁发《关于加强银行结算工作的决定》《银行账户管理办法》，重新修订颁发《异地托收承付结算办法》《违反银行结算制度处罚规定》等制度。推行定期借记、贷记支付工具，用于收取劳务费、税款、社会保险基金和代发工资等业务。1995 年 5 月，总行实施电子联行“天地对接”工程，解决电子联行“天上 3 秒，地上 3 天”的突出问题。到 90 年代末期，电子联行系统覆盖全省，人民银行电子联行业务到县的建设工作基本完成。同时，各专业银行加强行内电子资金汇兑系统的建设，改变各行“先汇划、后清算”的清算体制，促进异地汇兑业务的开展，提高资金汇划的效率。

进入 21 世纪，电子支付工具和结算方式普及使用，电子商务、网络经济、网上银行业务发展突飞猛进。非银行类的数据处理商利用其广泛的信息网开发支付机制，如点对点支付、无线支付等，同时利用银行进入结算系统，利用银行的客户基础营销新产品。网上支付、电话支付、手机支付、离线支付、有线电视支付就是这种结合的产物。安徽省银行业在新型电子支付，特别是网上银行业务领域的竞争格局已基本形成。2005 年 10

月,为规范电子支付业务,防范支付风险,人民银行发布《电子支付指引(第一号)》,填补在电子支付方面的制度空白。

现代化支付体系的建立 支付体系是金融体系的核心基础设施,主要由支付系统、支付工具、支付服务组织和支付结算管理四部分组成。自改革开放以后,安徽省银行系统支付体系取得跨越式发展,基本形成以中国现代化支付系统为核心,各商业银行行内系统为基础,票据交换系统、卡基支付系统等并存的支付清算网络体系。2005 年,中国人民银行大额实时支付系统在安徽省建成运行,系统支持各政策性银行、商业银行和绝大多数农村信用社的接入,实现资金实时到账,提高资金周转速度。

安徽省银行业形成适应广大企事业单位生产经营活动和百姓居家服务需要、多样化的非现金支付工具体系。传统票据业务不断创新,票据电子化稳步推进,为票据支付推广、普及和发展提供了广阔的空间。银行卡业务快速发展,受理环境不断改善,市场秩序逐步规范。随着公务卡、军人保障卡、中职学生资助卡等推广应用,银行卡在便利社会管理方面的作用日益凸显。银行卡成为居民个人使用最为广泛的支付工具,银行卡持卡消费额在社会消费品零售总额中的占比不断提升。网上支付、移动支付、电话支付等新兴电子支付方式发展迅猛,不断创造和满足社会公众日益多样化的支付需求。经过多年的发展,安徽省形成中央银行、银行业金融机构、非金融支付机构、证券结算机构各有侧重、功能互补的支付服务组织格局,支付服务专业化分工日益明显,市场化程度不断提高。随着非金融机构参与支付服务市场,互联网支付、手机支付、电话支付等新型支付方式不断出现,支付产品创新能力明显加强,较好地满足电子商务企业和个人的支付需求,促进电子商务的发展,统一、开放、竞争、有序的支付服务市场已经形成。

银行结算账户是社会资金运动的起点和终点,是商业银行提供支付结算服务的基础。加强银行结算账户管理,对于从源头上遏制洗钱、腐败、金融诈骗等违法犯罪行为,建立社会征信体系以及维护正常经济金融秩序有着十分重要的意义。随着市场经济日益发展,经济金融改革不断深化,中国人民银行于 1994 年颁布的《银行账户管理办法》已不能适应经济发展需要。为更好地满足存款人利用银行结算账户办理结算业务需要,提高金融服务水平,维护经济、金融秩序稳定,人民银行在深入调查研究的基础上,于 2003 年制定颁布《人民币银行结算账户管理办法》(以下简称《账户办法》)。《账户办法》对银行结算账户管理进行改革,建立以基本存款账户为龙头的账户管理体系,增设个人银行结算账户种类、将个人与个体工商户的银行结算账户加以区分,规范账户开户条件和开户手续,放开一般存款账户的开户条件和异地开户的条件,明确专用存款账户管理的资金范围,严格违规行为处罚。2005 年 6 月,人民币银行结算账户管理系统(以下简称“账户管理系统”)在安徽省的推广应用。此系统是确保《账户办法》有效实施的重要手段,可实现对存款人资料的真实性、完整性、合规性及基本存款账户唯一性的审核,同时配合社会征信体系的建设和反洗钱工作的开展。

第二节　反洗钱

实施现场检查　自人民银行作为反洗钱牵头部门后，中国人民银行合肥中心支行（简称人行合肥中支）2004—2005 年开展反洗钱现场检查工作，督促金融机构履行反洗钱义务。人民银行合肥中心支行成立以行长为组长的反洗钱检查工作领导小组，结合本、外币，在全省范围展开对商业银行反洗钱工作的现场检查。2004—2005 年，人行合肥中支按照滚动式检查，每年检查面达 30% 的要求，先后对中国建设银行安徽省分行、招商银行合肥分行和合肥市商业银行等多家商业银行开展现场检查。检查过程严格履行现场检查程序，客观、公正地分析检查中发现的问题。辖内人民银行各市中心支行，依据总行《关于违反反洗钱规定行为的处罚指导意见》对所查商业银行违反反洗钱规定的行为，依据情节分别给予责令整改和警告处罚，各被查商业银行依据人民银行的检查整改意见，均认真落实整改，使安徽省反洗钱工作得到扎实有序地开展。

人民银行合肥中心支行在现场检查中实施量化打分方式，根据量化打分结果给予客观公正的评判，并在《安徽金融情况反映》第 86 期上刊登，向全省推广。

开展部门间合作　2004 年，国家外汇管理局安徽省分局建立与公安部门联合办案合作机制。根据公安部、国家外汇管理局联合下发《外汇领域反洗钱合作规定》，安徽省分局与省公安厅成立了安徽省打击非法买卖外汇违法犯罪活动联合办公室，负责打击非法买卖外汇违法犯罪活动的组织领导，有效地打击了非法外汇买卖活动，净化了市场环境，取得良好的社会效果。

2005 年 5 月，人民银行合肥中心支行召开由省高级人民法院、省人民检察院、省政府办公厅等 23 个成员单位负责人参加的安徽省反洗钱工作厅际联席会议。会议通过了《安徽省反洗钱工作厅际联席会议制度》，建立联络员信息档案资料，反洗钱工作厅际联席会议协调机制正式启动。9 月，为了能更好地促进安徽省金融机构反洗钱工作的开展，合肥中心支行作为牵头单位，召集安徽银监局、证监局、保监局，以及国家外汇管理局安徽省分局组成安徽省金融监管部门反洗钱工作协调小组，并建立工作协调机制，共同协商金融机构的反洗钱监管和协调工作。同年，召开了有省公安厅参加的反洗钱工作会议，并积极参加由省公安厅组织召开的安徽省缉毒会议，与省公安厅经侦总队建立可疑交易线索核查工作的协作与配合机制，构筑起反洗钱联合防线。

商业银行开展大额可疑数据报送　2004 年，人行合肥中支按照反洗钱——“一个规定、两个办法”的要求，做好辖内大额和可疑交易报告的收集工作，进行认真分析后，按照程序上报可疑交易。

2005 年，人行合肥中支建立反洗钱报送网络，建立安徽省大额和可疑支付交易报告员、信息员档案，积极上报大额可疑交易数据。人民银行各市中心支行和商业银行各级机构建立大额和可疑支付交易信息员制度，合肥中心支行对全省的信息员建立专门的档案进行管理,形成覆盖安徽省金融机构各分支机构的专业化、规范化、网络化的大额和可疑支付交易信息员队伍。人行合肥中支根据总行反洗钱监测分析中心的要求,协助全省共14家城市商业银行、城乡信用社,做好大额数据提取系统的开发以及联网上报工作。同年,“人民币大额和可疑支付交易监测系统”并正式投入使用。系统以金融城市网和人民银行内联网为依托,实现人民币大额和可疑交易信息的采集、监测、统计、分析于一体,综合利用分析统计技术,以金融机构业务系统的数据来源为基础,从而完成对支付交易中的大额和可疑支付交易进行实时预警监测、查询统计、甄别与分析,解决了以前在大额交易报备信息的收集、筛选和报告三个环节上手工方式所带来的报送信息滞后、时效性差,以及手工统计分析等诸多弊端。

开展反洗钱宣传培训 2004年,人行合肥中支结合反洗钱现场检查,组织安徽省人民银行系统反洗钱现场检查业务培训。培训内容从理论到实际,包括洗钱的特征、反洗钱现场检查指引、外汇业务现场检查、现金检查要求与方法以及行政处罚程序等。经统计,安徽省全年举办各种类型的培训共计46次,参加人数1073人次。这些培训提高了省内从事反洗钱人员的理论水平和业务能力,为今后开展反洗钱工作打下了基础。

2005年,人行合肥中支将近几年反洗钱文件汇编成册,并印制1000册,下发给安徽省人民银行各市中心支行从事反洗钱工作人员,以便从事反洗钱工作人员系统地学习和对日常的反洗钱工作的指导。部分中心支行也专门编印了《反洗钱工作手册》,发给金融机构,既作为培训教材,作为日常反洗钱工作的工具用书。当年5月,人行合肥中支对各省级银行业金融机构和人民银行各市中心支行近110人进行了大额和可疑支付交易业务知识培训。同时,根据各商业银行及人民银行各市中心支行的需要,专门对6家单位600多名从事反洗钱工作人员进行培训。安徽省各市中心支行也针对基层行反洗钱知识薄弱环节陆续开展了培训90余次,培训面达2700余人次,使得全省反洗钱从业人员的反洗钱意识和技能得到较大的提高。9月,联合13家省级金融机构开展宣传日活动。各市中心支行与当地媒体联动,开辟了反洗钱知识专栏,并向社会公布了反洗钱监督、咨询电话,方便了社会公众了解反洗钱方面的有关知识,并积极鼓励社会公众对洗钱线索、行为进行举报,监督金融机构严格履行反洗钱义务,力求营造良好的反洗钱活动氛围。

第三节 经理国库

机构 1986年1月,人民银行安徽省分行设立省级国库,当年全省各级人民银行都设立了国库机构。截至2005年底,全省设有国家金库省级分库1个、市级中心支库17个、县(区)级支库127个、乡镇国库66个。全省国库专兼职正式人员568人(不含代理库人员)。在省分库的统一领导下,安徽省各级国库强化核算管理,准确、及时地完成各级国库预算收支的收纳、划分、报解、入库和支拨工作。自1987年总库开展业务评比,安徽省分库连续16年获得一等奖;1999—2002年度、2003—2006年度均被评为“全国国库系统先进集体”。2003—2005年度,安徽省分库在总行国库局国库业务三项考核评比中获得两项一等奖和一项二等奖。2004年,获得国库局会计核算系统(2.0版)推广工作先进集体、安徽省总工会“全省十佳女职工标兵岗”和合肥中心支行“先进集体暨文明处室”称号。2002—2005年度获总行级“女职工文明示范岗”。

国库会计核算　1985—1990年,随着《中华人民共和国国家金库条例》及其实施细则的颁布实施,安徽省人民银行基本构建起全省国库的组织体系,实行垂直领导。国库会计从人民银行会计中分离出来,实现单独核算,结束国库账务由银行会计部门代管的局面。1991—2001年,安徽省国库会计工作摆脱手工记账传统核算方式,基本实现电算化。1993年,首次实现计算机在国库会计核算中的应用。1995年,推广国库会计报表汇总程序,使全省国库报表汇总由手工汇总变为计算机自动汇总。2000年,在全省推广全国统一核算系统《国家金库会计核算系统》1.0版,结束国库会计核算没有统一的应用程序的历史,减轻国库会计核算手工操作的负担,提高核算的准确性。2002—2005年,安徽省国库会计核算管理步入快速发展时期。2003年,全省推广使用全国统一核算系统《国家金库会计核算系统》2.0版(2005年再次升级为3.0版),适应国库单一账户体系、国库集中收付制度改革,提高国库资金清算汇划效率和国库服务水平。在此基础上,全省推广实施分层次、分时间、分轻重缓急、序时滚动的国库资金汇划报解新模式,加快各级库款入库速度。同年,全省各级国库全部参加同城票据交换,县(区)支库与中心支库开通了国库内部往来。2005年,全省地市级以上国库全部成功加入现代化支付系统,实现了国库资金的实时清算。至此,全省国库会计核算拥有了大小额支付系统、国库内部往来、同城票据交换等直达、畅通、多样的资金汇划手段,国库会计核算发展成为较为独立的体系。

监督管理　1985—2005年,安徽省国库监管工作处于起步发展阶段,随着国库理念的革新和国库业务的拓展逐渐走向规范。通过内部控制管理,加强内部风险防范,建立目标管理责任制、会计业务交接、会计重要事项审批、计算机安全管理等多项内控制度。通过定期与不定期的内部自查与系统内实地检查,确保工作质量,防范资金风险。通过严格柜面监督、实施现场检查、加强代理国库的准入审批与年审等对外监管工作,不断加强对商业银行代理国库机构及代理国库业务的监督管理。

2002年,为促进会计核算规范化,防范资金风险和其他风险,安徽省地市以上人民银行陆续成立暂挂会计部门的事后监督中心,这一时期国库业务的事后监督工作仍由内设的事后监督岗完成。2004年,根据《中国人民银行事后监督中心工作规程》,安徽省地市以上人民银行事后监督中心成为独立的业务监督部门,国库业务的事后监督全面移交本级事后监督中心办理。县级国库业务的事后监督工作也随着形势变化不断地改进、完善。省内县级国库进行事后监督权上收、事后监督委派、由内审或纪检等部门人员兼职事后监督岗等多种形式的监督创新,监督效果明显。全省国库事后监督工作的独立、及时、高效和持续得到保证,国库业务运行规范,风险防控日益加强。

国库统计分析 安徽省国库统计分析重要成果:

1997 年,合肥、芜湖市中心支库被选为首批重点联系库,每年直接向总行国库司上报国库收支季度、半年、年度分析,专题调查和分析报告。

2000 年,安徽省分库借助自行研发的《国库预算收支统计快报》应用程序,在全省范围内建立预算收支快报制度。通过《国库预算收支统计快报》应用程序使用,省内各级国库能够快速统计重要的国库相关指标,能够在第一时间向当地政府等部门报告财政收支总量、分项结构及预算执行进度情况。

2003 年,安徽省分库组建统计分析小组,由省分库牵头,抽调部分地市国库统计分析人员组成,实行年度动态管理。小组的主要任务是集中撰写国库统计分析报告(国库资金运行分析报告)和其他统计专项调研。

2004 年,安徽省分库开始定期编发《安徽省国库统计与调研》期刊,实现信息调研资源的全省共享。

2005 年,安徽省分库举办第一届全省国库业务论文研讨活动,征集论文 100 篇以上,涵盖辖内各级国库。同年,安徽省分库研发《国库业务研究资料库系统》1.0 版应用系统,实现数据的自动转换、录入、存储、自定义查询以及分析预测等功能,为全省统计分析工作的顺利开展提供一个良好的数据平台。

2005 年底,安徽省分库建立国库资金运行月报定期编发制度,探索编制《安徽省国库资金运行月报》,共梳理设计国库收支指标 130 余项、1000 多个数据,较全面地反映全省国库收入、支出、库存整体状况。每月定期向省委、省政府、财税等部门和本级行领导,以及相关处室报送。《安徽省国库资金运行月报》成为安徽国库对外宣传的重要载体。

代理发行国债 1985 年前,国家债券的发行和还本付息主要是各级政府指定本地各级人民银行及其所属机构办理,各级人民银行负责债券的保管、出售、到期兑付和资金入库工作。1985 年后,随着各专业银行陆续分立和人民银行职能调整,国债的发行工作交由各专业银行和信用社办理,人民银行对国债市场的监管逐渐转移到监测国债发行情况。

1988 年,人民银行安徽省分行会同省工商管理局、财政厅、商业厅颁布《关于禁止国库券在市场流通的通知》,联合有关部门打击非法倒卖国库券行为。2001 年,完成安徽省国家债券票样清理回收工作。2004 年,对全省记账式国债柜台交易业务营业网点名单进行登记备案。2005 年,举办全省《国债收款单管理系统》培训班。

1985 年以前,安徽省国债发行由安徽省各级人民银行代理发行。

1985—2005 年国债发行统计表

表 2－4－1

代理发行中华人民共和国国库券		
年度	国债种类	利率
1985 年	国库券 5 年期	向单位发行的 5%；向个人发行的 9%
1986—1987 年	国库券 5 年期	向单位发行的 6%；向个人发行的 10%
1988 年	国库券 3 年期	向单位发行的 6%；向个人发行的 10%
1989—1990 年	国库券 3 年期	14%
	特种债券 5 年期	15%
1991 年	国库券 3 年期	10%
	特种债券 5 年期	9%
1992 年	国库券 3 年期	9.5%－12.24%
	国库券 5 年期	10.5%－13.86%
1993 年	国库券 3 年期	10%－13.86%
	国库券 5 年期	11%－15.96%
1994 年	国库券一期 3 年期	13.86%
	国库券二期 3 年期	14%
	凭证式国债 3 年期	13.96%
1995 年	凭证式国债 3 年期	14.4%
1996 年	凭证式国债 5 年期	13.86%
1997 年	国库券 3 年期	9.18%
	凭证式国债 2 年期	8.64%
	凭证式国债 3 年期	9.18%
	凭证式国债 5 年期	10.17%
1998 年	凭证式国债 3 年期	7.11%－5.85%
	凭证式国债 5 年期	7.86%－6.42%

续表 2-4-1

代理发行中华人民共和国国库券		
1999 年	凭证式国债一期 3 年期	4.72%
	凭证式国债一期 5 年期	5.13%
	凭证式国债二期 3 年期	3.02%
	凭证式国债二期 5 年期	3.25%
	凭证式国债三期 3 年期	2.78%
	凭证式国债三期 5 年期	2.97%
2000 年	凭证式国债一期、二期 2 年期	2.55%
	凭证式国债一期、二期、三期 3 年期	2.89%
	凭证式国债一期、二期、三期 5 年期	3.14%
2001 年	凭证式国债 3 年期	2.89%
	凭证式国债 5 年期	3.14%
2002 年	凭证式国债一期 3 年期	2.42%
	凭证式国债一期 5 年期	2.74%
	凭证式国债二期 3 年期	2.07%
	凭证式国债二期 5 年期	2.29%
	凭证式国债三期 3 年期	2.12%
	凭证式国债三期 5 年期	2.36%
	凭证式国债四期 3 年期	2.22%
	凭证式国债四期 5 年期	2.48%
2003 年	凭证式国债一期 3 年期	2.32%
	凭证式国债一期 5 年期	2.63%
	凭证式国债二期 3 年期	2.32%
	凭证式国债二期 5 年期	2.63%
	凭证式国债三期 3 年期	2.32%
	凭证式国债三期 5 年期	2.63%
	凭证式国债四期 3 年期	1.98%
	凭证式国债四期 5 年期	2.25%

续表 2－4－1

代理发行中华人民共和国国库券		
2004 年	凭证式国债一期 3 年期	2.52%
	凭证式国债一期 5 年期	2.83%
	凭证式国债二期 3 年期	2.52%
	凭证式国债二期 5 年期	2.83%
	凭证式国债三期 2 年期	2.4%
	凭证式国债四期 3 年期	2.65%
	凭证式国债四期 5 年期	3%
	凭证式国债五期 2 年期	2.4%
	凭证式国债六期 3 年期	2.65%
	凭证式国债六期 5 年期	3%
2005 年	凭证式国债一期、二期、三期 3 年期	3.37%
	凭证式国债一期、二期、三期 5 年期	3.81%
	凭证式国债四期 3 年期	3.24%
	凭证式国债四期 5 年期	3.60%
代理发行财政债券		
年度	国债种类	利率
1988 年	财政债券 2 年期	7.5%
	财政债券 5 年期	8%
1990 年	财政债券 5 年期	10%
1991—1992 年	财政债券 5 年期	9%
1993 年	财政债券 5 年期	14%
代理发行其他国债		
年度	国债种类	利率
1987 年	国家重点建设债券 3 年期	单位购买的 6%；个人购买的 10.5%
1987 年	重点建设债券 3 年期	单位购买的 6%；个人购买的 10.5%
1988 年	国家建设债券 2 年期	9.5%
1989 年	保值公债 3 年期	随 3 年银行定期存款利率浮动，另加保值补贴利率 +1%

1985—2005 年，安徽省各级人民银行代理国债兑付情况如下：1987 年兑付 1981—

1982 年国库券。1988 年兑付 1981—1983 年国库券。1989 年兑付 1981—1984 年国库券。1989 年单位持有但未兑付的 1981—1984 年国库券均推迟 3 年兑付。1990 年兑付 1981—1985 年国库券;兑付个人持有的国家建设债券。1991 年兑付单位、个人持有的 1981—1988 年国库券;兑付个人持有的国家建设债券。1992 年兑付单位、个人持有的 1981—1989 年国库券;兑付国家建设债券;兑付个人持有的保值公债。1993 年兑付单位、个人 1981—1990 年国库券;兑付保值公债;兑付国家建设债券;兑付财政债券。1994 年兑付单位、个人 1981—1991 年国库券;兑付国家建设债券;兑付保值公债。1995 年兑付 1981—1992 年国库券;兑付国家建设债券;兑付保值公债;兑付财政债券;兑付国家重点建设债券。1996 年兑付 1981—1993 年国库券;兑付 1989 年保值公债;兑付财政债券;兑付国家重点建设债券。1997 年兑付 1981—1994 年国库券;兑付 1987 年国家重点建设债券;兑付 1988 年国家建设债券;兑付 1989 年保值公债。1998 年兑付 1981—1995 年国库券;兑付 1987 年国家重点建设债券;兑付 1988 年国家建设债券;兑付 1989 年保值公债;兑付财政债券。1999 年兑付 1981—1996 年国库券;兑付 1987 年国家重点建设债券;兑付 1988 年国家建设债券;兑付 1989 年保值公债。2000 年兑付 1981—1997 年国库券;兑付 1987 年国家重点建设债券。2000 年,无记名国债、国家建设债券、保值国债、财政债券等均全部到期。2001—2005 年兑付各年度国库券;兑付 1987 年国家重点建设债券;兑付 1988 年国家建设债券;兑付 1989 年保值公债。

1999 年 10 月 14 日,人民银行总行、财政部发文要求各级人民银行国库部门,从 1999 年 11 月 1 日起,全面清理 1982 年至 1988 年向企事业单位和个人发行国债时开出的收款单存根,接收并负责以后的兑付工作。

第四节 货币发行

发行基金与发行库管理 1986—1990 年,人民银行安徽省分行贯彻总行调拨方针,充分利用各地货币投放时间差、空间差,精心安排供需茬口,通过加强横向调剂,进一步提高发行基金利用率,增加现金供应量。

1991 年,安徽省遭遇了特大洪涝灾害,全省人民银行积极支持抗洪抢险,组织资金,适时调整发行基金调拨,促进灾后经济的恢复和发展。1994 年是金融体制新旧交替的重要一年,全省货币发行部门贯彻总行“适当集中、合理摆布、灵活调拨”的方针,加强分析预测,保证调拨渠道的畅通。1995 年开始,全省现金供应量由偏紧转为较为宽松,但券别结构仍不尽合理,2 元以下小面额货币尤其短缺。为此,省分行一方面合理地加强辖内横向调剂,提高辖区内现有辅币的利用率;另一方面积极向总行申请,增加辅币的投放量。1996 年,1 元券基本满足了市场需求。1997 年,10 元至 1 元券间券别已基本得到满足。

1999 年,人民银行合肥中心支行开始履行管理职能,遵照中国人民银行货币金银工作承接办法，对原人民银行安徽省分行发行库及合肥分行发行库的库存款项、金银、实物进行全面检查与工作承接。发行基金管理坚持贯彻“适当集中、合理摆布、灵活调拨”的方针，在发行基金总量宽裕的情况下，根据市场需要合理调度发行基金，保证市场供应。在此基础上，根据货币投放情况和市场货币流通状况，合理搭配发行基金券别，继续加大硬币使用的推广力度，提高流通中人民币整洁度。除1996年全省现金净回笼2.2亿元外，1986—1997年，全省一直保持现金净投放状态。从1998年开始，全省现金呈现净回笼态势，且净回笼量逐年攀升。

2000年，按照“保证总量，调整结构，合理调拨，提高质量”的要求，贯彻落实稳健的货币政策，适度增加货币供应量。2001年，为加强横向调拨工作，利用工业城市与农业地区的投放回笼时间差合理调度，辖内横向调拨68亿元。继续做好第五套人民币新券种与纪念币的发行，合理调配流通券别结构，推广小面额硬币使用范围，至2002年，作为全国硬币集中投放地区，合肥市场辅币中硬币流量在80%以上。2003年，国内发生“传染性非典型肺炎”疫情，对现金调拨工作产生不利影响，为加大原封新券的投放比例，从四川、北京和上海调入发行基金5.75亿元，同时注重做好出入库款项的消毒工作。2004年，按照分层次、有重点投放的原则，加大对10元以下券别的调拨和投放，在时间和地域上合理配置，保证了流通中货币券别结构相对合理，基本满足消费需要。2005年，以“适当集中、合理摆布、灵活调拨”为指导原则，将现金供应需求、发行库库容和发行基金调运能力有机结合，保证辖区现金合理供应。同年，完成货币金银管理信息系统的培训推广工作，确保新、旧系统衔接与稳定。

1988—2005年，为确保库房库款安全，开展发行库规范化目标管理，做好各项制度建设，对库款交接、库房钥匙保管、收付款复核、营业终了核库、发行基金调运，以及查库制度执行等方面进行规范。1994年，开展“制度安全年活动”。1996制定《中国人民银行安徽省分行发行库规范管理达标升级考核办法》《中国人民银行安徽省分行发行库规范管理实施细则》。1997年，“运钞中心”试点运行良好，范围逐步扩大，探索开展由二级分行为县支行承担送款工作。1998年，对全省各分支行发行库（业务库）门的密码锁进行更换（安装），安装掌纹识别系统保安装置，提高发行库技术防范系数。1999年，苏皖两省开展发行库安全大检查，交叉检查了江苏、安徽部分中心支库和县支库。2002年，组织全省旺季发行库安全检查，重点检查库存发行基金、实物的账实相符情况，制度执行情况，安全防范设施的配备、运行管理情况，业务操作环节管理情况及硬件设施使用状况等。2003年，为促进发行库规范化管理工作，开展全省发行库“十佳管库员”评选活动。2004年，制定《中国人民银行合肥中心支行人民币发行库达标升级考核实施细则（试行）》，组织开展全省发行库达标升级考核验收工作。各级行成立发行库达标升级验收小组，分别对辖内16个市中心支库、49个县支库达标升级工作进行全面验收考核。2005年，合肥分库被总行评定为三级库。

残损人民币回收与销毁管理　1985年起，根据总行对销毁点要适当集中的精神，全省残损人民币销毁点由原来的11处调整为合肥、蚌埠、宿县、阜阳、淮北、滁县、宣城7处。1988年8月,《中国人民银行安徽省分行损伤票币销毁实施细则》规定,销毁权属于人民银行总行,总行授权省分行签发销毁命令并组织销毁工作,二级分行销毁点受省分行委托,具体办理损伤券销毁事宜。

为了使销毁工作逐步向自动化、机械化过渡,1992年,建立江北片六安销毁点,并购置一台销毁机械,截至1995年底,全省配置15台销毁机。1996年,为进一步提高流通中货币整洁度,解决残损人民币兑换难的社会热点问题,下发《关于进一步做好残损人民币回收工作意见》,要求基层商业银行设立常年兑换窗口,制定兑换公约,设立举报电话。随着销毁工作逐步走向机械化,为保障销毁工作安全顺利,1996年8月,制定《中国人民银行安徽省分行纸质损伤人民币机器粉碎销毁实施细则》。1998年11月10日,合肥钞票处理中心破土动工。

2001年,组织全辖残损人民币回收工作大检查,切实掌握好"七成新"标准,准确掌握挑剔比例,避免造成浪费。合肥钞票处理中心建章立制,发挥出现代化机械设备运行功能,当年CDS-600型机销毁残损人民币204.27亿元,钞票处理中心机械销毁占全省销毁计划的60.25%。2002年,制定《中国人民银行合肥中心支行残损人民币销毁管理实施细则(试行)》,将残损人民币销毁工作每个环节纳入规范化管理之中。2003年,结合全省人民币库存情况,"在保持流通中大面额人民币流通整洁度的基础上,重点销毁10元以下小面额残损人民币"。2004年是残损人民币销毁实行指令性计划与指导性计划相结合的第一年,各市中心支行严格按照下达的残损人民币销毁计划,保证了全年销毁任务总金额、分券别保质保量如期完成。2005年,重点抓好第四套人民币和小面额残损人民币回收工作,督促商业银行按照《中国人民银行残缺污损人民币兑换办法》《不宜流通人民币挑剔标准》,把好钱捆质量关,保证入库钱捆达到"五好钱捆"标准。做好残损人民币集中复点的各项准备工作。2005年12月,总行印发修订后的《中国人民银行残损人民币销毁管理办法》。根据安徽实际情况,设置合肥中心支行销毁点,对全省残损人民币实行集中销毁。残损人民币管理方式实行指令性计划和指导性计划相结合。合肥中心支行必须严格执行总行下达的指令性销毁计划,指导性销毁计划可在总行规定的券别范围内,自行确定超出总行下达的残损人民币销毁计划金额。销毁方式优先选用机械销毁方式。

反假货币工作 20世纪80年代—90代初,第四套人民币发行。为做好反假货币工作,人民银行安徽省分行相继出台《安徽省人民银行反假工作实施细则》《中国人民银行安徽省分行关于加强反假人民币工作的暂行规定》,明确反假货币工作的组织领导与工作规程。人民银行负责协调组织指导各专业银行及有关部门开展经常性的反假货币工作,依靠各级政府加强对反假货币工作的组织领导,配合公安部门做好案件侦破工作。专业银行做好柜面防范,加强第一道防线。按"内紧外松"的原则,通过新闻媒体进行适当宣传,增强社会各界的反假意识,震慑犯罪分子。同时,通过举办各种形式的反假培训班，进行反假技术培训，提高防伪辨伪能力。这一时期假币犯罪有了一些新变化，从假币案件特点来看，假币犯罪由城市步入农村；大要案比例上升；制贩假币犯罪手段更加狡猾，识别难度大。1992 年，全省侦破假币案件 102 起，其中万元以上大案有 40 余起，缴获伪造人民币 57 万元。

1994 年，继续强化人民币常识宣传普及工作，中国人民银行总行编印下发《防伪手册》和《识别假钞券图册》，反假斗争策略由“内紧外松”向“群防群治”过渡。全省破获万元以上制贩假币大案 19 起，收缴假币 241.67 万元，是上年收缴量的 4.2 倍。1996 年，根据国务院反假货币工作联席会议的统一部署，每年在全国范围开展反假货币宣传周活动，人民银行安徽省分行召集由商业银行、公安、新闻单位参加的联席会议，部署活动事宜，开展辖区宣传周活动。宣传周期间散发 70 万份宣传材料，接待数十万人次咨询。1997 年 6 月，经省政府同意，建立安徽省反假货币联席会议制度，安徽省法院、安徽省检察院、农业发展银行安徽省分行、工商银行安徽省分行、农业银行安徽省分行、中国银行安徽省分行、建设银行安徽省分行、安徽省公安厅、安徽省司法厅等 16 家单位分管领导和安徽省金融系统纪检组长为联席会议成员，联席会议办公室设在人民银行安徽省分行。

1998 年，召开安徽省反假货币工作联席会议第一次会议，布置第三个“爱护人民币宣传周”活动，在各级政府的重视与支持下，各金融机构及有关部门密切配合。金融系统 6000 多人走向市场、街头、学校，设置 725 个宣传咨询点，散发 90 余万份宣传单，播放 2000 余场电视宣传片。1999 年，第五套人民币 100 元券发行，人民银行合肥中心支行举办全省第五套人民币 100 元券防伪知识培训班，向全省金融机构分发第五套人民币 100 元券简介宣传画 35000 张、鉴别手册 7000 余本，各金融机构网点向群众宣传发行意义和识别方法，为第五套人民币 100 元券的顺利发行做好各项准备工作。

自 2003 年 7 月 1 日起，中国人民银行颁布的《中国人民银行假币收缴、鉴定管理办法》开始实施，规范了假币收缴鉴定程序与方法。金融机构办理假币收缴业务的人员应取得反假货币上岗资格证书。2004 年，经省政府同意，调整安徽省反假货币工作联席会议成员，增加安徽省交通厅、安徽省财政厅、安徽省民航机场，以及阜阳市政府、亳州市政府为新成员单位，省金融系统纪检组退出，联席会议办公室设在人民银行合肥中心支行。

2005 年，在全省 17 个市、890 个乡镇组织开展“千场电影送村头，万户农民反假币”活动，将反假货币知识送进乡村田头。同年，举办以反假货币工作成果和法制宣传为主要内容的反假货币工作成果与教育展览，10 月，开展安徽省反假货币电视知识竞赛活动。截至 2005 年，全省 17 个市、56 个县（区）均成立了以当地政府领导为召集人、人民银行牵头、相关职能部门参加的反假货币工作联席会议，形成政府、职能部门和社会公众“三位一体”的工作机制，在组织机构上保证了反假货币工作的顺利开展。其中，阜阳和亳州在假币犯罪较为严重的地区，成立了乡镇级反假货币工作机制。

1986—2005 年全省残损人民币销毁情况统计表

表 2-4-2

年份	销毁金额(亿元)	年份	销毁金额(亿元)
1986 年	3.94	1996 年	46
1987 年	3.19	1997 年	46.96
1988 年	3.6	1998 年	74.19
1989 年	-	1999 年	-
1990 年	5.61	2000 年	-
1991 年	11.88	2001 年	-
1992 年	12.1	2002 年	-
1993 年	9.74	2003 年	-
1994 年	16.44	2004 年	-
1995 年	22.2	2005 年	186.7

金银市场管理 1955—2002 年长达 48 年的时间里,国家对金银实行严格的计划管理,并采取多项措施,努力增加金银来源,严格控制金银支出。1986 年,人民银行安徽省分行根据《国务院关于加快发展黄金生产的决定》(国发〔1986〕111 号),为加快全省黄金生产发展,全面贯彻"放开、搞活、管好"的方针,实行"群众采、定点收、集中选、国家炼"的管理办法,提倡和推行各种形式的联办,并对有条件的产金地区、企业,在经批准的前提下,可实行投入产出包干。1987 年,人民银行恢复设立县支行,并逐步配备金银收兑人员和检测设备,省内金银收兑业务除少数例外,不再委托专业银行代理。

进入 90 年代,随着改革开放的进程逐步加快,1993 年,国务院出台新的黄金经济政策,取消各项政策性补贴,加大黄金供给,并决定从 9 月 1 日将黄金价格由固定价格改为浮动价格,与国际市场金价接轨,这一重要的改革举措,标志着金银管理开始从计划经济模式向市场经济模式转变。1994 年,国家为加强对黄金产品管理,保证经济建设对黄金的需要,国务院办公厅下发《关于取缔自发黄金市场加强黄金产品管理的通知》(国办发〔1994〕73 号),严厉打击倒卖、走私黄金的犯罪活动,保护黄金矿产资源,严禁个体和无证非法采金,防止黄金资源的消费和流失。1995—1997 年,人民银行安徽省分行在工商、公安和安徽省黄金公司的支持与配合下,继续采取积极有效措施,加强金银市场管理,由于措施得力,黄金、白银收购连续双超总行下达的任务。

1998 年,国务院批准中国人民银行分行改革方案,省会城市中心支行货币金银处在金银管理上,具体负责全省金银收购、配售、库存、代理外贸补进、账务核算、调拨等业务,并向总行上报有关报表和代总行保管金银寄存证以及金饰品市场管理、金饰品零售网点审批,负责金饰品生产厂点和金银及其制品进出口业务初审和上报。从 2000 年 1

月1日起，人民银行不再办理白银收购、配售业务，在这以后的几年里，人民银行逐步加快黄金调价频率。为做好过渡时期的黄金管理工作，根据总行工作部署和要求，从2001年开始，全省建立和完善黄金报价制度，使国内黄金价格逐步与国际市场接轨。加强黄金收购管理，进一步规范黄金收购工作，严格执行黄金收购标准和收兑操作程序，防止误收掺假黄金。人民银行停止办理门市收兑民间黄金首饰业务。进一步调整、缩小黄金收配网点，保留铜陵、池州、芜湖和安庆市4个行。

2002年是全国黄金管理体制改革取得突破性进展的一年，人民银行不再下达黄金收购计划，同时取消收购计划考核办法，上海黄金交易所开业后，人民银行不再办理黄金配售业务，企业用金需求通过黄金交易所解决。2003年10月，人民银行停止未达标黄金收购。2004年，在总行办公厅下发的《中国人民银行办公厅关于发布行政许可事项目录的通知》（银办发〔2004〕136号）中，黄金管理行政许可保留了三项：保税区内生产、加工的黄金制品内销审批；黄金及其制品进出口审批；个人携带黄金及其制品进出境审批。

金银饰品管理　1985—1989年，人民银行安徽省分行在全省先后审批设立222个金饰品零售点，其中修旧改制点8个。1991年10月，为保证黄金饰品质量，经人民银行安徽省分行批准，成立了安徽省黄金饰品测试中心，主要任务是承担全省黄金饰品的检测。1993年，全省金饰品市场实施"许可证"制度，颁发销售点金饰品经营许可证253个，修旧改制点46个。1995年，人民银行安徽省分行制定下发了《关于印发〈经营黄金饰品机构申报和审批的暂行规定〉的通知》（皖人银字〔1995〕第214号），对辖区申请设立黄金饰品经营机构具备的条件和要求做出明文规定。同年，人民银行下发《关于在国内销售白银饰品的通知》（银发〔1995〕148号），通知要求各省可根据当地实际情况，在原有金饰品生产、加工、批发企业中选择1—2家进行银饰品生产试点，银饰品零售价格是由各省根据市场供求情况并会同有关部门共同确定。1996年10月，人民银行安徽省分行根据总行部署和要求，下发《关于开展金银饰品零售市场检查的通知》（皖人银字［1996］第582号），会同有关部门，组织开展金银饰品零售市场检查，重新审核、发放金银饰品定点销售匾牌350个，办理换证16家。

2001年，为做好经营黄金制品零售业务单位的核准和登记工作，对符合开办条件的243家单位，人民银行合肥中心支行下发《关于准予首期243家经营黄金制品零售单位核准登记的批复》（合银发〔2002〕33号）。2003年，国务院颁发《国务院关于取消第二批行政审批项目和改变一批行政审批项目管理方式的决定》，取消黄金制品零售业务经营行政审批制。2005年，中国人民银行货币金银局下发了《关于检查收回〈经营黄金制品核准登记证〉和牌匾的通知》（银货金〔2005〕111号），要求各分支行要向当地工商管理部门做好解释工作，重申经营黄金制品零售业务不需要人民银行审批，工商部门为申请企业办理营业执照和年审时无须征求人民银行意见。

金银收兑与配售管理　人民银行安徽省分行根据国家规定，从20世纪50年代至

90 年代,统一管理全省金银收兑、配售。本着开源节流、配售与回收相结合的精神,重视门市收兑业务,提高服务质量。增加收兑行处,门点,1986 年,全省收兑行、处增加到 43 个。铜陵、蚌埠等行还深入到生产厂矿、点收购,宣传《金银管理条例》,督促厂矿和生产点建立健全生产管理制度,制定交售计划,教育个体采金群众将金银卖给国家,在如铜陵、贵池、休宁、五河等重点行建立定期联系制度,促进交售。同时,国家也多次提高金银门市收兑价格,到 1987 年,黄金每两 1000 元,白银每两 17 元,银圆每枚 13 元。并实行对国营、集体、个人超产黄金每两固定补贴 200 元。这些政策、措施有力地促进了安徽金银生产的发展,扩大了收兑。以 1987 年为例,当年收兑黄金 1942 公斤,白银 20055 公斤,银圆 5626 枚。

改革开放以后,全省金银配售量大幅增长,人民银行安徽省分行增大了电子、机电、冶炼、化工、轻工业等方面的金银配售量,增加蚌埠、铜陵等内销金银饰品定点生产厂的配售项目。1986 年配售黄金高达 392 公斤,白银高达 22316 公斤。

随着市场经济的发展,金银市场逐步放开。2000 年 1 月 1 日,人民银行停止白银收购、配售业务。2001 年,人民银行不再办理门市黄金首饰收兑业务。2002 年,人民银行取消黄金收购计划。2004 年,国内黄金市场全面放开。

第五节 征信管理

社会信用体系建设 1991 年和 1995 年,征信社会信用体系由中国人民银行总行分两次向全国组织推行深圳首创的贷款证制度。1994 年 2 月,中国人民银行安徽省分行正式批复铜陵市为安徽省贷款证制度首批试点行。1996 年 6 月,人民银行合肥分行在合肥市发放了第一本文本式贷款证。

1996 年起,企业实行股份制改革,大部分企业实施资产重组,旨在转变生产经营方式,搞活企业。但由于改制企业存在新体、老体之分,部分企业想借此之机"金蝉脱壳",将银行债权悬空。为了体现银行在授信管理中适应社会主义市场经济发展的要求,及时、全面反映借款人资信情况,加强金融监管,防范信贷风险,中国人民银行于 1999 年 4 月 15 日—17 日召开全国银行信贷登记咨询制度工作会议,对建设银行信贷登记咨询系统的工作进行全面部署。9 月,总行颁布《银行信贷登记咨询管理办法(试行)》(银发〔1999〕281 号),规范银行信贷登记咨询制度。

根据总行要求,合肥中心支行确定安徽省辖区各市(地)系统推广遵循分步实施的原则。合肥市于 1999 年 6 月底完成;安庆、马鞍山两市推广时间为 1999 年 7 月 1 日至 10 月 31 日;包括铜陵在内的其余 13 个市(地)推广时间为 1999 年 8 月 1 日至 10 月 31 日。11 月 1 日,全省推广工作完成。

1999 年 6 月,随着银行信贷登记咨询系统的上线,文本式贷款证同时作废,产生了以磁条为媒介的银行信贷登记咨询系统贷款卡。银行信贷登记咨询系统是以城市为单位，以贷款卡为借款人向金融机构办理信贷业务的媒介，使用现代化通信和计算机网络技术，联结各级金融机构，全国联网的信贷信息管理系统；是通过对金融机构信贷业务和借款人信息登记，全面反映借款人资信情况，为金融机构提供借款人资信咨询服务，并对金融机构和借款人的信贷行为进行监控的金融监管服务制度。

2004 年 4 月，随着企业信用信息基础库的正式运行，银行信贷登记咨询系统逐步退出。企业信用信息基础库更全面反映企业的资信信息和非银行信息。

信用评级业务管理　1987 年 2 月，国务院发布《企业债券管理暂行条例》，规定企业发行债券必须经人民银行批准。此条例出台为各地组建信用评级机构创造了条件。

人民银行提出组建信用评级机构的设想和要求。1992 年，国务院下发《国务院关于进一步加强证券市场宏观管理的通知》，明确债券评级工作应作为债券发行审批的一个程序，确立了评级机构的地位。1997 年 12 月，人民银行发布银发〔1997〕547 号文，确立中诚信国际信用评级有限责任公司等机构从事企业债券信用评级业务资格。安徽省首家评级机构安徽金诚资信评估有限公司成立于 1992 年。

2004 年 12 月，人民银行发布 2004 年第 22 号公告，指出拟在银行间债券市场发行债券的机构和发行的债券不需要评级的除外，均应经过具备债券评级能力的评级机构的信用评级。2005 年以后，债券市场得到快速发展，人民银行相继发布《短期融资券管理办法》《银行间债券市场非金融企业债务融资工具管理办法》《中国人民银行信用评级管理指导意见》《信贷市场和银行间债券市场信用评级规范》等规章和技术规范，进一步促进信用评级行业的规范发展。

企业征信系统管理　中国人民银行从 1997 年开始建设全国银行信贷登记咨询系统。采用人民银行总行、省域和城市中支三级分布式数据库，以城市为基础，以贷款卡为媒介，采集、整合与银行有信贷业务关系的企事业单位和其他经济组织的基本信息及信贷业务数据；以城市为单位，逐日更新。该系统于 1999 年在全国 301 个城市投入运行，2001 年在各省辖内实现联网，2002 年，实现全国联网运行。

凡与金融机构发生信贷业务的借款人，应当向注册地中国人民银行申领贷款卡。贷款卡由借款人持有。

第六节　调查与研究

人民银行专门行使中央银行职能后，调研工作进一步加强。省分行设调研信息处，金融研究所、办公室、计划处等也进行大量专题调研工作，为总、分行提供决策依据。专题调研摘要如下：

《我省农村经济情况分析》（1986 年）

《合肥市两个城市金融服务社的经营“奥妙”》（1986 年）

《秋季农副产品收购调查》（1986 年）

《大中型企业资金紧张的原因和对策》(1989 年)

《年末市场货币流通量分布状况调查》(1985—1997 年)

《2001—2003 年全省县域经济金融情况一览表》(2004 年)

《对山东、河北、安徽三省水泥行业后续跟踪调查的报告》(被调统司评为优秀调研报告,2004 年)

《流动资金总体偏紧结构性差异突出——对安徽省 213 户企业流动资金情况的调查》(被评为调统司优秀专题调查报告,并被总行研究局刊物《金融研究报告》采用,2005 年)

1987 年 12 月,人民银行安徽省分行和工、农、中、建省分行,以及保险公司、国际信托公司的调研部门,联合成立安徽省金融调研信息网,金融系统的调研信息工作更加系统、全面。

1987 年以后,人民银行省分行创办《安徽金融》《金融调研》《金融信息》和《安徽金融研究》等刊物,及时反映调研和信息成果,供有关部门参考。

中国人民银行安徽省分行期间主要调研工作

工业景气调查工作　中国人民银行从 1986 年开始对国营工业企业流动资金即主要经济活动定期调查,1990 年开始对 5000 家工业企业景气调查,内容包括企业财务指标、资金状况、成本效益状况、投资状况等。1994 年,推广工业景气调查工作制度,在全国甄选 5000 家工业企业,安徽省共选取 156 家,其中合肥市 24 家。被甄选的工业企业均是各地有代表性的企业。在调查中,形成的指标及分析材料均定期公开及反馈,对宏观决策部门了解当前工业景气运行状况起到重要作用。

批发物价调查工作　1994 年,中国人民银行开始独立编制批发物价调查指数(WPI),于 1997 年全面推广电子化调查手段。安徽省批发物价调查系统,在全省 17 个地市选取样本调查企业 153 家、样本商品 520 种。涵盖食品、生活用品、能源、建材、金属、农资等投资及消费品种。其中:合肥市选取样本调查企业 6 家,分别是合肥市工商局、合肥市粮食局、合肥市商务局、合肥市物资局、百货批发站、合肥华美有限公司;样本商品 171 种,占全省总样本量的 32.88%。调查采取月度报送方式,每月在上旬、中旬、下旬分别采集数据。批发物价指数(WPI)和居民消费价格指数(CPI)分别取自国民经济运行的不同环节,反映的侧重点也不同。人民银行合肥中心支行所做的合肥市批发物价指数及分析均定期发表,对宏观决策部门了解不同层面的物价变动情况有重要的参考价值。

储蓄问卷调查工作　中国人民银行从 1988 年开始进行城乡居民储蓄问卷调查统计,全国 50 个市、县参加调查。黄山、安庆两市开展储蓄问卷调查,每行每季调查储户 400 户,材料生成直接上报总行并抄报省分行。对了解居民储蓄心理预期变化,对储蓄存款的稳定性、阶层分布和动态趋势进行准确判断,为货币政策调整提供可靠依据,发挥了重要作用。

中国人民银行合肥中心支行期间的主要调研工作

工业景气调查工作　合肥中心支行成立后，总行对景气调查企业样本进行调整，全省有景气调查企业149户，覆盖全省17个市及大部分县区。其中合肥市共选取调查企业25家，占全省样本总量的16.5%，均是合肥市较有代表性的工业企业。调查工作主要以月度财务调查和季度问卷调查为工作中心，对各市报送数据及分析进行查阅及审核，与基点行及调查企业进行联系，形成统计数据和分析材料，定期公开与反馈，为宏观决策部门了解全省工业景气运行状况提供参考。

批发物价调查工作　合肥中心支行成立后，总行对批发物价调查企业样本进行调整，全省批发物价样本361类，其中，合肥市选取样本调查企业9家，样本商品183个，占全省样本总量的50.7%。调查采取月度报送方式，每月在上旬、中旬、下旬分别采集数据；对不同时期价格变化较大数据需及时与报价企业联系核准。调查中需接收基点、报价企业数据信息及分析材料，并对热点问题进行直接跟踪联系。2005年，总行推出批发物价新系统，调统部门组织全省从业人员进行培训，顺利完成新系统试点运行工作。调查工作对物价调查形成的数据进行整理，对价格波动较大的产品详细分析原因，形成分析材料，定期公开与反馈，为政府相关部门了解全省批发物价指数和变动趋势，增强中央银行监测货币及经济运行能力，完善中央银行货币政策预警系统提供了重要参考依据。

银行家问卷调查工作　中国人民银行于2003年开始在全国范围内开展银行业景气指数编制工作。合肥市共选取样本银行22家，占全省总样本量的20.6%，其中，国有商业银行及分支机构12家、政策性银行3家、股份制商业银行4家、城市商业银行1家，以及农村信用社2家。采取季度问卷的方式进行调查了解，调查内容共20个项目，主要包括银行基本情况、银行家对宏观经济形势和货币政策实施状况的本季判断和下季预测、银行家对银行业景气状况的本季判断和下季预测等内容。每季调查结束后，形成的调查数据和分析材料及时反馈给各调查行，使各家银行能充分了解到本地银行家对经济金融的总体判断和预期。

构建金融统计信息共享平台　根据中国人民银行调查统计司2005年调查统计工作要点，2005年，总行要求在省会中心支行建立金融统计信息共享平台。2005年5月，合肥中心支行和合肥市各家金融机构之间建立金融统计信息共享平台；6月，在全省推广金融统计信息共享平台；7月，全省开始启用金融统计信息共享平台。

开展银行及相关金融业经济普查工作　按照第一次全国经济普查领导小组的要求，人民银行与第一次全国经济普查领导小组办公室联合制定和下发《银行及相关金融业的经济普查实施方案》。合肥中心支行调查统计处按照方案要求的时间和进度，完成了经济普查工作。

首次开展安徽省人民银行系统金融统计业务知识竞赛和十佳统计员、统计工作先进个人评比活动

2001年,由合肥中心支行与省金融学会共同举办,调统处具体承办的安徽省人民银行系统金融统计业务知识竞赛,树立了学业务、比技能的良好风气。总行统计司两位司长亲临指导,并对这次活动给予高度评价,表示要在全国人民银行系统调统部门进行推广。同时,这次活动也得到全省人民银行系统调统部门的大力支持,并得到一致好评。2003年,为了激励长期勤勤恳恳工作在金融统计工作第一线的统计员,开展了安徽省金融统计工作十佳统计员和统计工作先进个人评比活动,充分调动全省统计人员的积极性。

第七节 金融科技

开展的主要工作及成果 人民银行安徽省分行的电子计算中心建设始于1986年,机构挂靠在金融管理处。1987年,在全省招进大量科技人员。1988年始,成立省分行的电子计算中心,各地市分行成立电子计算站。1989年底,配置IBM9377中型机,派遣10名科技人员去北京进行3个月的培训,并分成软件和硬件两组,于1989年4月赴澳大利亚IBM培训中心培训。在IBM技术人员的帮助下,IBM9377安装成功,开发了省辖联行对账系统。但是,由于中国人民银行取消省辖联行工作模式,该系统没有投入使用。

1988年始,由省分行组织、合肥市分行参加联合建设的同城清算计算机网络系统,为本省银行系统建设的第一个大型金融电子化系统,并于1990年12月荣获安徽省科技进步二等奖,1991年获国家科技进步三等奖。这个项目于1989年投入使用,经多次改造,至2005年仍在运行。

1990年,中国人民银行决定建立全国工业景气调查制度,省分行开发全国工业企业景气调查分析网络系统,于1998年荣获金融科技进步三等奖。由省分行承接的全国千户企业资金监测信息网络系统于1999年荣获金融科技进步二等奖,在全省30个省级行、221个城市分行,以及1286个企业联网使用。省分行自行研发的中国人民银行安徽省分行行长金融信息综合查询系统,于1990年荣获金融科技进步三等奖。由省分行员工参与的中国人民银行中国国内批发物价指数调查统计系统,于1998年荣获金融科技进步二等奖。由省分行员工参加的中国人民银行微机电传通讯系统,于1992年荣获金融科技进步三等奖。

1997年,安徽省分行建成全省三级金融数据主干网。1999年,分行开始运行全国银行信贷登记咨询系统。

计算机网络系统的建立和发展 金融卫星通信专用网建设:1989年5月19日,国务院批准人民银行建设金融卫星通信专用网,解决银行间资金汇划速度慢、效率低等问题。1991年10月14日,人民银行蚌埠市分行作为全国第二批14个卫星小站城市之一,完成建站,运行电子联行业务。1992年5月15日,人民银行安徽省分行、合肥市分行两个卫星小站正式投入使用。至1996年，金融卫星专用网覆盖安徽省所有地市人民银行和5个县级市人民银行，卫星小站总数达到22个。1997年11月又增加了安庆市下辖7个县支行中继行方式小站，全省共计29个小站。金融卫星专用网建设发展实现了电子联行取代手工联行，是银行业资金清算发展过程中里程碑式的突破。

1997年11月金融卫星专用网电子联行卫星小站统计表

表2－4－3

小站所在地	小站号	说明
合肥	3610	–
芜湖	3620	–
蚌埠	3630	–
安庆	3680	连接辖内桐城市除外的7个中继行方式县支行
铜陵	3670	–
马鞍山	3650	–
阜阳	3720	–
淮南	3640	–
淮北	3660	–
滁州	3750	–
宿州	3740	–
巢湖	3781	–
六安	3760	–
宣城	3771	–
池州	3790	–
黄山	3710	–
亳州	3722	–
天长	3752	–
明光	3757	–
桐城	3681	–
宁国	3774	–

1989年前后，主要业务部门开始使用单机处理银行业务。由于数据不能共享，数据的及时性就难以保证。为了解决这个问题，凡是涉及地市行数据的业务系统都增加

了数据导入的功能,地市行的数据可以通过报盘的方式导入业务系统中去。1987 年 8 月开始,全省建立了独立的电报网,用来处理异地资金的汇划通过和部分业务部门的业务数据的传输。这个系统从 1989 年转变成微机电传。由于电报网的建立,人民银行的异地资金汇划变得迅速。但由于电报方式传输的速率太低,业务表报数据无法传输。

1990 年,中国人民银行开办了远程通信学习班。在全省尝试用 MODEN 的方式,通过电话线路进行数据传输。这种传输的方式费用很高,传输的时候比较麻烦,需要双方先配合建立链接,而后才能进行数据传输。当时数据传输的速率为 2400bit/s,虽然相比电报方式已经非常快了,但是由于通信双方必须密切配合,比较麻烦,仅有部分业务部门投入到实际的应用之中。

1992 年,在全省开办了第一个网络培训班,进行远程网络技术的培训,并利用电信的 PAD 进行远程网络的实验。1993 年,在科技机房内通过同轴电缆,建立安徽省分行的第一个局域网。虽然带宽只有 10M,连接的设备不多,但毕竟是名副其实的计算机网络,使用 NOVELL 网络操作系统。这个网络处在实验室阶段,是由于网络是串行连接,任一个节点发生故障都有影响,故障率过高,因此没有应用。

为了把网络投入到实际应用中,1994 年底在原省分行大楼内建设了第一个综合布线系统,建立了全行第一个局域网。网络采用星形结构,水平布线使用三类双绞线,主干线路使用 FDDI 的环形光缆。1995 年初,安徽省建立第一个交换网,主交换机采用 3COM 公司的主交换机,下面连接若干台 HUB,将全行的单机全部连接到网络之中。同年,按照省分行的网络类型,在全省开始了综合布线工程,建立局域网。这项工程于 1997 年全部完成,每个市都建立了自己的局域网。

1995 年始,利用博达公司的 X.25 网卡租用电信部门的 X.25 线路,建立了整个安徽省的远程通信网。这个网络一直建到县,每个县都建设自己的计算机房,放置重要的计算机设备和网络设备,部分县行还建立了自己的综合布线系统。由此,安徽省三级行政体系完全用计算机网络连接起来,日常的数据传输通过计算机网络得以实现。1996 年起,全省统一配置 CISCO 网络交换机。

1977 年始,全省的网络体系进入高速发展阶段。NOTES 邮件的使用,卫星通信的建立,各市和部分县支行卫星小站的开通,使人民银行建立了天地互为备份的网络体系,并通过电子联行卫星通信系统进行大额资金的划拨。利用卫星通道,开通了电视电话会议系统。

1999 年起,中国人民银行为了完善内联网,将整个内联网工程分为多期来建设。内联网一期工程为分行和省会中支增加骨干路由器。合肥中心支行在这个工程建设中增设了 CISCO7204 路由器。与此同时,解决了计算机系统防 2000 年的问题,确保计算机网络和所有的业务系统平稳过渡。

2000 年 6 月,合肥中心支行梅山路银保大厦新办公楼中心机房投入使用。同年,为了提高内联网的运行性能,总行在内联网二期工程中,将原来 64K 的 X.25 通信线路转换成中元公司提供的512K帧中继，提高了线路的带宽。为保证二期工程的顺利进行，中国人民银行为安徽省各市行配备了CISCO36系列路由器、局域网交换机和部分服务器，并组建了利用地面网的电视电话会议系统。

从2003年起，内联网进行了第二次提速。全省从512K帧中继提到2条不同运营商提供的SDH2M线路，两条线路在网络上实现了负载均衡。2004年，经过内联网改造，市到县的网络由原来的X.25提到一条SDH—2M线路，原来的X.25线路保留作为备份。

2001年，完成钞票处理中心楼的综合布线工程。12月28日，建成人民银行全省电视电话会议系统，信号由卫星在合肥落地，通过内联网转入苏皖两省各市人民银行获得成功。

2002年4月，人行合肥中支通过合肥广电申请了一条光缆，连接钞票处理中心和中心支行大楼，将钞票处理中心归入大楼，进行网络的统一管理，并可使用大楼的网络资源和信息传输。

2003年，通过合肥广电，在老干部处与钞票处理中心之间辐射了一条光缆，将老干部处的网络通过钞票处理中心与大楼相连，实现了大楼对老干部处网络的统一管理。2004年，中国人民银行为省会中心支行解决核心交换机和核心路由器的双机问题，确保省会中心支行核心节点的网络可靠运行。

2002年底，为了解决职工的业余文化生活，科技处负责与广电和中国电信联系，实施职工家庭宽带接入互联网的工作。

2004年底，根据中国人民银行的要求，对全国IP电话设备供应商的设备进行综合测试和比较，通过较长时间的测试，向中国人民银行提交了测试报告，同时开始本省IP电话设备的选型。通过招标，在2005年建成从省一直到县的IP电话通信网，实现全省人民银行系统办公电话零费用的目标。

为保证网络的可靠性，2005年省会中心支行增加一台CISCO7304路由器，与原来的CISCO7206路由器并机运行互为备份；增加一台CISCO6509骨干交换机，与原来的CISCO6509互为备份，组成省会中支的核心交换网。2006年，各市中心支行增加一台华为路由器，与原来的CISCO路由器互为备份，确保网络的安全。县支行的路由器在2004年一次性全部更换为华为路由器，并配置一台华为交换机，用以组建县支行的网络。

计算机安全工作　1999年前，计算机安全问题主要是防病毒。由于病毒种类繁多，变化极快，科技处为解决这个问题，购买一部分防病毒软件，安装在各台计算机上，并定期从网络上下载升级包为用户机升级。21世纪前，为解决计算机“2000年问题”，对所有计算机设备、网络设备等进行检测和调整，并在整个金融系统中组织了三次停业测试。通过组织自查、互查和抽查，使全省人民银行和金融系统的计算机体系平稳安全地渡过了2000年。

2002 年底,完成全省内联网防病毒工程,采用的是 Symantec(塞门铁克)公司的网路防病毒软件,实现客户端自动升级,保证整个系统中上网的机器能够处于最新防病毒软件的保护之中。为保证网络系统的安全,在年底完成全省内联网防火墙工程建设,建成内联网非法外联监控系统。这个系统建成之初,发生一些非法外联事件,由于制度严格、措施得当,很快就完全消除了非法外联。从 2004 年起,安徽省在全国率先消除了非法外联。

2003 年,建成入侵监测系统。2003 年底,建成内联网漏洞扫描系统。

软件开发与推广 1996 年,建立人民银行安徽省分行的 NOTES 邮件系统;1999 年底,建立了全省的 LOTUS NOTES 电子邮件系统。

2001 年,建立人民银行合肥中心支行办公自动化系统。同年,建立了 WEB 网站。2002 年底,全省各市人民银行都建立了本行的 WEB 网站。

2004 年,合肥地区同城清算系统进行改造,在 2005 年投入使用。

2003 年 11 月 29 日,实现省会城市大额支付系统与中国人民银行联通。2004 年 9 月 13 日,大额支付系统在合肥上线运行。2005 年 3 月 13 日,实现在全省各市中小金融机构推广使用并上线运行。

2005 年 5 月 8 日,资金系统上线运行。这是中国人民银行第一个集中运行的系统,第一个使用数字证书的系统。2005 年 5 月,国库收款单管理系统正式运行。11 月,会计集中核算事后监督系统上线运行。2005 年 10 月,为实现人民银行远程教育培训,建立内容分发 CDN 项目上线。

银行卡工作 2000 年起,由人民银行牵头,推出了 POS 无中心共享方式,在合肥实现了一柜一机,走出了业务联合的第一步。2003 年,通过调研,按照"自上而下,条块结合"的方针,组织全省 16 个市实现全省的银行卡联网通用工作。2004 年,进一步扩大银行卡的使用范围,推动银行卡的联网通用工作,解决了各商场 POS 机重复摆放的问题,使银行卡的发卡量迅速提高。

2005 年,人民银行合肥中心支行与中国人民银行检查组一起,对合肥、芜湖、黄山三市的宾馆酒店类商户银行卡联网通用工作进行专项检查。三个城市共测试异地卡交易 2526 笔,成功 2296 笔,平均成功率 91%。

第五章　内部管理

第一节　劳动用工制度

干部管理与任用　20世纪80年代，安徽省人民银行系统干部管理实行“双重管理，以银行为主”的体制，即同时接受地方党委和人民银行的双重管理，但以人民银行自身管理为主，地方党委协助管理人民银行系统的干部。干部任用方式主要是委任制。包括安徽银行学校在内的大中专院校毕业生定向分配；从人民银行系统外的全民所有制单位干部中选调；接收军队转业干部和安置城镇退伍军人；对全省人民银行的“以工代干”人员进行文化考试和业务考核，考试、考核合格者转干。

1995年，根据中国人民银行总行《中国人民银行分支机构工作人员年度考核暂行办法》精神，安徽省分行印发《中国人民银行安徽省分行机关工作人员（1994）年度考核实施意见》，首次在分行机关开始实施工作人员年度考核工作，逐步建立健全干部考核激励机制。

1996年，总行印发《中国人民银行行员管理暂行办法》，在人民银行系统建立和推行行员管理制度。根据总行要求，安徽省人民银行系统员工也逐步过渡到行员。

1998年3月，根据总行《关于机构改革期间中国人民银行人事管理中有关具体问题的通知》有关精神，安徽省人民银行系统开始冻结职工人数总额增长，暂停提拔副处级以上领导干部。国家外汇管理局副处级以上干部的任免需报总行审批。5月，根据中共中央《关于完善金融系统党的领导体制，加强和改进金融系统党的工作有关问题的通知》要求，人民银行党组织实行垂直领导，干部实行垂直领导、分级管理的体制。此后，安徽省分行开始垂直管理安徽省内人民银行系统的各级干部。年底，人民银行分支行管理体制发生重大变化，按照经济区域建立大区分行体制。撤销人民银行安徽省分行，合肥分行更名为合肥中心支行，合肥中心支行行长由总行管理和任免，副行长及安徽省内地市中心支行行级干部由南京分行党委统一管理和任免。

2001年起，根据《中国人民银行干部人事制度改革座谈会纪要》有关精神，合肥中心支行对中层及其以下干部逐步实行聘任聘用制，并推行干部任前公示制。当年3月，合肥中心支行印发《中国人民银行合肥中心支行部分副处长职位竞争任职实施办法》，首次探索实施10个副处长职位竞争任职。2004年，根据《党政领导干部选拔任用工作条例》和《中国人民银行分支机构领导职务竞争上岗暂行规定》,合肥中心支行印发《中国人民银行合肥中心支行部分副处长职位竞争上岗实施方案》,组织开展11个副处长职位的竞争上岗工作。

2005年,合肥中心支行印发《关于从处级非领导职务干部中推荐选拔同级领导干部的实施方案》,开展从本行处级非领导职务转任同级领导职务工作。4月,合肥中心支行印发《中国人民银行合肥中心支行2005年部分正处级领导职位竞争上岗实施方案》,组织开展8个职位的竞争上岗工作。

行员制度 1996年,中国人民银行下文《关于印发〈中国人民银行行员管理暂行办法〉的通知》(银发〔1996〕222号),把建立和推行行员管理制度作为中国人民银行人事制度改革的一项重要内容。同时,颁发《关于印发〈中国人民银行行员管理暂行办法实施方案〉等7份文件的通知》(银发〔1996〕379号),作为《中国人民银行行员管理暂行办法》的配套制度、办法。各分支行现有人员的过渡工作,应按符合条件并经考试、考核合格的人员先行过渡,符合条件并经考试、考核合格的在行员职位上工作的工人身份的工作人员再行过渡,其他暂缓过渡人员视实际情况适时过渡的先后顺序进行。自此,人民银行分支机构实行的行员制度初步形成。

行员招录制度 1999年前,人民银行新增人员主要渠道有大中专学生分配,接收转业退伍军人,系统内、外人员调入等。1999年后,新增人员除系统内调入外,统一实行考试选拔招录。1999—2003年,人员招录实行分支机构自行组织进行招聘。具体由各大分行根据总行下达的指标,将指标下达至下辖分支机构,笔试由分行统一组织,面试由下辖分支机构自行组织。同时,实行系统外选调人员以及录用高校应届毕业生两种方式招入人员。2004年始,总行实行统一组织招录考试、考核,强调“凡进必考、择优录用”。总行按照分支机构上报的需求人数,考虑自然减员等因素,下达各分支机构录用指标。分支机构根据总行统一部署,通过网上报名、资格审核、统一考试、面试等程序招录新行员。同时,系统外选调人员也逐渐减少。

工资制度 1985年,在职人员的工资取消等级制,改为基础工资、职务工资、工龄津贴等几个部分。1993年10月,人民银行各级分支行及所属单位实行行员等级工资制。行员等级工资在工资构成上分为等级(职务)工资和责任目标津贴。其中,行员等级(职务)工资,是职工工资构成中的固定部分,共设7个行员等级,每个等级分别设立若干工资档次,并在年度考核的基础上,实行定期升级。凡连续两年考核基本称职以上的人员,可晋升一个工资档次,考核不称职的不得晋升。对少数考核优秀并做出突出贡献的人员,经批准可提前晋升或越级晋升,比例控制在总人数的3%以内。责任目标津贴是工资构成中灵活的部分,其标准占工资构成的40%。总额由总行统一掌握,实行总量控制、分级管理、自主分配的原则。按照国家的统一部署,定期调整工作人员工资标准。随着工资标准的调整,相应提高责任目标津贴水平,使工资构成保持合理的比例。

临时工合同制用工管理　20 世纪八九十年代,中国人民银行安徽省分行对临时工采取统一管理和分散管理相结合的办法,即用工审批、工资、奖金批准,由人事处负责管理。岗位设置、招聘人员、日常工作安排、计划生育教育、劳动纪律、法纪教育及思想教育、工作表现考核以及辞退,由用工部门负责管理。

合肥中心支行成立后,为使机关临时工管理工作规范有序,于 2000 年制定《中国人民银行合肥中心支行机关临时工管理暂行办法》,对临时用工本着"少而精"和"谁用工、谁主管"的原则,由人事部门负责用工的审批、劳动报酬的核定;用工部门负责用工的岗位设置和日常管理,并参与临时工的招聘考核。对合同制用工思想品德、身体状况、年龄等做出了明确规定,并实行直系亲属回避制度。临时工使用方式分为两类,第一类为技术含量高的工勤岗位和个别特殊岗位,使用时签订短期劳动合同,确定双方的劳动关系和社会保险关系;第二类为在原单位保留劳动关系和社会保险关系的就业者,在其原有劳动关系和社会保险关系不变的条件下签订短期劳动合同,一般安排在普通的工勤岗位。劳动报酬采取基本工资、计件工资、服务津贴、奖金和加班费等分配形式,并依据工种、岗位性质、劳动技能等不同进行核定。合同制期限采取一年一订的方式,并实行试用期制度,试用期为 3 个月。

2004 年,合肥中心支行制定《中国人民银行合肥中心支行机关临时性用工管理暂行办法(修订)》,明确临时性用工"少而精和公开、竞争、择优"的原则,统一归口人事部门主管,将试用期从 3 个月修订为 30 天。

员工教育培训及职工队伍建设　1985 年,省分行根据人民银行与工商银行分设后的人员情况,制定《1985—1990 年中长期人才培养规划》。与工商银行安徽省分行合作开办高考补习班,组织报考人员脱产复习 4 个月,参加专科及中专班考试共 19 人,录取 13 人。同时,积极支持职工参加电大、函大、夜大等多种形式的业余学习。

1990 年,干部教育工作由过去的以学历教育为主,向以岗位培训为重点的转变。结合安徽省人民银行系统实际,省分行组织对计划、金管、县支行行长、教育 4 个专业达到岗位规范要求的 443 名干部进行岗位培训。坚持以业余学习、短期脱产培训为主,既方便工作又便利学习的原则,通过各种教育手段,分层次,分阶段。有重点地开展培训,使参训人员从思想政治、职业道德、文化知识、专业技术和实际能力五个方面达到岗位规范要求,成为岗位合格者。培训实行分级管理,专业培训由宣教处配合各专业处室及二级分行共同组织管理;综合类培训等由省分行统一组织。初步建立自学辅导、集中授课,考试考核、检查评比等制度。建立全系统培训档案,使干部培训工作逐步规范化、制度化。

为适应形势发展的需要,学习国外金融市场运作和管理经验,提高金融市场的管理和服务水平,1991 年,人民银行安徽省分行首次组团出国考察,先后成功组织赴美、日金融考察团,并圆满完成预定任务。

1999 年,人民银行合肥中心支行成立后,总结以前职工教育工作的成功经验,大力运用现代化手段,切实开展远程教育培训工作,完善对职工的选拔、录用以及岗位培训制度。制定一系列适合省会中心支行的职工教育制度措施,使合肥中心支行的职工教育工作走上规范化、制度化管理的道路。合肥中心支行制定了适合自身的《人民银行合肥中心支行新录用行员试用期管理暂行规定》,对全辖新录用行员的入行培训、实习锻炼、定岗和岗位培训、考核、转正定级等方面都做出详细的规定与要求。为使在职职工学习更多业务知识,合肥中心支行制定《中国人民银行合肥中心支行在职干部职工学历教育管理办法》,鼓励职工在职进行继续教育。同时,进一步加强继续教育学历学位的管理,出台《中国人民银行合肥中心支行关于规范人民银行职工学历学位变更认定工作的指导意见》。在关注在职职工的学历教育状况的同时,高度重视加强职工的岗位培训。每年都开展涉及不同部门不同人员的数十个岗位培训项目,以进一步提高职工的岗位胜任能力。面对数量众多的专业技术培训,合肥中心支行适时制定《中国人民银行合肥中心支行专业技术人员培训管理暂行规定》,对全辖人民银行职工的专业技术培训做出明确规定,使培训工作管理更为科学化和精细化。

第二节　会计财务

会计核算管理　1986年,人民银行总行对全国银行统一会计科目与统一会计科目对照表做了修改。1月,省分行印发《关于增设、修改全国统一会计科目与科目对照表的通知》,修改的主要内容是增设全国银行统一会计科目。将第五类“流动资金贷款”类中,原“111 集体企业贷款”科目,修改分设为“111 集体工业贷款”“115 集体商业贷款”“116 集体其他贷款”和“117 乡镇企业贷款”4个科目。111、115、116三个科目排列在“110 供销合作贷款”科目之后,117科目排在“112 集体农业贷款”科目之后。在第九大类“联行往来”类中,增设“263 专业银行联行汇差”科目,排列在“262 专业银行联行往来”科目之后。在第十二大类“其他资金及占款”类中,增设“349 金融债券”科目,排列在“341 有价证券及投资”科目之后。“105 外贸外事存贷款”科目名称改为“105 外贸外事贷款”。修改、调整全国银行统一会计科目对照表,对新增设的部分会计科目编制统一会计科目对照表。增设全国银行统一会计报表附报,附报由人民银行汇表行根据专业银行及人民银行的统一会计报表和月计表填制,随统一会计报表季报寄总行电子计算中心。

11月,省分行印发《关于增设、修改、停用部分会计科目的通知》,增设部分大类及增设内部往来会计科目,“0245 交通银行往来”“0279 交通银行缴来一般存款”“0289 交通银行划来财政性存款”科目。修改部分大类及科目,第二类固定资产贷款改为第二类专项贷款,第五类专业银行缴存款改为第五类缴存款,“161 开发性低息贷款”科目改为“161 地方经济开发贷款”科目,“1621 购买外汇专项贷款”科目改为“1621 购买外汇额度人民币贷款”科目,“1622 发展少数民族经济贷款”科目改为“1622 老、少、边、穷地区发展经济贷款”科目,“196 工商银行再贴现”科目改为“196 再贴现”科目,“3031 拨付专业银行开发性低息贷款资金”科目改为“3031 拨付专业银行地方经济开发贷款资金”科目,“3032 拨付专业银行购买外汇专项贷款资金”科目改为“3032 拨付专业银行购买外汇额度人民币贷款资金”科目,“3033 拨付专业银行发展少数民族经济贷款资金”科目改为“3033 拨付专业银行老、少、边、穷地区发展经济贷款资金”科目,“185 中行国家外汇人民币资金往来”科目改为“185 国家外汇人民币资金往来”科目。停用的部分会计科目:“2373 世界银行往来”科目、“313 发行专用凭证”科目、“314 专用凭证基金往来”科目、“604 专用基金凭证”表外科目、“2617 工行全国分辖联行汇差”科目、“2618 农行全国分辖联行汇差”科目、“2619 中行全国分辖联行汇差”科目。

1987 年 6 月,总行印发《全国银行统一会计基本制度(试行本)》。1988 年,根据财政部《会计工作达标升级试行办法》和《会计工作达标考核标准(试行)》规定及总行要求,省分行选择铜陵、六安、巢湖分行会计科作为开展选点试行会计工作达标升级考核实施细则活动单位。1990 年,省分行制定《中国人民银行安徽省分行会计操作规范化规程》,内容包括基本规定、填制和审核凭证、记账、复核、结账和对账、会计报表、计算利息、联行往来、印押、空白重要凭证和会计档案管理等。1991 年,省分行转发《会计证管理办法》,明确安徽省人民银行系统会计证的颁发与管理机关为省、市、县人民银行会计部门。1992 年 7 月,总行印发《关于改革人民银行系统记账方法的通知》及实施方案,人民银行系统从 1993 年 1 月 1 日起,停止使用资金收付记账法,采用借贷记账法。中国工商银行、中国农业银行、中国人民建设银行以及非银行金融机构从 1994 年 1 月 1 日起采用借贷记账法。1993 年 1 月 1 日,省分行全面实施借贷记账法。7 月,财政部发布《金融企业会计制度》,总行根据各金融企业新会计科目,重新规定工行、农行、中行、建行、交通银行、中信、光大、华夏银行及城市信用社划缴存款范围,仍按 1984 年制定的《信贷资金管理试行办法》有关规定进行划分。12 月,省分行明确各金融企业须按照规定的格式和时间,向同级人民银行报送月计表、资产负债表季报、资产负债表年报和年终决算报表。1994 年,全省申报会计三级达标单位有合肥分行营业部,及长丰、肥东、肥西、灵璧、无为、桐城、潜山、岳西 9 个行。

1995 年 3 月,总行开发的中央银行会计核算系统在全国人行推广应用,省分行、淮南、芜湖市分行被选为全国第三批推广单位。9 月,省分行向总行申请合肥、蚌埠、淮北、马鞍山、铜陵、安庆、黄山、滁州、阜阳、宿县、六安、巢湖、宣城、池州 14 个分行推广应用该系统。12 月,全省申报会计三级达标的单位有阜阳、天长、太和、界首、临泉、蒙城、颍上、涡阳、亳州、利辛、阜南、五河、凤阳、舒城 15 个分、支行。

1996 年 5 月,省分行制定《中央银行会计核算系统管理暂行办法》。8 月贯彻总行要求和确保会计核算业务正确、高效、安全,在全省人民银行系统设置会计核算事后监督检查岗,主要职责是全面检查当日会计核算业务是否按照各项规章制度的要求组织实施,会计核算事后监督检查岗配备专职检查员。年末,全省申报会计二、三级达标的单位考核初验,临泉、五河、桐城、凤阳、固镇5个县支行为会计工作二级单位,考核评定合肥、宿县、旌德、青阳、贵池、石台、东至、和县、巢湖、庐江、怀宁、望江、宿州、泗县、萧县、砀山、怀远、固镇、霍山、寿县、含山、全椒、明光、歙县、祁门、徽州、休宁、屯溪、黄山29个分、支行为会计工作三级单位。

1997年4月,根据总行《中国人民银行会计工作规范化二级标准评定办法》,省分行拟对1996年已初验为"会计工作二级单位"的临泉、五河、桐城、凤阳、固镇5个县支行,按照新标准逐条对照检查。5月,总行印发《有价单证及重要空白凭证管理办法》,自6月1日执行,省分行要求各市分行和商业银行及其他金融机构按办法规定进行检查。7月,总行为严格内部管理,防范经济案件的发生,下发《进一步加强人民银行会计内部控制和管理的若干规定》,建立会计内部控制和风险防范责任制,实行会计工作统一领导,严格实行会计人员任职资格审查,严格执行会计业务操作规程,杜绝账务处理"一手清"。实行重要岗位定期轮换,实行会计业务事后监督。实行会计制度执行情况检查报告制度,严格有价单证、重要空白凭证和其他会计凭证账表的管理,严格执行会计工作"约法三章"(严禁设置账外账、不准乱用会计科目、不得编制和报送虚假会计数据)。9月,总行印发《中央银行会计核算系统管理规定》,省分行根据规定制定核算系统岗位责任制,明确各自责任。12月,省分行经过复验检查,批准固镇、凤阳2个县支行为会计规范化二级标准单位,批准黟县、黄山区、广德县支行为会计工作三级单位。1998年8月,根据总行印发《撤并重复设置的分支机构的账务处理办法》,省分行通知撤并单位将各类印章、清单等资料密封后以绝密件送省分行封存。

1999年1月,人民银行大区行设立,安徽辖内会计财务管理划归南京分行管理。12月,合肥中心支行印发《中国人民银行合肥中心支行办理内部核算业务办法》《中国人民银行合肥中心支行办理内部核算的会计核算手续及营业部与会计财务处账务往来核算手续》,会计内部核算业务由营业部移交会计财务处办理(此项业务于2004年12月又由会计财务处移交营业部办理)。

2000年,总行下发人民银行新会计科目,2001年1月1日起启用。修订后的会计科目在大类上增加反映资产状况的所有者权益类。科目数量由140个减少到129个,其中资产类36个、负债类41个、资产负债共同类21个、所有者权益类5个、损益类9个、表外科目17个。2001年1月,安徽辖内会计财务管理由南京分行回归合肥中心支行管理。8月,总行转发财政部《内部会计控制规范—基本规范》《内部会计控制规范—货币资金》。11月,总行印发《中国人民银行会计主管人员和营业部门主管人员任职资格管理办法》,规定人民银行各级机构会计主管任职须经上一级主管部门审核同意。2002年6月,根据总行《会计事后监督办法》,合肥中心支行制定《人民银行合肥中心支行会计事后监督办法实施细则》,7月1日施行。8月,根据总行"会计核算管理四集中系统"要求,蚌埠市中心支行被批准从9月1日起正式运行"四集中系统"(会计核算集中、联行清算集中、会计事后监督集中和会计档案管理集中)。2003年11月,总行印发《会计业务“四集中”管理办法》,对“四集中”业务做出规定,辖属蚌埠、芜湖、宿州、滁州、池州、亳州为正式运行“四集中”的单位。2005 年 10 月,总行印发《中国人民银行会计基本制度》,2006 年 1 月 1 日起执行。

财务管理　1985—1986 年,省人行和省工行财务分开,暂时采取按财务收支计划,实行指标管理办法进行过渡。取消利润留成制度与三项基金(业务发展基金、职工福利基金和职工奖励基金)相关支出,由财政部专项核批,从利润总额中扣除。1986 年末,中央财经领导小组决定,人民银行继续实行利润留成制度。1987 年,省人行执行《国营金融、保险企业成本管理实施细则》。省级分行以下恢复实行利润留成制度,实行“统一领导、分级管理、成本核算、利润留成”办法。各级分支机构实行企业管理,推行经济核算,业务费与管理费分开,设置经济指标,考核经营成果,加强成本核算管理。1988 年,总行印发《中国人民银行财务管理制度》,省分行转发执行。11 月,人民银行总行、中国银行总行、建设银行总行就有关中行、建行代理人行业务和人行办理中行、建行资金划转业务所需费用达成协议。存款业务按全年人均余额确定比例计算手续费,贷款业务按代理专项贷款利息收入确定比例计付手续费;金银收购按价款确定比例计付手续费。金银出售按调拨价确定比例计付手续费;人行办理中行、建行资金汇划业务的手续费和邮电费分别按照中行、建行对客户结算收费的标准收取。省分行印发《专用基金会计核算暂行办法》,为实行企业管理、利润留成制度需要制定。1990 年,省人行转发并执行安徽省计划委员会《安徽省建设工程施工招投标暂行办法》《安徽省建设工程价款结算实施办法》,对 100 万以上或建筑面积在 3000 平方米以上的项目应按办法实行招投标。1991 年 1 月 1 日,财政部修订《国营金融、保险企业成本管理办法》,取消“企业管理费支出”,有关开支并入“业务及管理费”科目;取消“补足工资”账户,纳入“职工工资”账户核算;相应增设“安全防卫费”“税金”等账户。1992 年,财政部下发《关于提高国营商贸金融企业固定资产单位价值标准》,自 7 月 1 日起,固定资产单位价值由 500 元提高到 1000 元。总行转发财政部《提高国营企业职工福利基金提取比例调整职工福利基金和职工教育经费计提基数》,由企业福利基金发给职工的各种副食品价格补贴改从企业成本中列支;按规定列入成本的职工福利费由按企业职工工资总额扣除副食品价格补贴和各种奖金后确定比例提取,改按职工工资总额扣除各种奖金后确定比例从成本中提取;列入成本的职工教育经费,按企业职工工资总额扣除奖金后确定比例提取。11 月,人民银行安徽省分行与黄山区政府签订协议,购买林地和非耕地,并支付土地出让金。1993 年,人民银行安徽省分行根据总行《建设工程施工合同管理办法》及《工程建设施工招标投标管理办法》,制定《基本建设管理试行办法》。规定建筑面积 2000 平方米以上,总投资 100 万元以上的建设项目设计任务书,由省分行向总行申报审批;建筑面积 2000 平方米以下,总投资 100 万元以下的建设项目设计任务书,由省分行审批;审批预备建设项目设计任务书时亦同;审批构筑物项目时按照投资额比照执行。11 月,省分行转发《中国人民银行基本建设管理暂行办法》,规定建筑面积10000平方米以上,总投资3000万元以上的建设项目设计任务书,由一级分行向总行申报,经总行审查同意报国家计划委员会审批。建筑面积10000平方米以下、3000平方米以上,总投资3000万元(含3000万元)以下、300万元以上的建设项目,由一级分行审查同意后报总行审批;建筑面积3000平方米及以下,总投资300万元(含300万元)以下的建设项目,由一级分行审批,并报总行备案;审批构筑物项目时按照投资额比照执行。该办法自颁布之日起执行。1994年,人民银行取消利润留成制度和交税制度,系统实行独立的财务预算管理制度。总行、各级分支行每年编制财务收支计划,由总行汇总报财政部批准后下发执行。各项收支相抵后,实现利润经财政部批准提取总准备金后,全部上缴中央财政,年度发生亏损首先由历年提取的总准备金弥补,不足弥补的部分由中央财政拨补。人民银行的年度预算报财政部审核后,纳入国家预算,财务决算报告按规定报财政部审批,并接受财政部和国家审计署的财务监督。11月,财政部制定《中国人民银行财务制度》,规定人民银行实行独立的财务预算管理制度,财务管理实行"统一领导、分级核算、预算管理、统负盈亏"的体制。财务核算遵循收付实现制会计核算原则。财务管理工作的范围是资本金和负债管理、资产管理、财务收支计划管理、财务支出管理、财务收入及盈亏解缴管理。固定资产不再计提折旧,人民银行购建、更新固定资产的资金从专项支出科目列支。

1995年8月,向总行报告参加地方房改,出售现有住房的实施原则、程序、标准及具体办法,按照当地政府规定执行。省分行清理辖内基本建设项目,全辖经总行批准立项的项目有合肥、阜阳、宿州、滁州、宣城、池州、黄山、巢湖、蚌埠9个行。

1996年7月,省分行制定《机关财务管理暂行办法》。财务开支严格执行《中国人民银行财务制度》的规定。省分行制定《分行干部学校财务管理办法》,规定其财务管理工作实行"统一领导、收支挂钩、超收奖励、减收酌补"的预算管理办法。财务管理工作范围是资产管理、财务计划管理、财务收支管理及资金调拨管理。财务核算为收付实现制会计核算原则。11月,省分行转发总行《中国人民银行财务预算管理办法》。财务预算管理指导思想是勤俭办行、增收节支、严格管理、做好分析、加强监控。财务预算实行全额预算、收支挂钩、明确职权、分级负责的管理办法。财务管理的内容包括预算的编制、核批、执行、考核和财务决算、财务检查、财务分析,以及资金与财产多缺的处理。1997年,省人行制定《中国人民银行安徽省分行机关基本建设工程管理暂行规定》。规定机关所有基本建设工程均实行预算管理,项目应进行可行性研究,并编制预算和年度投资计划,按审批权限逐级上报审批,未经批准,不准运作。5月,下发《安徽省建筑市场管理条例》,规定辖内基本建设项目凡与条例不相符,限期纠正。印发《医疗费管理暂行办法》,规定系统内医疗费管理实行"定额包干,节约归己,超支补足,比例负担"的办法。7月,制定《中国人民银行安徽省分行国有资产管理暂行办法》,实行"统一领导、分级管理"管理体制。对经营性资产按照法律、货币政策和资金安全要求运行;对非经营性资产,结合实际,依照合理、有效、节约使用的原则运行。8月,财政部批准《中国人民银行预算管理的规定》，明确人民银行实行独立的财务预算管理办法，执行国家有关法规和经财政部发布或批准的财务会计管理制度，接受财政部驻各地财政监察专员办事机构的财务管理和监督。1998 年，人民银行安徽省分行制定《中国人民银行安徽省分行会计处财务管理内控制度》，规定财务预算指标管理、专项资金管理、事后监督的管理事项及操作程序。8 月，人民银行安徽省分行转发总行《关于在机构改革期间加强人民银行财务基建管理的通知》。各行在机构改革期间，加强财务基建管理，严格控制费用开支，认真执行财经纪律，认真清理预算内、外账户及资金，严格控制基本建设，加强对拟撤销分、支行资产的管理。1999 年 4 月，机构改革。合肥中心支行制定《合肥中心支行机关财务管理暂行办法》，明确机关财务严格执行《中国人民银行财务制度》，财务开支坚持“一支笔”审批制度。6 月，分别制定《合肥中心支行机关财务内部控制和管理的若干规定》《合肥中心支行清理预算内、外账户及资金管理实施办法》。8 月，制定《黄山、半汤培训中心财务管理暂行办法》。财务管理工作实行“统一领导、集中管理、分别核算”的管理办法。财务工作范围为财务收支计划管理、财务收支管理、管理人员经费管理、资产管理。2000 年 1 月 1 日，财政部修订《中国人民银行财务制度》。4 月，总行下发《中国人民银行基本建设管理办法》，规定基本建设实行“统一领导、分级管理”的管理体制。明确省会中心支行主要职责是贯彻总行和当地建设行政主管部门的管理办法，结合当地情况，制定实施细则，管理辖区内基本建设项目；审查上报本级以及辖区中心支行发行库、营业办公用房项目的立项和初步设计；审批县级支行发行库、营业办公用房和投资在 300 万元(含 300 万元)以下的分行、营业管理部、中心支行改扩建、零星基本建设项目的立项和初步设计；统筹安排固定资产投资计划和建设资金等。根据总行《中国人民银行基本建设管理办法》，合肥中心支行制定实施细则。6 月，制定《合肥中心支行贷款证经费管理办法》。贷款证收费、专项经费支出管理实行“统一领导，分级负责，归口管理”的原则。专项经费专款专用，不得挪作他用。10 月 1 日，实行《中国人民银行固定资产管理办法》。财政部规定，人民银行对所有的固定资产不再计提折旧基金。为反映现有固定资产净值，仍按规定比例分类计算折旧，计入表外科目。11 月，结合辖内实际制定《合肥中心支行固定资产管理实施细则》，明确会计财务部门负责全行固定资产的管理工作，规定固定资产会计核算手续。制定《培训中心自营业务财务管理办法》，2000 年 1 月 1 日起执行。12 月，总行印发《中国人民银行采购管理暂行办法》，自 2001 年 1 月 1 日起执行。2001 年 3 月，合肥中心支行制定《采购管理实施细则》。采购管理实行“统一领导、统一采购、统一管理”的管理办法，遵循公开、公平、公正、效益的原则。采购资金包括财务预算资金、预算外资金、其他资金。重新修订《财务管理办法》。11 月，印发《清理预算外收支资金管理暂行办法》，对电子化专项资金、国库券推销费、贷款证经费、黄金收兑业务费、外汇业务经费、养老保险统筹经费等集中统一管理。2002 年 8 月，合肥中心支行制定《县级支行实行费用支出报账制管理暂行办法》。县级支行于年初向隶属中心支行申请借支业务周转金，定期持费用支出原始凭证到中心支行报账,年终结清账务,中心支行收回周转金。按照保障和控制并重的原则,采取“指标控制,逐笔审核,据实报账”或“逐笔审核,据实报账,实报实销”的办法。

2003 年,总行下发《人民银行防治非典型肺炎费用支出账务处理规定》。购置的消毒药品、药液及防护用具等,在“公用经费支出——职工福利费”账户下设专户核算。职工因患非典的医疗费用,在“人员费用支出——医疗费”账户下设专户列支。9 月,总行下发加强“暂付款项”科目管理要求,“暂付款项”科目严格按照规定的核算范围使用。对正常的业务性挂账要严格控制,定期清理;对非业务性开支,如基建支出、费用超支、违规经营、经济实体脱钩损失等,一律不准在“暂付款项”挂账。严格执行“暂付款项”科目使用审批权限。凡损失款项挂账,无论金额大小,一律报总行审批。对“暂付款项”科目使用监控。

2004 年 5 月,合肥中心支行制定《同城票据交换所费用分摊及财务管理暂行办法》,实行“统一领导,独立核算,专款专用,确保运转”的财务管理办法(该办法于 2008 年 1 月废止)。7 月,制定《费用预算指标及实拨资金分配暂行办法》,明确会计财务部门是费用预算指标及实拨资金分配的管理部门,并实行“零基预算”管理。总行印发《基本建设项目监督管理暂行办法》,省会中支主要职责是贯彻总行基建项目监督管理办法及有关规定,结合辖区实际,制定实施细则;负责辖区内拟建项目的考察、排序和上报;负责辖区内基建项目重大事项的现场审查和核实,并上报总行审定;负责辖区内基建项目的招投标工作,审查工程概算和预决算,审查基建项目的主要合同。合肥中心支行根据总行《中国人民银行基本建设项目监督管理暂行办法》,于 12 月制定实施细则,2005 年 1 月 1 日起执行。9 月,总行制定的《中国人民银行集中采购管理试行办法》正式实行。建立“财权与事权分离、管理与操作职能分离”的内部控制机制,实行“统一管理,分级授权”的管理体制,明确会计财务部门是集中采购的执行管理部门,负责集中采购日常管理。此前《中国人民银行采购管理办法》同时废止。12 月,合肥中心支行修订《财务管理办法》,2005 年 1 月 1 日起执行。2005 年 1 月,总行印发《中国人民银行办公厅关于人民银行内审人员享受工作补贴事宜的通知》,自 1 月 1 日起执行。5 月,合肥中心支行与安徽省银监局派出机构人员财产划转。全省实际划转银监局派出机构人员 922 人,其中划转省银监局 131 人,地市 559 人,同时划转一部分办公用房、办公家具、交通工具等。7 月,合肥中心支行制定《集中采购管理实施细则》,实行“统一管理,分级授权”的管理体制,由合肥中心支行根据总行发布年度集中采购项目和限额标准授权确定。各市中心支行对授权集中采购项目可对辖属县支行再授权。9 月,总行印发《中国人民银行反假货币奖励办法》,规定面额总计 500 万元以上奖励由总行审批,500 万元以下由当地分支机构审批,并在“特殊支出”科目的“人民币反假支出”账户列支。10 月 1 日,合肥中心支行《固定资产维修项目管理暂行办法》执行,明确辖内各级行会计财务部门是人民银行固定资产维修项目的主管部门。11 月,总行制定《中国人民银行固定资产管理办法》，规定固定资产单位价值由1000元提高到2000元，2006年1月1日起执行，原办法同时废止。

第三节　内部审计

组织体制　1985年5月建立稽核机构，对金融系统全面开展稽核工作。1986年1月，人民银行安徽省分行稽核处成立，12月，依照总行颁发的《稽核工作暂行管理规定》，制定印发《中国人民银行安徽省分行稽核工作实施细则》（试行）。

金融稽核是进行宏观控制和调节金融活动的重要手段。人民银行安徽省分行各级稽核部门，既是所在行的职能部门，受行长领导，又是整个稽核体系的一个环节，接受上级稽核部门的指导。人民银行安徽省分行设稽核处，二级分行设总稽核，实行行长领导下的总稽核负责制，总稽核是协助行领导管理稽核工作的副行级行政负责人。有权领导、组织、计划、协调、处理本辖区内的稽核工作。

1995年，人民银行总行颁布《中国人民银行法》，规定"人民银行应建立、健全本系统的稽核、检查制度，加强内部监督管理"。1998年前，人民银行稽核部门对金融机构业务稽核监督的同时，主要以人民银行自身业务及财务收支活动为对象开展活动，目的是差错防弊，判断业务处理的真实性、合规性、合法性。同年底，人民银行内部监督体制发生变化，各级人民银行新设独立的内部组织体系，只对人民银行各职能部门、分支机构、行所、直属单位及其工作人员依法履行职责情况的监督。总行设立内审司，分行、营业管理部和省会城市中心支行设内审处，地市中心支行设内审科，县支行设内审岗。人民银行内部审计的组织体系得到健全和完善。1999年，人民银行总行颁布《中国人民银行内部审计工作制度》，规定人民银行内部审计部门按照"统一领导、分级管理、监督同级、下查一级"的原则，履行四项基本原则。

合肥中心支行内审处于1998年底成立，负责合肥辖区内审工作，接受南京分行内审部门的指导和监督。根据业务需要设置综合科、内审一科和内审二科。自中国人民银行内部审计部门设立以来，内审职能从单纯的监督扩展到监督与服务并重、寓监督于服务之中。审计内容向履职审计、信息技术审计、内部控制审计、绩效审计、风险管理审计等领域迈进。审计职能成为决策的参谋和助手。通过审计找出问题的规律性，从制度上、机制上分析原因，提出改进完善和创新的建议。合肥中心支行内审处还开展财务核算、业务管理、信息技术等专项审计，开展履职审计、离任审计，试行内部控制审计，局部开展审计核查。2004年，根据南京分行内审处授权，开展对安徽省辖区基建及业务管理授权专项审计。1998—2004年，内审处共投入4028个工作日，完成审计项目95项，包括全面审计12项、履职审计2项、离任审计22项、专项审计45项（其中授权审计2项），后续审计9项、审计调查5项。覆盖货币信贷、调查统计、会计财务、货币金银、国库、人事、外汇管理、安全保卫等人民银行的各个业务领域。

合肥中心支行内审处开展审计项目统计表

表 2－5－1

年度	审计人员	审计项目数	全面审计	履职审计	离任审计	专项审计		后续审计	调查	现场工作日	发现问题	整改意见
						专项	其中：授权					
1999	9	9	3	0	2	4	0	0	0	419	未统计	未统计
2000	9	16	3	0	2	10	0	0	1	659	未统计	未统计
2001	11	24	2	0	11	8	0	3	0	637	未统计	未统计
2002	11	10	1	0	2	4	0	3	0	340	未统计	未统计
2003	10	12	1	0	1	7	0	1	2	718	59	28
2004	11	9	1	0	0	6	1	1	1	267	81	36
2005	10	15	1	2	4	6	1	1	1	988	233	104

内部控制与管理　人民银行管理体制改革后，合肥中心支行重视内部控制建设。组建内控建设活动领导小组，行长任组长，各处室和直属单位负责人任成员。制定《中国人民银行合肥中心支行内审联络员制度》，要求各处室确定一名内控监督员，与内审部门联系和交流。制定县支行建立内审工作小组制度，各县支行成立以行长为组长的内控建设小组，从组织上保证内控建设的开展。

1998 年前，稽核处通过对各家金融机构全面稽核、专项稽核及大检查等形式，对各项信贷资金及专项贷款用途、投向、规模进行监控，建立稽核监督制度和稽核报告制度，保证稽核工作有效开展。安徽人民银行系统内部加强中央银行稽核法规和制度建设，通过稽核工作简报的创立和稽核系统专业竞赛的开展，强化理论研究和干部培训，保证资金安全。

1998 年，合肥中心支行内审处成立后，在构建内控运行机制，强化内控制度建设，狠抓内控制度监督检查，开展风险防范教育。通过开展内审内控工作，加强和完善人民银行的内部控制，促进中央银行各项职能的依法有效履行，充分发挥内部审计的保障作用和咨询作用。

1999 年和 2004 年，合肥中心支行集中开展各项内部控制建设活动，各部门根据处室岗位职责建章立制，先后两次将内控制度汇编成册，分发至每位职工。职能部门内控机制分为授权控制、分离控制、操作规程与业务流程、财产安全、内控机制四个层次，注重对要害岗位和重点环节的控制。把好“入口关”，会计营业部门把工作认真细心的人员安排在接柜员岗位，加强对原始凭证的审查；严格操作系统管理，规范各级操作员代码和口令，使操作系统中的隐患得到有效遏制；加强对账，会计营业部门坚持每日核对往来电子联行信息，国库部门坚持按规定时间与财税部门及会计部门对账；严格执行制度，坚持要害岗位人员定期轮换制度、错账调整审批制度和业务复核检查制度等。

第四节　纪检监察

1985 年 8 月 10 日，中共安徽省纪律检查委员会派驻省金融系统纪律检查组正式成立。中国人民银行安徽省分行副行长、党组成员杨治国兼任省纪委派驻省金融系统纪律检查组组长，王宝槐、朱家坡任副组长。12 月，启用省纪委派驻金融系统纪检组印章。1986 年 3 月，中国人民银行安徽省分行向省纪委报送《关于组建省地（市）纪委驻金融系统纪律检查组的情况报告》，截至年末，安徽省各级金融单位共有纪检机构 146 个，配备工作人员 337 人。

1986 年 4 月，开展端正党风先进事迹宣讲活动。同时，根据中纪委派驻金融系统监察局的通知要求，在全省金融系统开展清理整顿党政机关和党政干部经商办企业活动。截至年末，全省金融系统共查处千元以上经济案件 504 件，结案 413 件。

1987 年 7 月，根据中共中国人民银行党组印发的《关于人民银行不单独设立系统纪检组和系统工会的通知》，安徽省人民银行系统不再单独设立纪检组。9 月，省分行党组印发《安徽省人民银行党组党风责任制（试行）》，向安徽省纪委报送《关于组建县（市）纪委派驻金融系统纪律检查组和纪律检查员的报告》。1987 年，全省金融系统共发现 2000 元以上大案 121 件，其中万元以上 38 件。

1988 年，监察部印发《关于监察机构工作关系的几点意见》，明确了“领导关系、监察机构领导干部的任免、监察对象、案件查处”的相关内容。11 月，中纪委驻金融系统纪检组转发《人民银行安徽省分行党组、金融纪检组对当前纪检和监察工作的三点意见》。

1988 年 11 月 20 日，根据安徽省监察厅人民银行安徽省分行《关于在人民银行地市分行设立金融系统监察室和县（市）支行金融系统监察员的通知》，安徽省人民银行各二级分行设立金融系统监察室，支行设立金融监察员，负责金融系统监察工作。12 月，启用地市金融系统监察室印章。1988 年，全省金融系统共立案查处经济案件 90 件，其中万元以上 42 件。

1989 年 1 月 2 日，根据监察部、人民银行总行《关于在人民银行省、自治区、直辖市分行设立金融系统监察专员办公室的通知》，决定设立安徽省金融系统监察专员办公室。同月，根据金融系统监察局《关于调查人民银行系统在职和退（离）休干部中经商办企业问题的通知》，在全省金融系统组织调查。3 月，印发《关于省分行机关处级以上干部不准利用职权接受宴请、礼品的暂行规定》《中共中国人民银行安徽省分行党组关于加强廉政建设的几项措施》。6 月，根据“两院一部”通告，安徽省金融系统开展了宣传贯彻活动，向社会公布各金融机构省级监察部门举报电话。同月，组织省地市县金融系统的纪检、监察干部（包括各专业行、司）200 多人，对全省金融系统 1988 年 1 月以后挪用银行资金万元以上的159个案件处理情况进行调查,形成了《安徽省金融系统挪用银行资金案件处理情况的研讨报告》。1989年,全省金融系统共立案查处经济案件428件,其中万元以上194件。

1990年10月,根据《关于在全省金融系统进行经济案件发案原因和防范措施调查的通知》,在全省金融系统组织开展调查。同月,安徽省"五行一司"联合发文《关于贯彻落实六总行一司(人民银行、工商银行、农业银行、中国银行、建设银行、人民财产保险公司)文件精神,坚决纠正行业不正之风的部署意见》。11月,根据人民银行安徽省分行安徽省监察厅印发的《关于在人民银行县(市)支行设立金融系统监察室的通知》,人民银行县(市)支行均成立金融系统监察室。12月,中国人民银行下发《关于中国人民银行安徽省分行"三定"方案的批复》,批复明确金融纪检组和监察专员办公室的职责:检查金融系统贯彻党和国家政策、法律、法规和金融政策、法律、法规制度的情况;查处金融系统监察对象违反党纪、政纪的案件;办理监察对象纪律处分事项;受理对监察对象违纪行为的检举、控告;调查金融系统党风、政风情况,提出改进意见,并向上级报告。1990年,全省金融系统共立案查处经济案件180件,其中万元以上96件。

1991年1月,《中华人民共和国行政监察条例》颁布。7月,"六总行一司"印发《关于整顿、建设金融队伍的意见》。10月,驻省金融系统纪检组抽调监察干部110人完成全省"异地托收承付"结算业务专项检查。全年金融系统立案查处2000元以上经济案件241件。截至12月末,根据"三定方案",派驻人民银行系统纪检组、监察室机构数89个,人员编制数265—338人,实际配备人数173人。

1992年2月,根据驻省金融系统纪检组印发的《关于调查经济案件作案手段研究查处防范经济案件措施的方案》,组织开展调查工作。5月,驻金融系统监察局制定《金融系统工作人员赌博、吸毒、贩毒、嫖娼、卖淫行政处分的暂行规定》。6月,王宝槐任监察厅驻省金融系统监察专员。同月,安徽省"五行一司"发布《关于敦促金融系统违法违纪人员自首坦白的公告》,共有64人投案自首,主动交代问题。8月,陈艾任省金融纪检组组长。11月,监察部颁布《监察机关在调查处理政纪案件中相互协作配合的规定》。全年金融系统共查处经济案件194件。

1993年4月,成立"两防一保"领导小组,组长汪斌(副行长),副组长陈艾(金融纪检组长),办公室设在省金融纪检组。5月,转发总行、中纪委驻金融系统纪检组《关于制止撤并纪检检查机构问题的通知》,要求各行、司恢复纠正撤并的纪检、监察机构。6月,共抽调170多名纪检监察、稽核干部,组织30多个检查组,开展农副产品收购资金供应专项检查。11月,根据中纪委驻金融纪检组《关于加强监督检查,严肃处理违反"约法三章"问题的通知》,开展"约法三章""三要""十不准"监督检查。12月,开展全省金融系统违纪违法案件查办情况检查,全年共立案查处经济案件249件。

1994年4月19日,中共安徽省纪委驻金融系统纪检组、安徽省金融系统监察专员办公室内设3个室(副处级建制),即纪检监察一室、纪检监察二室、纪检监察三室。同月，人民银行总行印发《人民银行系统一九九四年反腐败工作实施意见》，要求与所办经济实体脱钩工作于6月底前完成。8月，监察部驻金融监察局制定印发《金融系统执法检查工作暂行办法》。11月，设立“三防一保”办公室，组长陈艾，副组长吴启寿，下设办公室（正处级建制）。全年立案查处经济案件137件。

1995年3月，为维护金融纪律和金融秩序，防范金融诈骗案件发生，“六总行一司”印发《关于对金融诈骗案涉及的金融工作人员行政处分的暂行规定》。4月，汪传宝任省金融纪检组组长。同月，“六总行一司”颁布《关于禁止工作人员参加用公款支付的营业性歌厅、舞厅、夜总会等娱乐活动的规定（试行）的通知》。5月，人民银行总行印发《关于人民银行省级分行纪检监察部门内设机构等有关问题的通知》，明确了纪检组长（监察专员、监察室主任）是同级行党组和领导班子成员，是同级行的副行长职级，与副行长的待遇相同。9月，为遏制金融系统经济犯罪案件的发生，人民银行总行印发《关于对金融机构重大经济犯罪案件负有领导责任人员行政处分的暂行规定》，11月，省金融纪检组组织对全省16个地市、10个县金融机构反腐败工作进行检查。全年立案查处2000元以上经济案件127件。

1996年4月，人民银行总行制定印发《金融诈骗、盗窃、抢劫案件报告制度》。7月29日，安徽省金融纪检组原内设的3个室，机构级别由副处级升为正处级。9月，根据监察部驻金融系统监察局《关于金融系统1996年执法监察工作的实施意见》，组织对六安、巢湖、芜湖、阜阳4个地市辖内321家银行和非银行的处、所、社以上金融机构执行利率政策情况开展执法监察。全年立案查处各类经济案件83件。

1997年3月14日，撤销“三防一保”办公室，其工作职责归并保卫处。4月，《中国共产党纪律处分条例（试行）》颁布。5月，省金融系统纪检组制定印发了《安徽省金融系统党风廉政建设量化管理实施办法（试行）》，并在淮北、淮南、马鞍山、蚌埠、宿县、六安、合肥、安庆、铜陵、芜湖十个地市金融系统推广量化管理试点工作。6月，人民银行安徽省分行转发了人民银行总行《关于对金融系统工作人员违反金融规章制度行为处理的暂行规定》，要求金融机构加强内部管理。8月，组织20个检查组，对安徽省金融系统违法违纪案件查处和管理工作开展专项检查。11月，人民银行总行印发了《关于违反案件报告制度的处理规定》，要求金融机构严格执行。

1998年1月，省分行印发《中国人民银行安徽省分行清理公款和使用移动电话的实施意见》。5月，为维护金融秩序、严肃金融纪律，人民银行总行印发《关于对金融机构违法违规经验责任人的行政处分规定》，8月，成立中共中国人民银行安徽省分行纪律检查委员会，徐光太任纪委书记。同月，省金融监察专员办转发监察部驻金融系统监察局《关于纪检监察机关依法采用“两指”、“两规”措施若干问题的通知》。同月，根据人总行《关于认真搞好制止奢侈浪费八条规定执行情况检查工作的通知》，部署全省人民银行系统开展自查自纠，并对芜湖、马鞍山、安庆市二级分行进行重点抽查。12月，中国人民银行机构改革，撤销人民银行安徽省分行，合肥分行更名为合肥中心支行，陈发余任合肥中心支行纪委书记。

1999年4月,人民银行合肥中心支行印发《中共中国人民银行合肥中心支行纪律检查委员会工作规则》,明确纪委的工作职责任务、工作原则和纪律、纪委会议制度、纪委办事机构。5月,市金融系统监察室转发《金融系统执法监察工作操作规程(试行)》,规范执法监察操作程序。8月,组织对交通银行合肥分行,中信实业银行合肥支行,合肥市商业银行,人民银行肥东、肥西、长丰县支行,合肥市郊区信用联社贯彻《金融违法行为处罚办法》情况专项检查。全年,人民银行合肥中心支行及合肥市金融系统共立案查处违法违纪违规案件7件。

2000年1月,合肥中心支行制定《中国人民银行合肥中心支行党风廉政建设责任制三个量化考核标准》,成立考核领导小组,行长计承江任组长,纪委书记陈发余任副组长,领导小组办公室设在纪委办公室。2月,合肥中心支行转发了人总行纪委制定的《金融系统领导干部廉政谈话暂行办法》。3月,合肥中心支行印发了《中国人民银行合肥中心支行关于对扰乱机关办公秩序行为处罚的暂行规定》。6月12日,合肥中心支行纪委、合肥中心支行监察室、合肥市金融系统纪律检查办公室、合肥市金融系统监察室,内设综合处、人民银行纪检监察处、其他金融机构纪检监察处。6月,对合肥中心支行机关开展落实领导干部廉洁自律规定和执行"十个严禁""四个不准"专项检查。8月,根据合肥中心支行《人民银行合肥中心支行监察室、合肥市金融系统监察室2000年执法监察工作实施方案》,组织对部分金融机构和人民银行分支机构,及本级银行监管处、非银行金融机构监管处执法监察。同月,合肥中心支行纪委转发南京分行《关于金融系统纪检监察工作人员若干纪律的规定(试行)通知》。9月,单凯任合肥中心支行纪委书记。

2001年3月,向中共安徽省纪律检查委员会呈报《中国人民银行合肥中心支行反腐败抓源头工作实施意见》。5月,组织合肥中心支行辖内副科级以上领导干部开展自律四项(接受和赠送现金、有价证券和支付凭证)清理工作。8月,组织合肥市区银行承兑汇票专项检查。

2002年2月,史敏任合肥中心支行纪委书记。5月,合肥中心支行纪委印发《关于实行党风廉政谈话制度的意见》,建立廉政谈话制度。7月,组织对本行营业部和货币金银处及肥东、肥西县支行规章制度执行和落实党风廉政责任制情况进行检查。8月,合肥中心支行制定印发《中国人民银行合肥中心支行纪检监察、机关党委、组织人事、内审部门联席会议制度》。同月,安徽省金融系统纪检监察特派办对省内4家国有独资商业银行安徽省分行和2家国有独资保险公司安徽省分公司贯彻落实党风廉政建设责任制和领导干部自律规定情况进行检查。

2003年8月,合肥中心支行纪委、监察室组织对肥西县支行贯彻落实党风廉政建设责任制、长丰县支行执行规章制度情况执法监察。10月,组织对合肥中心支行所辖县支行落实党风廉政建设责任制和执行规章制度情况执法监察。10月16日,银监会派出机构——安徽省银监局正式成立，合肥中心支行纪委其他金融机构监察处划转银监会派出机构，其工作人员同时随业务划出。

2004年3月30日，根据总行“三定”办公室文件通知，省会中心支行纪委监察室设立综合科、案件及监察科、党风廉政建设科。5月，组织开展合肥中心支行作风建设活动，目的是强化内部管理，促进行风行貌建设。7月，根据总行通知，合肥中心支行及肥东、肥西、长丰县支行均设立监察室，与纪委（纪检组）合署办公，监察室主任由同级纪委副书记（纪检组副组长）兼任，合肥中心支行纪委、监察室下设的纪委监察室更名为纪检监察办公室。12月，为进一步建立健全中国人民银行党内监督机制，加强对分支机构领导班子及其成员的监督，人民银行总行制定印发《中国人民银行党委巡视工作办法（试行）》。

2005年4月，合肥中心支行转发《中国人民银行执法监察办法（试行）》和《中国人民银行执法监察工作操作规程（试行）》。5月，合肥中心支行党委首次举行党风廉政建设责任书签字仪式，党委书记与党委委员、所辖三县支行行长，党委委员与分管部门主要负责人签订责任书。7月，对征信管理处贷款卡发放核准行政许可、支付结算处反洗钱业务制度建设及肥西县支行的制度执行情况开展执法监察。8月，为加强对大宗物品招标工作的监督，合肥中心支行纪委制定《招投标廉政协议书》，作为第三方监督协议签订与执行。

第五节　事后监督

组织体制　人民银行各级行在2004年以前未单设事后监督机构。1996年，依据《关于设置会计核算事后监督检查岗位的通知》（皖人银字〔1996〕第431号）文件精神，所有办理会计核算业务部门开始设置事后监督检查岗，配备专职检查人员，全面检查会计核算业务是否按照各项规章制度的要求组织实施。2002年底，伴随中央银行会计核算业务“四集中”系统的推广，事后监督业务正式开展，具体负责辖区内（含县支行）会计核算业务的集中监督工作。2004年2月，根据人民银行总行“三定”方案精神，合肥中心支行事后监督中心正式成立。截至2004年末，全省人民银行系统16个市中心支行均成立事后监督中心，全省共配备事后监督干部73人。

事后监督中心直接对主管行长负责，不实行垂直管理。分管事后监督中心的行长不再分管会计、支付结算、国库、货币金银部门。事后监督中心接受上级行会计、支付结算、国库、货币金银部门的业务指导。2005年10月，人民银行总行出台《中国人民银行关于改进和加强事后监督工作的意见》，依照规定，为促进部门间协调，由各分支机构分管会计业务的行领导分管事后监督中心工作。各分行、营业管理部、省会（首府）城市中心支行会计财务处牵头相关业务处室，对辖内地市中心支行事后监督中心进行业务指导。

事后监督中心负责对会计核算结果进行独立的非现场监督。事后监督工作是对会计、营业、国库、货币金银和外汇等部门的日常会计核算业务进行的复审和检验,是会计核算过程的延续,是会计核算业务的后台。

监督内容及方法　2002—2005 年,事后监督业务不断拓展,各中心支行事后监督中心先后将本级国库会计核算业务、货币发行会计核算业务纳入监督范畴,部分中心支行还对机关经费会计核算进行监督。

2004 年,全省人民银行系统 17 个事后监督中心均开展中央银行会计集中核算事后监督业务,7 个事后监督中心开展国库或货币发行会计核算事后监督业务,合肥中心支行在全国率先对机关财务、基建会计核算业务开展事后监督。

依据《中国人民银行会计事后监督办法》(银办发〔2002〕126 号)的相关规定,事后监督采取人工监督和计算机监督相结合的方法。2004 年,各项会计核算业务均采用人工监督方法。2005 年 11 月,全省人民银行系统正式上线运行中央银行会计集中核算事后监督系统,对集中会计核算业务采用计算机和人工监督相结合的方法,其他会计核算业务延续人工监督方法。

监督效果　事后监督人员针对事后监督过程中发现的问题,由监督主管人员签发事后监督通知书,通知被监督单位。事后监督中心定期总结监督工作情况,向被监督单位反馈并提出工作建议。2004 年,合肥中心支行事后监督中心共监督各类会计凭证 97665 笔、附件 183266 张、会计账簿 79 本、报表 2790 份,资金总额 14867 亿元,发送事后监督通知书 133 份,提出监督报告 13 份。2005 年,合肥中心支行事后监督中心共监督各类会计凭证 119037 笔、附件 824082 张、会计账簿 48 本、资金总额 27892 亿元,发送事后监督通知书 111 份,提出监督报告 25 份。通过监督发现问题、提出建议,事后监督中心在把好会计核算质量关、促进会计核算规范化、防范资金风险和其他风险等方面,发挥了积极作用。

制度建设　事后监督中心在开展监督工作中,注意总结实践经验,制定出一系列适合工作实际的规章制度,使监督工作有章可循,逐步走上制度化、规范化。2004 年,合肥中心支行事后监督中心制定《事后监督中心工作职责》《岗位职责》《事后监督操作规程》等十多项管理制度。2005 年,合肥中心支行事后监督中心制定《中国人民银行合肥中心支行事后监督中心实施细则》《中国人民银行安徽省辖内事后监督中心工作管理制度》,并颁布全省人民银行系统实施。

第六节　安全保卫

1984年11月30日,人民银行和工商银行机构分设,人民银行安徽省分行和人民银行合肥市分行保卫、发行合署办公。1986年,正式成立人民银行安徽省分行保卫处和人民银行合肥市分行保卫科。保卫工作职责是守库、押运、枪弹管理、防火防盗和机关安全防范工作,同时承担指导辖内人民银行的保卫工作及业务培训、训练工作。

人民银行合肥中心支行保卫处由人民银行安徽省分行保卫处、合肥市分行保卫科于1999年1月合并组成。保卫处工作职责是认真贯彻执行上级行关于安全保卫工作的各项规章制度,负责全省人民银行系统安全保卫工作管理,做好社会治安综合治理工作;指导全省人民银行发行库工作安全管理,落实双人守库制度,确保发行库库款的安全;指导全省人民银行发行基金、有价证券、金银、残损人民币销毁的武装押运工作,督促检查武装押运制度的落实,严格执行货币押运纪律和保密规定;严格执行枪支弹药管理规定,检查落实枪弹安全管理制度;负责全省人民银行系统诈骗、盗窃、抢劫、涉枪案件的管理和上报工作;指导全省人民银行系统安全技术防范工作,负责技防项目的审核、验收;负责与武警守库中队、公安部门的工作联系和协调,配合公安部门做好安全防范和有关案件的查处工作;负责全省人民银行系统安全保卫工作的督促检查。组织指导保卫人员的业务学习和专业技能培训;负责机关日常安全保卫工作,落实机关安全管理责任制。

推行封闭式管理　2003—2005年,根据库区五个分开要求,全省人行系统发行库区封闭式安全管理工作得到进一步完善,发行库区布局更加合理,责任区明确,发行库整体防范水平明显提高。该项工作受到总行保卫局的充分肯定,2005年6月,在人民银行全国安全保卫工作会议上介绍了经验。为加强对发行库区的安全管理,人民银行合肥中心支行对进出发行库区人员和调运款车辆统一制作进出库区出入证,坚持实行配证上岗,对进出发行库区人员、车辆进行验证管理,有效控制进出库区的人员和车辆。条件完善后,对进出发行库区人员实行门禁管理。严格执行各项守库制度。根据总行要求,2004年11月起,在全省统一实行双人单枪守库、枪弹分离、枪弹四人平行交接的制度,有效地杜绝了涉枪案件的发生。

实行"守库一日规范"　2004—2005年,为规范守库工作,保障人民币发行库绝对安全,人民银行合肥中心支行在全国人民银行系统率先制定和实施"守库一日规范",实现了安全保卫工作科学管理,有效促进了安全保卫工作程序化、规范化、科学化建设。在此基础上,不断完善"守库一日规范",把"守库一日规范"作为安全保卫规范化建设的重要内容,落实到日常守库工作中,使保卫人员全面掌握"守库一日规范"的具体内容和操作要领,做到熟知和精通,严格按规范操作。同时,将"守库一日规范"纳入保卫人员工作目标量化考核工作中,采取日检查、月考评、年考核的方式,逐项进行考核,通过现场检查、调阅录像资料等方式对守库值班人员执行“守库一日规范”的情况进行检查,及时发现和纠正守库值班人员执行制度中存在的不规范行为。

安全文化 2005年以来,为充分发挥文化建设在提高安全保卫管理水平中的积极作用,保卫处出台安全保卫文化建设指导意见,制作《“安全保卫·银盾文化”手册》,并对“安全保卫·银盾文化”内涵予以解读。在取得显著成效的基础上向全省推广安全文化建设工作。通过开展“安全保卫·银盾文化”建设活动,努力把安全文化建设作为提高安全管理工作水平的有效途径,使“安全是和谐中支建设的核心”这一理念深入人心,增强保卫人员献身保卫事业的责任感和荣誉感,实现安防效能大幅提升、队伍建设彰显活力的目标,为基层央行保卫事业发展和队伍建设提供强有力的文化支撑。

以岗位练兵 保卫处组织开展全省人民银行系统岗位技能练兵活动。组织编写《人民银行保卫人员岗位技能练兵比武知识问答》,发给每位保卫人员,利用会议、宣传栏、内联网、简报等多种形式,大力宣传岗位练兵活动,推动岗位练兵工作扎实有效开展。定期举行安徽省人民银行系统实弹射击比赛,通过比赛,提高了业务技能,全省人民银行系统保卫人员处置突发事件能力不断提高。每年都举办全省保卫业务培训班和技防骨干培训班,有效提高安全保卫人员业务水平和履职能力。每年二季度,举办机关消防安全知识讲座,讲授消防基本理论、高层建筑防火、火场逃生、灭火知识等内容,增强全行干部职工消防安全意识。为提高全省人民银行系统保卫人员文字综合能力和调研水平,定期组织全省人民银行系统开展保卫人员征文比赛活动。通过专家评审确定的征文比赛的成绩,并对获奖征文给予通报表彰。还开展以“守库一日规范”和押运体制改革为内容的调研,着力发挥调研工作在锻炼队伍、促进业务、增强协作、服务决策等方面的基础作用。

执行制度 严格执行发行库守卫工作制度。全省守库人员严格遵守值班纪律,实行24小时昼夜守库,对进出发行库区的人员和车辆严格实行验证管理。严格执行电视监控、防盗报警系统管理规定,熟练操作电视监控报警设施,通过远程和现场检查,各级领导严格执行零点查岗制度,确保发行库的绝对安全。

严格执行货币押运工作制度。执行任务前都成立押运工作领导小组,严格按照规定执行押运任务,及时召开调运预备会,坚持前开道、后护卫规定,途中保持通讯联络畅通,与沿线公安部门和当地人民银行建立联防体系,完善货币押运突发事件应急处置预案,提高处置突发事件的能力。2004年,合肥中心支行制定的运钞途中应急联络图,得到总行保卫局领导的充分肯定。

严格执行枪弹管理工作制度。全省人民银行系统枪弹管理实行专人负责、枪弹分柜存放、双人共同管理,枪弹、保险柜钥匙分别存放在专门的保险柜内,规范枪弹出入库登记,做到枪弹账实相符。加强枪弹动态管理,完善枪支的领取、使用、交接、登记等操作环节,定期对枪支进行擦拭和保养。加强对持枪人员的政审,掌握持枪人员的日常表现、思想状况、社交圈等情况,杜绝不符合条件的人员持枪。守库值班实行单枪守库、枪弹分离、4人同时在摄像机监控下平行交接等规定。2005年9月，按照人民银行总行的统一部署，完成换装防暴枪工作。

加强技防工作管理。全省人民银行系统投入3000多万元进行技防物防建设，提高电视监控报警系统软硬件性能。积极与科技部门联系，了解当今电视监控设备市场情况，严格监控设备选型，投入400多万元，全面完成全省三级联网工作。充分利用远程联网平台，建立电子台账。利用远程监控联网系统对地市中支守库值班情况进行非现场检查。对新建或改造电视监控安全设施的中心支行严格审批程序，加强技术指导，跟踪检查施工质量，确保电视监控系统高效运转。对全省人民银行系统技防工作情况进行摸底，及时掌握各级行技防工作的情况，建立技防工作档案。

完善应急机制　按照总行、分行突发事件应急预案管理办法，结合本单位实际，进一步完善各类应急处置预案，加强应急工作管理，完善应急机制，建立管理体系，消除隐患和漏洞，对防抢、防火、防自然灾害和群体上访等突发事件应急预案制定严密的演练方案和操作流程。在完善应急预案的基础上，每年组织开展应急预案的演练工作，有效提高了应对突发事件处置能力。2003年以来，组织拍摄了押运途中反抢劫演练教学片《运钞风云》和发行库区反抢劫演练教学片《铜墙行动》。合肥中心支行反抢劫演练工作受到总行高度重视，2005年11月被保卫局推荐在总行保卫会议上介绍经验。每年组织开展机关火灾应急预案演练。通过演练，使全行职工进一步明确了机关发生火灾时的应急处置程序和逃生方法。

做好基础工作　认真落实社会治安综合治理工作责任制，真正把综合治理工作纳入行党委工作的议事日程，坚持“安全第一、预防为主”和“谁主管，谁负责”的原则，建立“一把手”亲自抓、主管领导具体抓的领导机制，做到责任到岗、任务到人，形成综治工作齐抓共管良好氛围，真正把社会治安综合治理责任制落到实处。深入开展创建平安单位活动，把平安建设与综治工作结合起来，将创建平安单位作为强化内部管理、履行央行职能、维护金融稳定的头等大事来抓，平安建设工作取得明显成效，有力地推动了综治工作开展。每年3月，认真组织开展社会治安综合治理宣传月活动。召开综治领导小组工作会议，专题研究宣传月活动方案，广泛利用宣传栏、标语、挂图、宣传画、内联网和上街宣传的方式进行宣传，加大宣传力度，努力营造浓厚的社会治安综合治理和平安建设舆论氛围。

开展“三共”活动　保卫处每年与武警安徽省总队联合召开“三共”座谈会，推动双方全面建设。结合安徽实际，制定共建方案，落实共建方案和押运勤务通讯、装备等设施的配置。研究社会治安形势对押运工作的影响、货币押运工作应遵循哪些程序、押运途中各种突发情况如何应对、押运途中警戒和兵力配置等方面的问题，达成了共识，确保发行库守卫和发行基金押运工作顺利开展。每年都与武警守库中队开展警民联谊活动，组织思想教育讲座，组织官兵参观爱国主义教育基地。每年合肥中心支行领导都带队前往武警部队慰问武警官兵，推动“三共”活动的深入开展。

队伍建设 每年定期组织对保卫人员进行要害岗位人员考核,加强人员管理,把对保卫人员的管理延伸到8小时工作时间之外,与保卫人员驻地派出所建立定期联系制度,确保保卫队伍的纯洁。强化安全教育,组织学习安全事故通报,结合案例说法,警示教育,运用问卷、讲座、录像教育广大职工增强安全意识,做到警钟长鸣。在团省委组织开展的全省杰出(优秀)青年卫士的评比活动中,全省人行系统7人荣获“安徽省优秀青年卫士”称号。

第七节 党群建设

概况 1991年12月前,人民银行安徽省分行开始履行中央银行职能后,机关党委主要负责开展机关党的组织建设和思想建设,做好思想政治工作。

1991年,根据总行对安徽省人民银行“三定”方案的批复,经省分行1991年第一次行长办公会讨论研究,决定设立思想政治办公室,思想政治办公室与机关党委两块牌子,合署办公。经向总行申报请示,同年12月底正式挂牌。

1999年,为更好地履行职责,根据《关于人民银行合肥中心支行各室处内部科室设置的通知》(合银发〔1999〕066号),机关党委办公室(宣传部)内设团委办公室。

2003年,根据总行银“三定”办〔2003〕6号文,合肥中心支行设立宣传群工部,负责辖区内人民银行系统宣传、共青团和机关党务工作。

党的组织建设和思想建设

党委中心组学习 1991年,根据省直工委〔1991〕53号文件精神,经6月3日党组会议决定,安徽省人民银行建立行党组学习中心组制度,明确学习中心组成员的组成,学习组长、副组长的职责,以及学习时间和学习频率。机关党委承担为行党组学习中心组学习提供服务的职责。

2002年,根据行领导的要求,人民银行合肥中心支行制定《中国人民银行合肥中心支行党委(党组)中心组理论学习制度》,加强中心组学习的制度化、规范化建设。明确学习秘书的职责,通过编发《党委中心组学习纪要》、购发学习资料、做好学习通知及记录等工作,协助行党委加强对理论学习的服务和组织管理。

2004年,修订完善《中国人民银行合肥中心支行党委(党组)中心组理论学习制度》,认真抓好学习内容、时间、人员的“三落实”,充分发挥党委中心组在学习上的龙头作用。

机关党委换届改选工作 1991年,安徽省人民银行机关党委根据党章规定要求,对1989年上半年成立的10个支部委员会进行换届选举,重新组建、成立15个机关支部,理顺了党的基层组织关系。

1992年1月6—8日,人民银行安徽省分行召开第一次机关党代会。会议回顾了机关党的工作开展情况,选举产生新一届直属机关党委会,发出要求全体党员争做“五个模范”的决定。

1993年，机关党委开展党支部改选、组建工作，将机关原有的15个党支部改建为25个党支部。

1996年7月1—2日，人民银行安徽省分行召开第二次机关党代会，选举产生了新一届直属机关党委会。

1999年3月，人民银行体制改革后，人民银行合肥中心支行机关以处室为单位组建各党支部。根据行党委关于在机关建立中共中国人民银行合肥中心支行直属机关党委的指示精神，对机关党委候选人采取自下而上的民主推荐办法，经行党委研究同意，于5月28日在机关召开中共中国人民银行合肥中心支行直属机关首届党员代表大会，选举产生第一届直属机关党委会。

2002年，开展党支部换届改选。按照《党章》规定的期限，由于各党支部均任期届满，合肥中心支行机关党委开展对所辖党支部进行换届改选工作。按照有关规定和程序，选举产生了新一届支部委员会。

2004年3月31日，召开中共中国人民银行合肥中心支行直属机关第二次党员代表大会，选举产生了新一届机关党委。

“七一”党建系列纪念活动　以庆“七一”为契机，通过组织开展新党员座谈会、召开机关“两优一先”表彰大会、新党员入党宣誓、观看党的建设教育片、参观爱国主义教育基地等形式多样的纪念活动，对党员干部进行理想信念教育，坚定党员干部的理想信念。

民主评议党员工作　有步骤有计划地开展民主评议党员工作。在民主评议的基础上，开展评选先进党支部、优秀党员活动，进一步增强党组织的凝聚力和战斗力。

党员发展工作　组织开展入党积极分子的培训，认真做好预备党员接转工作，严把“入口关”。对各党支部上报的接收、转正预备党员的有关材料进行严格审查，广泛听取党内外群众意见，并同申请人谈话，做进一步考察，提交党委会审批。

党员干部职工的政治理论学习教育　坚持党员干部政治理论学习制度，制定党员干部理论学习计划。围绕国情党史教育和形势政策教育，通过开展主题教育、专家讲座、集体研讨、读书论坛、知识竞赛等多种形式提高学习效果。将政治理论学习纳入党支部目标管理考核，做到学习情况有记录、有检查。

人民银行体制改革后，机构设置发生了重大变化。在这种新形势下，加强机关党组织建设，建立健全机关党组织尤为重要。1999年，人民银行合肥中心支行在党的基层组织建设方面做了以下工作：

摸清机关党员分布情况。人民银行合肥中心支行成立后，机关党委对全行22个室、处的党员情况逐一核实，并对党员的基本情况实行数据管理库管理，全辖521名党员的基本情况都输入计算机存储，做到数字准确、情况清楚、科学管理。

做好机关党支部组建工作。下发《关于组建机关党支部的通知》，部署了机关组建党支部的形式、方法及要求,将各党支部民主选举产生的支委会组成人员名单,上报行党委审批,于3月25日对机关建立的24个党支部进行批复。

理顺县支行及直属机构的党组织隶属关系。根据中共中央〔1998〕9号文件关于金融机构党组织实行垂直领导和管理的精神,对肥东、肥西、长丰三县支行的党员基本情况进行了解,并与所在的县直工委进行协调接转;对黄山、半汤培训中心的党员组织关系进行接转。至1999年12月,合肥中心支行直属机关党委所属党支部29个,党员452名(其中预备党员16名)。

制定相关制度。印发《中共中国人民银行合肥中心支行直属机关委员会发展党员工作程序的规定》,从严坚持标准,把好发展党员的入口关。结合中心支行实际,印发《中共中国人民银行合肥中心支行直属机关党费收缴与管理办法》,严格党费收缴管理。下发党支部目标管理意见,制定党支部目标管理考核标准及考核办法,进一步促进机关党建工作。

思想政治工作和宣传工作　1991年,筹办《政工简报》,多篇稿件在总行的《金融思想战线》和省分行《安徽金融研究》上刊登,较好地起到了宣传阵地的作用。

1992年,举办以学习邓小平南方谈话精神为重点的培训班。组织思想政治工作论文评选活动。编辑《思想政治工作优秀论文选》。

1993年,召开全省人民银行系统思想政治工作经验交流会,对思想政治工作如何适应新形势、新任务的要求,展开讨论。开展思想政治工作问卷调查工作,进一步了解掌握机关干部职工的思想观念、行为和关注的热点问题。分别在阜阳地区界首市和芜湖市召开"皖北片""沿江江南片"思想政治工作理论研讨会,对加强新时期思想政治工作提出要求。成立《金融思想战线》安徽发行站,积极做好总行《金融思想战线》征订发行工作,被评为总行1993年度《金融思想战线》发行工作先进单位。

1994年,在全省人民银行系统组织开展思想政治工作问卷调查工作。组织了思想政治工作论文评选活动,共收到思想政治工作论文84篇,评出优秀论文30篇,组织奖2个,发文通报评选情况,促进金融系统学术研究风气的形成。

2002—2003年,以《双文明创建动态》为宣传媒介,及时反映合肥中支机关党建、思想政治工作和创建工作。

2004—2005年,利用《思想政治工作》内刊,宣传党的思想路线、方针政策,总结工作经验,宣传先进,传递信息,开展理论学习交流。

精神文明建设工作　精神文明建设是人民银行工作的重要组成部分。原省、市分行在创建工作上均受到省市有关部门的肯定。

1994年,人民银行安徽省分行印发首届精神文明"十佳"人物表彰通报及"十佳"人物先进事迹,在机关广泛宣传,号召全行干部职工学习动人事迹和先进思想,促进机关的精神文明建设。全系统下发开展金融职业道德教育活动意见,进一步增强干部职工的法纪观念,树立良好的职业道德和行风行貌。

1996年，结合省直工委开展的"公仆杯"活动，人民银行安徽省分行组织抓好机关创建文明处室、争当文明行员的活动。机关成立创建领导小组，下设办公室，教育党员干部职工自觉遵守合肥市创建文明城市的相关规定，积极参与创建，以实际行动争当合肥市的好市民。

人民银行合肥中心支行成立以后，着重巩固创建成果，提高干部职工的思想道德素质，在创建的深度和广度下功夫。

1999年11月，制定《人民银行合肥中心支行创建双文明单位活动实施意见》，成立以行长为组长，分管副行长任副组长，有关室、处领导参加的精神文明建设领导小组，办公室设在机关党办。

2004年，合肥中心支行党委把创建文明单位作为战略任务，召开动员大会，制定《中国人民银行合肥中心支行文明单位创建规划》《中国人民银行合肥中心支行文明单位实施细则》《中国人民银行合肥中心支行文明处室考核评分表》《中国人民银行合肥中心支行文明单位创建口号》及文明用语，深化文明单位创建活动。

截至2005年，合肥中支机关连续七年被评为合肥市卫生先进单位，并被总行评为2003年—2005年度总行级文明单位。

社会公益活动　1991年，人民银行安徽省分行机关党委组织开展抗洪救灾的组织工作，及时做好抗洪救灾总结、汇报和宣传工作，多次随行抗洪救灾小组奔赴全省各地区重灾区慰问职工和灾民，组织"爱心献灾区"捐献活动，其中集体捐款合计17万元，个人捐款合计17950元，粮票14793斤，衣物2890件，支持灾区人民生产自救、重建家园。

1994年8月—9月，先后两次在机关和直属机构中开展抗旱救灾活动，共捐款88571元，捐棉衣、棉被2379件，运送到岳西县黄尾乡。

1996年，分别两次开展向池州地区石台县大演乡灾区人民献爱心活动，集体捐款50万元，个人捐款52025元，捐衣、被1965件。

1999年，向对口灾区望江县捐款10万元，个人捐款44260元。

2002年，开展对合肥市元旦、春节"送温暖"工作，报请行领导批准"送温暖捐款"5万元。

2003年，向长丰县永丰乡捐助房屋重建款5万元。对口支援省定点贫困县绩溪资金5万元；协调金汇教育捐资30万元建造绩溪县伏岭镇中学教学大楼一幢。

团委工作

团支部建设　1992年，根据人民银行安徽省分行第一次机关党代会精神，党委积极加强机关共青团的建设，配备专职机关团委副书记负责机关团委工作，组建4个机关团支部，健全机关团委组织工作，进一步发挥共青团党的助手作用。

2004年，按工作性质，合肥中支重新划分并组建4个机关团支部。

2005年，增加一个团支部，合肥中支机关共有5个团支部。

“青年文明号” 1996年,人民银行安徽省分行与共青团安徽省委联合下发通知,要求全省金融系统认真组织广大青年职工学习总行、共青团中央《关于在全国金融系统开展争当“青年岗位能手”活动的通知》,组织制定了《安徽省金融系统青年岗位能手考核办法》,争当“青年岗位能手”活动在全省金融系统得到广泛开展。在1995年开展“青年文明号”活动的基础上,制定《安徽省青年文明号考核办法》,规范了创建程序。同年3月,省金融系统创建领导小组召开第三次领导小组会议,本着首批评审“好中选优、宁缺毋滥”的原则,确定农行庐江支行营业部等60个集体为省级“青年文明号”先进集体。3月29日,人民银行安徽省分行、共青团安徽省委在合肥联合召开安徽省金融系统“青年文明号”命名表彰大会。会上命名表彰60个省级“青年文明号”先进集体并颁发铜牌。向共青团中央、总行推荐8个全国级“青年文明号”先进集体。

2000年以后,合肥中心支行按照总分行的工作要求,深入开展创建“青年文明号”、争当“青年岗位能手”活动,至2005年,合肥中心支行获得总行级“青年文明号”单位1个,总行级“青年岗位能手”2人,分行级“青年文明号”单位8个,分行级“青年岗位能手”8人。2005年5月,合肥中心支行团委被总行评为“五四红旗团委”。

第三篇　银行业监督管理

第一章　银行业监管的演变

第一节　1985—1998 年银行业监管

1985 年 1 月起，中国人民银行安徽省分行承担安徽省金融宏观调控职责，并领导、管理、协调、监督、稽核专业银行及非银行金融机构的任务。

1988 年，人民银行安徽省分行转发中国人民银行《关于一九八八年发行金融债券发放特种贷款的规定》和《关于金融债券不得延期兑付的通知》，补充规定各专业银行在分配其辖属行发行金融债券业务时，应同时抄送人民银行；各专业和其他金融机构发行、兑付金融债券的统计数字，应按月报送同级人民银行，由人民银行汇总统计函报上级。

1989 年，人民银行安徽省分行根据总行《关于进一步加强法制工作的通知》精神，把金融管理和各项业务活动纳入法治轨道。将金融条法列为全省金融专业评比竞赛内容之一，并对地方性金融法规进行评比。贯彻《国务院关于进一步清理整顿金融性公司的通知》和总行太原会议精神，召开全省二级分行行长专业会议，结合本省实际情况，提出安徽省金融性公司和银行办非金融公司撤、并、留方案。根据总行《关于基金会进行清查的通知》的精神，全省 77 个基金会开展自查，对其中 31 个基金欠款进行抽查，抽查面为 40%，并将清查的结果报告总行。及时转发国务院《关于加强企业内部债券管理通知》和总行《关于发行企业短期融资券有关问题》《关于加强企业内部集资管理的通知》，实行计划管理，严格社会集资的审批制度。按照《中华人民共和国国库券条例》和人民银行、财政部《关于第二批开放国库券转让市场试点实施方案》规定，对省内一些地方工商银行擅自开办国库券转存储蓄业务予以制止，封存了已转存的国库券。根据总行《关于开展统计法规执行情况大检查》的通知要求，全省银行系统于 6 月中旬开展统计法规执行情况检查，重点是现金统计质量，《中华人民共和国统计法》《金融统计暂行规定》执行情况，报表制度执行情况，报表管理统计资料的管理等方面的情况。

1990 年，人民银行安徽省分行拟定并颁布《安徽省农村金融服务所管理试行办法》《安徽省机构设置或撤并管理暂行规定施行细则》，并与省工商管理部门联合发出《严禁非法设立金融机构的通知》。从立法的角度，加强对保险条款的合法性进行审定，如安徽省医疗事故责任保险条款的审定。省分行法规执行情况检查主要穿插在全年各项业务检查中,特别是对有法不依、执法不严、违法不究的现象予以纠正,增强执法的自觉性和执法水平。大量执法检查主要是以二级分行为检查对象,其他分行也在执法检查中查出一些扰乱金融秩序的行为。全面开展金融规章清理工作,对省分行中华人民共和国成立以后规范性文件进行清理,摘抄近千卷文书档案,归类分送各业务主管部门并提出审核意见。积极稳妥地对信托公司和城市信用社进行清理整顿,积极推进城市信用社健康发展。

1992年,人民银行安徽省分行根据总行文件精神,对1989—1991年治理整顿期间制定的金融规范性文件的有效性进行清理,共提出70余件,在征求有关处室意见的基础上,进行归纳,对确定需要废止的部分文件,提出相关建议后提交省分行办公室。拟定企业发行债券保证书示范文本,自1993年起统一规范使用。订立规范性文件修改论证制度、金融法律咨询制度、二级分行规范性文件颁布备案制度、本行规范性文件草拟颁布程序,并在全省贯彻实施。

1993年,人民银行安徽省分行组织全省各专业行、综合性银行、人民银行二级分行所在地城市信用社参加《借款合同条例》执行情况问卷调查和专题调查,专题报告总行。针对1991年修订的《金融机构设置和撤并管理规定》的不足,重新修订该规定,增加"罚则"内容,在结构上也做了相应的调整。同时,制定与之相配套的《安徽省金融机构年检办法》,并将文件下发二级分行、县支行贯彻执行。开展清理非金融机构、清理违章资金拆借活动,部分地市还开展了保险代办所检查、金融机构年检、社会集资情况检查、中小学师生人身保险业务检查等活动。

1994年上半年,人民银行安徽省分行主要对省分行贯彻总行27号明传电报及执法情况监督检查;下半年主要对省分行贯彻总行74号明传电报及执法情况监督检查。两次执法监督检查共抽调专兼职条法干部近百人次,执法活动历时4个月,两次执法监督检查均向总行做专题文字材料报告。

1995年,《中华人民共和国中国人民银行法》颁布后,人民银行安徽省分行积极组织征订中国人民银行法单行本和《中华人民共和国中国人民银行法条文释义》,做到职工人手一册。编撰《中国人民银行法问答400题》发至全辖职工,促使广大干部职工学习掌握中国人民银行法,并在执法活动中自觉地贯彻执行。

1996年,人民银行安徽省分行开展中国人民银行法、商业银行法、票据法、保险法和全国人大常委会《关于惩治破坏金融秩序犯罪的决定》(以下简称"四法一决定")执法检查活动,6—8月,安徽省分行与省人大财经委牵头,组织省司法厅、省经贸委进行"四法一决定"检查活动,促进全省金融系统"四法一决定"学习、宣传和贯彻实施。为保证人民银行行政行为的合法有效,安徽省分行对当年现行地方性金融规章(规程),特别是涉及行政处罚内容的规范性文件进行清理,共清理出涉及行政处罚的规范性文件12件,其中,需废止的2件,因时效性而失效的2件,需修订后生效的1件。10月,在黄山举办行政强制法培训班,人民银行各地市、县分支行行长,省分行各处室负责人参加,学习行政强制法、中国人民银行金融行政复议办法、行政诉讼法、国家赔偿法。

1997年,安徽省各级人民银行学习“四法一则”,依法加强金融监管,清理非法金融机构、非法从事金融活动,维护金融秩序,防范和化解金融风险。检查全省分、支行执行“四法一则”的成效。用一个月时间,对全省分、支行执行“四法一则”情况开展自查自纠,着重对各行依法履行中央银行职责,对本辖区实施金融监管的情况,严格执行的具体措施,对照“四法一则”检查并纠正违法行为的情况,防范和化解本辖区可能产生的金融风险措施及落实情况进行检查。

1998年,人民银行管理体制改革,撤销省级分行,设立跨省区分行。至此,人民银行安徽省分行的领导、监管职能于1998年12月31日中止。

第二节 1999—2003年银行业监管

1998年11月,中国人民银行南京分行合肥金融监管办事处成立,负责安徽辖区金融监管。合肥金融监管办事处下设5个职能处室,分别是综合处、银行检查处、非银行金融机构检查处、合作金融机构检查处、纪检监督特派员办公室。办事处主要承担以下职责:根据人民银行南京分行的授权,对安徽省的银行和非银行金融机构实施现场检查;调查人民银行总行和南京分行交办的金融违法、违规案件,对违法、违规的金融机构和有关责任人员提出处理意见,代表南京分行依法进行行政处罚,督促执行南京分行对金融违法、违规行为做出的处理决定。其中,对省级金融机构的处罚报南京分行决定;根据安徽省辖内各中心支行抄送的金融机构非现场监管报表等材料,进行分析,发现金融风险问题和违法违规案件线索,及时报告南京分行;受理举报电话,对举报内容进行调查,并根据南京分行授权查处;掌握分析金融违规、违法问题的重点领域、突出方面和主要趋势,向南京分行提出加强监管的建议;履行安徽省人民银行系统纪检和金融系统监察职能,根据南京分行授权,进行人民银行内审方面的专项调查;承办人民银行总行和南京分行交办的其他事项。

1999年1月1日起,中国人民银行合肥中心支行对金融机构的监管限于合肥辖区,根据中国人民银行总行和南京分行的授权,对所在地金融机构进行监管,实施货币政策。

1999年,合肥金融监管办事处加强金融监管和自身建设,认真履行职责。5月,与人民银行合肥中心支行组成联合检查组,对工商银行安徽省分行本部征信证、银行承兑汇票、对外担保等业务进行专项现场检查。6—7月,对中国银行江苏分行和中国建设银行江苏分行信用证、银行承兑汇票、对外担保等业务进行专项现场检查。8—9月,根据人民银行《关于对全国国有商业银行省级本部新增不良贷款管理情况进行专项现场检查》的要求,在安徽境内组织30多名检查人员,分赴4家国有商业银行省级分行对分行本部新增不良贷款及管理情况进行专项检查。10—11月,抽调人员参加对福建兴业银行总行营业部关于统一授信制度执行情况,大额不良贷款、信用证、银行承兑汇票业务和利润真实性,及计算机"2000 年问题"等方面专项检查。同时,对马鞍山、安庆、芜湖、合肥市 4 家商业银行进行全面检查。

2000 年,合肥金融监管办事处突出工作重点,围绕现场检查主题,积极开展各项工作。3—4 月,对农业发展银行安徽省分行本部进行全面稽核。在听取农发行安徽省分行自查汇报的基础上,通过核对总分账、查阅账证表、翻看卷宗等措施,基本摸清农发行安徽省分行本部 1999 年末及 1999 年度资产、负债及损益情况,并完成稽查意见书。组织力量对 4 家国有商业银行安徽省分行本部 1999 年底的资产质量、盈亏、内控制度、高级管理人员任职资格真实性进行现场检查。4—5 月,对 4 家国有商业银行安徽省分行全辖的真实性检查工作情况进行汇总、上报。5—6 月,根据人民银行总、分行要求,对人民银行淮南市中心支行辖内的 47 家农村信用社(含联社营业部)1997—1999 年新增贷款及管理情况进行专项检查。9—10 月,对 4 家国有商业银行安徽省分行本部 2000 年 1—6 月新增不良贷款情况进行真实性检查。参与对铜陵、阜阳、滁州、池州和黄山 5 个市(地)城市信用社的整顿工作。

2001 年,人民银行总行调整省会城市中心支行监管职责,合肥中心支行集中力量监管合肥辖区股份制商业银行、城市商业银行、非银行金融机构、城市信用社及其联社。同年,中国人民银行颁布《中国人民银行行政处罚程序规定》(中国人民银行令〔2001〕第 3 号)和《中国人民银行行政复议办法》(中国人民银行令〔2001〕第 4 号)。人民银行合肥中心支行把贯彻执行上述两项文件作为当年的一项中心工作,并将这些规定落实到具体的工作中。建立人民银行合肥中心支行行政处罚委员会和行政复议委员会。行政处罚委员会由行长或副行长,主要执法职能部门和法律事务工作部门的负责人组成;行政复议委员会由行长或副行长,法律事务工作部门的负责人和主要执法职能部门组成(两个委员会可以是一套班子)。建立和完善行政处罚和行政复议报告制度。

合肥金融监管办事处紧抓国有资产独资商业银行和政策性银行不良贷款率,加大现场检查力度,改进非现场监管方式,提高监管效率。全年完成各项现场检查项目十几个,派出现场检查组 20 多个,参加检查人次近 200 人,提出监管意见 50 多条,依法对违规金融机构给予行政处罚。3—6 月,对安徽省辖内 4 家国有独资商业银行的 17 个重点二级分行不良贷款情况进行现场检查;对交通银行合肥分行开业以后个人外汇买卖业务合规性情况开展现场检查。9—10 月,对 4 家国有独资商业银行安徽省分行营业部及合肥市邮政储汇机构开展现场检查;对农业发展银行安徽省分行及营业部进行后续稽核;对国家开发银行合肥分行 2000 年度各项资产、负责业务及损益的合规性、真实性及风险性进行全面检查。11 月,对华融资产管理公司开展全面现场检查,对国有独资商业银行分支机构"小金库"清理情况开展现场检查。

2002 年,合肥金融监管办事处目标明确,措施得力,促进金融机构不良贷款继续降低,4 家国有独资商业银行安徽省分行不良贷款余额和比例"双降"。全年组织开展现场检查项目19个，投入检查工作日3000多个，发出稽核检查意见书40份，提出整改意见和建议250多条，依据有关法规，处罚了一些银行和邮政储蓄金融机构并建议处分一批责任人。建立、完善不良贷款台账，为大额不良贷款户建立监管档案。在人民银行系统建立国家开发银行分支机构不良贷款台账及监测分析报告制度。

2003年，国务院机构改革方案将中国人民银行对银行、金融资产管理公司、信托投资公司及其他存款类金融机构的监管职能分离出来，成立中国银行业监督管理委员会。8月，合肥中心支行将其银行管理处、非银行金融机构监管处、合作金融机构监管处、信用合作管理办公室和纪委其他金融机构纪检监察处，整体划转中国银监会安徽监管局。

第三节　2003年以后银行业监管

在2003年4月中国银监会成立之始，党中央国务院就提出，银监会要以新理念、新思路和新机制开创银行业监管工作的新局面，在监管理念、方法、技术等方面有所进步，有所创新。银监会按照落实科学发展观和构建社会主义和谐社会的总体要求，高度注重银行业监管文化的培育和建设，在认真总结国内外监管实践经验的基础上，明确了中国银行业监管工作的总体思路，提出银行业监管的四个目标、四项理念和六条良好监管标准（简称"四四六"）。"四个理念"，即"管法人、管风险、管内控、提高透明度"。"四个目标"，即通过审慎有效的监管，保护广大存款人和金融消费者的利益；通过审慎有效的监管，增进市场信心；通过宣传教育工作和相关信息的披露，增进公众对现代金融的了解；努力减少金融犯罪，维护金融稳定。"六条良好监管标准"，即促进金融稳定和金融创新共同发展；提升银行业在国际金融服务中的竞争力；对各类监管设限科学合理，有所为有所不为，减少一切不必要的限制；鼓励公平竞争，反对无序竞争；对监管者和被监管者都要求实施严格、明确的问责制；高效、节约地使用一切监管资源。

2003年，安徽银监局结合全省实际和监管中发现的问题，开展对安庆市和阜阳市邮政储蓄机构的全面检查，其他市重点对2002年度违规揽储专项检查所发现违规问题的整改落实情况进行后续检查。对检查中发现的问题，要求被查机构立即整改，并提出通报批评，责成被查单位对相关责任人给予经济处分。9—11月，安徽银监局对4家国有独资商业银行安徽省分行贷款质量五级分类管理，对2003年上半年新增贷款、非信贷资产和表外业务风险等"三项业务"进行了现场检查。同年，安徽银监局对辖内股份制商业银行贷款五级分类工作开展现场检查。安徽银监局建立非现场监测制度，按月对辖内开发银行、商业银行不良贷款变化情况进行监测分析，按季撰写辖内各类银行业金融机构的监管报告或风险分析报告，对非现场监测中发现的问题，提出针对性意见。指导、督促全省农村信用社结合实际，狠抓增收节支，在控制风险的基础上，加大信贷有效投入，稳步提升盈利水平，增提呆账准备，尽可能地多核销呆账或冲减亏损挂账。各级银行业监管机构对农村信用社资产质量和盈亏真实性进行全面检查，对发现问题的

211家农村信用社进行了处罚,取消相关责任高管人员任职资格43人。

2004年4月,安徽银监局组织各银监分局对辖内国家开发银行、国有商业银行、股份制商业银行和农村信用社县级联社部分行业贷款情况进行专项检查。了解和掌握银行信贷资金流向钢铁、电解铝、水泥等建设行业情况,对农业、中小企业、扩大消费以及增加就业等方面的贷款支持情况,改进和加强内控机制、控制不良贷款总量的情况和措施。6月,对四大国有商业银行安徽省分行部分二级分行在建和拟建的已发放或已承诺发放的固定资产贷款项目开展专项检查,有针对性地提出监管意见,促进银行业金融机构根据信贷政策和产业政策相结合的要求,调整信贷结构。按照持续监管要求,7—8月,开展4家国有商业银行安徽省分行2003年"三项业务"检查的后续检查。检查认为,截至2004年6月末,各被查单位新增的"三项业务"情况较好,不良资产占比呈总体下降趋势。同期,成立12个现场检查组,对4家国有商业银行安徽省分行截至2004年6月末的授权、授信、信用风险集中和内部审计效率等三项内部控制情况开展现场检查,并提出整改要求。为推进和完善贷款风险分类工作,按照稳步推进原则,确定在淮南和六安2家单一法人城市信用社推行贷款质量五级分类试点工作,举办全省城市信用社贷款质量五级分类培训班,为城市信用社全面开展贷款质量五级分类工作打好基础。为促进法人银行机构提高资本充足率,提出"先易后难、分步实施、逐步达标、争取提前"的思路,部署城市商业银行制定2004—2006年资本充足补充达标规划,建立有效的资本补充机制。推动城市商业银行、城市信用社规范做好增资扩股工作,审批2家城市商业银行的增资扩股方案。

2004年,对中国农业发展银行安徽省分行开展全面业务检查,促其加强对粮棉油收购资金的管理,切实规范和规避粮棉油企业改革改制工作带来的风险。密切关注邮政储蓄新增资金运用中暴露的风险,督促邮政储蓄机构加强对资金使用的全过程监管。组织对邮政储蓄机构风险管理和内部控制等进行现场检查,对六市邮政储蓄新增资金运用和调拨管理进行专项检查。积极引导辖内各城市商业银行、城市信用社在业务上加强协作,促成签订"6+2"合作备忘录,并以合肥市商业银行为"龙头",积极推行黄山卡通存通兑和城市商业银行间银团贷款业务。同年,安徽银监局运用ROCA评级体系,对省内9家股份制商业银行分支机构进行风险评级。运用CAMELS评级法对省内6家城市商业银行进行风险评级,组织对全省1802家农村信用社法人机构2003年经营情况进行综合评级,全面掌握银行机构的风险状况。规范农村信用社增资扩股行为,对全省农村信用社存款化股金、以贷入股等不规范行为提出监管要求。开展农村信用社全面检查和专项检查12次。对信贷资产、非信贷资产、单户大额贷款、资金运用等进行全面检查,对检查发现的问题进行严肃处理。指导和监督农村信用社落实国家宏观经济调控政策,督促农村信用社严控向钢铁、水泥、电解铝、房地产、汽车等产能过剩、"两高一低"行业贷款,增加对"三农"有效信贷投入。同年,省政府向全省印发《关于做好农村信用社风险预防和处置工作的意见》,做好农村信用社支付风险防范工作。利辛县春店、城关2家农村信用社动用人民银行紧急再贷款、法定存款准备金,解决了兑付困难,防范支付风险,确保改革过渡时期农村金融和社会经济的稳定。

2005年,安徽银监局与所有贷款类银行业金融机构签订了不良贷款抓降控升责任书,严控不良贷款反弹。对股份制商业银行实施“超速监管”策略,提示异地展业风险,督促加大对异地授信的管理;对业务发展超常规的中信银行合肥分行进行全面调查和风险评估,指导其改进和加强风险管理,实现稳健发展。对政策性银行实施“分业监管”策略。在农发行滁州、芜湖、宣城分行开展分类监管的试点工作,建立开发银行安徽省分行项目贷款资料库,促其项目贷款风险监控前移。对邮政储蓄机构实施“分账监管”策略。积极督促省邮政储汇局在安庆市进行邮政储蓄分账核算试点,拟订实施细则和报表体系。基本完成邮政储蓄业务资产负债表、业务状况变动表和利润表的编制,并初步建立分账核算的财务会计档案。同年,安徽银监局积极推进小企业贷款。将小企业贷款推广作为支持经济发展、促进信贷革命的重点工程来抓。制定20条工作意见,引领全省银行开展小企业贷款业务。开展银企合作促进活动,构建银企对话合作平台。加强培训指导和督促引导,帮助银行建立完善小企业贷款“六项机制”,建立小企业“红名单”“黑名单”。在政策指导和组织推动下,全省银行小企业贷款业务快速增长,有力地支持了一大批小企业成长。针对集团客户风险问题,指导省银行业协会牵头成立债权人委员会,组织银行团队出面维权,有效化解了一批信贷风险。特别是在化解飞彩股份债务危机中,通过协商谈判,最终通过“以地抵债”方式,既维护10多亿元的银行债权,又支持了该集团的债务重组,取得银企双赢的良好效果。指导、督促全省农村信用社开展“抓增收节支、抓呆账准备提取、抓呆账核销和历年亏损挂账冲减、抓不良贷款“双降”、抓资本充足率提高”五项重点工作。把不良贷款“双降”以及加快消化历年亏损作为“五抓”工作的重点,夯实深化改革和加快发展的基础。与此同时,落实“大户监管”策略,制定《安徽省农村合作金融机构大额资产业务监督管理办法(试行)》,加强对农村信用社大额投资、大额拆借和大户贷款等大额资产业务的监管。对全省农村信用社大户贷款进行检查,对检查发现的单户贷款超比例、贷款风险集中度高等问题提出监管要求,并责令省联社对有关违规行为责任人按照有关规定严肃处理。组织全省农村信用社对案件隐患进行全面排查,在充分暴露案件的基础上,研究制定防范案件风险的长效机制。由银监局局长与省联社理事长、省联社理事长与县联社理事长、县联社理事长与基层社主任分别签订案件专项治理责任书。县联社和基层社在员工合同中明确案件和违规违章的具体责任和处罚规定,层层落实案件查处和防范责任。与此时同,印发《关于安徽省农村信用社违规责任追究的指导意见》,明确经济案件责任人,按照量情处罚、上追责任、双线问责、纪律处罚与经济处罚相结合的原则追究责任,对涉案的高管人员依据有关法律法规取消其任职资格,或取消其金融从业资格。要求省联社依据指导意见制定《安徽省农村信用社经济案件责任追究办法》《安徽省农村信用社经济案件查处办法》。督促省联社在全省开展全面清理代办站和代办员工作,要求县联社在对所有账务进行清查,并上门进行核对,无误后,于2005年底前,全部予以撤销和清退。负责指导和督促省联社建立案件防范的长效机制,健全六项制度,构建三道防线,制定《省联社办事处查处农村信用社案件责任制》《县级联社监事长稽核监督及问责制度》,以此构建对县联社的内控防线。制定统一的《县级联社对基层社分片派稽核员工作制度》,制定和推行《县级联社对基层社主办会计委派制度》,以此构建县联社对基层社的内控防线。完善《农村信用社内勤主任工作制度》,制定和推行《农村信用社员工日常不正常行为和表现报告制度》,构建基层社对每个岗位、每位员工的内控防线。对信托投资公司实施"产品监管"策略。做好信托公司发行集合资金信托计划的备案审查,建立逐月监测、报告制度。督促两家信托公司按月上报证券市场投资情况,控制证券市场投资规模,减少市场风险。

第二章　银行业监督管理

第一节　监管方式转变

安徽银监局自2003年成立以后，一直致力于加强监管能力建设，不断推进监管创新和突破，在监管方式和监管机制上逐步实现“五个转变”：

由合规性监管为主向风险性监管和合规性监管相结合转变。在监管工作中强调对各类风险的识别、监控、管理和处置，通过改善现场和非现场监管的技术、方法，实现对风险早预防、早发现、早隔离、早处置。

由“分割式”监管向注重对法人机构总体风险的把握、防范、化解转变。建立完善法人监管体制下的分级监管体系，对督促商业银行强化一级法人管理体制，促进各行健全内控管理，完善自我约束机制起到了良好效果。

由“一次性”监管向持续监管转变。综合运用现场检查、非现场监测分析和资本充足率管理等多种手段，强化对商业银行经营管理和风险状况的持续监管，在一次诊断、持续监控的基础上逐步完善对金融机构风险状况的综合跟踪评测。

由侧重具体审批向注重监管公司治理和风险内控转变。注重对商业银行内控制度建设执行情况的检查评估，通过督促商业银行完善公司治理体系，强化商业银行自我管理、自我约束能力，构建商业银行健康发展的良好机制。

由定性监管向定性监管和定量监管相结合、加强风险评价和预警转变。安徽银监局积极借鉴国际监管经验，推进信用风险、市场风险、操作风险管理领域的先进技术在我省银行业监管实践中的应用。逐步建立定性与定量分析相结合的风险评价和预警系统，实现对金融风险的早识别、早预警、早控制。

第二节　银行业机构体系建设

安徽银监局致力于全省银行业机构体系建设，积极构建“三层立交”体系，即以农村信用社为主体、以服务“三农”（农村、农业、农民）为主业的农村银行业组织体系，以城市商业银行为主体、以服务“三市”（市民、市企、市政建设）为主业的城市银行组织体系，以全国性大中型商业银行分支机构为主体、以服务“三大”（大企业、大项目、大集团)为主业的省会银行组织体系。

截至2005年末,全省有政策性银行、国有商业银行、股份制商业银行、城市商业银行、农村合作金融机构、信托投资公司、金融资产管理公司、邮政储蓄机构等八大类19家银行业金融机构,设有8157个营业机构和793个自助银行服务区。其中,政策性银行2家,即国家开发银行安徽省分行,中国农业发展银行安徽省分行及其16个二级分行、71个支行;国有商业银行4家,即中国工商银行安徽省分行及其1个省分行营业部15个二级分行177个支行、14个办事处、292个分理处、122个储蓄所,中国农业银行安徽省分行及其1个营业部、16个二级分行、172个支行、770个分理处、97个储蓄所,中国银行安徽省分行及其16个二级分行、128个支行、241个分理处,中国建设银行安徽省分行及其22个二级分行、171个支行、193个分理处、76个储蓄所,股份制商业银行5家,即交通银行合肥分行及其4个二级分行、86个支行、2个分理处,中信银行及其6个支行,中国光大银行合肥分行及其6个支行,招商银行合肥分行及其8个支行,上海浦东发展银行芜湖支行及其2个同城支行,徽商银行及其1个营业管理部、10个分行、161个支行,安徽省农村信用社联合社及其14个办事处、1个农村合作银行、82个县级农村信用社联社、1688个农村信用社、1459个分社、406个储蓄所(另有8个信用站),金融资产管理公司办事处4家,即中国华融资产管理公司合肥办事处,中国长城资产管理公司合肥办事处,中国东方资产管理公司合肥办事处,中国信达资产管理公司合肥办事处;信托投资公司2家,即安徽国元信托投资有限责任公司,合肥兴泰信托投资有限责任公司;邮政储蓄机构1591个。

第三节 银行业改革发展成果

加大信贷投放,支持经济发展。安徽银行业围绕奋力崛起的目标,发挥资源配置的功能,集中金融产业的优势,增强经济引擎的动力,为地方经济社会的和谐发展做出了突出贡献。

截至2005年末,全省银行业金融机构本外币各项贷款余额4399.25亿元,比年初增加550.30亿元,增长14.30%,高于全国平均增幅1.03个百分点(已连续两年超过全国增幅),超过全省GDP增幅2.5个百分点。安徽省贷款增幅位列全国第12位,比2004年上升了2位,在中部6省中位居第一,超过中部省份贷款平均增幅1.9个百分点。其中,“861”项目贷款余额为507.13亿元,全年累放457.12亿元,支持了415个项目和企业的建设;煤电油运贷款余额为557.73亿元,全年累放736.71亿元,支持了580多个项目和企业;基础设施项目贷款余额为340多亿元,全年累放180多亿元,支持了300多个项目;“三农”贷款余额1168.8亿元,全年累放537.06亿元,支持涉农企业39214家,受益农户1556万个;小企业贷款余额857.13亿元,较年初增加91.31亿元,增幅11.92%,全年累放小企业贷款484.1亿元,支持了2.1万多户小企业的发展。

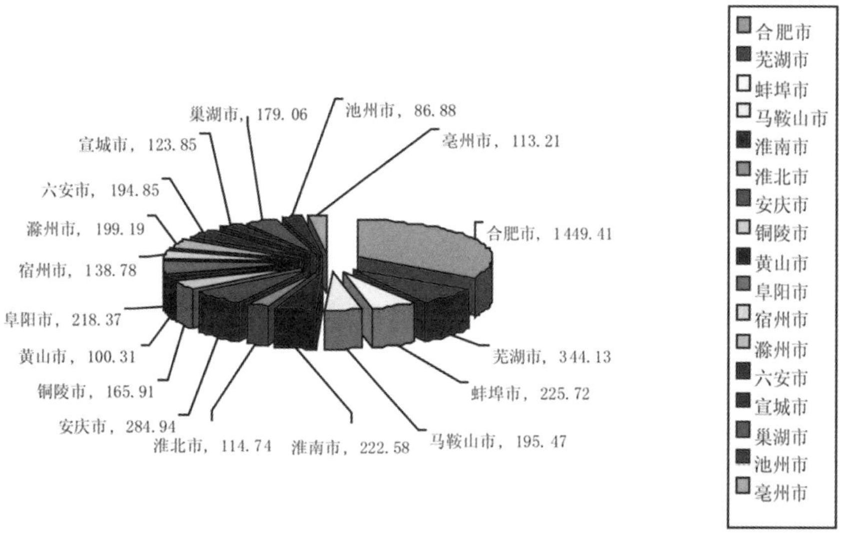

图3－2－1　2005年末全省银行业贷款余额地区分布图　单位：亿元

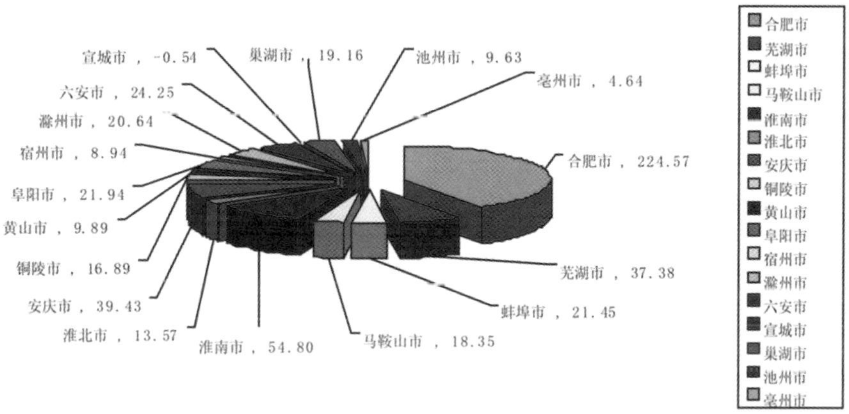

图3－2－2　2005年全省银行业贷款增量地区分布图　单位：%

扩大经营规模，创新信贷业务。截至2005年末，全省银行业金融机构资产总额7181.63亿元，比上年增加991.61亿元，增长16.02%；负债总额7140.21亿元，比上年增加976.45亿元，增长15.84%。与2004年增幅基本相当，连续两年保持15%以上的增速。本外币各项存款余额为6068.8亿元，比年初增加883.57亿元，增幅17.04%，比上年多增38.47亿元。其中居民储蓄存款3551.71亿元，比年初增加528.80亿元，增幅17.49%，同比多增38.97亿元。全省银行业金融机构存贷款业务品种合计400多个，针对不同客户的需求、不同的风险特征，设计不同担保形式、不同还款方式、利率档次的贷款产品；表外业务余额838.56亿元，比年初增加255.02亿元；累计开立银行承兑汇票358.25亿元、循环授信额度162.07亿元、保函110.32亿元、贷款承诺107.11亿元、信用证94.31亿元；全年共发行各种银行卡600多万张；全年完成结算量超过12万亿元，实现支付结算业务收入5.36亿元，比上年增长150%；全年共销售本外币理财产品117期(个)，销售金额折合人民币20.6亿元。

推动合并重组,深化机构改革。2005 年 8 月,安徽省委、省政府做出决策,并报中国银监会同意,正式启动省内城市商业银行、城市信用社合并重组工作。11 月中旬,经中国银监会和安徽银监局批准,合肥市商业银行正式更名为徽商银行股份有限公司。11 月 30 日,5 家城市商业银行和 7 家城市信用社的董事长(理事长)共同签署徽商银行合并合同书。12 月 15 日,召开徽商银行第一次股东大会,通过章程,选举、聘任“三会一层”组成人员。12 月 28 日,新的徽商银行举行揭牌开业仪式。

徽商银行重组后,建立了现代银行的治理架构,将发展策略设定为“立足安徽、面向全国、依托城市、稳健经营”,将市场定位明确为“立足中小、服务三市(市民生活、市属企业、市政建设)、突出零售、立市(城市)发展”,把战略目标确定为“扩股—引资—上市”三步走,努力跻身具有较强竞争力的城市零售银行行列。2005 年末,合并重组的徽商银行注册资本 25 亿元,负债总额 472.86 亿元,其中,各项存款余额 434.54 亿元;资产总额 495.85 亿元,其中,各项贷款余额 304.85 亿元。

在全国第二批农村信用社深化改革 21 个省份中,安徽省农村信用社管理体制改革领先一步,2004 年率先成立安徽省农村信用社联合社。省联社成立后,不断完善行业管理体制,明晰和规范管理职责,加强制度建设,改进信贷管理、财务管理、风险控制、薪酬管理、审计稽核工作,延伸了管理链条,在 14 个市设立了办事处,初步形成了新的农村合作金融管理体制。坚持按照“严格标准、规范操作、分批实施、稳步推进”的原则,推进农村信用社的股份合作制改革。2005 年 12 月 20 日,全国第一家市级农村合作银行——马鞍山农村合作银行正式挂牌。积极开展县(市)农村信用联合社统一法人改革,截至 2005 年末,第一批 25 家县级联社全部开业,第二批 27 家县级联社中,已获准筹建 24 家,其他县级联社也已陆续启动筹建工作。

第四节 银行业监管工作绩效

2003—2005 年,安徽银监局以实施科学监管为手段,着力加强监管能力建设,有效配置监管资源,不断创新监管方式,不断提高监管效率和水平,有效促进地方经济和银行业的互动发展、协调发展、和谐发展,展示了银行业监管机构的新形象。监管工作始终抓住“外部监管 - 内部自控 - 和谐发展”的主线,通过改变外因以激活内因,通过增强监管机构的外力以激发金融机构的内力,通过实施外部监管以强化内部控制。

安徽银监局提出减少违规、减少发案的“两减”目标,对银行业金融机构实行案件考核一票否决制。开展案件专项治理检查,建立银行业案件专项治理工作会议制度和通报制度,定期召开省级银行业金融机构主要负责人会议,研究部署银行案件风险防范工作。派出案件专项治理督察组实地督导,与省检察院等单位联合召开预防金融职务犯罪工作会议。研究分析农村信用社案件多发形势,责成省联社严惩发案机构和责任人,并上追有关县级联社高管责任。银行业案件专项治理取得阶段性成果。

安徽银监局大力加强监管机制和监管队伍建设。提出并践行“分类监管、同质比较”的监管策略，对性质不同、风险特点不同的八类银行业金融机构明确了不同的监管重点，实行“一行一策、一类一法”。监管新策略的提出，标志着集监管策略、监管方法、监管项目、监管评价等内容于一体的监管新机制建设进入一个新的阶段，并落实到差别监管的实践中去。坚持“制度立局、制度治局、制度兴局”，大力加强制度建设，梳理、修订、制定内部管理制度，通过议决、公决等方式，颁布实施70项内部管理制度，把党务、政务、业务、会务、财务、服务诸方面全部纳入制度框架，用制度说话，按制度办事。

第五节 银行业监管机构内部管理

员工培训教育 安徽银监局坚持围绕银行业监管工作这一中心开展培训，以提高监管干部在复杂严峻形势下引领银行业科学发展、提高监管有效性的本领为目标，以坚定理想信念，提高依法监管能力、风险防范能力、监管创新能力和引领银行业科学发展能力为重点，进一步加强和改进干部教育培训工作。根据中国银监会部署，组织局领导赴国(境)外培训，丰富监管知识，开阔视野；选派业务骨干参加银监会组织的各类监管业务培训，培训结束后，由他们担任老师，对一般员工进行再培训，通过再培训达到检验培训效果和培训资源共享的目的；对新入局人员进行任职前培训，使之理解银行业监管理念、监管文化、监管目标、监管方式和监管流程，通过培训，使他们立志立足本职岗位，尽快成长为一名合格的银行业监管人员。同时，做好对培训内容、培训方式、授课水平、听课效果等方面的效果评估，提高培训质量和效果。安徽银监局参加非自主开展教育培训，平均每年约40人次；自主开展教育培训，平均每年约700人次。分类、分层、逐步细化的教育培训工作，为提高监管有效性提供强大的智力支持，实现了人才队伍和监管实效的优化。

会计财务管理 中国银监会实行中央部门预算管理，按照财政部有关中央部门预算管理要求开展部门预算工作，按照国库集中收付制度有关要求做好预算执行工作。财务管理实行“统一领导、分级负责”的财务管理体制。在单位负责人领导下，全部财务活动由单位财务会计部门统一核算和管理。财务核算遵循收付实现制会计原则。2004年，是银监会实行独立的财务预算管理体制的第一年，面对新体制、新制度，安徽银监局积极探索，逐步完善，制定《关于加强会议费、培训费等经费管理的通知》《安徽银监局机关差旅费管理暂行办法》和《安徽银监局机关医疗费包干管理暂行办法》等若干规章制度，初步形成财务预算、核算、固定资产、大宗物品采购等管理的规章制度体系。

安徽银监局机关自2004年1月1日正式使用银监会财务管理系统，经财会部验收，脱离手工核算。2004年7月1日，各银监分局财务管理系统按时上线运行，全面实现对省局、分局财务开支的适时监控。2005年，组织各分局进行财务管理系统升级，系统功能逐步完善,进一步提高了财务核算质量,为安徽银监局财务信息化管理工作奠定了基础。

纪检监察工作 2003 年,安徽银监局认真抓好银监局、银监分局两级纪委的组建,选配 22 名专职纪检监察干部和 65 名兼职纪委委员(银监局纪委委员 7 人,分局纪委委员 58 人)。两级纪委边组建,边培训,边开展工作,充分发挥自身的监督职能,重点围绕"权、钱、人"三个核心环节,认真排查内部风险点,研究防范措施,用制度的形式落实各级责任。对业务职能部门贯彻上级方针政策、履行职责和执行内控制度情况实行监督,对部分银监分局领导任职情况进行考核,配合业务处室加强对高管人员任职资格的审查把关。

2004 年,根据中国银监会部署,安徽银监局纪委开展以贯彻落实党风廉政建设责任制、领导干部廉洁自律及内控制度建设、行政处罚情况等为主要内容的执法监察。制定《执法监察实施方案》,确定执法监察项目、内容及被监察单位,组织执法监察人员进行业务培训,向被监察单位下发执法监察通知书,深入现场、认真调阅各类工作资料和台账,最后通过下达执法监察建议书,要求被监察单位对违规情况限期整改。局纪委、监察室组成 2 个执法监察小组,分别对辖区内 6 个分局及 4 个监管办进行执法监察。局纪委主要负责人和执法监察人员一同深入现场,认真调阅各类工作资料和台账,共查看各类资料 90 余项、台账 60 余册,记录整理执法监察工作底稿 30000 余字,向被监察单位提出 18 条整改意见。通过执法监察,对 6 个分局的班子建设、作风建设、制度建设和领导干部廉洁自律工作有明显促进。

内控制度建设 安徽银监局成立之初,局党委、纪委即提出了"内抓制度,外树形象"的工作思路,结合银监法、行政许可法等法规制定下发了《安徽银监局内部管理控制监督制度条目指引》,突出"权、钱、人"重要环节,发动全员参与制度建设。制定《中国银行业监督管理委员会安徽监管局党风廉政建设责任制实施办法》,落实党风廉政建设责任制,并进行检查监督;制定《安徽银监局廉政谈话和诫勉谈话暂行办法》,在辖内积极推行纪委负责人同下级机构主要负责人谈话、领导干部诫勉谈话和任职廉政谈话制度;制定《中国银行业监督管理委员会安徽监管局工作人员履职问责暂行办法》,认真履行纪检监察"保护、惩处、监督、教育"四项职能,在全辖范围内开展失职问责,既提醒和保护干部,也加强了制度的执行力;制定《安徽银监局系统领导干部和员工"八个不准"》,还将"四大纪律八项要求"和银监会"约法三章""工作人员守则"等规定印制成卡片,全辖干部职工人手一份,对照执行。

第四篇　银行业务

第一章　全省银行业务发展情况

第一节　全省银行存款业务

安徽省1986—2005年存款变化情况主要分为“七五”期间、“八五”期间、“九五”期间、“十五”期间四个阶段。1986—2005年,安徽省各项存款余额呈现快速增长趋势,从1986年141.17亿元增长至2005年5993.82亿元,增长约41倍。

1986—2005年安徽省存款增长统计表

表4-1-1

年　份	存款(亿元)	比上年增长(亿元)	比上年增速(%)
1986	141.17	33.84	31.53
1987	175.71	34.54	24.47
1988	202.35	26.64	15.16
1989	231.85	29.50	14.58
1990	293.44	61.59	26.56
1991	397.01	103.57	35.30
1992	482.53	85.52	21.54
1993	612.96	130.43	27.03
1994	832.62	219.66	35.84
1995	1111.72	279.10	33.52
1996	1422.61	310.89	27.96
1997	1704.04	281.43	19.78
1998	2004.29	300.25	17.62
1999	2186.53	182.24	9.09
2000	2485.54	299.01	13.68
2001	2907.33	421.79	16.97

续表 4－1－1

年　份	存款(亿元)	比上年增长(亿元)	比上年增速(%)
2002	3449.23	541.90	18.64
2003	4190.20	740.97	21.48
2004	5045.34	855.13	20.41
2005	5993.82	948.49	18.80

“七五”期间(1986—1990 年)　“七五”期间,全省经济发展较快,各银行以存款立行,多方吸收居民储蓄存款和对公存款。各项存款增长较快,年平均增长 37.22 亿元,年平均增速达 22.28%。

1986 年,经济增长较快,存款稳定增长。年末各项存款为 141.17 亿元,比上年增长 33.84 亿元,同比增长 31.53%。1987 年,存款增速回落。1988 年,央行严格控制信贷规模,提高存款准备金率和利率,存款增速快速回落。1989 年,存款增速持续回落。1990 年,央行下调利率,扩大货币供应信贷规模,存款规模及增速快速回升。

“七五”期间各年份存款余额统计表

表 4－1－2　　单位:万元

年份	1986	1987	1988	1989	1990
存款	1411700	1757100	2023500	2318500	2934400

“八五”期间(1991—1995 年)　为缓解通货膨胀压力,3 次上调利率,存款增速加快。1991 年增长额首次突破 100 亿元,增速高达 35.3%。1992 年,各项存款增速回落。1993 年,央行提高利率,各项存款回升。1994 年,伴随经济的快速增长,物价上升,存款规模快速膨胀,增速加快。1995 年,两次提高贷款利率,存款增速回落,年末,存款余额为 1111.72 亿元,比上年增长 279.1 亿元,同比增长 33.52%。

“八五”期间各年份存款余额统计表

表 4－1－3　　单位:万元

年份	1991	1992	1993	1994	1995
存款	3970100	4825300	6129600	8326200	11117200

“九五”期间(1996—2000 年)　由于连续的通货紧缩,进入降息周期,其间共降息 7 次,下调存款准备金率 7 个百分点,存款增速大幅回落。存款年平均增长 274.76 亿

元,平均增速为 17.46%,低于“八五”期间增速 13 个百分点。1996 年,物价上涨得到控制,经济增速放缓,存款增速回落。1997 年,降息 3 次。1998 年,实行稳健货币政策,年末存款比上年增长 300.25 亿元,同比增长 17.62%。1999 年,由于国际经济形势影响,通过连续降息,刺激经济回升,对存款的影响不明显,存款增速大幅回落,为 1985 年以后的最低增幅。2000 年,稳健的货币政策转向增加货币供应量,存款增速有所回升。

“九五”期间各年份存款余额统计表

表 4－1－4　　单位:万元

年份	1996	1997	1998	1999	2000
存款	14226100	17040400	20042900	21865313	24855412

“十五”期间(2001—2005 年)　防止货币信贷总量过快增长,开始实施差别存款准备金率制度,存款平稳增长。存款年平均增长 701.66 亿元,年平均增速为 19.25%。2001 年,通货紧缩压力依然存在,货币政策由稳健转向增加货币供应量,存款余额增长较快。2002 年,经济逐步回升,存款增速回升。2003 年,存款增长较快,9 月,上调存款准备金率,防止货币信贷总量过快增长。2004 年,存款准备金率、存贷款利率上调,存款余额平稳增长。2005 年,存款增速有所下降。

“十五”期间各年份存款余额统计表

表 4－1－5　　单位:万元

年份	2001	2002	2003	2004	2005
存款	29073296	34492293	41902022	50453352	59938218

1986—2005 年安徽省企业存款变化情况　1986—2005 年,安徽省企业存款余额呈现快速增长趋势,从 1986 年 52.23 亿元增长至 2005 年 1661.44 亿元,增长约 31 倍。

1986—2005 年安徽省企业存款余额统计表

表 4－1－6　　单位:万元

年　份	企业存款	活期存款	定期存款
1986	522300	－	－
1987	581700	－	－
1988	637000	－	－
1989	638200	－	－

续表4－1－6　　单位:万元

年　份	企业存款	活期存款	定期存款
1990	810000	－	－
1991	1085300	－	－
1992	1463900	－	－
1993	1706000	－	－
1994	2437900	－	－
1995	3082000	－	－
1996	4228300	－	－
1997	5157400	－	－
1998	6031700	－	－
1999	6527842	5125795	1402047
2000	7619018	6014680	1604338
2001	7358052	5840291	1601201
2002	9639477	7593277	2046200
2003	12341514	10101399	2240115
2004	14895398	11972895	2922503
2005	16614417	13061948	3552469

1986—2005 **年安徽省机关团体存款变化情况**　1999年以前,全省机关团体存款统计资料不完整。1999—2005年,安徽省机关团体存款从2000年28.11亿元增长至2005年254.27亿元,增长约8倍。

2000—2005 **年安徽省机关团体存款余额统计表**

表4－1－7　　单位:万元

年　份	机关团体存款
2000	281060
2001	368665
2002	989204
2003	1181615
2004	1715103
2005	2542688

1986—2005年安徽省储蓄存款变化情况　1986—2005年，安徽省储蓄存款余额增长显著，从1986年55.45亿元增长至2005年3508.67亿元，增长约62倍。

1986—2005年安徽省储蓄存款余额统计表

表4-1-8　　单位:万元

年份	储蓄存款	活期储蓄存款	定期储蓄存款
1986	554500	-	-
1987	753400	-	-
1988	902900	-	-
1989	1196700	-	-
1990	1630500	-	-
1991	2088600	-	-
1992	2610200	-	-
1993	3489200	-	-
1994	4874100	-	-
1995	6839300	-	-
1996	8840700	-	-
1997	10365500	-	-
1998	11750800	-	-
1999	13028756	2842996	10185760
2000	14471539	3557240	10914299
2001	14541756	3800234	10741522
2002	17959466	5107220	12852246
2003	24758257	7251971	17506286
2004	29723666	8963721	20759945
2005	35086727	10631280	24455447

1986—2005年安徽省农业存款变化情况　1986—2005年，安徽省农业存款余额从1986年7.64亿元增长至2005年102.8亿元，增长约12.5倍。

1986—2005 年安徽省农业存款余额统计表

表 4-1-9　　单位:万元

年　份	农业存款
1986	76400
1987	83900
1988	94000
1989	85900
1990	91400
1991	160200
1992	187400
1993	206300
1994	214200
1995	285700
1996	290100
1997	326800
1998	337600
1999	370059
2000	402429
2001	456051
2002	559978
2003	704320
2004	833518
2005	1028014

1986—2005 年安徽省财政存款变化情况　1986—2005 年,安徽省财政存款余额从 1986 年 5.17 亿元增长至 2005 年 138.7 亿元,增长约 26 倍。

1986—2005 年全省财政存款余额统计表

表 4－1－10　　　　单位：万元

年份	财政存款
1986	51700
1987	43400
1988	51400
1989	85500
1990	65000
1991	68300
1992	31000
1993	76400
1994	115400
1995	113200
1996	139200
1997	340500
1998	322700
1999	407037
2000	550890
2001	–
2002	–
2003	660430
2004	1024663
2005	1386975

1986—2005 年安徽省委托存款变化情况　1999—2005 年，安徽省委托存款余额从 1999 年 18.51 亿元增长至 2005 年 36.83 亿元，增长近 1 倍。

1986—2005 年安徽省委托存款余额统计表

表 4－1－11　　　　单位：万元

年　份	委托存款
1999	185111
2000	131204

续表4－1－11 单位:万元

年　份	委托存款
2001	-
2002	-
2003	489153
2004	377057
2005	368341

第二节　全省银行贷款业务

安徽省1986—2005年贷款变化情况主要分为“七五”期间、“八五”期间、“九五”期间、“十五”期间四个阶段。在此期间,安徽省各项贷款快速增长。从1986年236.85亿元,增长到2005年的4313.55亿元,增长约17倍。

1986—2005年安徽省贷款余额统计表

表4－1－12

年　份	贷款(亿元)	比上年增长(亿元)	比上年增速(%)
1986	236.85	56.52	31.34
1987	279.97	43.12	18.21
1988	322.12	42.15	15.06
1989	358.84	36.72	11.40
1990	446.03	87.19	24.30
1991	560.79	114.76	25.73
1992	681.33	120.54	21.49
1993	828.03	146.70	21.53
1994	1036.71	208.68	25.20
1995	1279.25	242.54	23.40
1996	1535.84	256.59	20.06
1997	1906.17	370.33	24.11
1998	2152.53	246.36	12.92
1999	2180.85	28.32	1.32

续表 4-1-12

年 份	贷款(亿元)	比上年增长(亿元)	比上年增速(%)
2000	2384.95	204.10	9.36
2001	2605.39	220.44	9.24
2002	2941.59	336.20	12.90
2003	3374.59	433.00	14.72
2004	3900.57	525.97	15.59
2005	4313.55	412.98	10.59

“七五”期间(1986—1990 年) 为了抑制通货膨胀,银根紧缩,存款准备金率由10%上调至13%。“七五”期间,各项贷款年平均增长53.14亿元,平均增速达19.86%。

1986年,经济增长较快,继续控制信贷规模和货币投放。1987年,贯彻“紧中求活”货币政策,收紧银根。1988年,继续贯彻“双紧”和“紧中求活”的宏观调控政策,严格控制信贷规模,一度停止对部分乡镇企业贷款,提高存款准备金率和利率,贷款增速回落。当年,年末贷款余额为322.12亿元,比上年增长42.15亿元,同比增长15.06%。

1989年,全省控制信贷总量,调整信贷结构,灵活调度信贷资金,贯彻现金管理条例,加强现金管理工作,贷款增速继续回落。1990年,针对企业出现销售不畅、经济效益下滑、资金紧张等问题,全省金融机构贯彻总行“搞活用好信贷资金的意见”,并开始帮助企业清理拖欠。央行下调利率,扩大货币供应信贷规模,贷款规模及增速快速回升。

“七五”期间各年份贷款余额统计表

表 4-1-13　　单位:万元

年份	1986	1987	1988	1989	1990
贷款	236850	2799700	3221200	3588400	4460300

“八五”期间(1991—1995 年) 为缓解通货膨胀压力,3次上调利率,贷款增速加快。贷款年平均增长166.64亿元,平均增速为23.46%。

1991年,贯彻“强化信贷管理,优化贷款结构,搞活资金存量,避免风险贷款”政策,由于严重水灾,下拨救灾资金较多,贷款快速增长。1992年,执行“控制货币发行和贷款规模,转换机制,调整结构,稳定金融”方针。1993年,央行认真贯彻“从严控制总量,优化结构,面向市场,转换机制,提高效益”的货币方针。提高利率的同时,控制信贷规模,各项贷款增长稳定。1994年,伴随经济的快速增长,物价上升,贷款规模增速加快。

央行推进金融改革,开始实行间接调控为主的资产负债比例管理,控制信用总量。1995年,贯彻适度从紧的货币政策,实行贷款规模控制下的比例管理,两次提高贷款利率,贷款增速回落。

“八五”期间各年份贷款余额统计表

表 4-1-14 单位:万元

年 份	1991	1992	1993	1994	1995
贷款	5607900	6813300	8280300	10367100	12792500

“九五”期间(1996—2000 年) 由于连续的通货紧缩,进入降息周期,其间共降息7次,下调存款准备金率7个百分点,贷款增速大幅回落。贷款年平均增长221.14亿元,平均增速为13.27%,低于“八五”期间10个百分点。

1996年,物价上涨得到控制,经济增速放缓,贷款增速回落。1997年,通过3次降息,贷款稳步增长。1998年,实行稳健货币政策,降低中长期贷款利率,由于中长期贷款比重仅占16.58%,利率降低对贷款的刺激有限。1999年以后,工、农、中、建、交等商业银行实行股份制改造,为筹备上市,剥离不良资产,将问题贷款划拨给华融、长城、东方、信达资产管理公司,贷款增速大幅回落,为1985年以后的最低增幅。2000年,稳健的货币政策转向增加货币供应量,贷款增速有所回升。

“九五”期间各年份贷款余额统计表

表 4-1-15 单位:万元

年份	1996	1997	1998	1999	2000
贷款	15358400	19061700	21525300	21808494	23849450

“十五”期间(2001—2005 年) 为防止货币信贷总量过快增长,开始实施差别存款准备金率制度,贷款平稳增长。贷款年平均增长385.72亿元,年平均增速为12.58%。

2001年,通货紧缩压力依然存在,货币政策由稳健转向增加货币供应量。2002年,经济逐步回升,贷款增速回升。2003年,贷款增长较快,9月,上调存款准备金率,防止货币信贷总量过快增长。2004年,存款准备金率、存贷款利率上调,贷款平稳增长。2005年,提高自营性个人住房贷款利率,贷款增速有所下降。

“十五”期间各年份贷款余额统计表

表4－1－16　　　　单位:万元

年份	2001	2002	2003	2004	2005
贷款	26053897	29415870	33745919	39005662	43135493

1986—2005年安徽省短期贷款变化情况　1986—2005年,安徽省短期贷款从1986年的185亿元增加到2005年的2247.11亿元,增长约11倍。

1986—2005年安徽省短期贷款余额统计表

表4－1－17　　　　单位:万元

年份	短期贷款	其中								
		工业贷款	商业贷款	建筑业贷款	农业贷款	乡镇企业贷款	三资企业贷款	私营及个体贷款	其他短期贷款	消费贷款
1986	1850000	564200	1022300	–	122900	–	–	–	–	–
1987	2090100	657000	1109900	–	129500	–	–	–	–	–
1988	2398900	783700	1234700	–	150300	–	–	–	–	–
1989	2980900	979600	1418900	–	168900	–	–	–	–	–
1990	3721100	1183800	1781600	–	205600	–	–	–	–	–
1991	4507700	1449300	1983400	–	290700	–	–	–	–	–
1992	5243700	1676500	2247600	–	322100	–	–	–	–	–
1993	6279700	2114100	2697400	–	369600	–	–	–	–	–
1994	7658100	2291000	3158000	–	182400	–	–	–	–	–
1995	9398000	2732700	4159600	–	229300	–	–	–	–	–
1996	11482900	3184300	5043900	–	292600	–	–	–	–	–
1997	14517400	3758900	6277500	–	1112800	–	–	–	–	–
1998	15977400	4059600	6970100	–	1545400	–	–	–	–	–
1999	16744935	4188904	7150036	252411	1720829	1224326	378115	143880	1686434	–
2000	16528116	3985802	6797567	270998	1811153	1107502	379119	100377	2075599	–
2001	12205240	4033621	2605131	332742	2127962	1182847	387275	120254	1315288	48151
2002	14946114	4632787	2478941	418461	2567948	1243044	276468	134943	3193522	125851
2003	20782194	5158494	6329641	576641	3077956	1354174	294832	180937	3809519	152664
2004	22087290	5434856	6465297	423585	3706574	1556466	219067	260721	4020724	134116
2005	22471115	4909659	6264717	507832	4305971	1602172	194702	245028	4441034	141387

1986—2005年安徽省中长期贷款变化情况 1986—2005年,安徽省中长期贷款从1986年的27.31亿元增加到2005年的1745.74亿元,增长约63倍。

1986—2005年安徽省中长期贷款余额统计表

表4-1-18　　单位:万元

年份和指标	中长期贷款	基本建设贷款	技术改造贷款	其他中长期贷款
1986	273100	-	-	-
1987	362700	-	-	-
1988	419100	-	-	-
1989	456900	-	-	-
1990	562800	-	-	-
1991	810600	-	-	-
1992	1087700	-	-	-
1993	1429900	-	-	-
1994	2099400	-	-	-
1995	2518800	-	-	-
1996	2924000	-	-	-
1997	3223900	-	-	-
1998	3568600	-	-	-
1999	3470460	1383360	1049952	1037148
2000	5438051	3334545	1074508	1028998
2001	4237053	1378333	1181609	1677111
2002	5203895	2268523	376257	2559115
2003	9752084	5460003	584936	3707146
2004	13067873	7278600	639342	5149930
2005	17457388	8835050	579827	8042510

第二章　政策性银行业务

第一节　贷款业务

1995—2005 年，安徽省 2 家政策性银行人民币贷款余额呈现快速增长趋势，其中，国家开发银行安徽省分行人民币贷款从成立之初 1999 年 169.68 亿元增长至 2005 年 338.12 亿元，增长 99.27%；中国农业发展银行安徽省分行人民币贷款从成立之初 1995 年 246.58 亿元增长至 2005 年 439.23 亿元，增长 78.13%。

1995—2005 年安徽省政策性银行人民币贷款余额统计表

表 4－2－1　　单位：万元

年份	国家开发银行安徽省分行	中国农业发展银行安徽省分行
1995	－	2465789
1996	－	3256172
1997	－	4420695
1998	－	3868039
1999	1696752	3958010
2000	2086622	4187760
2001	2238190	4363050
2002	2078800	4385290
2003	2421891	3742338
2004	2882100	4114085
2005	3381239	4392318

1995 年，安徽首家政策性银行中国农业发展银行安徽省分行成立，主要承担国家规定的农业政策性业务，做好粮棉油收购资金的供应与管理，强化专项贷款的投入和管理。截至 1995 年末，各项贷款余额 246.6 亿元，比年初增加 65.4 亿元，增长 36.1%。

1996 年末，中国农业发展银行安徽省分行各项贷款余额为 325.6 亿元，比上年末增加79.04亿元,增长32.1%。其中,粮棉油收购贷款增加68.54亿元,专项贷款增加10.5亿元。农业政策性支农作用显著。

1997年,中国农业发展银行省以下机构组建、业务基本自营的第一年。年末各项贷款余额442.07亿元,较年初增加116.45亿元,完成计划的97.6%。其中,粮棉油收购贷款余额367.69亿元,完成计划的97.3%;粮棉油加工贷款余额24.58亿元,完成计划的99.97%;农业专项贷款余额36.56%(剔除划转人民银行专项贷款10.73亿元),完成计划的100%。

1998年,中国农业发展银行安徽省分行严格执行总行关于加强封闭运行管理的一系列政策措施,采取一系列行之有效的办法措施,既保证收购资金及时足额供应,又防止收购资金流失,基本实现当期收购资金封闭运行。

1999年,国家开发银行安徽省分行成立,主要职能是在安徽省区域内负责总行授权范围内的信贷管理工作和其他金融业务。根据安徽省经济发展情况,围绕省委、省政府的战略部署,以开发性金融理论为指导,不断加大煤炭、电力、交通运输、有色金属、汽车制造、城市基础设施项目等重大项目的支持力度。

2000年,国家开发银行安徽省分行积极支持安徽省境内的国家基础设施、基础产业、支柱产业,以及重大技术改造和高新技术产业化项目的建设。截至2000年末,各项贷款余额208.66亿元,比上年度增加38.34亿元,当年新增贷款主要投向电力、城建、交通、化工及煤炭行业。中国农业发展银行安徽省分行2000年全年发放粮棉油收购贷款88.98亿元,发放调销贷款9.77亿元,发放中央储备粮贷款12.7亿元,发放简易建仓贷款2.63亿元,并全部落实财政贴息来源。

截至2001年末,国家开发银行安徽省分行各项贷款余额223.8亿元,全部为人民币中长期贷款,占安徽省中长期贷款的1/3以上,重点支持电力、公路、煤炭、城建、化工等行业的项目建设。中国农业发展银行安徽省分行各项贷款余额436.31亿元,其中,粮棉油贷款余额355.42亿元,棉花贷款余额73.18亿元。

2002年,国家开发银行安徽省分行把项目开发作为分行发展的主线,与安徽省政府签订了金额为435亿元的金融合作协议。截至2002年末,各项贷款余额207.88亿元,其中基本建设贷款200亿元,占全省基本建设贷款的46%以上。2002年,中国农业发展银行安徽省分行认真执行粮棉改革与购销政策,进一步改进和加强粮棉信贷管理,收购资金保持良好运行态势。全年累计投放粮油储备贷款13.5亿元、粮油收购贷款95.47亿元。

2003年,国家开发银行安徽省分行大力支持安徽经济发展和结构调整,推进"信用安徽"建设,各项工作取得可喜成果,各项经营指标创分行成立之后历史最好水平。年末贷款余额242亿元,其中人民币中长期贷款235亿元,约占全省中长期贷款的24%;中长期贷款中基本建设贷款230亿元,约占全省基本建设贷款的42%。中国农业发展银行安徽省分行积极支持国家粮棉油储备体系建设,按计划及时足额提供资金,支持中央储备粮棉油的收购、集并、轮换、进出口计划的顺利实施，全年投放粮棉油收购贷款41.21亿元。

2004年以前，中国农业发展银行安徽省分行所有贷款均为政策性业务。主要包括在国务院和银行监管部门批准的业务范围内，执行中央和地方政府粮棉宏观调控任务发放的、财政部门对贷款予以利息补贴或补偿、贷款损失予以弥补的贷款，即政策性贷款，具体包括中央储备粮贷款、地方储备粮贷款、粮食调控贷款、粮棉政策性财务挂账贷款、粮棉企业附营业务占用贷款。随着粮食流通体制改革的深化，中国农业发展银行安徽省分行为确保粮棉市场放开条件下不出现区域性卖粮卖棉难的问题，支持为企业自主收购粮棉油而发放并自担风险的贷款，称为准政策性贷款，具体包括粮油收购贷款、棉花收购贷款业务。此外，根据2004年国务院第57次常委会的要求，农发行开办了自主经营、自担风险、财政对贷款损失不予弥补的商业性贷款，具体包括农业产业化龙头企业贷款、加工企业贷款、农业科技贷款、仓储设施贷款、农业生产资料贷款、农业小企业贷款，及其他贷款。

2004年，国家开发银行安徽省分行把建立一个机制（强有力的、灵活的动态调控机制），抓好两项管理（资产管理、内控管理），开发三个重点（煤、电、运），关注四个热点（“861”行动计划、县域经济、中小企业、扶贫贷款），加强“五项建设”，致力于高效稳健发展，全面强化内部管理”作为全年工作主线，年末贷款余额288.21亿元，其中中长期贷款279亿元，同比增加43.98亿元。截至2004年末，中国农业发展银行安徽省分行全年发放粮棉油购销贷款111.8亿元，较上年多投放70.5亿元；年末贷款余额411.4亿元，比年初净增37.2亿元。

2005年，国家开发银行安徽省分行向全省基础设施、基础产业、支柱产业以及社会瓶颈领域投放贷款111.7亿元，截至2005年末，贷款余额338亿元，比年初增加50亿元，增长17%，为全省各地加快发展提供了强大的金融支持。2005年，中国农业发展银行安徽省分行认真贯彻落实国家和省委、省政府关于“三农”工作的方针政策，采取扎实有力措施，信贷支农工作取得显著成效。各项贷款余额439.23亿元，较年初净增加27.82亿元，剔除消化政策性财务挂账和核销呆账因素，实际增加40.81亿元。

第二节　内部控制

内部监督管理

内部审计、稽核与监督　国家开发银行安徽省分行建立“业务推动、风险控制、稽核监督”三线并行的风险管理机制，形成完善的内控体系。内审部门由行长直接领导，由稽核局、稽核专员组共同履行银行内审职责，定期开展内部审计。2000年，建立垂直管理的稽核体制。2001年，启用能够反映单个分行风险指标的预警系统，用各种新方法强化现场和非现场监控，进一步完善稽核部门的功能，使治理结构更加有效。通过不断完善,逐步实现从财务逐笔稽核向信贷业务逐笔稽核的转变,建立以风险为导向的独立稽核制度,将稽核资源有效分配到风险较大的信贷业务中。2002年,撤销分行稽核处,建立稽核专员组巡回检查监督机制,由总行派出稽核专员组负责对分行稽核监督,形成相对独立垂直稽核监督体制。引入社会监督和外部评价,每年聘请国际著名会计师事务所用国际标准审计,建立项目公示制度和设立省市县三级举报办公室,强化防范风险。

中国农业发展银行安徽省分行于1995年成立内部控制委员会和稽核监督委员会,省分行设稽核处,二级分行设稽核科,归行长直接领导。2005年,成立省分行内部监督委员会,由党委书记、行长任主任委员。1995—2004年,实行省分行负责审计二级分行,二级分行负责审计辖内县级支行。2005年,实行"垂直为主、分级为辅"上收二级分行内部审计职能,省分行统一组织开展对全省辖内各级机构的审计。内部审计处负有组织管理和直接审计的双重职能,负责领导和管理省分行范围内的审计工作。根据总行内部审计工作计划和统一部署,对辖属机构实施交叉审计。辖内审计人员由省分行统一调配,集中管理使用,审计人员执行统一任务时,必须与所在二级分行及辖属支行实行工作回避制度。省分行内部审计处、二级分行内审科可根据省分行和二级分行的要求组织实施辖内审计项目,防止职能上收后,对基层行的监督脱节,造成监管"真空"和"盲区"。

内控机制建立与完善　国家开发银行安徽省分行严把贷款"入口关",将项目开发作为从源头上防范风险的根本方法,促进主要风险指标稳步优化。规范贷款审议流程,坚持审贷分离的原则,巩固、充实贷款审议的专家队伍,提高贷款决策的规范性、专业性和审慎性,从贷款入口环节提高风险识别和防控能力。信用管理处改组为风险管理处,在原有单一信用风险管理的基础上,新增合规风险、操作风险管理职能。加强风险管理专业化队伍建设、风险条线人员的资质管理,形成岗位培训和资质考试制度。充实一线岗位力量,加强风险与业务的平行作业,前移风险关口,实现动态监控。按照深化内控与案件防控管理要求,成立领导小组,形成长效机制,确保案件零发生。完善内部审计和联合监督检查制度,将项目打造成为"阳光工程""廉政工程"。

中国农业发展银行安徽省分行按照总行相关制度规定,建立会计监督、审计、监察审批互相分离制度。

风险控制与管理　国家开发银行安徽省分行于2000年致力于新协议实施和内部评级体系建设,开始对客户进行信用评级。2003年,建立涵盖信用风险、市场风险、操作风险和法律风险的风险管理体系。针对三大风险设置3个相应风险管理职责模块,通过对风险管理职责的有效划分,明确不同层面和不同报告线的个人或部门在风险管理工作中的分工和责任。建立包括客户评级、债项评级的二维评级体系,是国内内部评级体系建设起步最早的银行之一。2004年,建立覆盖全部信贷资产内部评级体系,并将国家评级、地区评级和行业评级纳入其中,以便实现信用风险的组合管理。设立风险

管理委员会，负责制定风险管理政策，在该机构领导下，共有3个委员会，分别负责管理信用风险、市场风险、操作风险和贷款审批。

1994—1998年，中国农业发展银行安徽省分行信贷基本政策为“库贷挂钩、封闭运行”，粮棉企业“卖一斤粮棉还一斤粮棉的钱”。这一阶段粮棉收购企业挤占挪用收购资金现象虽然得到遏制，由于购销价格倒挂，财政补贴不到位，政策性亏损严重，库存值与农发行贷款不对应，导致农发行信贷资产质量较差，面临是政策风险和内部风险。风险管理主要是浅度的内部风险防范，外部风险防范基本处于空白阶段。1998—2005年，分行专一履行粮棉油收购资金封闭管理职能，贷款主体主要集中在国有粮棉购销企业。随着国有粮食企业市场化进程加快，粮棉企业自营收购与粮食企业政策性收购并存，农发行政策性贷款与商业性贷款并存，信贷管理实行封闭管理与风险管理并重。对商业性贷款实行以销定贷和以效定贷、信贷等级评定和贷款资格评定、企业财产和法人代表个人房产抵押担保等风险保障措施，同时，逐步建立职工培训制度和内部控制制度。对政策性收购贷款，建立库存检查、财务审查、销售申报、回笼货款拆分制度，加强资金和实物形态及其增减变化过程的监管。由于对收购资金运作过程中的成本及效益没有进行深入核算，粮棉购销价格倒挂，不能顺价销售，部分贷款沉淀和损失，形成政策性挂账贷款。

会计财务管理

会计核算管理　2000年，国家开发银行安徽省分行增加签发银行汇票业务，为保证分行汇票业务正常开展，有效防范风险，分行制定《国家开发银行合肥分行银行汇票操作规程实施细则》，明确业务岗位流程和岗位职责，确定中国工商银行合肥市金寨路支行作为代理清算汇票款机构。2005年，根据总行《国家开发银行“柜台前移”系统安全设备管理办法》，分行制定《国家开发银行安徽省分行“柜台前移”系统安全设备管理实施细则》。加强省分行人民币大额和可疑支付交易的监督管理，根据《中华人民共和国中国人民银行法》和《关于转发人民币大额和可疑支付交易报告管理办法的通知》要求，制定《国家开发银行安徽省分行人民币大额和可疑支付交易报告管理办法实施细则》。同年，根据人民银行对账户管理系统上线运行统一部署，出台《国家开发银行安徽省分行人民币结算账户清理工作实施方案》，为账户管理系统正式上线运行打下基础。

中国农业发展银行安徽省分行会计工作实行“统一领导，分级管理”的原则，会计制度的制定与管理权集中在总行和省级分行两级。省分行在会计核算和结算服务上要求规范操作，细化操作流程，严控资金成本，保证核算质量。1994—1998年，会计核算主要依靠手工处理账务。1998年，计算机门柜业务单机版系统上线。2005年9月1日，综合业务系统会计子系统上线运行，会计核算全面进入电子化、信息化。防范金融风险，总行、省分行根据业务要求，适时制定会计核算、会计操作、会计管理等规章制度、办法及实施细则。1997年，总行制定《中国农业发展银行会计管理暂行规定》《中国农业发展银行出纳制度》《中国农业发展银行业务委托代理核算办法》《中国农业发展银行全国联行往来核算与管理办法》《中国农业发展银行系统内资金往来核算暂行办法》《中国农业发展银行内勤主任坐班制度(试行)》。省分行制定《中国农业发展银行安徽省分行重要空白凭证管理暂行办法》《中国农业发展银行安徽省分行现金押运、寄库管理暂行规定》《中国农业发展银行安徽省分行系统内资金往来核算暂行办法》《中国农业发展银行安徽省分行全国联行汇差资金清算管理办法》,省分行转发各市、县支行执行。1998年,总行制定《中国农业发展银行安徽省分行系统内资金往来核算实施办法》《中国农业发展银行利息管理与核算办法》《中国农业发展银行会计出纳工作检查辅导制度(试行)》。省分行制定《中国农业发展银行安徽省分行银行汇票结算操作规程、支票结算操作规程、汇兑结算操作规程、银行承兑汇票结算操作规程》,省分行转发各市、县支行执行。1999年,总行制定《中国农业发展银行会计基本制度》《中国农业发展银行粮棉油收储企业存款账户管理与核算办法》。省分行制定《中国农业发展银行安徽省分行计算机门柜业务管理规定及操作规程(试行)》《中国农业发展银行安徽省分行会计出纳工作检查辅导实施细则》,省分行转发各市、县支行执行。2000年,总行制定《中国农业发展银行会计电算化管理办法》,省分行转发各市、县支行执行。2001年,总行制定《中国农业发展银行会计制度》《中国农业发展银行出纳制度》《中国农业发展银行会计电算化管理暂行办法》《中国农业发展银行会计检查督导管理办法》《中国农业发展银行会计检查督导工作操作规程》,省分行转发各市、县支行执行。2002年,总行制定《中国农业发展银行银行承兑汇票管理暂行办法》《中国农业发展银行银行承兑汇票会计核算办法》《中国农业发展银行全国电子联行IC卡试行管理办法》《中国农业发展银行电子联行管理与核算试行办法》,省分行转发各市、县支行执行。2003年,总行制定《中国农业发展银行银行账户管理暂行办法》,省分行转发各市、县支行执行。2005年,总行制定《中国农业发展银行综合业务会计应用系统业务管理暂行办法》《中国农业发展银行综合业务核算操作规程》《中国农业发展银行人民币银行结算账户管理办法》,省分行转发各市、县支行执行。省分行设立会计核算处,作为全省会计核算工作的管理部门。2005年,会计核算处与财务管理处合并为财务会计处,继续承担会计核算管理职能。

财务管理　国家开发银行安徽省分行对各项财务费用,划分相关归口处室,由归口处室对事项进行审核,财会部门进行财务审核。在财务审批中,按照金额大小,分别由财会处长、主管财务行领导、分行行长进行三级审批。对重大财务支出、大额采购、招投标管理等,事先由财会、办公、纪检等部门组成采购委员会,对财务支出事项进行决策与监督,经会议批准后,进行相关费用支出。分行先后出台营业费用、国别组、临时出国团组费用支出管理,不断规范营业费用的支出。在费用支出中,严格按照监管部门及总分行各项规章。对财务收支,分行按照“年初编制预算,年中跟踪,年底收口”的原则,追踪利润预算完成进度,整理分析预算执行偏差情况,及时预警。将营业费用划分为人事费用、基本运行费用、发展及营销费用、规划费用等类型，分别按照不同费用类型，进行费用预算执行管控，努力发挥财务费用对业务发展服务保障作用，合理安排，优先支持重大项目及国际合作业务、基层业务等重点业务领域的发展。设立规划专项费用，为发挥“规划先行，以规划引领业务发展”提供切实保障。省分行建行之初成立财务管理处，专司财务管理职能，2005 年，与会计结算处合并，成立财务会计处，仍继续承担全辖财务管理职责。

1994 年 12 月 27 日，财政部、中国人民银行印发《关于加强政策性银行监管工作的通知》，规定机构设置经人民银行、财政部审批。中国农业发展银行安徽省分行贴息保本经营，发债经人民银行、财政部、国务院批准。资本金分期拨入，固定资产购置、财务开支纳入财政预算。资料报送人民银行、财政部。1995 年，财政部印发《关于加强金融、保险企业财务管理若干问题的通知》和《关于授权财政监察专员办事机构对金融保险企业就地实施监督管理有关问题的通知》。4 月 3 日，中国农业发展银行、中国农业银行联合下发《中国农业发展银行财务管理暂行规定》。1997 年，财政部印发《国家政策性银行财务管理规定》的通知。1998 年，总行下发《中国农业发展银行机关财务管理暂行规定》。3 月 9 日，总行下发《关于切实加强财务管理积极推行银行承兑汇票结算的意见》。2001 年 3 月 8 日，总行下发《中国农业发展银行财务管理制度》。5 月 19 日，总行下发《中国农业发展银行经费开支实拨资金管理与核算暂行办法》。2002 年 1 月—2005 年 12 月，中国农业发展银行安徽省分行财务核算原则逐步完善。对固定资产（含净值）、无形资产、递延资产、公益金等实行指标管理。对系统内往来款项（含联行往来）实行有偿使用。对收入、成本（费用）的列支进一步细化。明确资本金由总行统一持有，规定所得税、营业税等由总、分行统提统缴。省农发行严格按照国家界定的经营范围开展业务，在确保农业政策性金融业务顺利开展的基础上，在财政部按规定拨补利差的前提下，通过实行企业化管理，加强经济核算，增收节支，来实现保本微利，争取政策范围内的最大收益。省农发行各项财务收支统一由财务部门管理，实现按权限审批的制度。各级行建立完善的内部财务审议机构，确定财务审批权限和程序，严格按程序办理，实行财务公开。大额开支实行集体研究讨论制度，日常财务开支实行“一支笔审批”。

人力资源管理

劳动用工制度的改革 国家开发银行安徽省分行对员工实行劳动合同用工制度。合同分为固定期限合同和无固定期限合同。固定期限合同是指分行与员工约定有固定终止时间的劳动合同，原则上固定期限劳动合同的期限不低于 3 年，分行鼓励员工签订较长期限的劳动合同。无固定期限合同是指分行与员工约定无确定终止时间的劳动合同，员工连续工作满 10 年，或连续订立两次固定期限劳动合同，经劳动期满考核合格，可签订无固定期限劳动合同。在试用期，被证明不符合分行录用条件的，分行可解除劳动合同。员工要求解除劳动合同，试用期内应提前 3 天告知；试用期满后，应提前 30

日,以书面形式通知分行。应届毕业生见习期一年,见习期满,进行转正定级考核。

中国农业发展银行安徽省分行自2005年起,新进员工与人事中介机构签订合同,由中介机构派遣至省分行各分支机构工作。

员工教育培训及职工队伍建设 国家开发银行股份有限公司安徽省分行成立之初,员工共有53人,分行对员工采取“走出去”和“请进来”相结合,“提高业务技能”和“提升综合素质”相结合,“理论知识”和“实践锻炼”相结合方式,开展各类业务培训上百次。

中国农业发展银行安徽省分行对员工培训工作采取境外培训、与知名高校联合办班、参加党校培训班、下级行到上级行“导师带学员”跟班培训等方式。

金融电子化建设 国家开发银行安徽省分行自成立以后,始终以开发性金融理论为指导,推进金融电子化建设,加大信息技术投入,强化信息安全管理,加强制度建设,提升保障能力,切实发挥对业务经营的支持和保障作用。1999年,分行成立之初即加入人民银行组织的天地对接和同城票据清算系统,实现支付结算业务的电子化处理,缩短了资金在途时间,提高了资金使用效率,方便了客户。1999年4月30日,投产第一代会计核算系统,实现会计业务处理的电算化,提升了会计账务处理效率,提高了会计处理的准确度,极大简化了会计人员的劳动强度。2001年11月,加入国家开发银行信贷业务系统,实现了信贷业务审批业务电子化、流程化,提高了信贷统计分析效率和准确性,提升了信贷管理水平。2003年,分行相继加入人民银行大额支付、小额支付以及票据影像等系统,进一步提升了清算业务的处理速度,实现真正意义上的实汇实付,提高了资金的使用效率。2004年4月,加入并运行国家开发银行第一代核心业务系统,实现开发银行会计处理的全行大集中,确保了会计核算工作的实时准确,提高了全行会计业务处理水平。

中国农业发展银行安徽省分行于2002年开通电子联行系统,为客户提供系统内跨行实时汇兑业务。2005年,开通大额支付系统,实现跨行资金支付实时到账。同年,综合业务会计应用系统开始正式运行。

第三章　商业银行业务

第一节　负债业务

各项存款　1992年,工商银行安徽省分行各项存款余额达到166.2亿元,增长13.5%。农业银行安徽省分行存款余额100.74亿元,增长17.2%。中国银行安徽省分行各项存款余额26.85亿元,比上年净增10.01亿元。建设银行安徽省分行各项存款余额73.2亿元,增长49.6%,一年间存款跃过50亿元、60亿元、70亿元三大关,新增额居各专业银行之首。

1995年,工商银行安徽省分行各项存款余额为282.59亿元,较年初增加60.18亿元,这是继1993、1994两年存款大幅增长后,再创存款增长的历史最好成绩。农业银行安徽省分行各项存款余额达156.2亿元,增长76.9%,完成农业银行总行年度计划的187.8%。中国银行安徽省分行人民币各项存款余额新增24.53亿元,加上承销的3.68亿元国库券,实际新增存款28.21亿元。建设银行安徽省分行各项存款余额比年初增加43.32亿元。

1999年,工商银行安徽省分行人民币各项存款余额537.97亿元,比年初增加68.4亿元,同比多增加13亿元。农业银行安徽省分行各项存款余额比年初增加80.17亿元。中国银行安徽省分行各项存款余额为188.24亿元,增长19%,在五行(工、农、中、建、交行)存款余额市场占有率为13.06%,较上年末上升了0.98个百分点。建设银行安徽省分行各项存款余额307.4亿元,全年新增2.11亿元。

2000年,工商银行安徽省分行各项存款余额621.3亿元,同比多增14.92亿元。农业银行安徽省分行人民币存款余额373.19亿元,比年初增加28.6亿元。中国银行安徽省分行在五行(工、农、中、建、交行)存款余额的市场占有率为14.46%,同比上升0.22个百分点。建设银行安徽省分行负债业务保持较好的增长势头,当年新增30.88亿元。交通银行合肥分行抢抓机遇,积极进取,业务增量增速为“九五”期间最好水平。

2003年,工商银行安徽省分行人民币各项存款增加142亿元,增长17.5%,分别居全国工行一级分行第8位和第4位,新增额市场占比居全国工行一级分行第3位。农业银行安徽省分行各项存款净增124.5亿元,创历史最高纪录。中国银行安徽省分行本外币各项存款新增57.4亿元,增长15.61%。建设银行安徽省分行各项存款比年初增加98.12亿元,增幅20.41%。交通银行合肥分行以促进结构调整为主线,不断更新经营理念,积极探索新的业务发展模式,各项存款实现稳定增长。

2005年,工商银行安徽省分行各项存款稳定增长,人民币各项存款余额增长11.97%,完成工商银行总行计划的129.3%。工商银行安徽省分行自成立后,在当时特定的宏观和微观背景下,确立了"存款第一"方针。在具体实践中,通过增加储蓄网点和人员,发展储蓄代办、联办,实施储蓄网点电子化建设,根据需要创新服务品种,增加存款服务手段,开拓个人结算领域,实行储蓄承包责任制等措施,把"存款第一"的方针落到实处。农业银行安徽省分行紧紧围绕"加快发展、三年翻番"工作目标,不断加大客户结构调整和市场营销力度,强化风险管理,业务经营保持良性健康发展态势,存款总量持续增加。中国银行安徽省分行从立行之初,即树立了"存款立行"的负债业务发展思路,通过经营转型、渠道建设、产品与服务提升等多项措施,实现存款快速增长。截至2005年末,中国银行安徽省分行人民币存款余额达521亿元。随着改革开放的逐步深入,建设银行安徽省分行的银行功能逐渐增强,存款范围不断拓宽,已从基本建设领域扩展到工商企业和个人领域,存款种类日益丰富。2005年,交通银行合肥分行按照交通银行总行一体化经营管理新架构,认真落实"管理省内分支机构牵头行职责",正式开始履行全省经营管理职能,是强化内控管理、夯实业务基础、增强全辖持续发展能力、取得历年来最好经营成果的一年。

1986—2005年工商银行安徽省分行、农业银行安徽省分行、中国银行安徽省分行、建设银行安徽省分行、交通银行合肥分行存款余额统计表

表4-3-1　　单位:万元

年份	工商银行安徽省分行	农业银行安徽省分行	中国银行安徽省分行	建设银行安徽省分行	交通银行合肥分行
1986	643051	355994	20960	123162	-
1987	785639	425197	26767	140191	-
1988	872308	489219	42965	173699	22505
1989	952095	564346	60494	220059	27368
1990	1174953	693072	91339	315107	52357
1991	1462211	859381	168436	488283	102234
1992	1661551	1007367	268530	731900	138443
1993	1943993	1252039	361832	1022955	167987
1994	2224106	1550705	561407	1439030	214140
1995	2825915	1562082	806751	1872205	309311
1996	3543892	2117555	1095314	2581509	402277

表 4－3－1　　单位:万元

年份	工商银行安徽省分行	农业银行安徽省分行	中国银行安徽省分行	建设银行安徽省分行	交通银行合肥分行
1997	4014744	2617053	1249198	2673714	546226
1998	4695709	2644267	1570480	3053155	617351
1999	5379743	3445986	1882401	3074252	737954
2000	6212969	3731947	2133111	3483066	833859
2001	7041261	4237291	2518225	3980040	1042337
2002	8099761	5110022	3023002	4760446	1339044
2003	9520441	6354559	3596663	5741676	1780405
2004	10971549	7870631	4445635	6786686	2140974
2005	12463786	9250331	5208332	8129508	2419699

1999 年,光大银行合肥分行集中有限的人力、物力,将营销对象首先定位为绩优上市公司以及基础设施、能源、交通、电力、电信等领域的大中型企业,发展了一批重点客户。

2000 年,光大银行合肥分行按照“加快业务发展,拓展生存空间”的思路,通过抓大户、抓重点户,延伸业务发展空间,推动存贷款规模快速增长。

2001 年,中信银行合肥分行本着“立足合肥,辐射全省”的经营指导思想,一方面坚持对“双优双主”客户的营销和开发,深化与全省战略客户的全面合作。另一方面大力支持优质中小企业发展,并努力推动机构负债、产业链金融、汽车金融等客户专业化营销模式的不断完善,致力于为客户提供更加全面、更加专业的优质服务。

2002 年,招商银行合肥分行确立了“两条线、一大片”的客户开发战略,明确了市场定位与目标客户,坚持以规模大、效益好、风险小的国有大中型企业、上市公司、能源和交通等基础产业的优质企业为合肥分行的主要目标客户,并积极开展业务合作,与海螺集团、马钢集团、安徽电力总公司、铜都铜业、国风塑业等在内的 15 家上市公司,淮南、淮北、皖北、新集四大矿业集团,佳通轮胎、ABB 变压器公司、芜湖兆达等一批外商独资企业和中外合资企业,及安徽省财政厅、安徽省国土资源厅建立合作关系。

2003 年,招商银行合肥分行开发了诸如广电厅、省教育出版社、市工业投资公司等新客户;同时与雷鸣化工、国通制管、荣事达三洋、四创电子等几家拟上市公司达成协议,初步确定合肥分行为其上市收款银行。此外,通过深入挖潜,加大对重点客户营销,2003 年,重点客户的平均日均存款余额比 2002 年增加 6000 万元以上。

2005 年,光大银行合肥分行紧紧把握总行推进战略转型的要求,各项业务实现平稳、健康的发展,年末一般存款余额 81.25 亿元,比上年增长 12.1 亿元。中信银行合肥分行紧紧围绕“质量是生命、效益为前提”的经营方针,大力发展各项业务,截至2005年末,各项存款80余亿元,增长幅度51%,市场份额达到5.3%。招商银行合肥分行深入调整客户及负债结构,通过制定负债业务的发展目标,在不断增加负债业务总规模的同时,逐步提升个人负债的比重,个人负债占比较年初提高3个百分点,达到15%,注重调整客户结构,抓大不放小,出台《合肥分行中小企业信贷业务发展指引》,培养、发展了一批中小企业客户。2005年是浦发银行芜湖分行“稳健经营、风险防范”年,通过深化结构调整,妥善处理经营与管理、发展与风险控制,促进总量协调健康发展,截至2005年末,本外币存款合计147033万元。

1996—2005年中信银行合肥分行、光大银行合肥分行、招商银行合肥分行、浦发银行芜湖分行存款余额统计表

表4-3-2 单位:万元

年份	中信银行合肥分行	光大银行合肥分行	招商银行合肥分行	浦发银行芜湖分行
1996	18700	-	-	-
1997	24100	-	-	-
1998	44300	-	-	-
1999	66400	61811	-	-
2000	70000	118865	-	19478
2001	75000	293910	67715	49975
2002	232500	447202	333261	83326
2003	371200	609492	507892	130315
2004	591800	691457	676042	145127
2005	801300	812498	808918	147033

企业存款 1986—2005年,随着安徽省地方经济的又好又快发展,各类企业数量不断增加,规模不断扩大,企业存款一直都是工商银行安徽省分行、农业银行安徽省分行、中国银行安徽省分行、建设银行安徽省分行、交通银行合肥分行主要资金来源之一。

1986年,为了支持经济建设,平衡信贷收支,建设银行安徽省分行要求各行、处扩大开户范围和服务对象,不断筹集资金。之后,又进一步把大力筹措资金、狠抓存款作为平衡信贷收支的主要手段。不仅狠抓自筹基建资金的交存和管理工作,而且广泛吸收各种“建”字号的资金。

1990年后,建设银行安徽省分行朝银行商业化方向发展,企业存款市场得到进一步拓展。

1994年以前,中国银行安徽省分行作为外贸专业银行,积极挖掘进出口企业、外事企业和外商投资企业存款潜力,扩大企业存款规模。1994年,中国银行安徽省分行改为国有独资商业银行后,成立存款领导小组,加快拓展各类工商企业存款。

1996年,建设银行安徽省分行认真贯彻总行的“双大”战略思想,与海螺集团、美菱集团、新集集团、安庆石化等11家重点骨干企业签订银企合作协议,确立主办银行关系。

1998年,建设银行安徽省分行在全国建行系统较早地将市场营销理念引入企业存款工作中,对企业存款市场进行细分,寻找目标市场进行重点营销,主攻上市公司股本金存款,社会保险存款,交通、电力、邮电、石油等垄断性收费行业存款,建立了较为稳定的市场和客户基础。

1999年,中国银行安徽省分行成立市场营销和产品开发领导机构,赋予公司业务处和相关业务部门相应权力,并制定不同类型企业存款差异化拓展方案。随后,在总行“四重”发展战略指导下,重点加大对资源型、重点客户的源头营销,深入拓展与电信、邮电、交通、基础设施建设等重点行业和优质客户的合作领域,并借助上门收款、企业网银、现金管理等多样化产品,巩固和扩大公司客户资金归集量。

2000年前,农业银行安徽省分行企业存款由资金组织、计划、信贷、会计等部门分工协作管理。2000年后,农业银行安徽省分行商业化经营理念不断巩固,企业存款主动营销得以强化,先后由市场开发部、公司业务部牵头营销,归口资产负债管理部统一管理。

截至2005年末,工商银行安徽省分行企业存款余额为345.99亿元,是1986年的12.5倍。1988—2005年交通银行合肥分行企业存款呈逐年增长态势,从1988年2.2亿元增长到2005年144.23亿元。

1986—2005年工商银行安徽省分行、农业银行安徽省分行、中国银行安徽省分行、建设银行安徽省分行、交通银行合肥分行企业存款余额统计表

表4-3-3　　单位:万元

年份	工商银行安徽省分行	农业银行安徽省分行	中国银行安徽省分行	建设银行安徽省分行	交通银行合肥分行
1986	276440	25582	20596	123162	-
1987	308796	79267	24848	136415	-
1988	316624	94855	32061	145937	21950
1989	323155	107761	32881	145597	25913

续表 4-3-3 单位:万元

年份	工商银行安徽省分行	农业银行安徽省分行	中国银行安徽省分行	建设银行安徽省分行	交通银行合肥分行
1990	380690	120946	39812	194471	45348
1991	493620	123482	81867	299939	93294
1992	544367	156187	126385	448670	123608
1993	547349	172518	159705	581070	141176
1994	622455	377637	239911	730230	170593
1995	709318	468291	336822	835049	205171
1996	1212467	665782	449544	1212619	248731
1997	1427558	879918	527219	1209279	357837
1998	1542512	1147842	634675	1483322	386848
1999	1758188	1303051	746872	1346393	454715
2000	2111140	1412768	864244	1478920	504203
2001	2308306	1530969	1038662	1564341	622733
2002	2656240	1583404	1161841	1397683	796933
2003	3088193	2228184	1341945	1701691	1109160
2004	3493657	2738544	1700362	2126808	1335255
2005	3459866	3113484	1926658	2444252	1442272

2001 年,光大银行合肥分行企业存款余额 17.4 亿元,较 2000 年实现翻一番。

2002 年,招商银行合肥分行,坚持以规模大、效益好、风险小的国有大中型企业、上市公司、企业集团、外商企业、能源和交通等基础产业的优质企业为合肥分行的主要目标客户,保证企业存款的大幅增长。

2004 年以后,光大银行以"放眼长远,坚持可持续发展,谋求速度、质量、效益、安全的协调"为经营指导思想,各项业务持续快速发展。2004 年,招商银行合肥分行建立重点客户联系走访制度,对分行 50 户重点客户每月进行走访,增强银企联系,加强信息沟通,掌握企业需求,扩大合作范围。各支行行长也建立了大户走访制度,认真做好走访记录,对发展和稳定基本客户群起到了重要作用。积极参与四创电子等几家公司的资本运作,成为其上市收款银行,新增存款 11 亿元,实现公司负债业务的持续、高速发展。

截至 2005 年末,光大银行合肥分行企业存款达 34.7 亿元。2005 年,招商银行合肥分行深入调整客户及负债结构,采取了几项有力措施推动负债增长。通过制定负债业务的发展目标,开展贯穿全年的对公负债劳动竞赛,成立公司银行二部,重点加强对

“无贷户”的营销工作,逐步改变以资产业务拉动负债业务的增长模式。2005 年,浦发银行芜湖分行企业存款余额达到 11.06 亿元,是 2000 年的 6.1 倍。

1999—2005 年光大银行合肥分行、招商银行合肥分行、浦发银行芜湖分行企业存款余额统计表

表 4－3－4　　单位:万元

年份	光大银行合肥分行	招商银行合肥分行	浦发银行芜湖分行
1999	50215	－	－
2000	86153	－	18127
2001	173537	65858	41019
2002	162747	316476	69389
2003	242697	463222	111194
2004	249793	603768	117743
2005	347311	699768	110594

机关团体存款　工商银行安徽省分行机关团体存款由两部分组成:预算资金存款及一般资金存款。

农业银行安徽省分行积极运用经济手段组织机关团体存款,开办机关团体 1 年、2 年和 3 年定期存款业务,机关团体存款余额逐年增长。1994 年起,农业银行安徽省分行将机关团体存款纳入财政性存款,不再单独反映。1998 年起,农业银行安徽省分行将机关团体存款划归金融机构一般存款,不再列入财政性存款范围。

中国银行安徽省分行机关团体存款仅 2001—2003 年有余额。

建设银行安徽省分行很早就办理机关团体等财政性存款业务。1985 年,建设银行信贷计划管理体制实行改革,划分财政性资金和信贷资金。财政性资金分为甲、乙两类,其中,机关团体存款属于乙类财政性存款,全部划交人民银行。

交通银行合肥分行积极运用多种措施拓展机关团体存款,机关团体存款余额在 2000 年后增速明显。

1986—2005 年工商银行安徽省分行、农业银行安徽省分行、中国银行安徽省分行、建设银行安徽省分行、交通银行合肥分行机关团体存款余额统计表

表 4 - 3 - 5　　单位:万元

年份	工商银行安徽省分行	农业银行安徽省分行	中国银行安徽省分行	建设银行安徽省分行	交通银行合肥分行
1986	–	7895	–	–	–
1987	–	8551	–	–	–
1988	–	9503	–	–	–
1989	–	12407	–	–	105
1990	–	15028	–	–	375
1991	–	21051	–	–	146
1992	–	18167	–	–	177
1993	–	17508	–	–	133
1994	–	9761	–	–	18
1995	–	8914	–	–	12
1996	–	27415	–	–	5
1997	–	36515	–	–	3
1998	–	46843	–	–	382
1999	–	59405	–	–	468
2000	177187	78453	–	–	–
2001	246071	94871	1101	21106	6163
2002	277061	80894	1355	424468	7932
2003	369140	118796	698	513672	7737
2004	631685	135800	–	692877	11163
2005	1146290	191084	–	898902	24498

说明:工商银行安徽省分行由于统计口径原因,2000 年以前报表未设机关团体存款统计指标

光大银行合肥分行机关团体存款余额最高为 2004 年 15.95 亿元,是 1999 年的 25 倍。招商银行合肥分行机关团体存款仅在 2005 年有余额,为 1957 万元。

1999—2005 年光大银行合肥分行、招商银行合肥分行机关团体存款余额统计表

表 4－3－6　　单位：万元

年　份	光大银行合肥分行	招商银行合肥分行
1999	6306	–
2000	9082	–
2001	64113	0
2002	135072	0
2003	94303	0
2004	159537	0
2005	127314	1957

储蓄存款　1986 年，工商银行安徽省分行在全省开办定期定额有奖有息储蓄，开办时间 3 个月。面额 50 元，1 年期。中国银行安徽省分行储蓄存款业务储蓄存款余额达 90 万元，此后，通过产品驱动、服务提升、管理推动等多项措施，储蓄存款逐年增长。建设银行安徽省分行制定《关于开办储蓄存款的暂行办法（试行）》，向全辖发出开办储蓄业务的动员令。建设银行祁门、符离集、砀山县支行等首批储蓄专柜开业，祁门县支行在小商品市场率先办起第一个梅园储蓄所，当年吸收储蓄存款 6 万元。

1987 年，工商银行安徽省分行在全省开办定额储蓄，存单面额 20 元、50 元、100 元和 500 元 4 种。建设银行宿县、灵璧、泗县、萧县支行和合肥南门办事处的第二批储蓄网点开业。为了加快储蓄业务的发展，成立债券储蓄处。

1988 年，工商银行安徽省分行开始开办人民币长期保值储蓄存款，对城乡居民个人 3 年期以上定期储蓄存款实行保值补贴。农业银行安徽省分行全面推行储蓄承包制。

1989 年，工商银行安徽省分行在阜阳、宿县、蚌埠、淮南、淮北开办有奖贴花储蓄，零存整取定期 1 年，月月摇奖，同时开办 9 个月整取定期储蓄存款和可挂失定额储蓄。农业银行安徽省分行开展“女子爱国支农储蓄”，全国妇联、中国人民银行等七部委授予安徽省农业银行“组织奖”。中国银行安徽省分行开办“季季红”“月月奖”等储蓄品种，信用卡业务在省内全面铺开。

1990 年，农业银行安徽省分行先后成立储蓄劳动服务公司，性质属大集体，对外单独挂牌，对内与同级行储蓄机构合署办公，负责对储蓄代办人员和储蓄代办费的管理。

1992 年，中国银行安徽省分行独家办理通存通兑定额（礼券）储蓄、循环有奖有息储蓄等业务。

1993 年，工商银行安徽省分行人民币储蓄存款余额在业内率先突破 100 亿元大关。农业银行安徽省分行开始实施《储蓄管理条例》（国务院 107 号令）。

截至1994年末,建设银行安徽省分行储蓄所柜达978个。

1996年,建设银行安徽省分行通存通兑率达到45%,ATM机、POS机的大量配置,便利了客户,抢占了市场先机。

2000年,工商银行安徽省分行个人金融业务完成了对传统储蓄业务的超越,业务外延已不局限于单一的以存、取款为主的储蓄领域,而是扩大到以储蓄为依托、满足居民个人多元化需求的多种金融服务项目。中国银行安徽省分行广泛开展各种代收代付和代理业务,推广定期一本通、教育储蓄等新产品,并利用科技平台,推出全市通存通兑业务。

2001年,建设银行安徽省分行推出“速汇通”业务,率先在省内各家银行中实行存取款免填凭条。

2004年,建设银行安徽省分行在“总量减少,布局合理,功能完善”的思想指导下,把机构网点收缩到总体更为优化的水平。业务品种也由最初的居民储蓄发展到个人存款、个人贷款、个人结算、代收代付和个人理财等系列化的产品和服务。

2005年,工商银行安徽省分行秉承“以客户为中心”的经营理念,业务品种由原来单一的储蓄存款发展成为包括储蓄存款、消费信贷、中间代理和个人理财等在内的四大类业务,基本涵盖了国内业界所能提供的全部个人金融服务。农业银行安徽省分行按照“巩固、深化、调整、提高”的总要求,加大营销力度,储蓄存款稳定增加。中国银行安徽省分行一直将储蓄业务列为全行重点,实施“动态管理、实时监控、分类督导”,定期开展竞赛活动,确保储蓄存款持续稳定增长。截至2005年末,中国银行安徽省分行人民币储蓄存款余额302亿元,在各项存款中的占比由1986年不足5%升至58%。交通银行合肥分行自成立伊始,即注重以狠抓优质服务、完善机构布局和努力扩展客户面增加储蓄存款,储蓄存款业务迅速启动,逐年增长,取得明显成效,交通银行合肥分行储蓄存款开业后第5年迈上1亿元台阶,第8年迈上10亿元台阶,至2005年末,已接近100亿元。

1986—2005年工商银行安徽省分行、农业银行安徽省分行、中国银行安徽省分行、建设银行安徽省分行、交通银行合肥分行储蓄存款余额统计表

表4-3-7　　单位:万元

年　份	工商银行安徽省分行	农业银行安徽省分行	中国银行安徽省分行	建设银行安徽省分行	交通银行合肥分行
1986	288529	54604	90	-	-
1987	368818	92871	1670	3776	-
1988	424168	136574	9507	27762	555
1989	542347	175049	26566	74106	1350
1990	699730	242428	49589	119734	6634
1991	836226	312741	82682	186782	8794
1992	948409	378324	140212	280271	14658
1993	1155491	528069	200534	436855	26320
1994	1452459	754481	309701	658408	43355
1995	1886333	1094721	452541	945314	103838
1996	2337766	1424386	608650	1325809	153149
1997	2587186	1735114	719265	1464435	188386
1998	2923414	1949862	897931	1523687	230121
1999	3285298	2138121	1051087	1615721	282771
2000	3722029	2319179	1150233	1809770	329656
2001	4242700	2671496	1359626	2151285	413441
2002	4910570	3240100	1679233	2677223	534179
2003	5772559	4088235	2020789	3247746	663508
2004	6603511	5089725	2514449	3832255	794554
2005	7381443	6107837	3018250	4363981	952853

1999年,光大银行合肥分行成立,通过为零售客户提供优质服务,加强零售人员的培训,加强整体队伍建设,并努力打造“阳光理财”品牌,保证了储蓄存款的较快增长。

2002年,光大银行合肥分行储蓄存款余额4.27亿元,占一般存款总额的9.15%。招商银行合肥分行建立分层次的服务体系,加强营销力度,逐步拓展“一卡通”功能,提升“一卡通”品牌效应,大力推广“金葵花”理财,保证企业、个人存款的大幅增长。

截至2004年末,光大银行合肥分行储蓄存款余额9.96亿元,已接近10亿大关。

截至2005年末,中信银行合肥分行以“智慧创造财富”的理念,不断满足客户个性化、多元化的金融需求,为客户量身打造金融理财方案。通过举办大型理财报告会、理财沙龙、高尔夫球邀请赛等形式多样的活动,不断加大零售产品的宣传,储蓄存款从7000多万元增长到2005年的5.93亿元。截至2005年末,光大银行合肥分行储蓄存款余额13.35亿元,占一般存款总额的16.15%。2005年,招商银行合肥分行实施零售银行体制改革,完善零售银行体系和人员队伍建设,加强人员培训,开发创新产品,加强客户关系维护和管理。加大"财富账户"等新产品、新服务的宣传力度,树立金融创新的品牌形象。招商银行合肥分行储蓄存款从2001年1857万元增至2005年11.2亿元,增长了59倍。截至2005年末,浦发银行芜湖分行储蓄存款3.64亿元,是2000年的27倍。

1996—2005年中信银行合肥分行、光大银行合肥分行、招商银行合肥分行、浦发银行芜湖分行储蓄存款余额统计表

表4-3-8 单位:万元

年 份	中信银行合肥分行	光大银行合肥分行	招商银行合肥分行	浦发银行芜湖分行
1996	240	-	-	-
1997	1028	-	-	-
1998	2063	-	-	-
1999	4102	5262	-	-
2000	7531	7811	-	1351
2001	9741	21377	1857	8956
2002	17093	42709	15759	13937
2003	23200	73972	44670	19121
2004	33274	99612	72277	27384
2005	59308	133531	112105	36439

农业存款 工商银行安徽省分行未开设农业存款业务。

农业银行安徽省分行恢复后,随着农村经济的发展,农村金融机构普遍建立、下伸,农业存款从无到有,1986年后,农业银行安徽省分行开始列农业存款专项统计。1990年,由于农村经济社会发展,农业银行安徽省分行农业存款呈逐年增长态势。1994年始,农业银行安徽省分行农业存款单列统计,不再包括乡镇企业存款、信用社存款。1995年,中国农业发展银行安徽省分行成立,粮、棉、油政策性收储领域企业和单位账户迁至农发行,但部分企业仍通过农业银行安徽省分行账户进行资金结算,对农业存款分流影响不大。1997年,中国银行安徽省分行农业存款余额522万元,其他年度均无余额。由于大部分基层供销合作社实施改革后资金实力迅速下降,2000年、2001年,农业银行安徽省分行农业存款连续两年出现下降,2002 年后,恢复上升趋势。

建设银行安徽省分行农业存款在 2001 年以前几乎没有涉及,2001 年,作为农业存款单独科目进行核算。2005 年,随着人民银行统计制度改革,农业银行安徽省分行不再专项统计农业存款。

交通银行合肥分行于 1988 年在安徽省成立之后,涉农企事业单位存款归入普通企事业单位存款中,因此在农业存款专项中反映不足。

1986—2005 年农业银行安徽省分行、中国银行安徽省分行、建设银行安徽省分行、交通银行合肥分行农业存款余额统计表

表 4－3－9　　单位:万元

年　份	农业银行安徽省分行	中国银行安徽省分行	建设银行安徽省分行	交通银行合肥分行
1986	30593	–	–	–
1987	30696	–	–	–
1988	30296	–	–	–
1989	8756	–	–	–
1990	289927	–	–	–
1991	302122	–	–	–
1992	329238	–	–	–
1993	447982	–	–	–
1994	34338	–	–	–
1995	43520	–	–	–
1996	46932	–	–	–
1997	49743	522	–	–
1998	61199	–	–	–
1999	65710	–	–	–
2000	61197	–	–	–
2001	55786	–	7014	–
2002	61618	–	7214	–
2003	74611	–	8355	–
2004	89118	–	7591	2
2005	–	–	7595	76

说明:1990—1993 年农业银行安徽省分行农业存款以农村存款的口径统计

代理财政性存款 工商银行安徽省分行由于统计口径原因,1994 年以前报表未设财政性存款统计指标。

农业银行安徽省分行经营范围不断拓宽,业务品种不断增加,积极加强与各级财政部门合作,不断提升服务水平,财政存款余额逐年增长。

1990—1996 年,中国银行安徽省分行代理财政性存款稳步增长,但自 1997 年开始,逐年下降,1998—2003 年,代理财政性存款几乎为零,2004 年以后,大幅回升。

建设银行安徽省分行从 1985 年,起开始实行信贷计划管理体制改革,划分财政性资金和信贷资金。改革开放以后,由于财政基建支出预算增长相对较少,因而财政性存款也较少。

交通银行合肥分行根据人民银行统计口径统计的财政存款,主要分在交通银行芜湖分行和交通银行淮南分行。

浦发银行芜湖分行仅 2001 年、2002 年、2004 年和 2005 年有代理财政存款,分别为 1263 万元、1978 万元、895 万元和 936 万元。

1986—2005 年工商银行安徽省分行、农业银行安徽省分行、中国银行安徽省分行、建设银行安徽省分行、交通银行合肥分行代理财政性存款余额统计表

表 4-3-10　　单位:万元

年份	工商银行安徽省分行	农业银行安徽省分行	中国银行安徽省分行	建设银行安徽省分行	交通银行合肥分行
1986	–	6142	–	5186	–
1987	–	7146	–	2862	–
1988	–	7071	–	2324	–
1989	–	10891	–	7913	–
1990	–	13077	2061	6572	–
1991	–	27766	3021	5882	–
1992	–	15519	4420	4315	–
1993	–	12517	4529	4371	491
1994	80751	17966	4372	2461	174
1995	92146	13682	5083	9416	350
1996	92118	24666	9331	3652	392
1997	84179	20596	6383	4903	0
1998	146	21021	–	24515	0
1999	950	17744	–	833	0

表 4－3－10　　单位:万元

年份	工商银行安徽省分行	农业银行安徽省分行	中国银行安徽省分行	建设银行安徽省分行	交通银行合肥分行
2000	631	37462	2	576	0
2001	1637	42954	4	3514	–
2002	1028	39376	–	1420	–
2003	1683	30083	–	3292	–
2004	8181	33049	65	2611	–
2005	9773	20343	2339	2053	–

说明:1. 农业银行安徽省分行代理财政性存款为本外币合计;

2. 交通银行合肥分行:2000 年人民银行统计起用“代理财政性存款”科目,该口径下存款不计入银行各项存款

委托存款　工商银行安徽省分行委托存款是指金融机构接受委托单位的委托,按指定的对象和用途,代为运用和管理交付的资金。农业银行安徽省分行未开办委托存款业务。建设银行安徽省分行于 2005 年初起,调整委托性住房存款统计口径(剔除原在委托贷款基金科目统计的数据)。招商银行合肥分行仅在 2003 年、2004 年和 2005 年有委托存款,分别为 1550 万元、31800 万元和 9708 万元。

1996—2005 年工商银行安徽省分行、建设银行安徽省分行委托存款余额统计表

表 4－3－11　　单位:万元

年　份	工商银行安徽省分行	建设银行安徽省分行(委托性住房存款)
1996	16076	–
1997	8057	–
1998	8683	–
1999	3779	97306
2000	3658	29174
2001	102217	65713
2002	91381	18311
2003	112034	96930
2004	63708	87386
2005	129080	67047

同业存款 1995—2000 年,工商银行安徽省分行同业存款余额增长较快,从 1995 年的 16.74 亿元增长到 2000 年的 68.21 亿元。2001 年余额开始减少,截至 2005 年末,同业存款余额为 42.6 亿元。

1986—2005 年,农业银行安徽省分行同业存款是指存款证券、保险、期货、信托、担保、金融租赁、小贷等非银行金融机构,以及其他商业银行、信用社等金融同业在农业银行安徽省分行的存款,截至 2005 年末,同业存款余额为 63.72 亿元。

1986—1992 年,中国银行安徽省分行同业存款余额在 3800 万元—7300 万元之间波动,1993 年起,余额增长加快,从 1993 年末的 1.78 亿元上升到 2005 年的 16.17 亿元。

1986—1992 年,建设银行安徽省分行同业存款在 1.28 亿元—6.5 亿元波动,1993—2005 年,同业存款余额仅 1996 年在 10 亿元以下,其他年份都在 13 亿元以上,2001 年同业存款余额最高,为 44.98 亿元。

1986—2005 年工商银行安徽省分行、农业银行安徽省分行、中国银行安徽省分行、建设银行安徽省分行同业存款余额统计表

表 4-3-12　　单位:万元

年　份	工商银行安徽省分行	农业银行安徽省分行	中国银行安徽省分行	建设银行安徽省分行
1986	–	–	7296	12794
1987	–	–	4601	31816
1988	–	–	3839	21844
1989	–	–	5890	13204
1990	–	–	5186	13899
1991	–	–	4339	25930
1992	–	–	6205	65155
1993	–	19179	17785	141647
1994	–	70739	17722	132339
1995	167399	109781	25650	222664
1996	238762	292770	16010	77799
1997	322929	293760	33634	159584
1998	396423	312700	29942	268220
1999	482748	268018	72422	315331
2000	682104	337864	101938	368793

续表4－3－12　　单位:万元

年　份	工商银行安徽省分行	农业银行安徽省分行	中国银行安徽省分行	建设银行安徽省分行
2001	636833	383295	158319	449807
2002	606159	570469	126070	280357
2003	571386	601405	127732	224406
2004	567365	711762	151059	236797
2005	426027	637204	161676	165729

说明:农业银行安徽省分行1993年以前系手工决算报表,无同业存款数据

1996—2001年,中信银行合肥分行同业存款余额在8660万元—20935万元之间波动,2002年起,余额逐年减少,从2002年6.24亿元减少到2005年的774万元。

2002年末,招商银行合肥分行同业存款余额3.04亿元,比年初增加1.31亿元,增长75.7%。同业存款比较稳定,主要原因是新股发行方式由一级市场申购改为向二级市场市值配售,同业资金大进大出的情况减少。2003年末,同业存款余额5.29亿元,比年初增加2.25亿元,增长74%。2004年末,同业存款余额0.87亿元,比年初下降4.42亿元,减幅达83.55%。2005年末,同业存款余额2.57亿元,比年初新增1.7亿元,增幅达195.5%。

1999—2005年,光大银行合肥分行同业存款余额在0.3亿—3.87亿元之间波动,2005年末,同业存款余额1.43亿元。

2002年,浦发银行芜湖分行同业存款余额最低,为100万元;2000年,同业存款余额最高,为3217万元;2003—2005年同业存款余额在1460万—2119万元之间波动。

1996—2005年中信银行合肥分行、光大银行合肥分行、招商银行合肥分行、浦发银行芜湖分行同业存款余额统计表

表4－3－13　　单位:万元

年　份	中信银行合肥分行	光大银行合肥分行	招商银行合肥分行	浦发银行芜湖分行
1996	8660	–	–	–
1997	14835	–	–	–
1998	6358	–	–	–
1999	20935	3001	–	–
2000	15000	13689	–	3217
2001	10000	34266	17302	209

续表4－3－13　　单位:万元

年　份	中信银行合肥分行	光大银行合肥分行	招商银行合肥分行	浦发银行芜湖分行
2002	62426	19367	30416	100
2003	55046	38741	52891	2119
2004	59270	13827	8714	2043
2005	774	14308	55754	1460

第二节　资产业务

各项贷款　1992年,工商银行安徽省分行贷款发放坚持以效益为中心,在确保不突破规模的前提下,灵活调度资金和规模,全行年末各项贷款余额达241亿元,较上年末增加34.7亿元,增长16.8%。农业银行安徽省分行主动调节信贷投向,支持农村经济在大灾后迅速恢复与发展,各级行、社积极改进计划管理,灵活融通调剂资金,多渠道增加投入。中国银行安徽省分行进一步调整信贷机构,在重点支持对外贸易和国有大中型骨干企业出口创汇的同时,大力支持三资企业发展。建设银行安徽省分行全年共向国家及省27个重点项目发放中长期贷款12亿元,占重点项目建设资金来源的43%,比去年增长56%。

截至1995年末,工商银行安徽省分行各项贷款余额达355.17亿元。其中流动资金贷款增加33.62亿元,固定资产贷款增加12.32亿元。农业银行安徽省分行优先支持“两高一优”农业,全年累计发放农业贷款42.3亿元,占当年新增贷款总额的28.8%。中国银行安徽省分行严格执行国家宏观调整政策,支持合肥叉车、美菱注塑中心、铜陵有色等企业技改项目争取外汇贷款。同时,加强银贸合作,帮助外贸企业融资。建设银行安徽省分行严格控制贷款规模,优化贷款结构,按照国家产业政策,合理引导贷款投向。固定资产贷款重点支持交通、能源、邮电等骨干企业和基础设施建设。

1998年以前,工商银行安徽省分行加大信贷业务拓展,按产品划分信贷职能,信贷投放不断增加。1999年,工商银行安徽省分行加强信贷资产质量管理,严控信贷风险,信贷职能逐渐从按产品划分过渡到按流程划分。农业银行安徽省分行各项贷款业务拓展迅速,各项贷款业务结构不断优化,贷款期限结构趋于合理,并逐步加大对工业、农业开发、基本建设和房地产项目的贷款投放力度。中国银行安徽省分行进一步加强对重点客户、重点行业、重点地区的支持,新增贷款主要投向公共事业型企业及科技含量高的企业,扩大在优质企业中的市场份额。建设银行安徽省分行以防范金融风险和提高资产质量为前提,以不良资产剥离为契机,将目标市场定位为外商投资企业、跨国公司和大型工贸公司,加大授信管理。

2000年，工商银行安徽省分行将贷款主要投向优质客户，剔除不良资产、债转股级核销呆账等因素，各项贷款实际增加49.1亿元，同比多增13.3亿元。农业银行安徽省分行以效益为标准，选择优良客户，提升经营层次，在常规贷款上，投放农电网贷款5.76亿元，优良客户贷款6.12亿元。中国银行安徽省分行贷款余额市场占有率为12.44%，人民币各项贷款新增31.4亿元，外币贷款余额减少0.48亿美元。建设银行安徽省分行对重点行业的重点企业和项目发放贷款占全年贷款规模的70%，对经济较发达城市新增贷款占全行新增贷款的71.94%。交通银行合肥分行新增贷款主要投向BA级以上企业，占总贷款余额的73.4%。

2001年，工商银行安徽省分行贷款结构逐步优化。农业银行安徽省分行巩固从严治贷，继续推进信贷规范工程。在贷款投向管理上，增量贷款计划由省分行统一控制，同时上收存贷比超过100%的7个二级分行的再贷管理权限。中国银行安徽省分行授信业务文件增长，资产质量明显提升，2001年末，本外币授信资产余额202.63亿元。建设银行安徽省分行优化信贷投向，加大贷款回收力度，增量结构变化明显，逐步建立信贷准入和退出机制。交通银行合肥分行积极拓展电信、电力、交通等行业集团性客户，全年新开拓贷款客户40余家。

2002年，工商银行安徽省分行积极营销优质贷款，完善对核心客户统一授信制度。农业银行安徽省分行进一步优化信贷资源区域配置，实施优良客户发展战略。中国银行安徽省分行拓展优质公司授信业务，增加对电力、交通、煤炭、建材等行业及新兴国有资产运营领域的授信，2002年末，优质客户授信总额较年初上升12个百分点。建设银行安徽省分行加大对中小、民营企业的信贷投入，培育新的贷款增长点。交通银行合肥分行新增客户授信主要集中在基础设施建设领域、大型国有工业企业，实现信贷投放质与量统一和存量结构调整。

2003年，工商银行安徽省分行坚持以质量效益为中心，深化机制改革，加快创新发展，强化风险控制，贷款营销成效明显。农业银行安徽省分行积极参与支持粮食补贴方式改革，加强信贷管理，有效防范风险，为支持棉粮流通、促进农业和农村经济发展做出积极贡献。中国银行安徽省分行积极支持重点企业和重点项目，主要投向省内冶金、公路、建材、电力、煤炭、石化、汽车等优势行业和重点客户。在省内率先开办中心企业法人贷款业务，进一步扩大信贷资金支持渠道。建设银行安徽省分行围绕“调控节奏、把握总量”主题，推行贷款核准制，加强结构调整，优先保证重点和优质客户信贷需求，主动从技术门槛低、产品附加值低、产业链短、经营风险高的行业和企业中退出。

2004年，工商银行安徽省分行组织实施“控制总量、调整结构、区别对待、有进有退”的信贷经营策略。大力支持符合国家产业政策和市场准入条件、产品有市场、具有还款能力的项目和企业的信贷需求。全年对电力、高速公路、中心城市基础建设等行业和领域新增贷款63.4亿元，占全部贷款增量的75.24%。农业银行安徽省分行贷款结构有效调整，根据人均GDP、工业增加值、金融资产，及各地经济环境和发展潜力，对全省农业银行信贷实施分类指导。中国银行安徽省分行加大对合肥、沿江四市和两淮等中心城市及中心地区的投入,重点地区新增授信占比在80%以上。建设银行安徽省分行积极调整、优化信贷结构,重点投放马钢股份、海螺集团、佳通轮胎等省内重点企业和项目。

2005年,工商银行安徽省分行坚持以优化结构为中心,提升经营发展质量,贷款营销成效明显。人民币各项贷款余额756.48亿元,比年初增加105.29亿元,增长16.7%。年末,流动资金贷款占比32.39%,项目贷款占比40.91%。农业银行安徽省分行商业贷款占比18.8%,中长期贷款占比32.2%,基本开办了国内商业银行各类贷款业务品种。其中,涉农贷款仍然是主要业务,年末,涉农贷款余额90.6亿元,占比13%,短期贷款比重为54.1%,中长期贷款占比逐步提高,贷款业务品种逐步齐全。中国银行安徽省分行各项贷款业务发展迅速,贷款余额从1986年末17亿元升至2005年末333亿元。建设银行安徽省分行支持"861行动计划"的贷款余额为9.98亿元,累计发放额12.71亿元,所支持的项目数为16个。信贷支持煤、电、油、运企业项目数26个,贷款余额34.37亿元,累计发放额23.34亿元。基础设施建设的贷款余额为8.81亿元,累计发放额5.84亿元,项目数19个。同年末,建行省分行支持"三农"授信范围主要集中在种子、化肥、棉花、粮油与蔬菜加工行业。全辖年末贷款余额5.04亿元,发放额4.68亿元,支持涉农企业21个;重点支持小企业发展,年末贷款余额22.9亿元,发放额24.71亿元,支持的企业户数达589户;新增贷款客户数242户,分布的主要领域包括交通、煤炭、电力、有色金属、装备机械、教育等;通过办理贷款重组方式支持地方发展的企业数为5户,涉及金额1.02亿元。

1986—2005年工商银行安徽省分行、农业银行安徽省分行、中国银行安徽省分行、建设银行安徽省分行、交通银行合肥分行贷款余额统计表

表4-3-14　　单位:万元

年份	工商银行安徽省分行	农业银行安徽省分行	中国银行安徽省分行	建设银行安徽省分行	交通银行合肥分行
1986	1004203	744000	172553	216947	-
1987	1160466	862000	196466	274971	-
1988	1319646	932000	234347	313243	21910
1989	1467377	1057000	284602	346251	35101
1990	1720237	1431000	347059	448309	53163
1991	2062409	1759000	390208	636840	73119
1992	2409517	2017000	454656	839205	91240

表4－3－14　　单位:万元

年　份	工商银行安徽省分行	农业银行安徽省分行	中国银行安徽省分行	建设银行安徽省分行	交通银行合肥分行
1993	2853614	2376000	568529	1162632	179490
1994	3091900	1502000	658754	1358241	206248
1995	3551735	1775000	776178	1877464	243341
1996	4127542	2580000	959325	2203745	295352
1997	4604631	2583000	1111764	2419637	351948
1998	5087878	2910000	1284932	2731524	427385
1999	5127400	4534000	1415704	2465654	499493
2000	4968669	3888000	1475230	2596513	607434
2001	5371040	4144000	1733217	2673679	617439
2002	6080306	4540000	2019994	3197401	925058
2003	7010204	5172000	2468789	3626701	1183467
2004	7871422	6366000	3091708	3849796	1439499
2005	7564844	6937000	3333885	4309715	1761300

1999年,光大银行合肥分行将营销对象定位为绩优上市公司,以及基础设施、能源、交通、电力、电信等领域的大中型企业,发展了一批重点客户。

2000年,中信银行合肥分行大力调整信贷资产结构,优化资产质量,扩大经营品种。光大银行合肥分行进入快速发展阶段。通过抓大户、抓重点户,延伸了业务发展空间,推动了存贷款规模快速增长。全年向4户重点企业公开授信3.8亿元;审查上报总(分)行联动贷款项目3个,金额7亿元。浦发银行芜湖分行各项贷款余额24467万元,发放贷款56369万元,收回贷款31902万元。各项贷款余额比计划的23000万元增加6.4%。年末贷款余额占全市同业的2.29%,增量占比为13.7%。

2001年,中信银行合肥分行转变经营思路,跟进市场,不断调整业务结构,加强对安徽经济建设的信贷投入,强化与大型骨干企业的战略合作,并重点支持公路、煤炭、电力、电信等基础行业以及钢铁、汽车和水泥等本省优势品牌产品的发展,分行的贷款余额增长率为129%。光大银行合肥分行主要将贷款投向上市公司、基础产业、重点行业和其他优秀中小企业。浦发银行芜湖分行各项贷款余额38830万元,较年初新增14363万元,完成全年任务的144%。全市同业增量占比为14.56%。

2002年,中信银行合肥分行坚持全员营销,继续以交通、电信、电力等基础行业为突破口,不断加大对中小企业的支持力度,贷款总量逐年攀升。招商银行合肥分行结合分行的中期发展规划,加强对客户的授信工作,与安徽省内一批龙头企业建立信贷合作关系,并将一批优秀的中小企业、外资及民营企业列为重点支持对象。全年共完成企、事业贷款授信85亿,累计发放贷款27亿元。新增各类授信75.75亿元,从行业角度看,合肥分行授信客户主要集中在交通(占15.3%)、电力(占14.9%)、煤炭(占7.9%)、通信(占5.8%)、钢铁(占5.8%)、建材(占4.4%)等基础性行业,上述客户授信占比达54.1%。

2003年,中信银行合肥分行安全稳健发展资产业务,根据市场变化,不断调整资产与负债结构,并通过业务创新,为业务发展提速,在优质客户拓展方面成绩显著,支持客户的贷款占比由年初84%上升到96%。招商银行合肥分行继续推行"两条线、一大片"的发展战略,全行重点营销电力、交通、煤炭等国家大型基础建设项目,取得显著效果。浦发银行芜湖分行实施由以负债为主导的经营结构向以资产为主导的经营结构的转变,全面树立资产业务营销观念,积极拓展新推出的资产业务品种。

2004年,光大银行强化"资本约束"发展观,积极转变传统业务发展模式,加快信贷调整步伐。根据国家宏观调控政策和安徽省"861行动计划",加大对交通、能源、汽车等行业信贷投放力度。招商银行合肥分行将有限的信贷资源重点投向本省交通、煤炭、电力、汽车、水利等优势行业的优质企业。全年对交通、汽车、水利、煤炭和电力等系统新增贷款合计达12.81亿元,占当年新增贷款的84.67%。新增贷款主要投向海螺集团、徽杭高速公路公司、省交通投资集团公司、安联高速公路公司、康源热电、合肥电厂、省水利投资公司、江淮汽车、奇瑞汽车、星马汽车、淮南矿业集团、国投新集等"双优"客户。浦发银行芜湖分行收缩异地客户授信,收紧集团公司授信,全年压缩异地和集团公司授信5400万元。

2005年,中信银行合肥分行转变经营理念和盈利模式,将市场定位在追求商业银行利润最大化上,采取多种形式调整业务结构,稳健经营贷款,资产负债业务并举。招商银行合肥分行通过开展煤、电、油、运等优势行业高层互动,全年交通、水利、两淮煤矿、电力股份等重点客户的贷款平稳增长,确保了利润目标的实现。光大银行合肥分行加大与政策性银行的业务合作,开展有条件担保联合贷款项目2个,金额2.5亿元,信贷资产委托互管业务27.85亿元。

1996—2005 年中信银行合肥分行、光大银行合肥分行、招商银行合肥分行、浦发银行芜湖分行贷款余额统计表

表 4－3－15　　单位：万元

年　份	中信银行合肥分行(亿元)	光大银行合肥分行	招商银行合肥分行	浦发银行芜湖分行
1996	0.32	–	–	–
1997	1.13	–	–	–
1998	1.89	–	–	–
1999	3.87	71193	–	–
2000	4.76	53132	–	24467
2001	6.36	185002	40300	38830
2002	14.58	360216	200911	73642
2003	26.56	503977	35814	124345
2004	41.96	517948	517025	121046
2005	70.12	601233	688732	133838

说明：1. 中信银行合肥分行数据以亿元为单位；
2. 招商银行合肥分行数据根据自营贷款余额统计；
3. 浦发银行芜湖分行各项贷款为本外币合计

短期贷款　1985 年，工商银行安徽省分行针对上年货币投放过多、贷款和消费资金增长过猛等情况，实行规模、差额双线控制，紧缩信贷力度。建设银行安徽省分行根据建筑业管理体制改革的要求，安徽省地方国营建安企业原由财政拨给的自有流动资金全部改为建筑银行贷款。

1986 年，建设银行安徽省分行为了保证建安企业的正常生产与经营，首先解决国营建安企业小额流动资金的需要，对中央在安徽的建安企业优先给予补充。对集体施工企业在具有 30% 自有流动资金的前提下，量力给予贷款支持；对盲目采购基建材料造成积压或承包计划外工程的企业，银行不予发放贷款。

1987 年，工商银行总行印发《关于集体商业、国营及其他商业贷款几个问题的通知》，规定要按国家有关政策要求和贷款“安全性、流动性、效益性”的原则，有控制地发放贷款。建设银行安徽省分行开始试办生产企业流动资金贷款业务，狠抓清收被拖欠工程款，把发放贷款与清理拖欠挂钩。

1988 年，为了支持促进建筑业的发展，建设银行安徽省分行扩大对建筑业的流动资金贷款的范围，增加多种经营贷款，建筑机械、建材供销企业贷款，城市综合开发及商品房建设贷款。

1989—1990 年,国家进入三年治理整顿时期,工商银行安徽省分行认真贯彻中央“治理整顿、深化改革”的方针,严格执行“控制总量、调整结构、保证重点、压缩一般”的信贷政策,进一步强化对国营工业贷款结构的制约与管理。建设银行安徽省分行在全国建行系统率先组建工商信贷处,全面介入流动资金贷款领域。为了搞好建筑业流动资金贷款管理,全辖各行、处把帮助企业清仓挖潜、清理被拖欠工程款和按规定预收备料款等项工作结合起来,促进加速流动资金周转,以减少贷款和利息负担,并把对建安企业的信用评定作为完善贷款调查与考核手段,同时,继续贯彻首先保证承担国家重点项目建设任务的建安企业流动资金贷款需要的原则,既支持了建筑业的发展,又为大批商品房建设提供了资金保证,支持了居民住宅向商品化发展。

1992 年,工商银行安徽省分行实行法人授权制,改革信贷管理制度,划分政策性贷款,建立政商业务分离机制。1994 年,按照国家政策,开始向中国农业发展银行划转政策性贷款。1992 年以后,建设银行安徽省分行作为省内住房公积金业务主要承办银行之一,在做好住房公积金归集、结算工作的同时,陆续开发推出住房公积金贷款、公积金组合贷款、公积金质押贷款、“转按揭”等多个业务品种,实现公积金自动查询,为安徽省住房制度改革做出了重大贡献。1992 年末,已有 75 个市县(含县级市)正式委托当地建设银行分(支)行承办房改金融业务,占全省市、县的 83%。

1994 年以后,随着向商业银行转轨,建设银行安徽省分行的信贷品种不断创新,并逐步推出公司类和零售类业务兼备的多功能服务。经过不断创新,省分行的信贷产品逐步由过去的基建技改贷款、工商流动资金贷款等比较单一的产品结构向多功能产品结构转变。

1995 年以前,交通银行合肥分行坚持“区别对待、择优扶持”的原则,做到有保有压、既控又活,稳健发展贷款业务,短期贷款始终是主流贷款业务品种。短期贷款投向主要集中在工业、商业、物资供销企业及农副产品收购方面,之后,开始逐步发展个人住房消费贷款、汽车消费贷款和耐用消费品贷款。

1996—2000 年,工商银行安徽省分行实行从严治贷,建立信贷进退机制、激励机制、预警机制和约束机制,开展债转股和不良资产剥离工作。

1998 年以前,农业银行安徽省分行短期贷款比重在 90% 以上,贷款业务品种相对单调,主要是农业、乡镇企业和农副产品收购贷款。1998 年,建设银行安徽省分行发放第一笔个人商品住房贷款,成为省内首家开办自营性个人住房贷款业务的金融机构。随着国家福利分房制度取消,省分行在个人商品住房贷款业务品种上不断创新,逐步推出个人再交易住房贷款、个人商业用房贷款等业务产品。2002 年,在省内率先推出“乐得家”个人住房贷款品牌。

1999 年,中国银行安徽省分行短期贷款稳步增长,1999 年(含)以前短期贷款占比 90% 左右,余额从 1986 年 16 亿元增加到 1999 年的 131 亿元。2000—2001 年大幅下降,2002 年快速回升后,2003—2005 年又呈下降态势,至 2005 年末,短期贷款余额 119

亿元。建设银行安徽省分行发放第一笔个人消费贷款。之后，随着安徽省经济发展，居民收入水平提高，省分行陆续推出个人消费额度贷款、个人汽车贷款、助学贷款、个人权利质押贷款、下岗失业人员小额担保贷款、个人助业贷款等个人消费类贷款产品。

1986—2005 年，中国银行安徽省分行短期贷款快速增长，年均增速 11.85%。其中 2002—2005 年贷款呈下降态势，主要原因在于省分行正着手实施股改，为筹备上市而剥离了大量的不良资产，致使短期贷款有所下降，剔除剥离不良贷款年份的影响，1986—2002 年短期贷款年均增速高达 15.32%。

2001—2005 年，工商银行安徽省分行加大信贷结构调整力度，加大对重点产业、重点行业以及重点客户的信贷投入，加大对新增不良贷款相关责任人的处罚力度。

1986—2005 年工商银行安徽省分行、农业银行安徽省分行、中国银行安徽省分行、建设银行安徽省分行、交通银行合肥分行短期贷款余额统计表

表 4 - 3 - 16　　单位：万元

年　份	工商银行安徽省分行	农业银行安徽省分行	中国银行安徽省分行	建设银行安徽省分行	交通银行合肥分行
1986	892146	649000	161306	60113	-
1987	1027194	834000	179400	61672	-
1988	1166935	910000	216097	78801	17759
1989	1300402	887000	263278	92106	30645
1990	1532474	1331000	323473	128773	47745
1991	1793537	1656000	353466	170801	66496
1992	2029157	1930000	415044	209471	83924
1993	2383907	2338000	527828	268006	159847
1994	2514240	1267000	610524	436442	180809
1995	2851102	1485000	713832	580488	201989
1996	3196894	1864000	860893	753292	231363
1997	3721526	1892000	985042	1200991	290723
1998	3851815	2175000	1148318	1215059	322897
1999	3828697	2674000	1309729	1165356	327071
2000	3506471	2132000	1148127	1401120	420113
2001	3459556	2262000	1101295	1254935	609137
2002	3706236	2937000	1465434	1372437	730592
2003	3933377	3208000	1404865	1598832	912793
2004	3770332	3607000	1357428	1269150	1076299
2005	2482320	3751000	1187040	1189304	1257400

1999—2005年,光大银行合肥分行短期贷款迅速增长,由1999年的19858万元增加到2005年248611万元,增长12.5倍。

2001—2005年,招商银行合肥分行短期贷款主要包括工业贷款、商业贷款、建筑业贷款、三资企业贷款、其他短期贷款、其他企业贷款、文教卫生贷款、旅游及服务业贷款、短期抵押贷款。

截至2000年末,浦发银行芜湖分行短期贷款10户,余额15500万元(含总行专项贷款6000万元),其中工业企业贷款13400万元,商业贷款500万元,其他贷款1600万元;年末个人消费贷款146户,余额573万元;小额存单质押贷款12户,余额34万元;贴现贷款余额8360万元。

2001年,浦发银行芜湖分行短期流动资金贷款余额为26130万元,较年初增加16596万元;总行专项贷款余额9000万元,较年初增加3000万元;贴现贷款余额为2396万元,较年初减少5964万元;个金贷款余额为1304万元,较年初增加731万元。

2002年,浦发银行芜湖分行短期流动资金贷款余额为42345万元,较年初增加11795万元;贴现贷款余额为27370万元,较年初增加26263万元;个金贷款余额为4267万元,较年初增加3085万元。2004年,浦发银行芜湖分行发放个金贷款余额1.93亿元,较上年增加1.02亿元;贴现贷款发放1.79亿元,月末余额7600万元,较上年下降7900万元。

1999—2005年光大银行合肥分行、招商银行合肥分行、浦发银行芜湖分行短期贷款余额统计表

表4-3-17　　　　单位:万元

年　份	光大银行合肥分行	招商银行合肥分行	浦发银行芜湖分行
1999	19858	-	-
2000	33256	-	15500
2001	157986	39500	26130
2002	224525	136834	42345
2003	219999	261245	-
2004	194880	287822	-
2005	248611	285224	-

中长期贷款　1979—1990年,建设银行安徽省分行合计对649个技术改造项目发放19.91亿元贷款,累计收回贷款13.6亿元,信贷资金周转4.52次,相当于2年零2个月周转一次。为了改善轻重工业投资比重不合理的状况,加速轻纺工业的发展,增加急需的日用消费品生产,共对轻纺工业企业发放贷款6.57亿元,支持1850个项目进行

技术改造。对国家计划内上能力、上水平的扩建改建的65个技术改造项目,发放贷款2.16亿元,重点支持大中型企业扩大生产能力。

1986—1990年,工商银行安徽省分行贷款项目越来越多,投资额不断增大。中国银行安徽省分行中长期贷款稳步增长。1987年,建设银行安徽省分行根据建行总行要求,继续对中央级"拨改贷"借款合同进行清理,并布置地方级"拨改贷"借款合同的清理工作。通过清理,对80个不符合贷款要求的项目转为拨款,促进贷款的回收。1987年末共收回贷款本息5246万元。

1988年,交通银行合肥分行中长期贷款在全部贷款中比重呈逐年提升态势。在信贷投向上,坚持向省内基础设施建设,以及电力、出版等行业优势明显的大集团、大企业倾斜,积极向科技、教育等新的业务领域开拓,着力调整、优化信贷业务结构,实现信贷扩张与资产风险控制的有效结合。

1990年,建设银行安徽省分行一方面加强财政监督和资金调度,保证资金合理供应,另一方面狠抓"拨改贷"的回收,共收回中央级"拨改贷"3634万元,占回收计划91%。当年中央级项目安排基建基金11.5亿元,完成投资的91%。个别项目资金到位迟,项目急需用款时,适时发放临时贷款,保证了建设进度。同年,建行总行核定地方级"拨改贷"回收计划300万元,实际只完成11万元,仅占回收计划的30.4%。继续贯彻治理整顿和深化改革的方针,按照国家产业政策,合理确定贷款投向,调整信贷结构。全年基建贷款余额新增9.9亿元,比上年增长28.5%,控制在核定的计划之内。贷款增量的80%以上用于支持国家和地方重点建设项目的资金需要,促进发挥投资效益。

1991—1995年,工商银行安徽省分行重点支持国家大型项目和行业重点项目,承贷了一批国家经贸委组织实施的加大技改投资力度、加快企业改革步伐项目。1996—2000年,工商银行安徽省分行一方面继续巩固传统技术改造信贷业务,集中投向重点工业企业,另一方面,逐步加大基本建设贷款比重,努力开辟公路、电力、邮电、市政等基础设施领域。

1999年,建设银行安徽省分行办理中央级"拨改贷"和经营性基金转国家资本金(核销、债权债务下划)17.2亿元的账务处理工作。

1986—2005年,中国银行安徽省中长期贷款业务发展良好,年均增速40%。中长期贷款在全部贷款中占比逐年增加,由1986年的6.52%增长到2005年的54.2%,其原因主要是自20世纪90年代末开始,国内经济发展开始提速,全社会固定资产投资迅猛增长,安徽省2000—2005年全社会固定资产投资年均增速22%,直接推动了与固定资产投资相关的中长期贷款增长。

2001—2005年,工商银行安徽省分行开拓优秀大型重点企业、外商投资企业和上市公司三大客户,以及基础设施、重点基础产业、高新技术产业、流通领域等四大领域。截至2005年末,中国银行安徽省分行中长期贷款余额从1亿元升至181亿元,在整个贷款中占比由1986年的6.52%提升至2005年的54.2%。

1986—2005 年工商银行安徽省分行、农业银行安徽省分行、中国银行安徽省分行、建设银行安徽省分行、交通银行合肥分行中长期贷款余额统计表

表 4－3－18　　单位:万元

年　份	工商银行安徽省分行	农业银行安徽省分行	中国银行安徽省分行	建设银行安徽省分行	交通银行合肥分行
1986	112057	8000	11247	127089	–
1987	133272	11000	16866	168584	–
1988	152711	19000	17420	198301	2359
1989	166975	21000	19078	214238	2489
1990	187763	21000	20012	268900	2539
1991	268872	33000	31301	405873	2849
1992	380360	49000	35859	533861	2884
1993	469707	57000	37263	765526	5315
1994	577660	69000	39391	873142	3599
1995	700633	82000	47017	1032444	8229
1996	872250	366000	50038	1159359	16692
1997	883105	369000	115034	1218646	19742
1998	1019501	425000	127611	1516465	39310
1999	999895	479000	100397	1300298	46419
2000	986059	370000	323416	1195393	68794
2001	1337953	433000	549833	1348761	7952
2002	1732333	1399000	435579	1678649	16922
2003	2506774	1609000	894440	1808542	248916
2004	3426971	2016000	1411157	2350566	322730
2005	4610193	2233000	1806896	2971428	379314

1999—2000 年,光大银行合肥分行中长期贷款大幅下降,由 1999 年的 43714 万元降至 2000 年的 3048 万元,比上年少增 40666 万元。2001—2005 年,光大银行合肥分行中长期贷款增长迅速,由 2001 年的 19505 万元增加到 2005 年的 314011 万元,增长 15 倍。

2001—2005 年,浦发银行芜湖分行中长期贷款规模不断扩大,至 2005 年,增加到 45981 万元。

2002—2005 年，招商银行合肥分行中长期贷款不断上升。由 2002 年的 41823 万元增加到 2005 年的 292258 万元，增长 6 倍。

1999—2005 年光大银行合肥分行、招商银行合肥分行、浦发银行芜湖分行中长期贷款余额统计表

表 4－3－19　　单位：万元

年　份	光大银行合肥分行	招商银行合肥分行	浦发银行芜湖分行
1999	43714	－	－
2000	3048	－	0
2001	19505	－	1033
2002	81048	41823	3927
2003	221780	53153	27431
2004	297128	169397	36393
2005	314011	292258	45981

其他类贷款　1986—2001 年，农业银行安徽省分行其他类贷款量总体呈上升态势，其中 1993 年最低值为 16000 万元，2001 年达到最高值 1447000 万元。2002—2005 年其他类贷款稳步提升，至 2005 年末，其他类贷款余额 953000 万元。

1986—1996 年，中国银行安徽省分行其他类贷款呈上升态势，余额从 0 升至 4.84 亿元；1997—2000 年，其他类贷款逐年下降，至 2000 年，余额只有 3687 万元；2001—2005 年，其他类贷款快速提升，至 2005 年末，其他类贷款余额达 34 亿元。

2005 年 5 月 12 日，根据中国建设银行股份有限公司与中国建行投资有限责任公司（以下简称建银投资公司）正式签署的《委托贷款业务委托管理协议》，建银投资公司承继了原中国建设银行 2000 年 10 月 20 日（含）以前形成的所有对公委托贷款业务，也就是俗称的“对公老委托贷款”。2000 年 10 月 20 日后形成的所有对公委托贷款业务被称为“对公新委托贷款”，即建设银行直接受“委托人”委托办理业务。建设银行各分支机构在实际操作中，执行《中国建设银行委托贷款业务管理暂行办法》等相关规定。由于委托人不断地回收本金和利息，截至 2005 年末，“对公老委托贷款”还有 2350 笔，余额 43.9 亿元，委托贷款基金余额 27.9 亿元。截至 2005 年末，“对公新委托贷款”余额 131245 万元。

交通银行合肥分行其他类贷款占比较小，其中 2005 年余额最小，为 14 万元，1994 年其他类贷款余额最大，为 472973 元。

1986—2005 年农业银行安徽省分行、中国银行安徽省分行、建设银行安徽省分行、交通银行合肥分行其他类贷款余额统计表

表 4－3－20　　　　单位:万元

年　份	农业银行安徽省分行	中国银行安徽省分行	建设银行安徽省分行	交通银行合肥分行
1986	87000	0	29745	－
1987	28000	200	44715	39
1988	22000	830	36141	506
1989	149000	2246	39907	809
1990	79000	3574	50636	142
1991	70000	5441	60166	524
1992	38000	3753	95873	11410
1993	16000	3438	129101	31183
1994	185000	8839	48657	47297
1995	208000	15329	264532	－
1996	350000	48394	291094	－
1997	322000	11688	－	－
1998	310000	9003	－	－
1999	1381000	5578	－	－
2000	1386000	3687	－	－
2001	1447000	82089	69983	－
2002	237000	118981	146315	3194
2003	356000	169484	219327	3167
2004	742000	323123	230080	360
2005	953000	339949	148983	14

说明:工商银行各个时期的其他贷款包含内容不一,没有连续性和可比性,故不在表中反映

1999—2005 年,光大银行合肥分行其他类贷款不断增加,由 1999 年的 9621 万元增加到 2005 年的 38611 万元,增长 3 倍。2001—2005 年,招商银行合肥分行其他类贷款由 20500 万元增加到 2005 年的 289732 万元,增长约 13 倍。

1999—2005 年光大银行合肥分行、招商银行合肥分行、

浦发银行芜湖分行其他类贷款余额统计表

表 4 - 3 - 21　　单位:万元

年　份	光大银行合肥分行	招商银行合肥分行	浦发银行芜湖分行
1999	9621	-	-
2000	16828	-	0
2001	7511	20500	0
2002	54643	97817	0
2003	62198	146708	0
2004	25940	206444	50
2005	38611	289732	0

第三节　中间业务及表外业务

结算业务　1986—1998 年,商业银行支付结算类中间业务为人民银行规定的基本结算类中间业务,办理“三票一卡”,办理汇兑、委托收款、托收承付。非基本结算类中间业务主要是代发工资、同城代收水电费业务。1986—1994 年中国银行安徽省分行支付结算类中间业务收入基本来源于结售汇和国际结算,1994 年,外贸体制改革后,收入来源更加广泛,支付结算收入占比下降,但仍超过 50%。

1995 年,中国建设银行安徽省分行成立委托代理处,归口管理全行的中间业务。截至 2005 年,省分行中间业务品种包括结算类、银行卡类、代理类、担保类、咨询类、理财类、衍生工具等七大类 80 多种,并创出一批具有建行特色的品牌。

1999 年,中国农业银行安徽省分行开始代理中国平安保险股份有限公司资金结算,开办企业银行存款及往来款项询征函业务。在合肥开办代理外资银行结算业务,主要代理花旗银行上海分行、深圳分行收付款业务。

2000 年,人民银行支付结算业务代理办法出台,代理结算业务发展迅速。在全辖范围内开办代理政策性银行、股份制商业银行、城市商业银行、外资银行及其分支机构和城市信用合作社、农村信用合作社签发汇票业务。农业银行安徽省分行与 9 家农村信用社签订代理签发华东三省一市银行汇票协议,签发华东三省一市银行汇票业务 80 笔,金额 312 万元。因留学、移民、经商等需要开具存款证明书的居民个人(含外国人和港澳台侨胞)均可以向省农业银行所辖机构申请办理个人存款证明书业务。与中国人寿保险安徽省分公司就保费收入特约传真划款业务全面合作。农业银行安徽分支机构代为管理保费收入专用账户,人寿保险安徽省分公司开户行下达划款指令,省分行分

支机构即时划款,并在“划款指令”上编制号码和汇票密押,先传真后邮递。省保险公司开户行根据付款行发来的实时汇划报文办理入账手续。

2001年,建设银行安徽省分行代理中央财政授权支付业务,先后为水利、财政等部门和中国科学院合肥分院、中国科学技术大学等单位办理授权支付业务。工商银行安徽省分行新一代综合业务处理系统和资金汇划清算系统全面投产运行,扩大人民币清算业务服务领域,加强与中小商业银行、证券公司等金融机构的合作,扩大资金清算代理范围和品种,人民币清算业务成为分行的一项重要业务。

2002年,农业银行安徽省分行开办代信用社客户签发银行承兑汇票业务,满足部分民营企业、中小企业对银行承兑汇票业务的需求,推出第一个汇兑结算产品“通汇宝”。“通汇宝”是农业银行实时汇兑效果支付结算产品的统一名称,包括实时汇兑业务、网内往来业务等。

2003年,农业银行安徽省分行开办代理票据真伪鉴定、补制对账单、补制回单等非基本结算类中间业务。拓展代理结算业务范围,主要代理财政国库授权支付和中央预算外资金收入收缴业务,为系统性、集团性客户提供一揽子流动性管理服务。开办批归、实归等流动性现金管理产品,主要为系统性、集团性客户提供流动性资金服务方案。同年,农业银行安徽省分行为安徽烟草、新华集团提供现金管理批量归集,助其实现集团内部的资金归集管理、集团客户资金划转以及融资业务。开办对公通存通兑和二级账簿产品。相继为美国银行、日本东京三菱银行等多家外国银行办理人民币异地汇划业务。

2004年,农业银行安徽省分行开办特色结算产品——漫游汇款。汇款人不需要指定汇入行,收款人可任意选择全国范围内取款机构。2004年,光大银行合肥分行结算业务收入为236万元。

2005年,中国银行安徽省分行国际结算业务量达47亿美元、对公贸易结售汇总量20.22亿美元,实现支付结算业务中间业务收入8262万元,占整体中间业务收入的55%,其中结售汇和国际结算收入占比分别为23.38%和22.43%,占省内四行份额分别为41%和53%。分行支付结算类中间业务收入较高,得益于众多的海外机构、多样化的产品以及专业的国际化特色服务。中国银行安徽省分行已与400多家境外银行及其分支机构建立往来关系,业务品种涵盖信用证、即期及远期结售汇、保函、保理、银行承兑汇票等主要品种,并主动将结算业务与贸易融资结合,开办进出口押汇等多项贸易融资业务,全方位满足客户需求。同时,不断改进服务水平,实现国际结算业务电子化,并针对全省进出口大户制定综合服务方案,成为外向型和“走出去”企业的首选银行。2005年,加快电子银行业务体系建设,企业网银交易量达195亿元。光大银行合肥分行自成立至2005年,会计结算部作为结算管理部门,不断完善结算制度,根据总行颁布的有关结算工具文件精神,加大对支行柜员的培训、检查力度,不断提升柜员服务能力,提高柜面业务处理效率,为广大客户提供优质高效的结算服务。1999—2005年,光大银行合肥分行支付结算类中间业务为人民银行规定的基本结算类中间业务，办理“三票一卡”，办理汇兑、委托收款、托收承付。2005 年，光大银行合肥分行结算业务手续费收入为 403 万元。

2000—2005 年工商银行安徽省分行、中国银行安徽省分行、建设银行安徽省分行、光大银行合肥分行、浦发银行芜湖分行支付结算类中间业务收入统计表

表 4－3－22　　　　单位：万元

<table>
<tr><th>年份</th><th>中国工商银行安徽省分行</th><th colspan="5">中国银行安徽省分行</th><th colspan="5">中国建设银行安徽省分行</th><th>中国光大银行合肥分行</th><th>浦发银行芜湖分行</th></tr>
<tr><td>2000</td><td>–</td><td colspan="5">–</td><td colspan="5">–</td><td>–</td><td>9.84</td></tr>
<tr><td>2001</td><td>280</td><td colspan="5">–</td><td colspan="5">–</td><td>–</td><td>7.01</td></tr>
<tr><td>2002</td><td>2364</td><td colspan="5">–</td><td colspan="5">–</td><td>–</td><td>16.99</td></tr>
<tr><td rowspan="2">2003</td><td rowspan="2">4305</td><td colspan="5">6264</td><td colspan="5" rowspan="2">–</td><td rowspan="2">–</td><td rowspan="2">19.79</td></tr>
<tr><td>单位结算收入：1560</td><td>个人结算收入：117</td><td>代理同业清算收入：49</td><td>结售汇收入：2169</td><td>国际结算收入：2369</td></tr>
<tr><td rowspan="2">2004</td><td rowspan="2">5398</td><td colspan="5">8129</td><td colspan="5" rowspan="2">–</td><td rowspan="2">236</td><td rowspan="2">25.16</td></tr>
<tr><td>单位结算收入：979</td><td>个人结算收入：149</td><td>代理同业清算收入：55</td><td>结售汇收入：4049</td><td>国际结算收入：2897</td></tr>
<tr><td rowspan="2">2005</td><td rowspan="2">6609</td><td colspan="5">8262</td><td colspan="5">6363</td><td rowspan="2">403</td><td rowspan="2">44.79</td></tr>
<tr><td>单位结算收入：995</td><td>个人结算收入：231</td><td>代理同业清算收入：178</td><td>结售汇收入：3500</td><td>国际结算收入：3358</td><td>单位结算收入：1535</td><td>个人结算收入：1322</td><td>代理同业清算收入：334</td><td>结售汇收入：1395</td><td>国际结算收入：1777</td></tr>
</table>

说明：1986—2005 年，安徽省部分商业银行会计、统计报表均未对中间业务进行细分核算、统计，故无统计数据收入

代理业务 1986年,中国银行安徽省分行办理花旗银行等8家机构的旅行支票代售业务。

1987年,建设银行安徽省分行代理发行2.76亿元的国债和重点建设债券,以及地方企业债券。

1992年,中国银行安徽省分行下属信托公司开办代理发行债券、代理买卖股票业务,当年代理债券交易1729万元,代理马钢公司发行2000万元企业债券,并取得深圳、上海证券交易所及北京联办自动交易报价系统的三个会员资格,成为安徽省唯一同时拥有“两所一会”会员地位的证券商。

1993年,中国银行安徽省分行开通代理深圳、上海公众股和北京STAQ法人股委托买卖业务,并开办上海证券业务部,当年成交5亿元,同时担当省内两家股份制企业IPO的承销商,承销法人股2288万元。

1995年,建设银行安徽省分行累计代理开发银行贷款163亿元。1996年,为省内多家保险公司代理保险业务。1997年,成立蚌埠铁路联行网络,稳定和发展蚌埠铁路分局及其系统的资金代理业务。

1999年,建设银行安徽省分行商业保险代理业务总量5502万元,代理手续费收入33.34万元,以保吸存11688.8万元。交通银行合肥分行开办各项代理业务,主要品种有代收代付业务、代理国债业务、代理基金业务等。代理基金销售业务有代理销售股票型基金、债券型基金、保本型基金、货币型基金。代理国债业务有办理国债发行、国债提前兑付、到期兑付及终止投资配套业务,为个人客户办理国债资产质押、开立储蓄国债存款证明等业务。1999—2005年,光大银行合肥分行开展代理业务,主要有代理水费、燃气费、移动话费等代缴费业务,开办代理保险业务、代理基金销售业务。

2000年,建设银行安徽省分行成为蚌埠丰原集团1亿元进出口银行出口信贷额度贷款的代理行,代理贷款资金总量3亿元。作为华安证券有限责任公司的主办存管银行、国元证券有限责任公司的法人存管银行,在安徽省内代理证券资金结算业务,占有较大份额。开办代理销售电脑体育彩票业务。

2001年,农业银行安徽省分行营业部金城支行、芜湖金桥支行、安庆分行营业部、蚌埠珠城支行及阜阳分行营业部首批开办保管箱业务,后淮南分行也获准开办。全省有大中小特型保管箱19308门。中国银行安徽省分行在大力拓展银行卡代收代付业务的同时,加大代理证券、保险、国库业务拓展力度。利用B股向国内投资者开放机会,与华安、国元等券商建立代理B股清算等业务合作,与人保安徽分公司等单位建立代理关系。工商银行安徽省分行对全行所有代理业务品种进行整合,完成整合后业务品种的命名工作,从一些投入大、业务量大、资金流量小、收益差的业务品种中退出。加强与保险公司全面合作,扩大代理保险业务规模,利用个人住房贷款和汽车消费贷款拉动代理保险业务的发展。

2002年,农业银行安徽省分行在17家二级分行开办代理开放式基金业务,首批经办网点100个，后逐步扩大至全省所有网点。中国银行安徽省分行代收国税项目在淮南、芜湖顺利推行，与国元、华安共同推出“AB股银券通”业务。光大银行合肥分行开办代收联通公司移动话费业务、代收移动手机话费业务、代收电信公司固定电话费业务、代收供水集团有限公司水费业务，在4家网点开办代理保险业务。

2004年，农业银行安徽省分行开办代理中央财政直接支付和授权支付，代理省、市、县级财政直接支付和授权支付业务，并接受保险公司委托，在其授权范围内，以兼业代理人身份代其办理保险业务，并向保险公司收取代理手续费的业务。中国银行安徽省分行加快开放式基金代销业务发展，共代销11只分行托管的开放式基金，合计代销额超2亿元；整合柜台网点、电话银行、网上银行等多种渠道，拓展水、电、气等代收费领域。2004年，光大银行合肥分行代理保险业务收入84.79万元，代理收费业务收入2.29万元，代理基金销售业务收入11.46万元，其他代理业务收入10.04万元。

2005年，农业银行安徽省分行开办代理黄金销售业务，落地行为合肥市三牌楼支行，代销黄金生肖币。农业银行安徽省分行接受国家政策性银行委托，代为办理政策性银行因服务功能、网点设置等方面限制而无法办理的业务，包括代理贷款资金拨付管理、监督借款合同执行、项目贷款资金使用、办理贷款资金结算和会计核算，协助做好贷款本息回收工作，以及双方商定的其他委托代理业务。中国银行安徽省分行代理类中间业务收入达1962万元。中国建设银行安徽省分行保险代理业务手续费收入619.8万元（含代收代付业务收入），柜面代销保险业务量16814万元，代收代付保险业务量10.5亿元。2005年，光大银行合肥分行代理保险业务收入40.19万元，代理收费业务收入0.62万元，保量代理基金销售业务收入0.64万元，其他代理业务收入27.38万元。

2003—2005年工商银行安徽省分行、中国银行安徽省分行、建设银行安徽省分行、光大银行合肥分行、浦发银行芜湖分行代理类中间业务收入统计表

表4-3-23　　　　单位:万元

年　份	中国工商银行安徽省分行	中国银行安徽省分行	中国建设银行安徽省分行	中国光大银行合肥分行	浦发银行芜湖分行
2003	4280	601	-	-	0.002
2004	5330	1708	-	108.58	7.98
2005	7362	1962	3399	68.83	0.16

说明:1986—2005年，安徽省部分商业银行会计、统计报表均未对中间业务进行细分核算、统计，故无统计数据收入

银行卡业务　1986年，中国银行率先发行了国内第一张人民币信用卡，并为花旗

银行、日本东海银行等境外机构提供信用卡取现等服务。

1991 年,工商银行决定在全国推动牡丹卡业务,工行安徽省分行开办银行卡业务。

1993 年,工商银行投产“4381”牡丹卡应用系统。1993 年 1 月 8 日、18 日,农业银行合肥市、蚌埠市信用卡部对外开办信用卡业务,发行农业银行安徽省分行第一批金穗卡。1994 年,农业银行芜湖、黄山、淮南三市分行对外开办金穗卡业务。1993 年 2 月,建设银行安徽省分行在合肥、芜湖、淮北三个二级分行开办信用卡业务,形成以合肥为中心,辐射全省各主要城市的信用卡业务网络。

1995 年 6 月,农业银行安徽省分行设立信用卡部。全省各地、市行均开办信用卡业务。1995 年,中国银行安徽省分行长城信用卡有效卡达 7 万张,发展特约商户(不含取现点)1112 家,年交易额 24 亿元,吸收存款 6 亿元。1995 年,建设银行安徽省分行先后推出龙卡储蓄卡、联名卡、生肖储蓄卡等品种。

1996 年,农业银行安徽省分行发行金穗黄山卡,推动代收、代付业务的开展。

1997 年,工商银行安徽省分行商业收银 POS 系统在全省所有牡丹卡发卡城市安装运行。1997—1998 年,建设银行安徽省分行依托城市综合网和银行卡拓展个人结算业务,开办银证转账业务、个人存款证明业务,在部分二级分行推出人寿龙卡业务。1997 年 12 月,交通银行合肥分行发行太平洋借记卡,该卡是具有消费结算、转账结算、存取现金、理财和一卡多户等多功能于一身的金融支付工具。

1998 年,农业银行安徽省分行推广发行金穗万事顺卡。

1999 年,农业银行安徽省分行银证转账业务在全省得到推广,首先在黄山市开办国际卡收单业务。中国银行安徽省分行实现全省借记卡联网,与省证券、省国投开通银证转账系统,开办国际长城卡,并推广银行卡代收代付业务系统,加强与电信、学校等企事业单位的业务合作,拓宽服务领域。1999 年,建设银行安徽省分行发行生肖储蓄卡,推进银行卡联网通用工作,实现全省银行系统资源共享,为龙卡持卡人实行跨行交易提供平台,龙卡整体用卡环境持续得到改善。1999 年 11 月 12 日,交通银行合肥分行开通太平洋卡。

2000 年,工商银行安徽省分行发行“先消费、后还款”的牡丹贷记卡。2000 年 2 月,交通银行合肥分行太平洋卡实现全国交行系统所有营业网点通存通兑、代收代付、消费信贷及银证自动转账等业务。

2001 年,工商银行安徽省分行在全省开展以“做工商银行人,用牡丹卡”为主题的“爱行用卡”活动。农业银行安徽省分行全省 16 个市分行成立银行卡中心。

2002 年,工商银行安徽省分行推广政府及企事业单位公务用卡营销活动,成功为省委、省政府、省人大、省政协的办公厅和省财政厅安装了财务 POS。农业银行安徽省分行与合肥工业大学联合发行第一批金穗校园卡。2002 年,建设银行安徽省分行发行银行卡 233.58 万张、储蓄卡 211.48 万张,其中新增发卡 80.27 万张,增长率 46.4%。2002 年,光大银行合肥分行发行“银联”标识阳光卡。

2003 年,光大银行合肥分行开办阳光卡圈存业务以及圈存系统燃气 IC 卡充值业务。浦发银行芜湖分行大力促进东方卡业务的发展,2003 年 11 月中旬,与芜湖商之都共同发行芜湖市首张银企联名卡“东方——商之都卡”。继续做好银联的接轨换卡工作和东方卡代发工资、异地求学学生用卡、公益单位东方卡代收代付,以及民营经济异地采购刷卡等工作。2003 年代发工资笔数、余额较 2002 年分别上升 44% 和 60% 。

2004 年,中国银行完成了信用卡处理系统的全面再造,建成位于北京的现代化全国统一信用卡处理中心,同时完成对全行银行卡品牌体系的革新,10 月发行依托于全新贷记卡处理系统之上的双币信用卡——中银信用卡。2004 年 12 月 18 日,农业银行安徽省分行营业部、阜阳分行、巢湖分行、六安分行、滁州分行和桐城市支行等 6 家试点行正式发行金穗信用卡(贷记卡)。2004 年底,建设银行银行卡累计发卡量为 348.06 万张,比年初新增 28.94 万张,其中,贷记卡 1.63 万张,比年初新增 1.12 万张。2005 年,全行贷记卡共新增发卡 23186 张,累计发卡量达到 40881 张。1999—2005 年,光大银行合肥分行发行“阳光”系列借记卡,主要有“阳光卡”“阳光商之都卡”“阳光图书卡”“阳光伊人卡”等多个卡种,阳光白金、黄金、紫金卡为 VIP 客户专属卡种。2004 年,光大银行合肥分行发行“阳光”系列信用卡,成为安徽省内信用卡市场重要组成部分。

2005 年,工商银行安徽省分行统一开展多项全省性大型信用卡消费促销活动,信用卡发卡量达 17.7 万张,当年累计直接消费交易额 12.1 亿元,实现业务总收入 4985 万元。2005 年 8 月,农业银行安徽省分行金穗信用卡(贷记卡)发行工作向全省全面推广。金穗卡分为金穗信用卡(准贷记卡、贷记卡)和金穗借记卡。1993 年发行的金穗信用卡(准贷记卡)是向境内单位和个人发行的具有转账结算、存取现金、消费信用等功能的人民币信用支付工具,2005 年底,发卡总量 15.9 万张。金穗信用卡(贷记卡)是向社会发行的,给予持卡人一定信用额度,持卡人可在信用额度内先消费后还款的信用支付工具,2005 年底,金穗信用卡(贷记卡)发卡量达 5.5 万张。金穗借记卡是面向社会发行的,具有存取现金、转账结算、消费等功能的金融支付工具,2005 年底,金穗借记卡发卡总量 437.51 万张,实现银行卡业务收入 1.25 亿元,占全行中间业务收入的 62.5%;国际卡收单 464 万元。在用卡环境建设上,农业银行安徽省分行投入自助银行 37 家、ATM 机 280 台,发展特约商户 2123 家,布放自主产权 POS 机 1138 台。2005 年,交通银行太平洋借记卡发行量超过 32 万张。2005 年,光大银行合肥分行“阳光”借记卡累计发卡量 403400 张,“阳光卡”存款 50967 万元,新增“阳光卡”存款 12835 万元。

2001—2005 年工商银行安徽省分行、中国银行安徽省分行、建设银行安徽省分行、浦发银行芜湖分行银行卡类中间业务收入统计表

表 4 -3 -24　　　　单位:万元

<table>
<tr><th>年份</th><th>中国工商银行安徽省分行</th><th colspan="4">中国银行安徽省分行</th><th colspan="4">中国建设银行安徽省分行</th><th>浦发银行芜湖分行</th></tr>
<tr><td>2001</td><td>–</td><td colspan="4">–</td><td colspan="4">–</td><td>7.01</td></tr>
<tr><td>2002</td><td>1086</td><td colspan="4">–</td><td colspan="4">–</td><td>16.99</td></tr>
<tr><td rowspan="2">2003</td><td rowspan="2">1491</td><td colspan="4">586</td><td rowspan="2" colspan="4">–</td><td rowspan="2">19.79</td></tr>
<tr><td>银行卡年费收入:37</td><td>银行卡结算收入:494</td><td>外卡收单收入:48</td><td>其他银行卡业务收入:7</td></tr>
<tr><td rowspan="2">2004</td><td rowspan="2">2662</td><td colspan="4">866</td><td rowspan="2" colspan="4">–</td><td rowspan="2">25.16</td></tr>
<tr><td>银行卡年费收入:25</td><td>银行卡结算收入:739</td><td>外卡收单收入:71</td><td>其他银行卡业务收入:31</td></tr>
<tr><td rowspan="2">2005</td><td rowspan="2">3003</td><td colspan="4">1263</td><td colspan="4">5153</td><td rowspan="2">44.79</td></tr>
<tr><td>银行卡年费收入:17</td><td>银行卡结算收入:526</td><td>外卡收单收入:76</td><td>其他银行卡业务收入:644</td><td>银行卡年费收入:335</td><td>银行卡结算收入:3824</td><td>外卡收单收入:402</td><td>其他银行卡业务收入:592</td></tr>
</table>

说明:1986—2005 年,安徽省部分商业银行会计、统计报表均未对中间业务进行细分核算、统计,故无统计数据收入

担保业务　1985 年,中国银行安徽省分行开始为省国际经济技术合作公司等 4 个企业的 10 个投标项目提供担保服务,并陆续开办投标保函、履约保函、预付款保函、关税保函、担保延期付款保函、内保外贷保函等品种多样的保函业务。

1995 年,工商银行安徽省分行开办出具人民币保函业务。农业银行安徽省分行开展担保类中间业务,主要为银行保函,包括履约保函、预付款保函、投标保函、维修保函、预留金保函、税款保付反担保保函、海关风险保证金保函等。

2001 年,工商银行安徽省分行开办非融资类人民币担保业务。2003 年,工商银行总行制定《担保业务管理办法》,明确担保基本工具是保函和备用信用证,各类担保产品整合为融资和非融资、对内和对外、人民币和外汇担保三大类。主要包括投标保函、履约保函、票据承兑和出口信用证保兑等种类。

1999—2002 年,光大银行合肥分行主要开展的担保类中间业务有备用信用证和保函业务,未办理过备用信用证业务。1999—2002 年,开立人民币保函共计 8000 余万元。2003 年,开始开立外币保函。

2005 年,中国银行安徽省分行各类保函业务发生额已达 7.98 亿元,余额达 20.65 亿元。光大银行合肥分行开立涉外保函占保函总量的 12%,履约保函所占比重超过 50%,预付款保函和投标保函分列二、三位。

2003—2005 年工商银行安徽省分行、中国银行安徽省分行、建设银行安徽省分行、招商银行合肥分行担保及承诺类中间业务收入统计表

表 4-3-25　　单位:万元

年　份	中国工商银行安徽省分行	中国银行安徽省分行	中国建设银行安徽省分行	招商银行合肥分行
2003	926	731	-	72
2004	515	516	-	146
2005	462	1073	1246	315

说明:1986—2005 年,安徽省部分商业银行会计、统计报表均未对中间业务进行细分核算、统计,故无统计数据收入

承诺业务　工商银行安徽省分行承诺函意向书指分行应业主(或有关单位)要求,对固定资产项目表示贷款意向或贷款承诺的书面文件。综合性授信是工商银行对优质客户或能够提供低风险担保的客户的部分或全部融资业务,提供一个融资承诺额度。在此额度内的融资业务,工商银行将通过简便、快捷的办理程序,快速满足客户需求。

农业银行安徽省分行贷款承诺函是农行承诺在未来一定时期内,按照双方事先约定的贷款用途、金额、利率、期限、用信方式等条件,向客户随时提供不超过约定贷款金额的书面文件。在有效期内,不经客户同意,银行不得自行撤销承诺。贷款承诺函只适用于中长期贷款项目,适用对象为公司类客户,且应同时具备农业银行规定的基本条件。银行信贷证明是农行应申请人(投标人)、招标人或项目业主要求,在项目投标人资格预审阶段,以出具银行信贷证明书的形式向招标人承诺,当申请人(投标人)中标后,在中标项目实施过程中,满足申请人(投标人)在银行信贷证明书项下承诺限额内用于该项目正常、合理信贷需求的一种表外信贷业务。该业务适用于本外币流动资金

贷款和票据融资业务,适用对象为公司客户。银行信贷证明金额一般为项目总标的金额的10%,最高不超过30%。有条件贷款承诺函贷款意向书是农行承诺在未来一定时期内,向客户提供一定意向性信用额度贷款,在客户信贷需求符合国家产业政策、银行信贷管理规章制度等贷款条件的前提下,给予一定信贷支持的书面文件。若客户没有达到银行要求,银行可以撤销该项承诺或意向,有效期为从出具之日起最长不超过两年。此业务是向客户提供融资支持的意愿,不具法律约束力,适用对象为公司客户。

中国银行安徽省分行承诺类中间业务主要是贷款承诺,包括可撤销承诺和不可撤销承诺两种。2005年,担保及承诺业务共实现收入1073万元。

光大银行合肥分行开办承诺类中间业务,是在未来某一日期,按照事前约定的条件向客户提供信用的业务,包括信贷承诺透支额度等可撤销承诺和备用信用额度、回购协议、票据发行便利等不可撤销承诺两种。

交易业务 1994年,中国银行安徽省分行成立资金处,开展外汇买卖及相关业务,为宁国水泥厂、安庆华林人造板公司等开办外汇买卖保值业务。全年代客买卖外汇3.7亿美元。1997年,开办长期债务保值业务。2000年,在省内率先开办个人实盘外汇买卖业务,丰富外汇资金业务品种。2004年,外汇资金业务交易量达到7.45亿美元,其中代客买卖外汇3.4亿美元,个人实盘买卖外汇2.25亿美元,远期结售汇业务1.39亿美元,汇聚宝业务3600万美元。2005年,实现交易类中间业务收入1785万元。

2003年,建设银行安徽省分行开办交易资金托管业务,简称“百易安”,是指在商品或服务交易中,建设银行受交易双方委托托管交易资金,保管权益证明等相关文件,双方履行交易合同,实现约定的条件后,按协议约定,在双方授权下协助完成交易资金与权证的交换,若双方因故不能达成交易,按协议约定退回交易资金及权证的业务。2004年,实现收入3万元,2005年,实现收入12.9万元。

1999—2005年,光大银行合肥分行开办交易类业务,主要包括期货、期权等各类金融衍生业务。

2002—2005年中国银行安徽省分行、建设银行安徽省分行、浦发银行芜湖分行交易类中间业务收入统计表

表4-3-26 单位:万元

年 份	中国银行安徽省分行	中国建设银行安徽省分行	浦发银行芜湖分行
2002	-	-	17.75
2003	1858	-	36.83
2004	1252	-	69.61
2005	1785	1772	54.82

说明:1986—2005年,安徽省部分商业银行会计、统计报表均未对中间业务进行细分核算、统计,故无统计数据收入

基金托管业务　工商银行安徽省分行代理基金业务量快速增长,代理基金业务收入也大幅增长。分行结合市场和客户的需求,加强老的基金产品创新,开发新的卖点,将更多的营销服务力量由基金的发行期转移到基金的存续期。由推出新的基金产品转移到推出新的基金代销服务手段,重视对现有合作的基金管理公司开展持续销售工作,继续在投资基金产品的方式、基金产品与银行产品的整合等方面进行创新,做好基金定投、"利添利账户"理财、基金套餐等创新服务。

农业银行安徽省分行基金托管业务是农业银行根据《证券基金投资管理暂行办法》规定,与基金管理人签订托管协议,在证券投资基金运作中承担资产保管、交易监督、信息披露、资金清算与会计核算等相应职责,以充分保障基金投资者权益,保证基金资产的安全。省分行于2002年开始参与基金托管业务,包括封闭式证券投资基金托管业务、开放式证券投资基金托管业务、证券公司集合资产管理计划和其他基金的托管业务。参与托管基金超过100只,同时还托管国元证券公司的"黄山一号"和"黄山二号"两个集合资产管理计划。

中国银行安徽省分行的基金托管业务是分行受基金管理公司(委托人)委托,安全保管所托管基金全部资产,办理托管基金资金清算、会计核算、基金保值、监督管理人投资运作的经营活动。托管类业务业务量大小和收入高低主要取决于资本市场行情。

2003—2005年中国银行安徽省分行、建设银行安徽省分行

基金托管类中间业务收入统计表

表4-3-27　　单位:万元

<table>
<tr><th>年份</th><th colspan="2">中国银行安徽省分行</th><th colspan="2">中国建设银行安徽省分行</th></tr>
<tr><td rowspan="2">2003</td><td colspan="2">90</td><td colspan="2" rowspan="2">–</td></tr>
<tr><td>托管收入:0</td><td>代理基金收入:90</td></tr>
<tr><td rowspan="2">2004</td><td colspan="2">118</td><td colspan="2" rowspan="2">–</td></tr>
<tr><td>托管收入:0</td><td>代理基金收入:118</td></tr>
<tr><td rowspan="2">2005</td><td colspan="2">89</td><td colspan="2">115</td></tr>
<tr><td>托管收入:31</td><td>代理基金收入:58</td><td>托管收入:13</td><td>代理基金收入:102</td></tr>
</table>

说明:1986—2005年,安徽省部分商业银行会计、统计报表均未对中间业务进行细分核算、统计,故无统计数据收入

咨询顾问业务　1985年,中国银行安徽省分行经由中银香港和国外代理行,为企

业介绍各种投资合作对象10余家,邀请亚、欧、澳近40家外国银行、企业来皖考察,促成庐阳饭店利用中银香港外汇资金项目;编报经济信息刊物14期;办理商情咨询、技术咨询、金融咨询和国外客户资信调查等多项服务性业务;派联络组参加安徽省首次对外经济贸易洽谈会,为几百家单位和个人提供外汇牌价、汇率、利率,及利用外资方式、条件等多种咨询服务。1986年,办理国外客户资信调查60笔,并利用掌握的出口国信息,为合肥洗衣机厂等企业减少因汇价变动而遭受的汇率损失几十万美元,为马鞍山管件厂引进铸管设备转租赁。1992年,办理咨询业务271笔,其中调查外商资信211笔,有效防止了一些不法商人的金融诈骗。

咨询顾问类业务是建设银行安徽省分行的传统品牌业务,累计为国家节约基本建设支出6.85亿元。1996年,省分行成为合肥二电厂银团贷款抵押品代理行,承担该项目的融资顾问,开创中外合资企业项目融资顾问业务的先河。1997年,省分行中间业务推出项目融资管理、基建财务顾问、常年财务顾问等咨询服务业务。全辖有40家分支机构取得工程造价审价咨询经营资质,先后完成芜湖长江大桥、邯长铁路、中央直属粮库等一批重点审价项目。接受法院、检察院、仲裁委等执法部门委托的案件鉴定业务,以及一些系统性客户委托审价业务。1999年,省分行接受香港路劲公司委托,成为合肥至叶集公路项目融资框架和担保方式设计的顾问行。2001年,承担合肥二电厂的常年财务顾问,为其进行日常金融咨询服务。2002年,拓展企业投资顾问业务。

2004年,工商银行安徽省分行开展以资金管理、财务咨询、理财、并购策划、公司战略、方案设计等为重点的财务顾问业务。

农业银行安徽省分行咨询顾问类业务有常年财务顾问、短期融资券承销业务、债券投资咨询、中期票据。常年财务顾问是农业银行利用网络、电话、传真等多种渠道,通过书面报告、会议、专题培训等方式,为客户提供相关政策分析及金融产品信息发布、金融/财务咨询、财务分析、金融/财务专题培训、顾问支持等方面的标准化、日常化财务顾问服务业务。业务按服务内容不同采取协议定价方式。短期融资券承销业务是具有法人资格的非金融企业在银行间债券市场发行的,约定在1年内还本付息的债务融资工具,按承销方式分为全额包销、余额包销、代销和其他方式,承销佣金比例经农业银行与发行人协商一致后在承销协议中约定。债券投资咨询包括基础服务和个性服务。其适用对象主要是与农行签订《投资咨询顾问合作协议》的信托公司、投资公司、基金公司、企业年金运作机构等合规大型资金项目和大型企事业单位,及中国人民银行批准的其他机构投资者。中期票据是具有法人资格的非金融企业在银行间债券市场按照计划分期发行的,约定在一定期限还本付息的债务融资工具。中期票据承销业务是农业银行在银行间债券市场为企业发行中期票据提供中介服务的行为,按参与程度分为主承销、联席主承销、副主承销和参团承销。其适用对象是总资产100亿元以上,中长期偿债能力强的大型优质企业。

1999—2005年,光大银行合肥分行开办咨询顾问类业务,主要包括财务顾问咨询和企业现金管理等业务。

2003—2005 年工商银行安徽省分行、中国银行安徽省分行、建设银行安徽省分行、咨询顾问类中间业务收入统计表

表 4－3－28 单位:万元

年 份	中国工商银行安徽省分行	中国银行安徽省分行	中国建设银行安徽省分行
2003	923	17	－
2004	3012	0	－
2005	5392	31640	－

说明:1986—2005 年,安徽省部分商业银行会计、统计报表均未对中间业务进行细分核算、统计,故无统计数据收入

其他中间业务 工商银行安徽省分行其他类中间业务有银证通,客户通过使用工行提供的电话银行、网上银行及柜面服务系统,将在工行开立的个人银行结算账户作为证券交易结算资金账户,通过证券公司交易系统进行开户、指定交易、撤销指定交易、证券买卖、查询、撤单、销户等证券交易操作的相关业务。多银行第三方存管是证券公司客户交易结算资金第三方存管业务(多银行模式),是工行为配合证券市场客户交易结算资金存管制度的改革而推出的一项银证合作领域的创新业务。

农业银行安徽省分行其他类中间业务有第三方存管业务。客户证券交易结算资金第三方存管制度是遵循“证券公司管交易、登记公司管证券、商业银行管资金”原则,证券公司将客户证券交易结算资金账户交由农业银行(独立第三方)存管,由农业银行负责客户证券交易结算资金的转账、现金存取以及相关业务。

2005 年,中国银行安徽省分行其他类中间业务收入 534 万元,较 2003 年增加 489 万元,占整体中间业务收入的 3.57%,较 2003 年上升 3.13 个百分点。

1999—2005 年,光大银行合肥分行开办其他类中间业务,有委托贷款、理财业务、承销国债等,其中理财业务是合肥分行的亮点业务,并在安徽市场打造了“阳光理财”品牌。2005 年,合肥分行代理理财业务收入 20.96 万元,委托贷款业务收入 31.58 万元,承销国债业务收入 91.68 万元。

2003—2005 年工商银行安徽省分行、中国银行安徽省分行、建设银行安徽省分行、光大银行合肥分行、招商银行合肥分行、浦发银行芜湖分行其他类中间业务收入统计表

表 4-3-29　　单位:万元

年份	中国工商银行安徽省分行	中国银行安徽省分行	中国建设银行安徽省分行	光大银行合肥分行	招商银行合肥分行	浦发银行芜湖分行
2003	3088	45	-	-	248	-
2004	5972	-	-	-	316	0.96
2005	5596	334	2395	144.22	719	50.03

说明:1986—2005 期间,安徽省部分商业银行会计、统计报表均未对中间业务进行细分核算、统计,故无统计数据收入

第四节　国际业务

外汇业务经办机构　1978 年,中国银行安徽省分行为当时省内唯一一家外汇外贸专业银行,承担着为全省提供外汇业务服务的重任。之后,陆续在辖内各个地市成立分支机构,在各二级机构逐步建立专门从事外汇业务的国际结算部门或团队,将外汇专业服务辐射到全省。

1988 年,工商银行安徽省分行正式开办外汇业务,省分行下设国际业务部,16 家二级分行下设一个支行,承担包含外汇存款、外汇贷款、外汇会计、国际结算、外汇资金、外币储蓄等外汇业务的开拓、经营发展和全辖管理职责。建设银行安徽省分行报经省人民银行和国家外汇管理局安徽分局批准经营外汇业务,成立国际业务部,开办外汇信贷和国际结算。国际业务部下设 3 个科级组织,即项目融资部、国际结算部、综合会计部,并对外设置营业窗口。合肥、芜湖、马鞍山、黄山等四市支行也代理省建设银行办理外汇汇款、进出口贸易和非贸易结算,境外外汇借款、外汇担保和见证业务,征信调查和咨询服务,以及相应的配套人民币等业务。交通银行合肥分行经交通银行南京分行批准设立国际业务部。

1989 年,经总、分行批准,农业银行安徽省分行设立国际业务部(原省分行农贷处外资科)。1990 年开始试营业。设立之初,国际业务部是省分行二级机构、独立核算单位,具有双重职能,既是全省农行系统外资、外汇业务管理部门,又是本外币一体化直营的经营实体。交通银行合肥分行经国家外汇管理局安徽分局批准开办外汇业务,开始试营业。设立伊始,批准经营以下外汇业务:外汇存款、外汇贷款、外汇汇款、代理外币及外币票据兑换、进出口贸易结算、征信调查和咨询服务。

1992—1993 年,建设银行安徽省分行所辖合肥、铜陵、马鞍山等 7 家地市行国际业务部相继成立,开始代理代办外汇业务,初步形成建设银行开办国际业务的基本格局。1994 年底,全省 16 个地市行都成立了国际业务部。

1995年，农业银行安徽省分行除本部外，国际业务部在全省设立14个代办机构，为代办业务发展较好的芜湖、铜陵、安庆、宣城、合肥分行申请自营外汇业务权限。

1997年，按照建设银行总行“三部”机构清理要求，建设银行安徽省分行对16家地市分行国际业务部进行改建，合肥市分行国际业务部改建为建汇支行，芜湖等7家分行国际业务部改建为办事处，其他分行国际业务部在所在地二级分行同址营业，省分行国际业务部也把前台业务移交营业部。

1998年，农业银行安徽省分行国际业务部机构设置调整，将客户经营业务划转省分行营业部，部门职能由“管营合一”调整为系统管理和集中操作，主要以系统管理及服务质量为考核依据。交通银行合肥分行逐步为分支机构申请外汇业务经营权限，最初批复开办外汇业务的分支机构有三孝口办事处、寿春路桥办事处、江淮办事处、黄山路分理处、三里庵分理处，其初始外汇业务经营范围仅为外汇存款和外币兑换。

1999年，工商银行安徽省分行国际业务部重组，负责全省外汇业务营销和管理，不再承担经营任务，并将外汇存款、外汇贷款、外汇会计、外币储蓄、外汇统计等管理职能移交相关部门。农业银行在安徽省有14家地市行取得外汇自营资格，成立国际业务部。光大银行合肥分行开始开办外汇业务，在分行营业部及6个下属支行办理。国际结算业务主要结算方式为信用证、托收、汇出汇款及汇入汇款。

2000年，交通银行合肥分行，开办个人外汇买卖业务。在总行批复基础上，为本部已开业的所有支行，向国家外汇管理局安徽省分局办理外汇业务市场准入手续，并全部拥有外汇存款、外汇贷款、外汇汇款、外币兑换、结售汇、国际结算等基本外汇业务权限。鉴于外汇业务专业性要求以及省分行管理规定，分行对公外汇业务操作处理以及营销拓展工作仍然集中在分行国际业务部进行。国际业务客户授信工作由公司部和支行客户经理负责，国际部同时承担相关联络工作。网点主要经营对私外汇存款和外币兑换，以及结售汇业务等。

2001年，浦发银行芜湖分行在下属支行、营业网点经营外汇存、贷款业务。2002年，招商银行合肥分行获准开办外汇业务。2003年，工商银行安徽省分行国际业务部在全国率先成立单证处理中心，负责全辖的单证处理工作，集中控制国际结算风险，进行集约化经营。

2004年，工商银行安徽省分行按照本外币清算一体化的要求，将外汇资金清算职能划至会计结算部门，实行本外币资金集中清算管理。交通银行合肥分行经总行回复，将外汇业务经营范围扩大，为外汇存款、外汇汇款、外币兑换、国际结算、结售汇、总行授权的代客外汇买卖、资信调查、咨询、见证、外汇票据的承兑和贴现、总行授权的外汇担保、外汇信用卡的发行、代理国外信用卡的发行及付款。国际业务部职能自动扩大，除负责本部的国际业务经营及管理外，成为对全省国际业务的经营管理指导部门。当时省辖行除淮南分行外，均已成立国际业务部，管理并经营本行相关外汇业务，包括芜湖分行、蚌埠分行、安庆分行。2004年，招商银行合肥分行成立国际业务部。

2005 年,工商银行安徽省分行共有对公外汇业务经办网点 122 个,占全省同类机构数量的 68%;外币储蓄网点 155 个,占网点总数的 20%,其中全功能网点 11 个,占全功能网点总量的 69%。基本形成以省行国际业务部为中心,各二级分行及所辖支行、办事处构成的三级国际业务经营网络。农业银行安徽省分行新增 7 家县级支行开办存、贷、汇、兑、国际结算和结售汇 6 项外汇业务,增加 2 家县级支行开办远期结售汇业务,1 家县级支行开办存、贷、汇、兑 4 项外汇业务,增加 34 家经营机构开办制式外汇衍生产品业务。中国银行安徽省分行可办理外汇业务的机构有 325 家。招商银行合肥分行外汇业务在传统国际结算、贸易融资业务的基础上,拓宽至离岸业务、外汇理财、信用评级、进出口担保、境内外联动、离在岸联动等业务,外汇业务经办机构自 2002 年的 3 个增至 2005 年 9 个。

国际结算业务 1989 年,建设银行安徽省分行国际业务的重点在开办国际结算业务等方面。全年,办理外贸进出口结算 128 笔。中国银行安徽省分行长期专注于国际结算业务,具有专业技术水平高、结算及融资产品丰富、境内外机构网络发达的优势。交通银行合肥分行国际结算业务的方式为出口信用证结算、出口跟单托收、光票托收、进口信用证结算等。

1991 年,中国农业银行安徽省分行开办国际结算业务,其方式分为国际汇兑结算、信用证结算、托收结算三种。1994 年,国家外汇管理体制改革,农业银行安徽省分行国际业务发展迅速,1995 年结算业务量突破 1 亿美元。

1993 年,全省中国银行共办理出口结汇 1.8 万笔、6.54 亿美元,进口付汇 1340 笔、2.62 亿美元,使国际结算业务得到巩固发展。同年,为促进外贸业务健康发展,减少出口收汇风险,于 9 月在省内首家开办出口保理业务。

1996 年,建设银行安徽省分行贯彻“双大”客户经营战略,培养和稳定了合肥日立公司等国际结算客户。1997 年,建设银行安徽省分行与总行联通 PC - CONNECT,加入国际 SWIFT 清算网络。1999 年,建设银行安徽省分行国际结算系统上线,实现国际结算业务处理过程自动化。

2000 年,交通银行合肥分行国际业务开始加速发展,之后,每年以 20% 的速度递增。2004 年,交通银行合肥分行在向马钢集团发放外汇贷款的同时,抓住契机介入马钢集团的国际结算业务,国际结算业务量迅速增长。

2005 年,中国银行安徽省分行国际结算业务量由 2002 年的 23 亿美元增长到 47 亿美元,年均增长 26%。交通银行合肥分行本部实现国际结算 90189 万美元。

1988—2005年工商银行安徽省分行、农业银行安徽省分行、中国银行安徽省分行、建设银行安徽省分行、交通银行合肥分行国际结算业务量统计表

表4-3-30 单位:万美元

年份	工商银行安徽省分行	农业银行安徽省分行	中国银行安徽省分行	建设银行安徽省分行	交通银行合肥分行
1988	-	-	-	200	-
1989	-	-	-	1446	-
1900	-	-	-	2132	-
1991	-	897	-	3310	-
1992	-	1103	-	5347	-
1993	-	1434	-	6860	-
1994	-	2150	-	19113	-
1995	48300	12886	-	20074	-
1996	59500	15205	-	37518	-
1997	-	18094	-	53950	-
1998	-	21700	-	32397	-
1999	60510	26040	-	37642	-
2000	74028	31508	-	37113	-
2001	92020	35085	-	29026	44378
2002	135375	36084	234627	37198	59881
2003	185571	54216	302479	69981	71920
2004	202370	80847	362945	74445	92335
2005	253667	120070	470444	106172	126068

1999年,光大银行合肥分行开办国际结算业务,主要结算方式为信用证、托收、汇出汇款和汇入汇款。以托收和信用证为结算方式的单证类国际结算业务发展迅速,在国际结算业务中占比较大。

2002年,招商银行合肥分行开办国际结算业务以后,与一批本省优质的外贸进出口公司和自营进出口权的企业建立合作关系。同时,组织从业人员资格考试,对重点结算客户组织服务公关小组,采取长期派驻的形式,与客户近距离接触。

2003年,中信银行合肥分行国际结算市场份额不断扩大,国际结算市场占有率超过5%,贸易结算结构不断完善。浦发银行芜湖分行通过确定外汇业务营销重点和将目标客户作为重点支持服务对象,以及到周边城市的上市公司上门推介产品,国际结算业务占当地市场份额10%左右。

2000—2005年光大银行合肥分行、招商银行合肥分行、浦发银行芜湖分行国际结算业务量统计表

表4-3-31 单位:万美元

年 份	光大银行合肥分行	招商银行合肥分行	浦发银行芜湖分行
2000	3080.79	-	-
2001	12326.63	-	446
2002	28758.63	2149	2466.92
2003	38944.13	15386	4491.83
2004	36885.55	22530	9185.58
2005	37408.57	39883	6936.08

外汇买卖业务 安徽仅有少数银行开办外汇买卖业务,且开办的时间较晚。农业银行安徽省分行2005年之前未开展此项业务,第一期代客外汇资金业务(汇利丰)发生在2006年9月。

1989年,交通银行合肥分行开办外汇买卖业务。1991年,进一步完善和发展非贸、国贸和外币信贷三大业务,有效推动了外汇存款的发展,在合肥地区初步奠定良好的外汇业务品牌基础。1993年,首次设立安徽饭店及安徽国际旅行社2个外币代办点,不但收到良好的社会效益,而且也带动了买汇、托收和兑换等业务的发展。

1994年,中国银行安徽省分行开办外汇买卖业务,有即期外汇买卖(T+2)、远期外汇买卖和择期外汇买卖。2000年,工商银行安徽省分行开办外汇买卖业务,有即期外汇买卖、远期外汇买卖和掉期外汇买卖3种。2005年,建设银行安徽省分行经省外汇局批准,开始办理人民币与外币掉期业务和代客衍生产品业务。

1997年,交通银行合肥分行建立起一支相对稳定的外汇业务客户队伍,外汇业务全面实现电子化。1999年,交通银行总行上调该行外汇经营类别,使交通银行合肥分行成为交行系统获准全面开办各种外汇业务的8家分支行之一。2000年,分行推出"外汇宝"品牌,广受客户欢迎,成为外汇买卖业务拳头产品。

1994—2005 年工商银行安徽省分行、中国银行安徽省分行、建设银行安徽省分行外汇买卖业务量统计表

表 4－3－32　　单位:万美元

年份	工商银行安徽省分行	中国银行安徽省分行	建设银行安徽省分行
1994	–	25236	–
1995	–	27837	–
1996	–	21632	–
1997	–	6618	–
1998	–	3516	–
1999	–	38866	–
2000	2853	45267	–
2001	5110	35230	–
2002	14542	57000	–
2003	21603	86118	–
2004	7408	70930	5386
2005	28670	74403	19268

说明:工商银行安徽省分行结售汇自 2000 年有统计数据,其业务包含即期结售汇和远期结售汇

结售汇业务　1978 年,中国银行安徽省分行开展结售汇业务,为境内企事业、机关、团体和个人提供外汇兑换人民币,以及对外支付需要使用人民币购买外汇的结售汇服务。另外,根据客户规避风险、套期保值等需要,向客户提供远期结售汇服务。

1991 年,农业银行安徽省分行开办结售汇业务。1995 年,除省分行本部外,全省外汇代办机构达 14 个,均为盈利单位。

1994 年,建设银行安徽省分行开办结售汇业务,始有统计数据。2003 年,办理第一笔远期结售汇业务。

1998 年,交通银行合肥分行升格为直属分行后,逐步为分支机构申请外汇业务经营权限。最初批复开办外汇业务的分支机构有三孝口办事处、寿春路桥办事处、江淮办事处、黄山路分理处、三里庵分理处,其初始外汇业务经营范围仅为外汇存款和外币兑换。自 2000 年开始,在总行批复基础上,为本部已开业的所有支行向国家外汇管理局安徽省分局办理外汇业务市场准入手续,拥有结售汇等基本外汇业务权限,国际业务快速发展。

2005 年,中国银行安徽省分行对公贸易项下结售汇业务量由 2002 年的 13 亿美元增长到 20 亿美元,年均增长 15%。大部分机构可提供个人及对公结售汇服务。

1991—2005 年工商银行安徽省分行、农业银行安徽省分行、中国银行安徽省分行、建设银行安徽省分行、交通银行合肥分行结售汇业务量统计表

表 4 - 3 - 33 单位:万美元

年份	工商银行安徽省分行	农业银行安徽省分行	中国银行安徽省分行	建设银行安徽省分行	交通银行合肥分行
1991	-	708	-	-	-
1992	-	884	-	-	-
1993	-	1132	-	-	-
1994	-	1784	-	8800	-
1995	-	5700	-	13814	-
1996	-	7410	-	19221	-
1997	-	10003	-	38543	-
1998	-	13104	-	21294	-
1999	-	21090	-	22300	-
2000	51000	24890	-	17916	-
2001	57326	31252	-	17931	-
2002	83568	31591	132501	23275	-
2003	114438	49053	132846	44788	-
2004	142046	66363	177275	60853	-
2005	161878	99700	202176	84258	87896

2002 年,招商银行合肥分行开办结售汇业务。2003 年,铜汤公路项目世行贷款 2.5 亿美元在分行开户结汇。2004 年,成立国际业务部。2005 年,确立以结售汇等特色产品的营销带动国际业务。基本形成商贸、工贸、外债外资三分天下的局面。客户数量从 70 户增长到 100 多户。

2003 年,浦发银行芜湖分行结售汇业务发展迅速,占当地市场份额约 10%。

2003—2005 年招商银行合肥分行、浦发银行芜湖分行国际结售汇业务量统计表

表 4 - 3 - 34 单位:万美元

年 份	招商银行合肥分行	浦发银行芜湖分行
2002	-	-
2003	7977	-

续表 4-3-34　　单位:万美元

年　份	招商银行合肥分行	浦发银行芜湖分行
2004	11913	3174
2005	25009	-

说明:浦发银行芜湖分行仅有2004年数据

外汇存款　1989年起,建设银行安徽省分行国际业务重点在吸收外汇存款和开办国际结算业务,外汇存款数额逐年递增。交通银行合肥分行开展国际业务,提供各类外汇账户服务。1990年,农业银行安徽省分行国际业务部开始试营业。

1995年后,建设银行安徽省分行利用本省国有大中型企业直接融资、同外商合资或发行B股、H股的有利时机,大力吸收资本项下存款。1996年,培养和稳定合肥日立公司、省高级公路管理局等一批有国际清算的基本客户,以增加外汇存款。

1998年,农业银行安徽省分行国际业务部实施职能转型,由“管营合一”调整为系统管理和集中操作,将客户经营业务划转到各级营业机构。部门职能成功转型促进了全行外汇业务的发展。

2002年,中国银行安徽省分行外汇存款余额稳步增长,达到历史性最高点6.64亿美元,年均复合增长23%。2003—2005年,外汇存款余额逐年回落,2005年降至4.67亿美元。

1986—2005年工商银行安徽省分行、农业银行安徽省分行、中国银行安徽省分行、建设银行安徽省分行、交通银行合肥分行外汇存款统计表

表 4-3-35　　单位:万美元

年　份	工商银行安徽省分行	农业银行安徽省分行	中国银行安徽省分行	建设银行安徽省分行	交通银行合肥分行
1986	-	-	2369	-	-
1987	-	-	5442	-	-
1988	-	-	8652	28	-
1989	-	-	10723	215	-
1990	-	-	14767	1294	389
1991	-	53	12605	1813	584
1992	-	401	15862	5109	3108
1993	-	475	21818	6521	3169
1994	-	534	25855	8099	2605
1995	-	1121	25133	9914	2833

续表 4－3－35　　单位:万美元

年　份	工商银行安徽省分行	农业银行安徽省分行	中国银行安徽省分行	建设银行安徽省分行	交通银行合肥分行
1996	8747	1535	31093	8540	4295
1997	－	1765	29076	6310	3172
1998	－	2028	37746	6632	2652
1999	－	2305	42682	5369	3052
2000	10151	2650	54193	5813	3720
2001	10336	3081	61683	5651	6225
2002	13337	3543	66400	6426	5533
2003	13260	4088	65639	6588	7357
2004	12202	4356	55092	7695	8756
2005	12270	5037	46655	11813	8107

说明:工商银行安徽省分行自1996年始有统计数据;交通银行合肥分行外汇存款统计数据1990—2000年仅为分行本部发生的金额,2001—2005年为全辖金额

2001年,中信银行合肥分行开办外汇业务,项目有存款、贷款,包括对外贸易贷款、出口信贷、结售汇业务、国际借贷业务、国际结算。坚持“专业、快捷、灵活”的理念,从无到有,发展为本外币一体化营销。光大银行合肥分行外汇存款余额741万美元,其中储蓄存款192万美元。

2002年,光大银行合肥分行外汇存款余额593万美元,其中储蓄存款310万美元;招商银行合肥分行拓展省内大型国有企业的业务范围,外汇存款366万美元。

2003年,光大银行合肥分行外汇存款余额800万美元,其中储蓄存款404万元;2004年,外汇存款余额2284万美元,其中储蓄存款1409万美元;2005年,外汇存款余额2094万美元,其中储蓄存款余额1920万美元。

2004年,招商银行合肥分行建立重点客户联系走访制度,增强银企联系,扩大合作范围。在全行范围内,通过专业考试和业绩考核,对首批37位员工进行客户经理资格认定,实行挖潜与拓展并举。参与上市公司的资本运作,成为收款银行。

1999—2005 年中信银行合肥分行、光大银行合肥分行、招商银行合肥分行、浦发银行芜湖分行外汇存款统计表

表 4－3－36 单位:万美元

年份	中信银行合肥分行	光大银行合肥分行	招商银行合肥分行	浦发银行芜湖分行
1999	–	153	–	–
2000	–	413	–	–
2001	2000	741	–	104
2002	8000	593	366	271
2003	14900	800	1014	546
2004	21000	2284	3550	510
2005	30300	2094	4520	129702(人民币)

说明:中信银行合肥分行经营额度较小,故仅统计年度收付汇量余额;浦发银行芜湖分行 2005 年数值为本外币合计,无法将本、外币分开统计

外汇贷款 1988 年,建设银行安徽省分行国际业务部开办贷款业务。当年,对申请外汇贷款的 12 个项目进行调查评估。其中批准 2 个项目,外汇贷款 775 万美元;向建行总行推荐待批 2 个项目,外汇贷款 335 万美元。

1989 年,交通银行合肥分行国际业务部开始试营业部。

1990 年,建设银行安徽省分行按照国家计划和产业政策,通过贷前调查,慎重选择项目,重点支持了一批大中型企业的投资需要,共发放固定资产投资贷款 4452 万美元,同时,承办了外国政府贷款、外汇担保、租赁、贴现、押汇等,初步具有多品种的外汇融资业务。此外,建行省分行充分发挥从事中长期信贷业务的传统优势,先后同宁国海螺、铜陵有色、马钢公司等大型企业建立了良好的银企合作关系。

1991 年,农业银行安徽省分行发放外资贷款 7128 万元,引进世行贷款 1700 万元。外汇贷款包括对外贸易贷款和出口信贷。对外贸易贷款包括打包贷款、出口押汇、进口押汇、银行承兑、代理融通、包买票据项目。

1992 年,建设银行安徽省分行利用建设银行开始承办境外筹资转贷款业务的有利条件,积极争取国际结算业务,培养了一批建设银行外汇业务的基本客户,为外汇业务的发展奠定了基础。

1994 年,国家外汇管理体制改革,为农业银行安徽省分行国际业务带来新的发展契机。1999 年 5 月底,全行自营外汇贷款 1806 万美元,引进外资贷款 2186 万美元。

1997 年,建设银行安徽省分行正式签订合肥二电厂项目融资协议,标志着建设银行以项目融资业务为主体的投资银行业务取得实效。

1986—1997 年,中国银行安徽省分行外汇贷款余额整体呈上升趋势,年均复合增长 24.34% ,1997 年末,余额接近 10 亿美元。1998—2000 年,外汇贷款业务大幅下降。2001—2003 年,外币贷款业务快速回升,但 2005 年又降至 5.94 亿美元。

2000 年,建设银行安徽省分行争取到为中国进出口银行代理蚌埠丰原公司出口信贷项目,实现建设银行代理进出口银行业务的新突破。2002 年,开办代客债务风险管理和代客外汇资金管理业务,与安徽联合发电公司签署约 6000 万美元的利率调期总协议。同年,向台湾地区开出三笔信用证,办理直接对台出口议付一笔。2004 年,向马钢发放 2000 万美元外汇贷款,介入马钢国际结算业务。2005 年,向马钢发放 1 亿美元外汇贷款。

1986—2005 年工商银行安徽省分行、农业银行安徽省分行、中国银行安徽省分行、建设银行安徽省分行、交通银行合肥分行外汇贷款统计表

表 4 - 3 - 37　　单位:万美元

年份	工商银行安徽省分行	农业银行安徽省分行	中国银行安徽省分行	建设银行安徽省分行	交通银行合肥分行
1986	-	-	8819	-	-
1987	-	-	10255	-	-
1988	-	-	11803	675	-
1989	-	-	14826	710	-
1990	-	-	13256	1121	28
1991	-	901	15880	1198	13
1992	-	1200	20330	1803	839
1993	-	1608	23168	1230	1339
1994	-	1806	28152	3824	1498
1995	-	3606	38756	8810	1597
1996	8697	3527	39407	14187	1615
1997	-	3680	96849	13685	1096
1998	-	3710	52242	13091	1067
1999	-	3650	49164	10242	1096
2000	10870	3820	35109	9956	-
2001	12792	3460	35446	8409	1954
2002	19766	3730	35211	8162	-
2003	37305	4707	91763	8495	3788
2004	30479	6718	76962	5973	3085
2005	12794	10518	59436	2431	2459

说明:工商银行安徽省分行自 1996 年始有统计数据;交通银行合肥分行外汇贷款统计数据 1990—2000 年仅为分行本部发生的金额,2001—2005 年为全辖金额

2001年,光大银行合肥分行外汇贷款余额1654万美元,占各项贷款总额的8.39%;2002年,外汇贷款余额的2256万美元,占各项贷款总额的5.18%;2003年,外汇贷款余额1121万元美元,占各项贷款总额的1.84%;2004年,外汇贷款余额1148万美元,占各项贷款总额的1.83%;2005年,外汇贷款余额3760万美元,占各项贷款总额的8.39%。

2002年,招商银行合肥分行与一批省内优质的外贸进出口公司和有自营进出口权的企业建立合作关系。2003年,铜汤公路项目贷款2.5亿美元在分行开户结汇。2004年,成立分行国际业务部,新增贷款投向海螺集团等"双优"客户。2005年,在开拓贸易融资等业务基础上,构建了以大型工贸一体化企业、对外工程承包企业为主体的客户群。

1999—2005年光大银行合肥分行、招商银行合肥分行、浦发银行芜湖分行外汇贷款统计表

表4-3-38　　单位:万美元

年份	光大银行合肥分行	招商银行合肥分行	浦发银行芜湖分行
1999	5962	-	-
2000	2080	-	-
2001	1654	-	-
2002	2256	315.8	-
2003	1121	220	560
2004	1148	725	193
2005	3760	2171	116237(人民币)

说明:浦发银行芜湖分行外汇贷款起始年不详,且本外币贷款无法区分统计

第五节　邮政储汇业务

邮政储蓄业务　1986年3月10日,邮电部和中国人民银行就开办邮政储蓄业务达成协议,并于4月1日生效。协议规定邮政储蓄的基本任务是利用邮政局点多、面广的特点,为广大人民群众提供储蓄方便,以达到积聚社会闲散资金,为国民经济发展服务的目的。邮政储蓄业务由邮电部统一管理。邮政机构吸收的储蓄存款是中国人民银行的信贷资金来源,全部缴存人民银行统一使用。人民银行根据邮政局缴存的储蓄存款,按月累计日平均余额付给2.2‰的手续费,由开户银行每月结算,按季付款。手续费率暂定三年不变。同时,根据财政部税务总局财税管字〔1986〕第22号文件,对邮政储蓄实行免征营业税。

1986年5月1日,安徽邮政储蓄业务正式恢复开办。当日,合肥市邮政局所属四牌楼、蚌埠路、南七、五里墩支局,蚌埠市邮电局所属淮海路支局、固镇县邮电局、安庆市桐城县邮电局等13个邮政网点开始办理个人活期、定期储蓄业务。至1986年末,全省邮政储蓄存款余额达0.09亿元。1987年5月21日、8月13日、11月13日和1988年9月13日相继开办定额定期、存本取息、定活两便储蓄、保值储蓄等业务。截至1988年3月末,全省邮政储蓄存款余额突破亿元,达1.04亿元。

1990年1月1日,安徽省邮政储蓄业务由代办改为自办,即邮政储蓄吸收的存款按规定转存人民银行,转存款由人民银行按规定利率计息。为增强经营活力,全省邮政储蓄在经营意识、收储方式及储蓄种类上都有了新突破,初步显示出邮政储蓄的特色。大力宣传双定储蓄,发展具有邮电优势的储蓄,如免费维修家用电器储蓄等,既发挥邮电部门的技术优势,也适应社会需求,较好地满足了各层次储户的需要,有奖储蓄形式由单一化向多样化发展。连接全省广大城乡的邮政储蓄网基本形成,作为国家吸收社会闲散资金的渠道发挥作用。

1991年,安徽省邮政储蓄规模经营初见雏形,人员、网点、设施均得到长足发展。先后改造装修类似专业行的单独邮储网点100处,招收储蓄人员110名,解决储蓄点双人临柜问题,制定优质服务考核办法,开展文明窗口优质增储活动,实行窗口承包经营责任制,推进邮政储蓄产品创新,3月推出双定密押储蓄,5月推出住宅电话有奖储蓄、11月举办全省邮政储蓄有奖知识竞赛,12月推出邮政礼仪储蓄。

1992年以后,随着全国经济体制改革的进一步深化,企业融资方式由间接转向直接,社会闲散资金的流向发生变化,特别是集资热,有奖销售热相继兴起,股票热、债券热持续高涨,邮政储蓄资金受到严重冲击。针对农村储蓄市场开发不足、城乡存款余额比重不协调等状况,安徽省邮政储蓄机构开始探索社会代办工作,并于1993年3月全面开展。邮政储蓄代办工作是指邮政储蓄代办员由本人申请,所在单位或居(村)民委员会担保,经县以上邮电部门审查同意后,三方共同签订邮政储蓄代办员合同书(经公证部门公证),培训合格后方可办理代办业务。代办员代办业务后,由邮电部门提供必需的业务单册、办公用具、业务章戳及业务宣传材料。合同终止或撤销时,办理交接手续,收回重要空白凭证、业务章戳等。

1993年3月1日,国务院《储蓄管理条例》正式施行,邮电部于1986年3月10日颁发的《邮政储蓄章程》同时废止。为落实《储蓄管理条例》,参照专业银行做法,省邮政储蓄机构针对"定期存款到期转存问题"予以明确,1993年3月1日以前开户的整存整取定期存款均不办理自动转存;1993年3月1日以后新开户的整存整取定期存款,从到期日起自动转存。同年2月,郎溪局办理邮政储蓄现金支票业务;11月,经人民银行安徽省分行同意,安徽省邮政储蓄可开办通知存款业务,吸收的对象为个人人民币储蓄,开户起存金额为1000元,可记名、挂失,可分批支取,利率按同期同档次定期存款利率六五折执行,利息按实际存期计付。针对当年部分邮政储蓄资金被拆借使用情况,人民银行安徽省分行下发《关于邮政储蓄资金运用问题的紧急通知》,指出“邮政储蓄吸收的资金属人民银行的资金来源,各地邮政部门吸收的邮政储蓄资金必须严格按规定划交人民银行”,据此,省邮电管理局对邮政储蓄存款要求:“未经当地人民银行同意,任何单位和个人不得擅自动用邮政储蓄存款。”

随着邮政储蓄网点的增多,网点管理问题受到重视。1994 年,邮电部下发《关于邮政储蓄网点审批等有关事项的通知》,明确邮政企业设置储蓄网点经办储蓄业务,须报经辖区内的中国人民银行批准,并领取金融机构营业许可证。为提升窗口服务质量,安徽省邮政储蓄机构在全省城市邮政储蓄窗口推行限时服务,储户在邮政储蓄窗口办理存取款业务,凡超过规定时限储户均可得到超时赔偿。同时,信息技术也在邮政储蓄领域发挥作用。1994 年初,淮南市邮政局推出同城异地存取活期储蓄新业务,利用微机联网处理程序实现全市通兑,用户在开立一活期账户后几分钟就可在规定的市内邮政储蓄所里办理存取事宜,还可异地挂失,方便快捷,安全可靠。该项技术于 1995 年已在全省 16 个地市局全部实现同城联网、通存通兑,全省各局邮储事后监督及县以上城市中心邮储窗口均已全部实行微机处理,电子化网点 614 个,覆盖率 42%,全省联网点数 217 个,占电子化网点的 34%。

1996 年 5 月 1 日,为避免业务办理中强迫用户汇转储等问题,邮电部对 1991 年 2 月出台的《邮政汇兑款转存邮政储蓄业务处理办法(试行)》予以废止,要求各局一律停止办理邮政汇款直接转存邮政储蓄存款业务。同年,全省新增 155 处电子化邮储网点,总数在 769 处以上,基本覆盖全省的城市网点,并在所有地市和 28 个县联成本地网,实现同城通兑。“绿卡工程”合肥中心顺利启动,邮政绿卡顺利发行,1996 年末,实现发卡 309 张。

1998 年 7 月 8 日,安徽省邮政储蓄存款余额突破 100 亿元,并由此进入了快速增长的时期。2001 年末,存款余额突破 200 亿元,2003 年 11 月底,存款余额突破 300 亿元,2005 年 2 月 11 日,存款余额突破 400 亿元。在这一时期,邮政储蓄新业务也不断推出,如免填单业务、邮信通业务、存款证明业务等。

1986—2005 年安徽省邮政储蓄存款余额统计表

表 4-3-39　　单位:万元

年份	邮政储蓄存款余额
1986	930
1987	8281
1988	16929
1989	25924

续表 4 - 3 - 39　　单位:万元

年份	邮政储蓄存款余额
1990	44654
1991	90130
1992	151741
1993	202713
1994	300832
1995	513025
1996	681293
1997	865321
1998	1040552
1999	1236412
2000	1512822
2001	2010022
2002	2508914
2003	3042374
2004	3688874
2005	4684150

中间业务

外汇业务　随着改革开放的深入发展,中国与世界各国的交往与日俱增,个人间的经济往来也越来越频繁,为了满足个人国际汇款日益增长的需求,经国务院批准,邮电部自 1992 年 7 月 1 日起,正式开办国际邮政汇兑业务,首批于 1992 年 7 月和 8 月相继开通美国和日本的普通汇款业务。

1992 年 7 月 1 日,合肥市邮政局四牌楼支局开办国际邮政汇兑业务(投递范围为合肥市,省内其他地、市、县为非投递范围,属非投递范围的汇款由合肥市邮政局通汇局代为通知汇款人),增加了个人间汇款的渠道,标志着邮政金融业务发展进入新的阶段。7—8 月,相继开通美国和日本的普通汇款业务。该业务是通过与日本、美国开办万国邮政联盟,通过邮路寄递的普通汇票业务,采用万国邮政联盟规定的 MPI 标准汇票单式。1993 年起,安徽省邮政储蓄先后与芬兰、意大利、巴西、瑞士、比利时等多个国家开通国际邮政汇兑业务。国际邮政汇兑业务的开办,增加了个人间汇款渠道,减少和抑制了套汇和通过邮件夹寄外币现钞,有利于中国的外汇管理和邮政业务管理。通过国际邮政汇兑业务渠道还可以更多地吸收外汇资金，支援国家经济建设。

1996 年 7 月 1 日，安徽省邮政储汇局施行《境内居民外汇存款汇出境外的规定》，将个人汇出款限额由过去的 1000 美元调至 2000 美元。欧元于 1999 年 1 月 1 日启动后，万国邮政联盟要求汇往欧元区国家的邮政汇票使用欧元（法国除外）。1999 年 5 月 1 日起，安徽省汇往意大利、西班牙、奥地利、芬兰和比利时的邮政汇票币种由美元改为欧元。

作为汇兑新业务的入账、礼仪汇款在 2000 年刚刚起步的基础上，2001 年呈现高速发展的势头，全年入账、礼仪汇款净增 79.27 万笔，款额高达 10.11 亿元。2001 年，电子汇兑业务发展势头良好。安徽作为全国三个试点省之一，7 月 1 日合肥开办 5 个网点后，9 月 25 日、全省 79 个市、县中心和 140 个网点建成，所有市、县向社会全面推出电子汇兑业务。2001 年 7 月 2 日，合肥市邮政局开办西联（代理美国西联公司的快速国际汇款产品）汇款业务，拓宽了邮政储蓄的外汇业务渠道。

2003 年 11 月 18 日，国际电子汇兑系统上线成功，安徽省邮政储蓄开办国际银邮汇款业务。

代理业务　邮政储汇代理类中间业务主要包括代理国债、代收代付、代理保险、代理基金业务等。

代理国债。1988 年，邮电部公告，自当年起，财政部委托邮电部门办理柜台销售国库券业务，销售对象为城乡人民群众和各种基金组织。1990 年，国债进入还本付息高峰的第一年，为做好兑付工作，省邮电部门开办国债券兑付业务，各地市邮电局均开办兑付业务，并设置兑付专柜，有条件的县局也积极开办。1992 年，全省共设国债代兑网点 140 个，实际兑付国债券 1263.77 万元，其中兑付本金 909.55 万元，兑付利息 354.22 万元；设立国债发行点 12 个，实际发行 165 万元。2000 年，代理发行国债 2.4 亿多元。2001 年，代理发行 1.48 亿元的凭证式国债。2002 年，代理发行 7417 万元的凭证式国债。2003 年，代理发行 5620 万元的凭证式国债。2004 年，代理发行、兑付 1.66 亿元的凭证式国债。2005 年，代理发行、兑付 1.9 亿元的凭证式国债。

代收代付。邮政储蓄代收代付业务起步于代发工资业务，随着业务的不断发展，后期业务品种有较大突破，开办了代发工资、代发养老金、代收电信资费、代收烟草款和返利款、代收水电燃气费、代收工商税、代发农补款、代理新农保等多项代理业务，同时在合肥局推出了邮政通业务。

代理保险。1997 年，储汇局与中国平安保险公司合肥分公司商定，在安徽省邮电系统开展统一保险业务，委托各地市邮电局开办保险代理业务。2001 年，以小额短期意外伤害险为突破口，与中国人寿保险公司安徽省公司联合推出“新世纪全家福”保险邮折，代理销售国寿“鸿泰险”。2002 年，邮政储蓄机构加强与中国人寿保险公司合作，同时，与太平洋人寿保险公司、泰康人寿保险公司、新华人寿保险公司分别签订合作协议，增加合作主体，调整代理保险业务结构。

银行卡业务　1994 年 12 月,邮电部印发《邮政储蓄卡业务管理暂行办法》,增加邮政储蓄卡这一结算工具,规定邮政储蓄卡可在全国计算机联网的自动柜员机(ATM)上使用,是储蓄业务的重要凭证,空白邮政储蓄卡由邮电部邮政储汇局统一印制和发放。

1994 年,邮电部决定在全国范围内实施邮政储汇计算机联网系统技术改造工程,即“绿卡工程”。

1996 年,安徽邮政储蓄发行第一张绿卡后,利用信息技术手段,不断丰富绿卡产品,增加绿卡功能。

2002 年,积极参与银联卡改造工程,在省处理中心完成银联版本升级,绿卡具备跨行使用及 POS 消费功能后,经人民银行同意,11 月 5 日,全面开办发行、受理“银联”标识卡业务。合肥市邮政储蓄 ATM 和 POS 终端均能受理银联标识卡。为方便客户申请及更换银联绿卡,经多次测试后,于 12 月开办“即时发卡”业务,并新设滁州、宣城、宿州 3 个制卡中心。

2005 年,发行绿卡国际卡,可在 18 个国家消费和办理取现业务。

第六节　城市商业银行业务

负债业务

各项存款　2005 年,经中国银监会批准,合肥市商业银行在清产核资和股权评估的基础,上吸收合并省内 5 家城市商业银行和 7 家城市信用社后,更名为徽商银行。徽商银行的挂牌成立,宣告安徽省城市金融的发展站在了新起点,迈向新阶段。合并的各家城商行、信用社主要经营存、贷款业务。存款业务主要有企业存款、机关团体存款、储蓄存款等。徽商银行各项存款余额从 1997 年 46.92 亿元增长至 2005 年 415.88 亿元,增长近 8 倍。

1997—2005 年徽商银行存款余额统计表

表 4-3-40　　单位:万元

年　份	存款余额
1997	469169
1998	623877
1999	799808
2000	1112904
2001	1475517
2002	1891440

续表4－3－40　　单位:万元

年　份	存款余额
2003	2663934
2004	3382163
2005	4158779

说明:徽商银行存款数据由5家城市商业银行和7家城市信用社时期数据加总统计

企业存款　徽商银行企业存款是指工业、农业、商业、服务等各类企业的存款,按存款期限分为定期存款和活期存款,按资金形式不同分为结算户存款和专用基金存款。截至2005年末,徽商银行企业存款余额288.49亿元,比年初增加45.92亿元。

2004—2005年徽商银行企业存款余额统计表

表4－3－41　　单位:万元

年　份	企业存款余额
2004	2425739
2005	2884947

机关团体存款　截至2005年末,徽商银行机关团体存款余额1.87亿元,比年初增加0.43亿元。

2004—2005年徽商银行机关团体存款余额统计表

表4－3－42　　单位:万元

年　份	机关团体存款余额
2004	14454
2005	18724

储蓄存款　徽商银行储蓄存款是指城乡居民个人的存款,个人凭存折或者存单支取存款本金和利息。储蓄存款包括活期储蓄存款和定期储蓄存款。截至2005年末,徽商银行储蓄存款余额41.88亿元,比年初增加6.52亿元。

2004—2005 年徽商银行储蓄存款余额统计表

表 4 -3 -43　　　　单位:万元

年　份	储蓄存款余额
2004	353574
2005	418837

同业存款　截至2005年末,徽商银行同业存款余额1.85亿元,比上年末减少1.78亿元。

2004—2005 年徽商银行同业存款余额统计表

表 4 -3 -44　　　　单位:万元

年　份	同业存款余额
2004	36311
2005	18468

资产业务

各项贷款　徽商银行积极支持和服务城市经济发展,大力开展贷款业务。贷款业务主要分为短期贷款、中长期贷款和其他类贷款。徽商银行各项贷款余额从1997年28.48亿元增长至2005年316.95亿元,增长约10倍。

1997—2005 年徽商银行贷款余额统计表

表 4 -3 -45　　　　单位:万元

年份	贷款余额
1997	284753
1998	380098
1999	483580
2000	730669
2001	839154
2002	1179037
2003	1721884
2004	2045661
2005	3169500

说明:徽商银行存款数据由5家城市商业银行和7家城市信用社时期数据加总统计

短期贷款　徽商银行短期贷款是指借款人为维持正常的生产经营所需的资金或为抵偿某项债务而向银行或其他金融机构等外单位借入的还款期限在 1 年以下（含 1 年）的各种借款，主要包括工业贷款、商业贷款、建筑业贷款、农业贷款、乡镇企业贷款、三资企业贷款、私营及个体贷款、贴现贷款、消费贷款等。截至 2005 年末，徽商银行短期贷款余额 159.88 亿元，比年初增加 40.8 亿元。

2004—2005 年徽商银行短期贷款余额统计表

表 4－3－46　　单位：万元

年　份	短期贷款余额
2004	1190539
2005	1598776

中长期贷款　徽商银行中长期贷款是指期限在 1 年以上（不含 1 年）的中长期固定资产贷款。中长期固定资产贷款按期限分为中期固定资产贷款和长期固定资产贷款，中期固定资产贷款指贷款期限在 1 年以上（不含 1 年）、5 年以下（含 5 年）的固定资产贷款，长期固定资产贷款指贷款期限在 5 年以上（不含 5 年）的固定资产贷款。主要包括基本建设贷款、技术改造贷款和其他中长期贷款。截至 2005 年末，徽商银行中长期贷款余额 82.58 亿元，比上年末增加 16.13 亿元。

2004—2005 年徽商银行中长期贷款余额统计表

表 4－3－47　　单位：万元

年　份	中长期贷款余额
2004	664509
2005	825835

其他类贷款　徽商银行其他类贷款指中期流动资金贷款和各项垫款等。中期流动资金贷款是指期限在 1 年以上（不含 1 年）、3 年以下（含 3 年）的流动资金贷款，主要用于解决借款人正常生产经营中经常占用的资金需求。垫款是城市商业银行、城市信用社以自有资金代为支付的行为，主要包括银行承兑汇票垫款、信用证垫款、银行保函垫款等。截至 2005 年末，徽商银行其他类贷款余额 19.1 亿元，比年初增加 7.85 亿元。

2004－2005 年徽商银行其他类贷款余额统计表

表 4－3－48 单位:万元

年　份	其他类贷款
2004	112513
2005	191011

中间业务及表外业务

结算业务　徽商银行中间业务以支付结算类中间业务为主,为客户提供货币支付、资金划拨等有关收费业务。结算工具包括银行汇票、商业汇票、支票、本票等。结算方式包括同城结算、异地结算等。但各家城市商业银行和城市信用社之间中间业务发展水平不尽相同,中间业务发展处于较低水平,中间业务规模和收入总量占比都偏小。

代理业务　徽商银行代理类中间业务是指银行接受客户委托,代为办理客户指定的经济事务,提供金融服务并收取一定费用的业务。主要有代理政策性银行业务、代收代付、代保管业务。徽商银行成立之前,各家城市商业银行、城市信用社均结合实际情况开展了此类业务。比如,蚌埠市商业银行于 2001 年开立保管箱业务,六安市城市信用社于 2004 年代理国库集中支付业务等。

银行卡业务　徽商银行成立以前,只有合肥市商业银行、马鞍山市商业银行、淮北市商业银行、安庆市商业银行 4 家银行发行、开展银行卡业务。2000 年 10 月,经中国人民银行批复同意,合肥市商业银行正式对外发行银行卡——黄山借记卡。2003 年,芜湖、马鞍山、淮北、安庆等 4 家城市商业银行相继发行黄山借记卡。总体来看,合肥市商业银行的银行卡业务发展得较为成熟。截至 2005 年末,合肥市商业银行累计发行黄山借记卡 59.47 万张,吸收储蓄存款 9.26 亿元,2005 年黄山卡交易额达 2.24 亿元。在用卡环境建设上,投入 24 小时自助银行 4 家、ATM 机 53 台(不包括 24 小时自助银行服务点内设的 ATM 机),发展特约商户 92 家,布放自主产权 POS 机 67 台。

其他中间业务　徽商银行在其他类中间业务方面进行积极探索。比如委托贷款、理财业务等。比较突出的是合肥市商业银行的理财业务。合肥市商业银行在 2005 年开展"黄山松"人民币理财业务。合肥市商业银行黄山松人民币理财产品是以国内债券市场上流通的国债、政策性金融债券和中央银行票据作为投资方向的理财产品,以所持有的相应债券资产作为个人投资者的本金和收益保障,向个人投资者发售具有固定收益的人民币理财产品,分为 3 个月、6 个月、9 个月和 1 年期 4 个品种,产品以"份"为单位进行销售,每份不低于人民币 5000 元,并按 1000 元整数倍递增。截至 2005 年 6 月末,完成发行合肥市商业银行黄山松人民币理财产品 2.45 亿元。

国际业务

外汇业务经办机构　在徽商银行成立之前,省内各家城市商业银行只有合肥市商业银行开办外汇业务。2002年,合肥市商业银行在美国花旗银行、美联银行(后合并更名为富国银行)开立美元账户。截至2005年末,合肥市商业银行共有5家网点办理国际业务,分别是分行营业部、科技支行、高新区支行、经济开发区支行和三孝口支行。

代理行和账户行是开办外汇业务的重要支撑。2004年,徽商银行代理行达到120家,在香港标准渣打银行开立美元、港元账户,在德国德累斯顿银行(后合并更名为德国商业银行)开立欧元账户,在日本三井住友银行开立日元账户。2005年末,徽商银行代理行有130多家。

国际结算业务 合肥市商业银行自2002年起,开办国际结算业务,有信用证、外汇汇款、跟单托收、外汇保函等业务品种。

2002—2005年合肥市商业银行国际结算业务量统计表

表4-3-49 单位:万美元

项目 \ 年份	2002	2003	2004	2005
国际结算量	1004	5001	8739	18900

结售汇业务 2002年6月,合肥市商业银行加入SWIFT系统,为建立境内外代理行网络并通清算汇路等业务。2002年,开展外汇资金业务,包括结售汇等业务品种。合肥市商业银行外汇业务开办初期,各项产品管理办法和流程处于填平补齐、夯实基础阶段,SWIFT系统核心系统等处于逐步搭建完善过程,市场拓展投入相对较小,基础客户相对较少,外汇业务处于起步阶段。经过不断拓展与完善,市场营销力度逐步加大,业务流程逐步完善,全行初步建立基础客户群,外汇业务实现快速增长。

2002—2005年合肥市商业银行结售汇业务量统计表

表4-3-50 单位:万美元

项目 \ 年份	2002	2003	2004	2005
结售汇业务量	543	3587	4170	8722

外汇存款 合肥市商业银行办理外汇账户与存款业务,银行可为境内机构、驻华机构、个人及来华人员开立外汇账户,按外汇管理要求,分为经常项目外汇结算账户、资本金账户、贷款账户、还贷专户、临时专户等。外汇存款业务种类包括外汇活期存款、外汇定期存款、外汇协定存款,外汇定期存款包括1个月、3个月、6个月、1年、2年等档次。

2002—2005年合肥市商业银行外汇存款统计表

表4-3-51　　　　单位:万美元

项目	2002	2003	2004	2005
外汇存款	56.34	504.52	933.5	1050

第七节　内部控制

内控监督管理

国有独资商业银行　中国工商银行安徽省分行1985—2005年内部审计与稽核监督工作发展及体制变化大体经历两个阶段。

内部审计与稽核监督一体化阶段　机构人员。1985年1月1日,省分行正式分设。2月,省分行设监察稽核处。9月,撤销监察稽核处,设稽核处。地市支行(1998年之后,统一改为二级分行)设监察稽核科,并把分管稽核业务的干部归入监察稽核科,年末,除宣城、徽州两中支外,其余14个地市行都相应建立起稽核机构。16个地市行配备专职稽核人员30人。1986年,省分行按照总行稽核部提出的"打基础,抓重点"要求,抓机构组建和人员配备。年底之前16个地市支行全部组建稽核科,配备稽核人员31人(其中兼职1人),稽核体系开始正常运作。1988年,陆续在地市支行和省分行设总稽核。总稽核为行级领导,享受同级副职待遇,领导稽核工作,向行长负责。2001年,根据商业化管理要求,省分行稽核处和各二级分行稽核科统一更名为稽核监督部。2004年稽核体制改革,年末全省稽核人员164人。2005年元月起,省分行和各二级分行总稽核相继转岗。

稽核工作。1985年,共开展专项稽核6次,参加稽核35人次,被稽核行6个,发现经济案件4起。1986年,各类稽核活动增加到283次,其中,全面稽核25项次,专项稽核242项次,专案稽核16项次,参加稽核1028人次,被稽核行、处308个,发现经济案件11起,及时纠正和处理了一系列有章不循、违者不究的情况和问题。1999年,工商银行总行制定《中国工商银行领导干部离任稽核办法》,离任稽核工作从此正式开始,并成为各级稽核部门主要职责之一。2000年,各级稽核部门开展非现场稽核工作。初期,非现场稽核的重点主要是监测信贷资产质量变化,之后逐步扩大到所有业务。开展行长经营目标责任稽核工作后,这项工作纳入高级管理人员离任审计序列,不再单独进行。省分行和各二级分行开展基层行内控评价工作,选择部分专业和二级分行进行试点,然后总结经验,完善办法,循序推进。2002年,评价范围扩大到所有二级分行、直属机构和一级支行,评价结果直接与被评价行行长经营绩效考核挂钩。2004年,省分行和各二级分行稽核部门开展各类稽核758项次,其中,省分行开展各类稽核60项次。通过稽核检查共发现各类问题3825个,下发整改通知书433份,并对照有关规定先后对115人次进行了处罚，其中，解除劳动合同2人，记大过1人，记过4人，行政警告7人，撤职1人，经济处罚100人次，处罚金额22000元。

内部审计与内控合规部门分设阶段　2004年10月，省分行组建内部审计体系和内控合规部门。2005年1月，内部审计、内控合规按照新体制开展工作。

内部审计体系。中国工商银行稽核监督委员会改组为内部审计委员会，由总行领导，实行股份制改造并建立董事会之后，内部审计委员会直接对董事会负责。组建内部审计局和内部审计分局，一级分行（含级分行）以下机构不设审计部门，除一级分行行长及拟提任行长的高级管理人员离任审计由内部审计局或内部审计分局直接进行外，其余高级管理人员以及各级行关键岗位人员的离任（离岗）审计工作全部由各级内控合规部门代行。

内控合规部门。2005年1月，省分行正式组建内控合规部门，省分行和各二级分行稽核监督部统一改组为内控合规部，对本级行行长负责；二级分行内控合规部接受省分行内控合规部的业务指导。省分行内控合规部设综合科、业务检查一科、业务检查二科、业务检查三科、合规制度管理科、操作风险监测科，编制30人。

中国农业银行安徽省分行内部审计、稽核与监督发展历程分为三个阶段。

起步阶段（1979—1994年）。审计部门从会计部门的一个稽核岗位，分设为一个部门，负责稽核工作，总稽核参加各级行党委。稽核部门负责对本系统贯彻执行党和国家经济金融法规、政策、宏观调控决策、财经纪律的监督；负责对本系统坚持企业化经营方向、执行各项基本制度、强化内部管理机制的监督；负责本系统执行信贷资金计划、财务收支计划的监督。1986年，省分行设置审计稽核实配4人。同年底，全省地、市行实配19人，县支行实配135人。1987—1994年，继续加强审计稽核队伍建设，部分地市行设立总稽核，县、市两级行全面设立审计稽核科、股，审计人员配备达到200人左右。

探索阶段（1995—1999年）。上收县支行审计职能，审计工作逐步实现法制化、规范化。审计目标由“财务核算合规”向“摸清家底、核实盈亏、揭露问题、分析原因、规范秩序，促进管理、防范风险”转变。审计内容由单纯财务收支审计向“以信贷资产质量为主线，重点检查金融资产质量状况、业务经营合法合规性、内控制度有效性，揭露重大违规案件线索”转变。审计手段实现以手工审计为主辅之以计算机审计，逐步扩大计算机审计方式。1995年，与农业发展银行分设以及多数地市行实行内设机构改革，稽核部门人员、机构变动较大。1995年末，省分行设稽核处，地市行设稽核科16个，县级支行设稽核股79个（其中与其他机构合并办公9个）。全省配备稽核人员191人，其中总稽核42人。1996—1999年，审计监督的“独立性、公正性、权威性”得到进一步增进。审计稽核职能和组织体系稳定，队伍逐步壮大。建立双重领导负责制，审计稽核队伍行政上接受当地行领导，业务上接受上级行稽核部门领导。建立全省稽核例会制度，建立以二级分行为主体的稽核监督中心，二级分行在县级支行设立审计稽核派驻办。建立省分行稽核检查大队，强化省分行下审一级职能。1998年，全面开始行长任期责任稽核与离任审计业务,增强监督领导干部、提高经营管理水平和防范金融风险职能。

完善阶段(2001—2005 年)。在开展资产负债损益审计基础上,围绕"风险、效益、管理"审计目标,深化审计体制改革,提升监督层次,减少监督环节,加大垂直审计和直接监督力度。开展经营结果真实性审计、专项审计、现场常规审计、行长任期经济责任审计、自律监管执行情况审计、内部控制评价等工作。

2001 年,省分行稽核处设业务科、财务科、责任稽核科、综合科 4 个职能科室。

2002 年,省分行稽核处更名为审计处,二级分行稽核部更名为审计部;省分行审计处设立综合管理科、专项审计科、责任审计科、非现场审计科 4 个职能科室。开始推行执行系统与监督系统分开,由经营成果监督转变为全过程监督,建立一级分行领导下的派驻制。开展计算机审计试点工作,编写数据采集接口格式,完善数据采集渠道,结合具体审计项目,利用通审程序进行非现场审计。

2004 年 11 月,完成一级分行以下审计体制改革,撤销二级分行审计稽核部,设立 13 个副处级规格的审计派驻办事处,由一级分行直接管理,实现审计监督与业务经营的相对独立。2005 年,省分行下发《审计办事处日常工作管理办法》《审计办事处工作、人员考核办法》和《审计人员工作责任追究办法》,为科学有效地实施审计办事处派驻管理提供依据。截至 2005 年底,全省农行审计人员总人数达到 260 人。

中国银行安徽省分行于 1986 年 10 月成立稽核处,通过对稽核对象的检查、分析和评价,对经营管理活动进行再监督,为管理层提供独立、客观、公正的信息服务。随着稽核工作的不断深入,稽核处从最初的业务操作合规性检查,逐步发展到真实性和合规性检查相结合,再到对内部控制和管理职能的监督评价,并积极探索风险导向的稽核。2001 年 1 月,实施稽核体制改革,在辖内成立阜阳、淮南、滁州、芜湖、安庆 5 个区域性稽核中心。稽核处对各稽核中心进行垂直管理,承担对稽核中心驻行本部、省分行职能处室、合肥市城区支行以及辖内重大问题的稽核工作,并向总行一级法人负责。稽核中心是省分行的派出机构,隶属省分行稽核处管理,负责管辖区内各行的现场检查工作,对管辖区内各行的经营管理活动进行监督和检查。2005 年 7 月,监察处与稽核处合并,更名为监察稽核部。其主要职责为负责党的纪律检查、党风廉政建设、反腐败和纠风等工作的开展,发挥党组织政治核心作用和党员先锋模范作用,促进全行工作的健康发展。依据法律、法规、行规行纪,负责全行监察和反腐败工作,对全行机构和人员履行行政监察职能,组织、指导全辖违法违纪案件的防范和查处。依据国家法律、法规及本行规章制度,对全辖实施各类稽核检查,对全行经营活动和内控的建设、执行情况进行监督和评价,向被稽核单位提出整改建议并监督整改,提供客观公正的信息和建议,促进全行目标的实现。2005 年 9 月,整合辖内区域稽核中心,撤销阜阳、滁州稽核中心,并由监察稽核部统一建立起对全辖稽核人员的实时管理平台,负责协调全辖稽核人员的工作情况,使稽核资源得到充分的利用。

中国建设银行安徽省分行于 1986 年 2 月成立稽核审计处。9 月,省分行稽审部门对全省建行发放的各项贷款逾期情况进行了一次调查，分析造成逾期贷款的原因，提出加强贷款管理，压缩逾期贷款具体意见。1987 年，协助省政府审计部门对省建行系统 1986 年度财务收支决算进行审计。1988 年，对逾期贷款中破产、吊销执照企业、逾期五年以上以及建成不能投产的贷款项目进行专项稽审和清理。地、市支行对全行及所辖行处基建和技改贷款的借款合同的合法性、合规性、有效性和附件资料的完整性进行稽审；继续开展利息审计。1989 年，为缓解建行资金供应紧张矛盾，对各项贷款、财务决算等进行稽核审计。1990 年，围绕全省建行"质量、品种、效益年"的要求，开展应收未收贷款利息审计，财务计划执行情况分析，储蓄事后监督稽审调查等工作。1986—1990 年，全省建行稽审部门共开展专项稽审 128 项。1991 年，将历年开展的财务收支、存贷款利息、借款合同等稽审确定为定期审计项目，在全省范围内推行定期审计制度。同年，开展应收贷款利息、信用担保业务以及贷款规章制度执行情况的稽审。全行专职稽审人员配至 62 人（含总稽核 8 人），兼职稽审人员增加到 92 人。1992 年，开展对贷款监测考核的稽审评价、商业汇票的稽审以及储蓄业务内部控制制度的稽审。8 月，在芜湖召开各地市总稽核（或分管行长）和稽审科长参加的全省总稽核会议。1996 年，紧密结合全行实施的"双大"和"管理年"战略，全年共开展全行性的专项稽审 5 项，稽审调查 1 项，共对 17 名地、市、县行行长开展离任经济责任审计。1997 年，对全辖 16 个二级分行本级（含营业部、房贷部、信用卡部等直属营业机构）、15 个县支行和 16 个县级办事处及其下属的 336 个营业网点的内控制度和违规经营情况进行全面稽审；对合肥、巢湖、安庆、铜陵、阜阳和淮南等二级分行部分营业机构的重要空白凭证及有价单证管理使用情况进行专项稽审。1998 年，整顿银行账外账及违规经营工作，共自查县级以上机构 213 个，复查 68 个县级机构；先后对 26 个地、市、县行的原任行长或主要负责人进行离任审计；对所属城市信用社经营管理和资产风险状况稽审调查。1999 年 8 月，建设银行审计体制改革方案出台，省分行推行审计体制改革。撤销原遍布全省各地的各级审计机构，省分行本级配备总审计师，成立总审计室，合肥、芜湖、安庆、淮南、淮北跨区域设立隶属于总审计室的 5 个处级审计办事处。首次面向全省公开招聘 104 名由省分行统一管理的高素质审计人员。2000 年，按照审计体制改革方案的统一要求，全省建行各审计办事处均设立综合科、业务一科、业务二科 3 个内部科室。对各科室的职责进行划分，开展资产、负债、损益真实性审计。对全行 1998 年、1999 年两个年度所申报核销的呆坏账进行审计。2001 年，对财务会计决算真实性、新发放贷款质量、存贷款计息、基层机构内部控制、资本性支出管理、会计稽核及储蓄事后监督状况进行专项审计或审计调查。同时，开展基层一线营业网点突击审计。完成转贷贷款合规性、呆帐核销合规性、"新一代"综合业务系统等三项审计调查，并首次推行周期性全面审计制度。2003 年，在完成总行布置的对二级分行内部控制审计评价、账外固定资产清理专项审计。探索审计转型，首次开展经营效益审计调查，建设性地开展综合柜员制审计调查、机构网点撤并审计调查等时效性较为突出的审计调查项目。2004 年，建立健全确保信贷资产质量的长效机制,当年对部分辖属机构的存款利息支出、贷款利息收入、贷款业务、同业往来利息收支、系统内往来和营业费用等六个方面开展非现场审计工作。2005年,成立总行条线垂直管理的安徽总审计室。总审计室本部设综合业务处、现场审计一处、现场审计二处,同时下辖芜湖、淮北、安庆3个审计办事处。调整后总审计室本部人员51人,审计办事处人员32人。开展针对银行卡、公司类负债、核心业务系统(DCC)等内容的专项审计,首次实施一级分行年度内部控制审计评价。非现场审计系统(OAS)及审计信息管理系统(AMIS)于2005年正式投入运行。

交通银行合肥分行1991—2005年内部审计与稽核监督工作发展及体制变化大体经历四个阶段。

起步阶段(1991—1996年)。1991年,分行成立稽核室,配备两名专职稽核人员,主要职责是对本系统贯彻执行党和国家经济金融法规、政策、宏观调控决策、财经纪律的监督。稽核室每年制定稽核工作计划,重点是检查银行业务经营的合规性,并对风险集中环节进行有针对性的稽核。

发展阶段(1997—2001年)。分行完善机构设置,稽核人员扩充至4人。重点加大对分行所辖网点的稽核检查力度,对每个网点实施每年不低于一次的稽核频率,同时对风险集中业务环节加大后续稽核和专项稽核力度。稽核手段以手工稽核为主,辅之以计算机稽核方式。

转型阶段(2002—2003年)。2002年,实行稽核部门负责人委派制,制定稽核工作规程及稽核文本格式,下级行稽核处(科)长经上级行考核后由上级行聘任。同年,合肥分行稽核室更名为稽核处,稽核工作重点扩大稽核覆盖面,抓重点经营机构、重点业务领域和重大业务品种等风险集中环节,进行有针对性的稽核。强化对管理差、问题多的支行和开发区支行的稽核力度,确保稽核项目覆盖到每个营业机构。加大风险较为集中的新业务领域的稽核检查,根据其不同的业务特点,制定详尽可行的稽核方案,尤其是电脑系统的安全运用等,形成以常规稽核为主、专项稽核为辅的稽核方式。

提升阶段(2004—2005年)。按照"三会分设、三权分开、有效制约、协调发展"的原则,围绕交通银行内部监管与银监会等机构外部监管之间,稽核部门与监事会及董事会内部审计委员会之间,稽核监督系统、与决策系统执行系统之间,稽核条线与业务条线的后台、中台、前台之间等关系变化,稽核组织架构、运作模式、内容方式等稽核体制与机制等都有根本性的改变。合肥分行稽核工作由合规性、风险性稽核为主向合规性、风险性和效益性稽核并重转变。实行现场稽核与非现场稽核密切配合的稽核监督机制,同时以加强内部控制为核心,以提高整改效果为重点,改进和加强稽核管理工作,不断加大稽核检查力度,提高稽核监督的有效性。持续开展经营结果真实性稽核、专项稽核、现场常规稽核、行长任期经济责任稽核、内部控制评价等工作,充分发挥稽核的再监督作用。2004年,交通银行总行以省行政区划为单位。对全行分支机构进行调整,将原属南京分行管辖的芜湖、蚌埠、淮南、安庆4家分行移交至合肥分行,增强合肥分行的综合竞争能力。分行稽核处的审计范围随之扩大至安徽省内所有交通银行的营业机构。为适应管理需要,稽核处随即建立稽核联系人制度,加强与省辖行的联系。2005年,合肥分行稽核处更名为审计部。9月,交通银行总行成立交通银行华中审计部,作为总行的派出机构,监管地区内省级分行,并对地区内省辖行审计机构的工作进行管理与指导。在上述审计体系架构,实施三级机构、两级管理、下查一级的审计运行模式,分行审计部职能进一步明确。分行审计部行政上接受所在分行领导,业务上接受上级审计部门指导,管理垂直,业务独立。

股份制商业银行　中信银行合肥分行于2005年末升格为一级分行,未单独设立审计部门。

中国光大银行合肥分行于2001年设立中国光大银行合肥支行稽核部。2005年,稽核部门由总行垂直领导,更名为中国光大银行稽核部合肥分部,负责人由总行委派。

安徽省邮政储汇局　1992年,安徽省邮政储汇局设立业务检查科。2001年改为稽查科,主要职责是全面、全方位检查业务制度的执行情况,审计、检查、监督业务管理人员履行职责的情况。工作重心是防范金融案件和重大风险事件,强化全省邮政金融工作管理水平,保障业务稳健发展。全省邮政储汇实行稽查人员准入管理,持证上岗。截至2005年底,邮政储汇稽查员共有182人,其中持证上岗人数178人,持证上岗率为97.8%。

徽商银行　徽商银行内部审计与稽核监督工作发展主要包括城市商业银行、城市信用社发展两方面,省内各城市商业银行、城市信用社内部审计与稽核监督工作发展差异较大。各家城市商业银行内部审计与稽核监督工作主要起步于1997—1998年,合肥、芜湖市商业银行发展较好,其他城商行、城市信用社成立时间较晚,相应的较为规范的内控监督管理工作起步稍晚。1997年开始,合肥市商业银行、芜湖市商业银行、马鞍山市商业银行、安庆市商业银行、淮北市商业银行等城市商业银行董事会、监事会、资产负债管理委员会、贷款审查委员会、内控管理委员会等决策或监督机构均已成立并运作。同时,先后陆续设立专门的内部审计稽核部门,配备专人实施内部稽核审计。相对于城市商业银行,阜阳科技城市信用社、六安城市信用社、淮南城市信用社、铜陵市义安城市信用社内控监督管理工作相对滞后,2000年以后,部分城市信用社逐步设计内部审计稽核部门,承担内部审计、稽核与事后监督职能,负责审计监督和事后监督工作。至2005年徽商银行成立,各家城市商业银行基本建立了独立的审计管理体制,逐步建立了较为规范的内部监督管理体制,通过制定一批内控监督管理制度,完善授权管理,持续开展内部稽核审计,使得内控监督管理逐步迈入正规。

内控机制建立与完善

国有独资商业银行　中国工商银行安徽省分行于1997年设立省分行内控管理领导小组。2004年,省分行内控管理领导小组更名为内控管理委员会,同时制定《中国工商银行安徽省分行内控管理委员会工作规则》。2005年,省分行稽核监督部改组为内控合规部,继续承担内控管理委员会办公室职能。2000 年,中国工商银行印发《稽核处罚暂行规定》,适用于各级稽核部门在履行稽核监督职责中对各类违法、违规行为进行处罚,共计 5 章 43 条。2001 年,省分行印发《中国工商银行安徽省分行违反规章制度处罚规定(试行)》。此项规定是对所有违反规章制度行为进行处罚的基本依据。2002 年,中国工商银行印发《基层行内控综合评价实施细则(试行)》。确定二级分行、支行全部纳入评价范围,原则是"下评一级",每年评价一次。从当年起,基层行内控评价开始步入制度化、规范化轨道。工商银行安徽省分行是工商银行系统最早开展评价试点的银行之一,为确保评价计分的科学性和评价操作的规范性,2001 年省分行自主研制、开发"基层行内控综合评价应用系统"软件。2003 年,工商银行总行稽核监督局向全国推荐使用"基层行内控综合评价应用系统"。同年,省分行制定《内控管理及稽核工作综合考核办法》,对各二级分行内控管理工作按年进行考核,考核结果与各行行长经营绩效考核和费用分配挂钩。2005 年,省分行制定《内控管理综合考核办法》,考核内容包括内控管理及评价、规范化管理、检查效果、完成省行年度内控合规工作计划情况等。其中"内控管理及评价"着重考核各行内控管理委员会工作情况、日常内控管理情况、内控制度建设情况、内控评价开展情况以及内控管理效果。同年,内控评价范围扩大到各一级分行。总行组织评价组对安徽省分行进行了首次现场评价,评价对象为省分行本部、省分行营业部和 1 个二级分行。

中国农业银行安徽省分行审计稽核部门成立初期,主要以现场检查或非现场检查为手段,以核对、审查为主要方式,通过对照制度、强化监督,促进全行严格执行各业务领域的规章制度。完成的审计稽核项目有财务决算专项稽核,呆滞贷款情况审计,利息收付序时审计,信贷计划执行情况审计,粮食、供销、工商企业贷款管理和使用情况审计,会计、出纳、财务制度执行情况审计,宏观金融政策措施落实情况稽核,账外经营专项稽核,农副产品收购资金管理和使用情况稽核。针对审计稽核揭露的业务经营中违规违纪问题,实施经济处罚和行政处理,提出整改建议。1997 年,全省农行各地、市、县稽核部门按季实施定期常规现场稽核,对所辖营业机构的库房管理、重要空白凭证、联行证押机、会计出纳、结算制度执行、贷款发放程序进行全面检查。1998 年 3 月,省分行制定下发《安徽省农业银行关于进一步加强和完善内部控制的实施意见》,并组织编印《内控工作手册》,下发基层单位人手一册,使内控制度成为员工日常工作行为准则。1999 年 5 月,省分行成立内部监督委员会,负责研究确定全行内部监督控制和防范风险的战略、方针和政策。研究制定全行内部监督工作的年度目标、重点和中长期规划。对全行内部控制制度情况进行综合评价。听取业务主管部门自身监督管理情况和内部监督部门工作汇报。对发现重大案件和严重违规违纪问题进行分析和对策性研究。1999 年,省分行印制《金融违法行为处罚办法》,做到人手一册,举办学习讲座、考试测验,对照实施自查自纠。转发总行《中国农业银行内部控制指南》,对内部控制目标、原则、基本方式与要求,着力推广内部控制理念,强化内部控制意识,推动各级行主动加强管理、审慎经营，增强防范风险能力。2000 年，实施所辖县级支行内控评价，取代定期常规现场审计。全省各二级分行相继成立内部监督委员会，承担内控综合评价领导职责。2000 年全省县级机构，二类行 71 个，三类行 73 个，四类行 6 个，全行县级支行内控评价平均得分 71.83 分。2001 年，全省开展自律监管审计试点工作，充实“二道”防线的风险防御功能，推进业务主管部门切实履行监管职责。在当年内控评价中，全省 150 个县级机构，二类行 99 个，三类行 46 个，四类行 5 个，内控评价平均得分 75.80 分。2002 年全省县级机构一类行 4 个，二类行 134 个，三类行 12 个，内控评价平均得分 78.39 分。在 2003 年的内控评价中，全省二级分行平均得分 78.00 分，二类行 15 个，三类行 2 个；全省县级支行平均得分 82.20 分，一类行 15 个，二类行 127 个，三类行 10 个。2004 年，省分行审计处牵头落实整改 2003 年度内控评价发现问题，同时做好后续审计。在当年内控评价中，全省二级分行平均得分 80.89 分，均为二类行。选取 119 个县级支行开展内控评价，平均得分 85.04 分，一类行 22 个，二类行 93 个，三类行 4 个。2005 年，省分行制定下发《中国农业银行安徽省分行内部控制综合评价挂钩考核办法（试行）》，将内控评价结果与各二级分行经营管理权限、业务经营综合考评、评先、晋级及高级管理人员履责考评等挂钩，推动内控建设。在当年内控评价中，全省二级分行平均得分 80.89 分，一类行 1 个，二类行 14 个，三类行 2 个。选取 78 个县级支行开展内控评价，平均得分 85.64 分，一类行 15 个，二类行 57 个，三类行 6 个。

中国银行安徽省分行成立之初，由会计处、存汇处、银行卡处、信贷处等业务部门负责各项业务的制度建立和内控管理，总行稽核部门负责对全省各项内控制度执行情况的监督检查。1987 年，设立稽核处并陆续在二级分行设立稽核科，对信贷计划、财务收支计划、业务活动、经营成果和财经纪律的执行情况进行稽核监督。1994 年，建立领导干部轮岗交流制度，制定《中国银行安徽省分行实行干部岗位轮换的暂行办法》，进一步强化内部管理，促进岗位及部门间的工作协作，防范风险案件。1998 年，制定《中国银行安徽省分行内部控制制度》，明确内部控制目标、原则、监督，以及信贷、会计、财务、计算机、授权、人事等 20 项具体事项的内控管理，成为全行整章建制、检查辅导的重要依据。1999 年，制定《基层网点负责人每日检查制度》，共涉及 5 个方面内容及 25 个风险点，基本涵盖了基层处所各项业务和各类人员。2000 年，开始实行稽核体制改革，稽核工作重点转变为加强对业务真实性、合规性的检查，开展领导人员任期经济责任稽核，对内部控制的有效性进行检查评价，并会同法律事务处牵头全面修订完善各项业务内控制度，进一步健全监督制约机制，建立、完善良好的公司治理机制。2001 年，组建阜阳、淮南、滁州、芜湖、安庆五大稽核中心，由稽核处垂直领导、统一管理，负责管辖区内各行的现场检查工作，定期和不定期上报有关稽核信息，对管辖区内各行的经营管理活动进行再监督，初步形成总行统一领导下的垂直、独立、科学、有效的稽核管理体制。2002 年，在原法律事务处基础上成立了法律与合规处，增加合规职能，承担法律事务管理和合规建设双重职能。成立反洗钱工作领导小组，定期召开工作会议，统筹管理协调本行反洗钱工作。强化问责,初步形成以独立的尽职调查、民主的风险评审、严格的问责审批为核心的"三位一体"的授信决策机制。2003年,制定《中国银行安徽省分行合规工作实施细则》,明确合规机构设置,合规员任职、选拔,合规部门职责,合规检查等内容,为开展合规工作提供详细指南。2004年,制定《中国银行安徽省分行辖内二级分行内部控制状况综合评价办法(试行)》,每年从控制环境、风险评估、控制活动、信息交流与反馈、监督评价与纠正等5个方面,对辖内二级分行内部控制状况进行综合评价,为科学制定下年度稽核工作计划、合理确定稽核覆盖面与稽核周期提供依据。2005年,实施股份制改革后,法律与合规处更名为法律与合规部,并在原职能基础上,增加了内控管理、离任审计、反洗钱管理等职责,实现从支持保障到合规风险管理的职能定位转变、从法律事务到合规管理的工作重心转变、由事后补救向全程控制合规风险的工作模式转变,逐步建立起适应现代化股份制商业银行发展需要的法律与合规工作机制。成立内部控制委员会,由省分行行长直接领导;每季定期召开委员会会议,研究制定内控政策、协调解决内控管理中的重大问题、督促落实内控管理措施等重要事宜。推广总行编制的186个岗位合规手册,覆盖业务部门全部岗位,明确每个岗位应遵循的合规要点、违规责任以及相应的文件制度。

中国建设银行安徽省分行自1986年以来,在拓展业务时,强化内部管理,完善内控机制,形成办事有标准、操作有制度、岗位有制衡、过程有监控、工作有检查、事后有考核的规范管理局面。1994年,省分行首次将防范经济案件作为行长五项目标责任之一进行考核。1997年,在全辖系统开展法律法规、党纪政纪学习活动。6月,省分行被安徽省政府评为全省纠正行业不正之风工作先进单位。1999年,以效益为中心,以风险为导向,改善内控管理为重点,全面、适时、有序开展审计工作。2000年5月,制定《中国建设银行安徽省分行纪检监察部门再监督实施意见》,纪检监察部门对党风廉政建设规定的遵守、金融方针政策和法律法规的贯彻执行、各项规章制度和业务操作规程的遵守和执行、防范风险措施的制定和执行等情况六大项39个项目实行再监督,其中重点放在规章制度和业务操作规程的遵守和执行。建立各级领导干部和业务操作人员岗位防范案件、事故责任制,统一标准进行考核。省分行纪检监察和安全保卫部门贯彻"防查并举,标本兼治,重在预防"的方针,抓合规检查与整改、安全管理责任制和案件防范责任制的落实。截至2005年,省分行保持无重大经济案件和无责任事故的"零发案件"。

交通银行合肥分行审计部成立初期,鉴于银行业务的处理方式均为手工操作,内部稽核主要以现场检查或非现场检查为手段,通过核对、审查营业机构,主要是营业网点的手工账表、台账、档案等原始资料,对照制度,促进全行严格执行各业务领域的规章制度,且偏重采取专项稽核的方式。稽核内容主要是财务决算情况,贷款管理和使用情况,贷款核销情况,会计、出纳、财务制度执行情况等。通过审计稽核揭露业务经营中违规违纪问题,并提出整改建议。1997年,随着银行业务电子化处理的基本实现,着手对分行的内部控制体系建设及执行状况进行全面检查。检查各营业机构内控制度是否符合总行规定。检查各项业务办理过程是否符合内部分级授权规范制度要求。对重点稽核对象,包括重点经营机构、重点业务部位和重点业务品种等风险集中环节,进行有针对性的稽核,对重大风险问题做出快速反应,及时防范和化解风险。检查开设新机构、开办新业务时是否贯彻内控先行的原则,检查信贷、国际业务、财会、私金等业务职能部门对本业务系统规章制度执行情况是否进行检查辅导。审计稽核项目中增加了国际贸易结算融资、中间业务、风险资产管理监督情况、抵债资产处置、承兑汇票和信用证签发情况、信贷内控制度和信贷资产质量、计算机安全应用、银行卡业务、外汇交易业务等稽核内容。1998 年,分行稽核室按季对财务收支状况做出系统的分析,包括利润的真实性、会计核算的正确性、各项暂收与暂付业务的核算与管理等,为分行领导及时准确地掌握分行经营状况提供依据。通过有系统地加强稽核后的综合分析工作,及时归纳、剖析带有苗头性、普遍性的重大风险问题,做到非现场稽核和现场稽核的相互配合,为分行业务的发展提供了决策参考。2000 年,在连续三年对全行内控制度执行情况稽核、整改的基础上,稽核室对分行所辖营业机构和业务职能处室进行非现场问卷调查,特别对会计、信贷、计划等业务部门的内控制度执行、分级授权管理,各职能部门的指导、检查力度进行稽核,充分发挥审计的再监督职能,进一步加强内控的监督约束能力。同年,对内部控制情况进行一次全面的自查自纠,检查内容包括组织结构控制、信贷风险控制、会计控制、授权控制和计算机系统风险控制等五个方面。稽核处将各业务岗位人员执行规章制度情况、内部控制状况列为各类稽核的重点,将各业务部门、各机构和检查辅导员是否开展制度执行情况的检查纳入监督范围。

2003 年,审计处从合规性指标、资产质量指标、效益性指标、流动性指标、业务发展指标及管理水平等六个方面入手,对分行的经营机制、经营状况、经营目标进行综合考核。

2005 年,按照《交通银行内部控制评价试行办法》,结合人民银行《商业银行内部控制指引》和银监会《商业银行内部控制评价试行办法》,在审计检查过程中对所辖分支行实施内控评价,找出薄弱环节,提出强化措施,并将评价结果与综合考评、评先资格挂钩。

股份制商业银行　　中信银行合肥分行严格遵守各相关法律法规、公司章程、监管规定等,始终坚持"内控优先"的原则,不断完善内控体系建设,从体制、文化和技术三个层面入手,构建由业务条线、职能部门和内部审计组成的内部控制三道防线,建立起一套较为科学、完整、严密的内部控制体系。

中国光大银行合肥分行于 2003 年成立内部控制委员会,对全行内部控制建设工作进行组织和领导,制定全行内部控制建设规划,审议各项内控制度;定期检讨分行内部控制状况,审议内部控制综合评价的办法和结果,对存在的风险隐患和薄弱环节提出防范措施;通报银行监管部门、总行合规性管理的有关要求和政策变化,审议具体落实措施和意见。分行内部控制委员会实行例会制度,每半年召开一次例会,根据工作需要,委员会主任可以决定召开临时会议。委员会会议由主任主持,主任因故不能履行职责时,由主任授权副主任代为主持。2002 年,为加强内控,制定政策规范、操作规范、检查细则 400 余条。按季由相关专业开展检查,并将检查结果与收入分配直接挂钩。2003 年,开展"加强内部管理、提高服务质量"集中整治活动。活动第一阶段为自查阶段,由各单位、各部门依据有关业务制度和管理制度进行全面自查。第二阶段为分行检查阶段,由机关各部门依据自身的职责范围,组织开展对口检查。第三阶段为整改验收阶段,由各业务管理部门组织人员对检查阶段发现的各经营机构存在问题的整改情况进行检查验收。第四阶段为处理阶段。在分行检查中,就发现经营单位存在各类有章不循、违规操作等问题 210 条,在验收阶段发现整改不到位或未整改的问题 28 条。2005 年,组织开展案件专项治理活动,成立案件专项治理领导小组,下设案件专项治理检查工作小组,负责组织推动实施检查工作。设立专项治理检查办公室,负责日常工作。共设定检查表 95 张,检查风险点 500 余项。坚持标本兼治的原则,充分暴露问题,揭示风险,把查防违法案件同加强制度建设和强化风险防范结合起来,切实推进防范风险长效机制的建立。开展规章制度清查梳理工作,共梳理出需要废止的规章制度 28 项、需要修订的规章制度 27 项、需要重新制定的规章制度 22 项、建议总行统一制定的规章制度 14 项。

招商银行合肥分行于 2002 年建立健全各项业务规章制度,制定和完善各类业务操作细则。以"贯标"为契机,加强各项工作的规范管理。3 月,加强对"贯标"工作的领导,认真组织实施《2002 年合肥分行 ISO9000 贯标工作实施计划表》工作安排。按照 ISO9000 质量体系的要求,配备质量管理员,逐项抓落实。在总行"贯标"辅导及内审过程中,各部门认真对照业务指导文件要求,规范各项基础工作,对总行检查辅导意见进行全面的整改落实。在 10 月底英国 BSI 公司的外审检查中,合肥分行各项目都合格,顺利通过 ISO9000 外部认证。配合总行稽核组对开业以来各项业务进行常规稽核,配合总行"贯标"内审组对本行"贯标"工作进行首次内审。配合毕马威会计事务所,完成对分行进行中期审计相关工作。接受英国 BSI 质量认证公司对分行个人银行服务/会计业务质量体系进行认证审核。组织召开质量体系评价会议,对质量体系的适宜性和有效性进行全面评价。2003 年,合肥分行成立内控管理状况评审委员会,每季定期召开内控评审委员会。分行会计部建立会计工作例会制度,讨论解决日常会计工作中存在的不足和问题。加强所辖支行会计人员的优化配置和管理,支行会计主管任用依据会计部门的考核和建议,由人力资源部门统一调配。核定网点及柜员尾箱限额,出台《招商银行合肥分行会计业务内控指引》(以下简称《指引》),从结算、现金、财务方面,区分不同岗位,制定了 238 条细则,配置专门的监管辅导人员,保证《指引》贯彻执行。个人业务部坚持执行制度,将辅导与监督相结合,实行分行与支行相互制约的方针,以 ISO9000 贯标为日常工作的准则,重点防范高风险业务,加强岗位培训和职业道德的教育。同时,开展培训和网点检查,对所查的问题严格限在规定时间内整改,对于屡查屡犯,严肃处理,决不姑息。分行设立稽核监保部,将相关职能从办公室划出,配备较强的人员力量,加强分行内控管理工作。2004 年,开展内控评审和质量管理活动,全行掀起查不足、找漏洞、强管理的热潮。制定会计专业检查和评分标准。制定印发《招商银行合肥分行现金调缴管理办法》和《招商银行合肥分行现金款箱交接、寄存的管理规定》,转发总行一系列规章制度。2005 年,制定《招商银行合肥分行外汇业务联络员制度》《招商银行合肥分行会计主管委派制实施细则(试行)》等全局性制度46 项,修订制度5 项,作废25 项。共梳理制度172 项,确定有效制度129 项,需修订、新增制度7 项,并编制《合肥分行有效制度清单》和《合肥分行制度改进计划表》。制定并出台《招商银行合肥分行反洗钱工作细则》,提出措施,明确责任,强化考核。2005 年开展2 次专题培训,参训人数77 人,对98 名一线员工进行反洗钱测试,测试达标率100%。开展自查、下查各一次,查出并备案可疑账户8 户、大额和可疑交易90 笔。按季召开内控评审会,对业务体系结构、产品创新、业务流程、风险控制等重点内容进行评审。

上海浦东发展银行芜湖分行认真贯彻执行总行的信贷投向政策,根据区域实际情况,制定了芜湖分行信贷指引,明确客户政策及风险偏好,有针对性地开展授信工作。适时引导客户经理积极主动调整信贷结构。分行风险管理部是操作风险的牵头管理部门,根据总行的操作风险监测管理要求,认真督促各部门按总行相关文件要求及时上报操作风险监测结果。分行管理层、分行各部门以及各岗位人员严格按照部门和岗位职责要求切实做好内部控制的各项工作。分行管理层对分行内部控制体系的建立、实施和运行的总体情况负责,是分行内部控制管理的责任人,对分行内部控制风险的发生负有管理责任。分行相关部门是分行内部控制的执行部门,根据总行内部控制的制度、程序和办法建立适应分行业务和管理特点的内部控制措施,开展经营管理活动,进行内部控制,并对分行内部控制进行监督和评价,确保分行内部控制措施得到有效执行。分行相关部门对本部门、本条线内部控制负责,对本部门、本条线发生的内部控制风险负有直接责任。建立三级内部控制监督与评价体系,分别是分行级监督与评价、总行级监督与评价,独立监督与评价。三级监督与评价体系之间同一层级内部相互关联,互为补充,资源共享,共同构建成该分行全面覆盖、上下一体、行之有效的内部控制监督与评价体系。

安徽省邮政储汇局　2003 年,省邮政储汇局实行《安徽省邮政金融内控风险评价办法》,对综合管理、各种业务风险点等进行综合评价。按照业务流程,规范内、外部手续和业务操作,明确各岗位人员资金安全管理职责,建立和完善互控机制,杜绝有错不纠、屡查屡犯的违规行为。对监督检查发现问题不落实整改的部门和个人,进行通报和处罚,同时追究主管领导以及相关责任人的责任。加强资金安全管理,立足于人员风险防范意识的培养和教育,提高邮政金融从业人员内控意识,促进各项内控制度的贯彻落实。制定《安徽省邮政金融员工内控手册》,印发所有从业人员。全省邮政金融从业人

员均填写安徽省邮政储汇从业人员资金安全责任承诺书,明确资金安全责任及责任追究内容。

徽商银行　徽商银行成立之前,1997 年,几家城市商业银行先后成立审计稽核部门,主要以现场检查或非现场检查为手段,以核对、审查为主要方式,对照制度,强化监督,促进全行严格执行各业务领域的规章制度。之后,各家城市商业银行建立和完善内控机制及内控管理制度。探索实施等级行考核,开展贷后管理大检查,制定基本制度执行情况考核评分办法,制定事后监督中心业务操作规程、内部控制暂行规定、对工作人员违反金融规章制度行为处罚的暂行规定,总部职能部室年度综合考核办法和财务管理委员会管理办法等系列内控管理规章制度。稽核实务方面,按照覆盖面,力求涉及各项业务,频率力求及时有效,督促分支机构依法合规经营。2000 年,省内几家城市信用社制定内部审计(稽核)暂行规定、内部控制规定、内部控制综合评价办法、内部审计规定、授权管理规定,完善内部控制和管理机制。2003 年,全省城商行第一家异地支行——安庆市商业银行桐城支行开业,该行扩大稽核面,选派员工到新设的桐城支行进行稽核,贯彻垂直管理、独立审计的原则,从源头规范新设立支行的各项工作,使审计稽核工作覆盖于该行各项业务和每个操作流程。至 2005 年,各家城市商业银行均建立规范的审计管理体制,内部控制机制日趋完善。

风险控制与管理

国有独资商业银行　中国工商银行安徽省分行早期的风险管理工作具有分散性、非系统性及重点突出的特点。1999 年,省分行组建资产风险管理部。2001 年,省分行设立风险管理委员会,制定《风险管理委员会工作规则》,明确委员会职责和工作程序,委员会下设秘书处,秘书处与资产风险管理部合署办公。全行风险管理体系由此逐步形成。2004 年,中国工商银行印发《全面风险管理框架》,确定工商银行全面风险管理重点是信用风险、市场风险、操作风险、流动性风险。风险管理遵循收益与风险匹配原则、内部制衡与效率兼顾原则、风险分散原则、定量与定性结合原则、动态适应性调整原则、循序渐进原则。同年省分行制定《风险管理委员会章程》,明确风险管理委员会是全行风险管理决策机构。委员会下设信用、市场和操作风险管理三个专业委员会和不良资产处置审查委员会。各专业委员会分别设立秘书处,负责组织协调各专业委员会日常工作,确定信贷管理部承担信用风险管理委员会秘书处职能,资产负债管理部承担市场风险管理委员会秘书处职能,稽核监督部承担操作风险管理委员会秘书处职能,资产风险管理部承担不良资产处置审查委员会秘书处职能。风险管理委员会及各专业委员会按季召开会议,定期形成风险管理报告和专业风险管理报告上报总行并向全行定期通报风险管理情况。

1997 年前,中国农业银行安徽省分行贷款管理、防范贷款风险的主要措施是贯彻落实农业银行总行《中国农业银行贷款管理制度》及相关信贷管理文件。1998 年,省农行成立资产保全处,专职负责不良贷款清收、盘活、保全、处置、核销管理工作。同年,按照人民银行、农业银行总行统一部署,开始试行清理信贷资产,改进贷款分类工作。2000年,省农行按照农业银行总行统一部署,实施不良贷款剥离。9月,省农行印发《中国农业银行安徽省分行不良贷款集中清收管理的实施意见》,实施不良贷款集中清收管理工作。2002年1月,全面推行贷款质量五级分类管理。2003年,实施不良资产分账经营工作,二级分行成立专业清收支行,专业从事不良资产清收管理。2005年1月,贯彻落实《中国农业银行非信贷资产风险分类管理办法(试行)》,借鉴信贷资产风险管理经验,对非信贷资产实施五级风险分类管理,摸清非信贷资产质量,对不良资产采取清收处置措施,促进防范、化解非信贷资产风险。

中国银行安徽省分行在信用风险管理方面,实行授信集中审批和风险分类集中审核,建立专业审批人制度,加强授信发放审核和贷后管理,加大不良资产清收处置力度。在市场风险管理方面,按照分行市场风险管理政策,明确风险度量、限额结构、限额监控等内容。在流动性风险管理方面,坚持集中管理原则,实现管理政策与风险衡量标准的高度统一。实行"审贷合一"的公司授信业务核心流程。1994年,信贷风险管理由宏观粗放控制向微观细分管理转变,由按计划放贷向自主评估放贷转变。1996年,建立"审贷分离、分级审批"的授信业务审批机制,按照审贷分离原则,组建信贷业务部门和信贷管理部门。信贷业务部门和信贷管理部门分别负责信贷业务营销初审和信贷业务评审,两部门各司其职,既相互协作,又相互制约,强化信贷业务审贷两环节的内部制约机制。同时,根据各行经营及风险管理状况,按照行政职位对授信决策予以分级授权,形成与组织结构相一致的分级审批模式。1999年,将贷款以外的其他各类公司授信业务纳入统一授信体系,实现全方位统一授信管理。2000—2002年,建立以尽职调查、风险评审和问责审批为主的"三位一体"公司授信业务审批流程,从机制上杜绝了反程序和倒程序操作。2005年,公司开始全面实施客户授信总量授权和总量审批模式试点工作,加强对授信集中性风险、关联风险的防范,实现公司授信审批逻辑集中。同年,中国银行构建全面风险管理体系。董事会下设的风险政策委员会,管理层下设的风险管理与内部控制委员会、反洗钱工作委员会、资产处置委员会,以及风险管理部共同构成总行风险管理的主要组织架构。总行通过垂直管理模式管理分行的风险状况,通过窗口管理模式管理总行各业务部门的风险状况。在一级分行设立风险管理与内部控制委员会,由风险管理部、法律与合规部分别牵头负责信用风险、市场风险和操作风险管理,财务管理部、办公室等部门分别牵头管理流动性风险、声誉风险等其他类风险。

中国建设银行安徽省分行于1986年2月成立稽核审计处,承担信贷管理稽核职能。1998年前,风险控制主要依靠内部稽核审计来实施。1998年,开始对辖内行实行统一授权、授信制度。在总行授权的基础上,根据每个分支机构信贷管理水平、信贷资产质量等指标考核情况,确定其内部等级,相应授予不同的本外币贷款审批权限,严禁越权行事。通过对企业信用与经营实力、经营效益、发展潜力等指标的定性与定量分析,确定企业信用等级,根据不同信用等级给予不同的授信额度。1999年下半年,加强信贷业务管理内部控制,信贷业务的经营操作与风险监管分离,建立健全责、权相结合的贷款审批与经营责任制。对信贷机构设置进行调整,实行前、后台分开。前台设立公司业务部、房地产信贷部、资产保全处、个人银行部、国际业务部,直接经营信贷业务。后台设立信贷管理委员会、信贷风险管理委员会(分别下设办公室),对信贷业务和风险管理的重大政策进行决策。前、后台分工明确又相互协作。配备专职信贷审批人员,建立科学、严格、高效的贷款决策机制。在分析由经营部门提供的贷前调查材料基础上提出审批意见,必要时请专家参与,审批时必须半数以上人同意方能通过。此办法是全国建行首例信贷经营和信贷审批责任认定工作,第一次将信贷经营和审批责任落实到个人。省分行在省、市两级分行建立信贷风险管理委员会,县级支行设立风险岗,形成从前台到后台、从省分行到县支行的纵横监管信贷业务质量网络。各级风险委员会实行例会制度,定期审定全省信贷业务的五级分类结果,确定高风险范围和重点监控联系行,听取风险检查或被监控行情况汇报,对风险重大事项进行决策或提出整改意见,在防范化解信贷风险方面充分发挥监管决策职能。2002 年 4 月,省分行成立资产保全管理委员会,通过《中国建设银行安徽省分行资产保全管理委员会会议议事制度》《中国建设银行安徽省分行资产保全审批会议规程(试行)》,改变不良资产管理和处置中存在的随意性、标准不一情况,减少处置报批环节,提高工作效率。2003 年 9 月,信贷风险管理部更名为风险管理部,将非信贷资产纳入风险管理范畴。1999 年,实行可疑类贷款剥离,剥离不良贷款 43.5 亿元。2000 年,全行对 1999 年底 6.94 亿元呆账贷款进行剥离,对不良贷款大户实行“一户一策”专项治理,共回收 1999 年底前的存量不良贷款 13.6 亿元。2001 年,出台压缩不良贷款考核和奖惩办法,将各行压缩不良贷款计划的执行情况与其人力费用挂钩,按季考核、通报、兑现奖惩。2002 年下半年,开展不良贷款“双降”百日攻坚战活动,全行不良贷款下降 2.32 亿元,不良贷款率下降 2.55 个百分点,回收存量不良贷款 1.91 亿元,盘活保全不良贷款 1.12 亿元;诉讼债权金额 8.55 亿元,终结执行 2.39 亿元;呆账核销申报 8.28 亿元,核销呆帐 2.98 亿元。2003 年,消化历史包袱 364514 万元,其中呆账核销 294569 万元,消化财务类损失 69945 万元。2004 年,剥离可疑类贷款 21.08 亿元。

股份制商业银行

中信银行合肥分行按照独立运作、有效制衡效益的原则,设立风险管理委员会、信用审批委员会和风险主管。建立独立、全面、垂直专业的风险管理体系,明确风险管理战略、政策、办法和控制程序。构建独立的审贷体制、监察和评估标准。不良贷款率由 2001 年的 15% 下降至 2005 年的 0.35% 。

招商银行合肥分行于 2002 年制定《招商银行合肥分行集团客户统一授信管理办法(第一版)》,要求审贷人员参与全行重要资产业务贷前调查工作。将总行决策意见和分行风险控制委员会提出应注意的问题列入重大风险点进行跟踪管理,经办信贷人员对各个风险点的落实和监控情况做详细登记,并及时反馈风险控制委员会。加强贷后检查工作,及时发现风险隐患,控制信贷风险,实行贷后检查记录簿归档保管。对会计、出纳、个人银行、网上企业银行等专业进行执法检查,发现问题及时整改。2003年,风险控制部编印《招商银行合肥分行风险控制部信贷文件汇编》,组织业务人员学习和培训。成立分行放款中心,完善放款业务审查,加强贷后管理,严格信贷资产的清分工作。8月11日,总行召开“防范操作风险、强化内控措施”专题会议,下发《关于实施“防患固本工程”的通知》(招银发〔2003〕244号),分行党委成立“防患固本工程”领导小组,对分行“防患固本工程”进行具体部署,分阶段实施“防患固本工程”。2004年,开展“防患固本”工作,在全行形成“视制度如生命,纠违章如排雷”的风险管理理念。提炼规章制度,规范操作行为,形成客户经理“十严禁、十必须”、个人业务“十不准、十必须”和会计业务“十三不准、十三必须”等精练的制度规范。开展执法监察,落实防范责任,加强对重要岗位、重点环节、重点时段和区域、重点部位的监督管理。开展定期与不定期检查,以查代训。开展干部、员工遵纪守法教育,从思想上消除安全隐患。加快结构调整,实施信贷退出。按照“有保有压、有进有退”的原则,确立由高风险向低风险转变、由低利率向高利率转变、由一般客户贷款向重点客户贷款转变的“三个转变”信贷结构调整方针。全年累计退出和压缩存量信贷客户25户(其中全部退出18户,部分退出7户),信贷退出金额44285万元,完成当年上报总行信贷退出计划的371%。当年拟订适合安徽经济发展实际的《招商银行合肥分行2004年信贷政策指引》,从源头上把存在潜在风险的信贷项目和客户,拒之门外。严把贷款投向,在增量贷款投向上,坚持“优中选优”,重点向煤炭、电力、交通等本省基础能源和基础设施项目倾斜。风险关口前移,对重要的和部分有疑问的客户,尽可能与支行和客户经理共同深入企业调研,设计营销方案,研究风险控制措施。2005年,成立分行信贷管理部,实行信贷资产专业化管理,信贷资产七级分类。年底,信贷资产优良率达96.3%,不良资产仍然保持为零的目标。经安徽银监局与总行信贷检查组的检查,信贷资产质量偏离度为零。在风险控制部和零售银行部分别成立个人资产审批中心和个人资产管理中心,理顺个贷资产审批发放与管理流程,促进个贷业务发展,共防信贷风险。对安徽铜陵有色金属集团授信、安徽省技术进出口公司船舶出口等重大项目上实行管理部门提前介入。对20户关注类、连锁类、复议类贷款项目的贷后风险实行直查,构筑起贷前、贷中、贷后的风险控制屏障。成立案件专项治理领导小组,制定《招商银行合肥分行案件专项治理工作实施意见》,对案件专项治理活动各个阶段工作提出具体要求。以《案件专项治理特刊》的形式,对各阶段的活动进行报导、督促。在为期半年的活动中,开展各个层面的专项检查22次,发现各类问题39个,提出相关建议5条。推行行长(总经理)安全责任制,由分行行长与各行部第一负责人签订安全责任书,将年度风险防范、安全管理等责任目标下达到各行部,纳入年终目标考核。制定《招商银行合肥分行员工行为积分管理办法》,对全行各岗位员工日常工作实行积分管理,以切实杜绝有章不循、违章操作和屡查屡犯的现象。制定《招商银行合肥分行管理问责实施办法》,对全行任职干部实行管理问责制度,督促各级管理者认真履行职责,有效防范业务风险和内外案件。

安徽邮政储汇局　2002年起,每年对出纳人员顶岗稽查开展一次有影响力的活动。2003年,开展“扫雷”行动。2004年,开展邮政金融员工行为排查。2005年,开展内部控制风险评价活动。

2002年,省邮政局制定《关于实行邮政储汇业务人员指令性轮岗的通知》,实行重要岗位人员定期轮换岗位。2003年,省邮政局监察部门制定《关于对发生的各类案件、事故有领导责任人员进行责任追究的通知》,规范责任追究程序,严肃责任追究。转发国家邮政局《关于进一步加强邮政储蓄业务依法合规经营的通知》,严格执行各项金融法规和规范性文件要求。2004年,省邮政局制定《关于加强邮政储汇专业管理有关问题的通知》,明确储汇业务各岗位人员的工作职责,加强履职监督和考核,印发《关于健全代理保险业务经营管理体系的通知》,建立专业代理保险队伍;下发《关于加强储汇资金安全管理的若干规定》,切实防范资金风险。

安徽省邮政储蓄各级部门依据上述制度和业务发展情况,建立完善储蓄、汇兑、代理保险、中间业务、会计核算、金库管理、资金清算、后台监督等制度规章、办法和操作流程,明确岗位职责和储汇业务操作流程。截至2005年底,全省共有189辆送款车,近880个网点实行自我运现,配备1000多个保险柜和400多个金库,1473个网点安装了防弹玻璃,1002个网点安装了电视监控系统,近440个网点与110联网,并配备1300多个报警设备。合肥、芜湖、阜阳、安庆、蚌埠等市邮政局将运钞工作交由当地公安系统的保安公司承担。

徽商银行　徽商银行成立之前,1997年后,合肥市商业银行、芜湖市商业银行等风险管理与控制工作步入正轨。1998年后,合肥市商业银行、马鞍山市商业银行等成立特殊资产管理部,专门负责对不良贷款的集中统一清收和处置。制定清收工作指导性意见,加大不良资产清收力度,同时制定一系列相关规章制度。2000年,部分城市商业银行试行开展贷款五级分类。2002年,合肥市商业银行、芜湖市商业银行、马鞍山市商业银行等城商行全面推行贷款质量五级分类管理。2003年,部分城市商业银行成立风险管理部,对全行风险控制进行集中管理。制定资产风险管理委员会管理办法,修订贷款分类实施细则,制定资产评估管理办法,规范资产评估,保证资产评估质量。制定贷款出账管理暂行办法,保证依法合规发放贷款。2005年,徽商银行设立风险管理部,在董事会和高级管理层的领导下具体负责全行风险管理工作。随着徽商银行成立,几家城市信用社成为徽商银行的分行,设立专门风险管理部门,实行贷款质量五级分类管理。

会计财务管理

国有独资商业银行　自1985年1月1日起中国工商银行安徽省分行经办的会计业务,仍执行人民银行安徽省分行制定的会计基本制度和结算办法,暂用原来省人行的业务公章、结算专用章、联行章等各种办理业务的专用章,继续使用原省人行的凭证、账簿、报表等各种空白未用的印刷品。1986 年上半年，全省工商银行系统开展以执行会计基本制度为中心的会计结算检查。从各行抽调会计科、股长业务骨干 50 人，组成 16 个检查组，对 48 个基层银行机构进行重点抽查。全省 87 个地、市、县支行，189 个城市办事处和县以下办事处、分理处普遍进行自查和全面互查。1987 年 4 月 1 日，人民银行总行发布全国银行统一会计基本制度（试行），年底，中国工商银行下发系统内会计基本制度。20 世纪 80 年代中后期，中国工商银行会计专业的计算机开发工作已经起步并有进展，一些行处开始使用计算机进行会计核算。财政部于 1992 年颁发《企业会计准则》，工商银行从 1994 年 1 月 1 日实行借贷记账法，使用借贷记账法的新凭证，修改工商银行用于表内核算的总账、分户账等会计账簿及余额对账单。1996 年根据工商银行总行《中国工商银行会计基本制度》，工商银行安徽省分行制定实施方案。2000 年，工行综合业务处理系统投产，工商银行会计业务操作流程和劳动组织发生较大变化。为满足系统投产后的业务发展需要，工商银行于 2002 年对建行至 2002 年 6 月 30 日印发的部分会计、出纳、外汇会计、结算、电算等会计核算管理方面的规章制度、管理规定、核算办法、操作流程进行全面清理和整合，重新颁布若干会计业务规章制度。2003 年，根据会计核算一体化改革要求，对会计结算、外汇会计、个人金融业务、财务管理、国际业务、电子银行、牡丹卡业务、委托性住房金融业务 8 个专业的业务核算流程和会计管理制度进行整合，形成业务操作、核算制度、会计分录、业务流程、会计监督为一体的综合业务会计核算管理制度。

自 1986 年 1 月，中国农业银行安徽省分行贯彻《中华人民共和国会计法》、农业银行总行《会计基本制度》和《出纳制度》，拟订会计、出纳两项制度实施细则（讨论稿）。举办会计出纳人员短期培训班 185 期，培训人员 1596 人次。10 月，全行 82 个县（市）支行对 715 个处所全面开展执行基本制度检查。1987 年，修订《会计出纳制度实施细则》。1988 年，制订营业所相对独立核算办法，全行 685 个营业所实行相对独立核算，占总数 92%。1989 年 9 月，组织会计制度执行情况大检查，提出关于充实会计人员、落实岗位责任制、分类管理、坚持会计核算制度等 7 条管理措施。1990 年，制定《营业所内勤主任坐班暂行办法》《会计出纳检查辅导暂行规定》《会计出纳人员奖励暂行规定》，同时，组织会计检查辅导培训，对 36 个支行、办事处、市支行营业部和 147 个营业所进行抽查。1991 年，转发《中国农业银行应用电子计算机处理门市业务会计核算办法（试行）》，坚持明细核算与综合核算分开原则，互相核对，相互制约，对日间、日终账务处理，特殊日账务处理、错账冲正处理等做出明确规定。1992 年，省分行转发《中国农业银行外汇会计基本制度》《中国农业银行利用世界银行项目贷款资金核算办法》。11 月，财政部相继颁发《企业会计准则》《企业财务通则》《金融企业会计制度》《金融保险企业财务制度》。1993 年，省农业银行先后举办地、市、县行行长，会计科长研讨班和会计科、股长、营业部主任培训班，按照借贷记账法要求，修订会计报表、会计凭证、账簿等。1994 年 1 月 1 日起，开始执行财政部新财务会计制度。组织开展清产核资工作，完成资产清查、产权界定、价值重估、资金核实等工作。重估后资产增值15847万元,增幅15.02%,并按照国家有关规定,处理历年来遗留问题。对属于农业发展银行的资产、负债进行清查核实,7月1日向农发行划账。1995年,全面推行营业所相对独立核算,落实内勤主任坐班制度和会计检查辅导制度。1996年,贯彻全国会计工作会议精神和会计工作"约法三章"。省分行提出严格规章制度,不得发生账外账、两套账、两张表,未经批准不得上基建项目,不得截留收入和挤占成本,不得违反规定通过核销贷款挪用资金,不得乱列应收款等6个方面的重点要求。通过培训、试点、考核,全面落实农业银行总行下发的会计、出纳、结算、联行、电子汇兑5个业务岗位操作规程。1997年,"会计工作达标升级"更名为"会计基础工作规范化管理",重新修订实施办法。1998—1999年,开展创建会计工作铁账、铁款和铁规章"三铁"单位活动。1999年,在巢湖分行启动综合应用系统试点工作。2000年,制定创建会计工作"三铁"单位具体规划和措施,启动综合应用系统联网联合工程。1999—2001年底,综合应用系统完成试点任务。其间,省分行举办柜员综合应用系统培训班37期,参加培训人员2252人次。举办管理人员综合应用系统管理培训班10期,覆盖各级行行长、纪委书记、稽核科股长、会计科股长、营业所主任、专职财会监管员。先后推出烟草电子商务、集团客户处理系统、银证通系统、多种代收付业务系统和实时收付系统。配合总行及其他单位开发开放式基金、联网联合工程。先后制定《综合应用系统会计工作实施细则》《综合应用系统会计管理与网点运行管理实施细则》《综合应用系统账务移行规定》等一系列制度,编辑成册,印发至基层网点。从人员培训、系统开发、健全制度三大机制入手,强化人员、网点、密码、监督管理,会计核算实现自动化,强化业务风险管理。2002年,制定综合应用系统入网规定、营业网点运行管理、坐班主任、柜员制管理、财会监管、会计基础工作规范化管理、重要空白凭证管理等9个会计管理办法,以及会计、出纳、储蓄、贷款、银行卡、结算等6个操作规程,规范业务操作和业务管理。2003年,根据农业银行总行《会计基础工作规范化管理施行办法》和《会计基础工作规范化管理考核标准》规定,制定《会计基础工作规范化管理实施细则》。按照"实事求是、质量第一、规范统一、严格考核验收"原则,对全行申报会计基础工作规范化"三铁"单位、二级单位进行考核验收,抽查部分申报三级单位。同年,根据农业银行总行《财会监管工作制度》,重新制定《财会监管工作实施细则》,建立财会监管目标责任制,实行二级分行集中财会监管。各级行财会监管员加大对坐班主任职责履行情况监管力度,发挥财会监管"第二道防线"的职能。2004年,省农行全面启动基础管理工程。配合凭证式国债和记账式国债买卖业务的开办,制定《凭证式国债业务操作规程(试行)》,对账务核算、业务操作和国债管理等提出统一要求。配合电子银行业务的开展,完善相关会计核算办法。2005年,农业银行总行修订统一会计科目及账户使用说明。12月,省分行对新旧会计科目进行结转。同时,制定《中心金库管理办法》《现金管理实施细则》《查询冻结扣划客户存款暂行办法》。完善安全认证卡系统,以控制风险。强化系统内往来账户自动核对功能,引入总分核对、双向核对机制，控制系统内往来业务风险。4—5 月，开展全辖经营机构操作风险专项检查，检查面达 100%。

中国银行安徽省分行于 1988 年执行《中国银行会计基本制度》（1988 年版），并在省内银行业中率先采用借贷记账法、权责发生制和外汇分账制。为适应股改上市要求，2005 年执行《中国银行会计基本制度》（2005 年版），全面采用国际会计准则及中国新会计准则，并在省内银行业中率先完成国际财务报告准则转换。

会计电算化方面。1990 年，推广应用会计电算化系统。1999—2000 年，推广应用新一代综合业务系统。2002 年，全辖会计及业务数据逻辑集中至中国银行华东信息中心。管理会计方面。1985 年，试行银行内部分部门核算。2001 年，推广使用分部门核算程序。2002 年，按照《中国银行分部门核算操作指引》要求，深入推进辖内分部门核算工作进程。2003 年，按照《中国银行分产品核算操作指引》和《中国银行分客户核算操作指引》要求，推进辖内分产品及分客户核算工作进程。会计内控体系建设方面。20 世纪 80 年代，会计内控重点放在会计制度的检查和辅导。2000 年以后，建立一套比较健全的会计内控制度，并按上市银行的要求，对会计内控体系进行全面更新，将财会内控管理纳入全行内控机制三道防线体系中。2005 年，修订相关专项会计内控制度，涉及暂付暂收款项管理、账务核对管理、会计印章管理、会计档案管理等方面。财会检查方面。20 世纪 80—90 年代，执行《中国银行财会稽核制度》（1982 年版），建立财会检查体系，配备财会检查队伍。1996 年，对辖内上报的会计报表数据等实施非现场监控。2000 年以后，执行《中国银行财会检查工作管理办法》（2002 年试行版，2005 年修订版），进一步健全财会检查制度。

中国建设银行安徽省分行早期会计核算管理方法主要有预算拨款核算、基建“拨改贷”核算、更新改造资金核算、建行基建贷款核算、更新改造贷款核算、自筹基建资金核算，以及联行往来核算等。1986 年，为加强会计反映和监督作用，建行总行修订《中国人民建设银行会计制度》。1987 年，为加强贷款管理，省分行制定《关于对地方级贷款实行指标管理的通知》，对贷款基金在分行的地方级贷款（包含各种委托贷款）实行上存下贷，指标管理，并规定贷款指标核算手续。省分行参加华东三省一市（江苏、安徽、浙江、上海）票汇结算工作。1989 年，为加强会计核算中应用电子计算机的管理，严密核算手续，提高核算质量，总行制定《建设银行会计柜台应用电子计算机核算暂行规定》，省分行据此制定《会计核算电算化柜台岗位责任制》。根据全国银行出纳基本制度，总行颁发《建设银行出纳制度》，对出纳工作遵守的基本制度做具体规定。省分行制定《安徽省建设银行现金出纳制度实施细则》，建立出纳机构，地、市支行设出纳科。省分行组成 4 个检查组，对全辖地、市支行和部分县支行、办事处有重点地检查会计制度、会计核算基本规则等执行情况。1990 年，省分行全面开展财会达标、升级活动，全省考核评定 15 个财会达标单位、9 个三级单位。1991 年，开展“整顿结算秩序，严肃结算纪律”工作。1993 年，按照总行统一安排，将收付记账法改为借贷记账法，1994 年 1

月1日起执行。1995年,下发《关于勤俭办行、增收节支、提高效益的意见》,要求全行员工牢固树立"筹资立行、效益兴行"的观念,坚持勤俭办行的方针。1996年,转发总行《中国人民建设银行责任会计制度施行办法(试行)》,推进责任会计,加强责任目标管理。1997年,印发《关于推进我省财会改革的实施意见》,以防范和控制风险为目的,实现以二级分行为单位的账务集中,统一核算,统一稽核。集中开立账户,集中设立金库。积极推行综合柜员制的试点。通过财会改革、人员培训、内部控制建设和监督机制的建立等一系列管理措施和手段,统一会计核算行为,规范会计信息标准,促进规范化管理。1998年,制定《中国建设银行和省分行会计检查制度及操作规程》,规范各级会计管理部门对被查单位会计事项及其核算的合法性、真实性、准确性、及时性、完整性。对所辖53个机构1997年度会计核算的质量、财会管理水平、财务收支状况和购建管理情况等进行重点检查。2000年,印发《中国建设银行安徽省分行现金出纳工作规范化检查方案》。2001年,全面实施统一会计核算制度,按时完成新旧会计科目结转及新旧系统数据过渡。2002年,制定《中国建设银行安徽省分行新一代柜面系统业务管理办法》《中国建设银行安徽省分行综合柜员制业务管理办法》,加快综合柜员制的推广应用,规范基层操作。2003年,制定《中国建设银行安徽省分行基层机构会计主管委派制实施细则(试行)》《中国建设银行安徽省分行基层机构会计主管委派制实施方案》,在全省推行会计主管委派制试点工作。2004年,制定《中国建设银行安徽省分行集中稽核指导意见》,改变片面强调事后集中稽核,而忽视事前、事中稽核的工作模式,推进稽核工作重心前移,实现稽核工作由事后监督向事前、事中和事后全过程稽核的转变,建立事前、事中、事后相衔接的会计稽核体系。12月,制定《中国建设银行安徽省分行综合柜员制网点会计人员岗位轮换办法》《中国建设银行安徽省分行综合柜员制网点考核指导意见》,持续推进岗位轮换制度化,调动会计人员工作积极性。2005年,印发《关于推进分理处对公结算业务集中改革的实施意见》,对全省网点特别是分理处的网点的存款、贷款、结算等基本情况进行摸底调查,降低管理半径,降低操作风险。

交通银行合肥分行于1988年贯彻《中华人民共和国会计法》、交通银行总行《会计基本制度》和《出纳制度》,拟订会计、出纳两项制度的实施细则。1992年,财政部颁发《企业会计准则》《企业财务通则》《金融企业会计制度》《金融保险企业财务制度》。1993年,举办新财会制度会计人员培训班,按照借贷记账法要求,修订会计报表、会计凭证、账簿等。1994年1月1日起,开始执行财政部新财务会计制度。1996年,贯彻全国会计工作会议精神和会计工作"约法三章"。提出严格规章制度,不得发生账外账、两套账、两张表,未经批准不得上基建项目,不得截留收入和挤占成本,不得违反规定通过核销贷款挪用资金,不得乱列应收款6个方面的重点要求。通过培训、试点、考核,落实交通银行总行下发的会计、出纳、结算、联行、电子汇兑5个业务岗位操作规程。1997年,根据金库合并后实际情况,下发《交通银行合肥分行中心库房管理制度》。为加强人民币资金业务管理,制定《交通银行合肥分行资金业务内部控制制度及操作流程》

《交通银行合肥分行资金业务内部控制制度及操作流程》《交通银行合肥分行人民币资金头寸管理操作规程》《交通银行合肥分行系统内人民币资金调度管理办法》《交通银行合肥分行人民币资金业务再授权管理办法》。2002 年，制定综合应用系统入网规定、营业网点运行管理、坐班主任、柜员制管理、财会监管、会计基础工作规范化管理、重要空白凭证管理 9 个会计管理办法，以及会计、出纳、储蓄、贷款、银行卡、结算 6 个操作规程，规范业务操作和业务管理。2005 年，制定《中心金库管理办法》《现金管理实施细则》《查询冻结扣划客户存款暂行办法》。强化系统内往来账户自动核对功能，引入总分核对、双向核对机制，控制系统内往来业务风险。

股份制商业银行　中信银行合肥分行在业务快速发展的同时不断加强对会计核算管理工作，特别是在操作风险管理上，坚持“两手抓”，建立和规范会计管理和柜台业务一整套操作流程，内控健全性和有效性不断提高。

中国光大银行合肥分行会计工作由总行负责制定、修订基本制度、会计科目、核算办法等。分支机构管理辖区内银行会计工作，执行上级行制定的各项制度办法，并根据实际需要制定本辖区内开展业务的会计制度、核算办法。合肥分行执行《中国光大银行基本会计制度》。2000 年，总行对《中国光大银行基本会计制度》进行修订，2001 年执行。为规范会计核算工作，总行拟定下发《会计科目表与会计科目使用说明》《贷款核算操作规程》《存款会计核算手续》《支付结算会计核算手续》《系统内往来核算有关问题的规定》《财务收支核算办法》。2001 年，总行印发《中国光大银行规范化管理手册》，合肥分行根据自身业务开展情况拟定本辖区内的相关会计核算办法。2002 年，配合分行代收费业务上线，拟定《代收联通移动话费会计核算手续》。6 月 1 日，正式开通由工商银行代理兑付光大银行的银行汇票业务，拟定《委托工行代理兑付银行汇票业务会计核算手续》。拟定《银行承兑汇票承兑贴现业务操作实施细则》《大额现金收付管理暂行办法》并下发执行。2003 年，代销债券型基金，拟定下发《营业机构库存现金限额管理办法》《事后监督重点监督内容》《同城票据交换业务实施细则及会计核算手续》《柜台经理岗位管理实施细则》《柜面业务内部管理的补充规定(一)、(二)》。2004 年，销售光大银行阳光理财产品，下发《关于做好第八期“阳光理财 A 计划”业务核算工作的通知》及《关于进一步做好“阳光理财 A 计划”业务核算的补充通知》。配合代理财政集中支付通兑业务的开通运行，制定《财政集中支付通兑业务会计核算办法》。10 月 1 日，光大银行新一代核心业务系统(对公部分)顺利上线运行。2005 年 4 月 15 日，核心业务系统(对私部分)上线运行，拟定下发《现金缴存、请领业务操作规程》。为加强对营业柜台业务的管理，拟定下发《柜台经理分行派驻制实施细则》。在执行总行会计核算制度的同时，根据业务开展情况，逐步建立起整套的会计核算制度体系。在会计岗位设置上，合肥分行明确岗位职责，分离不相容岗位职责，如记账、复核相分离，钱账分管，账物分管，印押证三分管，核算与后督相分离，系统开发与使用人员相分离等。2003 年，合肥分行设立柜台经理岗位，主要职责是对柜台业务的事中控制与监督。

2005年初,合肥分行营业网点柜台经理全部改由分行直接派驻,并定期轮岗。拟定下发《重要空白凭证管理实施细则》,设专人负责管理凭证库存,进行表外账簿登记,作为会计督导的重要内容定期进行检查核对账实。制定员工上岗达标标准,要求上岗柜面员工在一定时间内完成技能达标。同时省分行定期举行岗位技能竞赛。省分行按照"总行统一领导,分行集中监督"的体制,在省分行设立事后监督中心,对全辖营业网点账务处理过程和核算结果进行全面的复审核验,定期印发《事后监督月报》。分行会计主管部门定期不定期、现场或非现场的检查、辅导,督促各行严格执行财务会计制度,规范会计核算及业务操作。省分行会计核算系统软件由总行统一开发管理,在全行分支机构使用。2004年10月1日前,使用综合柜台业务系统核算各项业务,之后切换至现行的核心业务系统。会计核算系统管理规定:软件开发和维护人员不得兼任操作人员,不得处理任何具体业务,操作人员不得参与编写应用程序,不得越权增删改参数。操作人员必须经过培训上岗,必须严格按照规定权限步骤进行操作,不得越权处理业务。

2003年,招商银行合肥分行会计部建立会计工作例会制度,制定《招商银行合肥分行过渡性资金科目使用管理暂行办法》《招商银行合肥分行会计业务内控指引》。核定网点及柜员尾箱限额,重视反假与反洗钱工作,出台《招商银行合肥分行会计业务内控指引》(以下简称《指引》),从结算、现金、财务方面,制定238条细则,配置专职监管辅导人员,保证《指引》贯彻执行。2004年,制定《招商银行合肥分行现金调缴管理办法》《招商银行合肥分行现金款箱交接、寄存的管理规定》《招商银行合肥分行会计、出纳专业季度竞赛办法》,规范业务操作,加强事后监督工作。全年会计事后监督累计审核业务1089112笔,日均审核4305笔,共发现各类差错20笔。2005年,制定《招商银行合肥分行重要会计事项报告制度(试行)》《合肥分行银行承兑汇票质押业务会计操作规程》《招商银行合肥分行柜台人员服务管理实施细则》。6月10日,新旧系统切换,完成新系统数据移植、切换、业务测试等工作。零售银行系统的核算业务划归会计部管理,分行会计部成立清算核算中心和现金营运中心,在全行实行核算业务集中管理。根据总行财会体制改革的要求,推行基层网点的会计主管委派制。委派后,会计主管实行分支行双重管理,业务管理和考核由分行执行,保证委派会计主管在处理业务中的相对独立性,可以集中时间和精力开展监管、检查、督导工作,能够及时客观公正地处理工作中发现的问题。

安徽省邮政储汇局 1986年前,执行省局《邮政汇兑业务和资金管理补充规定》,所有汇兑分支机构必须逐日报账,汇兑检查员日日进行检查审核。1986年5月1日,按邮电部《邮政储蓄业务会计核算办法(试行)》建立储户明细账,按月填报业务量统计月报。1987年,省局制定《安徽省邮政储蓄会计核算办法》,邮政储蓄按邮电部邮政总局邮政字〔1986〕174号通知要求,对原颁发的《邮政储蓄业务会计核算办法(试行)》进行补充和修改,明确邮政储蓄业务会计核算统一采用"借贷记账法"记账,并在储蓄应收款科目下增设"应收开户局款"二级科目,在储蓄应付款科目下增设"应付开户局款"

二级科目，明确邮政储蓄业务资金平衡表中不再将储蓄业务量统计表作为附表。1990年，邮政储蓄业务改由邮电部门自办，业务收入由手续费改为利差。邮政储蓄按邮电部《邮政储蓄业务会计核算办法》对会计核算进行相应修改，将会计科目由原来的8个一级科目改为14个一级科目，科目编号由原来的两位数改为三位数。增加5种原始凭证作为内部转账的依据，并对部分会计账簿和会计报表做新的规定。1991年，按人民银行《关于下调利率后对邮政储蓄老存款利差补贴的规定》，邮政储蓄报刊发行局对这部分利差补贴的核算做出规定。1994年，省局制定《关于加强邮政储蓄资金管理的通知》，规定严格执行《安徽省邮政储蓄会计核算办法》，通过加强核算管理，增加利差收入。1996年至2005年，省邮政储蓄执行邮电部颁发的《邮电通信企业邮政储蓄业务会计核算办法》。

徽商银行　徽商银行成立之前，各家城商行及信用社都建立全行统一的会计核算办法，建立会计分析制度。业务汇划主要包括同城票据交换和异地汇划两项业务。组建前的各家城商行、城信社已建立健全财务议事规则及内部核算体系，各项会计基础工作健全。1998年，制定业务管理费管理办法，采用变动费用和存款挂钩的办法，实现费用和存款基本额相配比，制定有效措施，对支行暂收、暂付款项进行清理，规范账务处理。1999年，对支行费用情况进行调查研究的基础上，对变动费用和固定费用口径进行调整，对费率进行重新测算。印发《呆账核销暂行办法》，呆账核销步入规范化、制度化的轨道，优化资产质量，减少以前年度遗留下来的不良贷款。2000年，对过渡性科目监控，清理暂付款等资产的挂账，成立财务管理委员会，突出成本核算，健全集中或事后监督制度，控制操作风险。2004　2005年，执行财政部颁发的《金融企业会计制度》，建立新的财务会计核算体系。加强成本核算意识，加大收入费用率指标控制，强化预算管理，细化成本核算，开源节流，控制经营成本，促进收入成本率的不断降低和经济效益的不断提高。合理编制并严格实行财务收支计划，进一步强化预算管理。实行全员工资标准由人事部统一核定，规范中间业务收入核算程序和操作程序。

财务管理

国有独资商业银行　中国工商银行安徽省分行规定，从1985年，起各地、市、县支行的固定资产折旧基金改按30%上划省分行，70%留用，由地市支行统筹安排(1984年以前，按60%上划省分行，40%留用)；试行公用经费包干，结余部分留用的办法；将运钞车大修理费用审批权下放到地市行。营业税由过去各级行逐级上划省分行，改为各级独立核算的行处就地按季向税务部门缴纳，并从当年开始缴纳地市维护建设税。1985年下半年，试行《中国工商银行财务管理制度》，实行“统一计划，分级管理，单独核算，损益集中”的管理体制。财务管理主要掌握与银行财务收支相关的信贷资金运动变化状况。不但要管好内部资金和财产，还要监督基建资金的使用情况。1987年，省分行对各项费用不再采用指标控制办法，改为对地市支行核定收入成本率和收入费用率，由地市支行在成本率和综合费用率范围内自主安排、自行开支，收入增加，开支可相应增加。对折旧基金计提和上划也做了新的规定，地、县(黄山市)支行计提的折旧基金在缴纳能源交通建设基金后，由各行自行按规定安排使用，不再上交省分行，省辖市支行按30%上交省分行，70%留用。1988年，工商银行建立风险拨备制度，采用差额提取法，按照年初贷款余额的1%提取贷款呆账准备金。1992年，工商银行实行“统一计划、分级核算、划分资金、指标考核、统负盈亏”的财务管理体制，在财务核算上执行权责发生制。在财务核算体制上，把核算单位由区县支行上收到地市行，全面推行以地市行为基本核算单位的改革。1996年，工商银行构建总行一级法人体系，实行全行“统一计划、统一核算、统负盈亏、统缴所得税”。1999—2005年，省工商银行逐步推出以全面成本管理为主题的财务管理制度改革，研究推行成本标准化管理和成本动因管理责任制，实行分机构、分部门、分客户成本核算，推行大宗物品集中采购制度。

中国农业银行安徽省分行于1983年10月制定下发《关于推行经营责任制和实行利润留成的意见》，在全省县(市)支行营业部、市属办事处全面推行经营责任制，实行利润留成。1987年，对各地、市行按人员占40%、业务量占30%、利润占30%的比重重新核定利润留成，继续实行行长基金制，在留成基金0.5%—1%幅度内掌握使用。改费用指标管理为考核成本和费用率。1988年，省分行推行财务包干和承包经营责任制，以此推动企业化经营。在基建投资方面，对全省农行47个在建项目进行清理。1989年，根据财政部、中国农业银行有关承包经营政策，结合安徽实际制定承包方案，完善承包经营责任制。1990—1993年，按利润留成分配办法，对全省农业银行实行定额拨补和超收(减亏)分成办法。1994年，省分行在全辖推行新的《财务管理制度》，实行“统一领导、分级管理、自主经营、自负盈亏、集中清算”的管理体制。各级行盈利在缴纳所得税后，按规定顺序进行比配，亏损自行挂账，用后续利润弥补。施行权责发生制处理当期收支。建立资本金制度，增加企业核算内容。取消专项基金，制定《中国农业银行安徽省分行经营目标责任制实施意见》，把利润、综合费用、催收贷款率、利息收回率4项指标作为经营目标考核内容，将指标完成情况与公益金分配挂钩。1995年，在总行6项经营考核指标(利润、费用、利息、催收贷款率、固定资本率、低成本资金增长率)基础上，根据经营中存在的主要矛盾和问题，增设储蓄存款成本率、低成本资金率、非盈利资金占用下降率3项考核指标。2001年，农业银行总行根据财政部颁发的《金融企业呆账准备提取及呆账核销管理办法》和《金融企业会计制度》，修改农业银行财务管理办法。2002年，总行对1994年《财务管理制度》进行修订，安徽省农业银行从2003年1月1日起执行“统一领导、分级管理、自负盈亏、目标考核、集中分配”管理体制。2003年，省分行制定《中国农业银行安徽省分行费用管理实施细则》，改革费用分配机制、优化资源配置、鼓励扭亏为盈、促进业务发展。2004年，省分行制定《中国农业银行安徽省分行审计办事处财务管理办法》，规范派驻二级分行审计办事处财务行为。2005年，省分行制定《中国农业银行安徽省分行2005年财务政策实施细则》，引导各级行转变增长方式和盈利模式，追求银行价值最大化。1983年后，随着利润留成办法推行,在全辖建立专用基金管理制度,根据中国农业银行确定比例,分别建立业务发展基金、集体福利基金和职工奖励基金,实施指标管理。1983 年至 1988 年,专用基金没有建立独立账务体系,只是在会计科目体系中设“专用基金”科目,下设若干账户进行核算。1989 年,在全省建立独立的专用资金核算体系,设资金来源科目 9 个、资金运用科目 11 个,实行收支两条线管理。1994 年 1 月 1 日,全省农业银行执行《金融保险企业财务制度》,取消专用基金管理制度。

中国银行安徽省分行于 1992 年制定《费用开支及财产管理暂行规定》,加强财务费用管理,降低资金成本。1994 年,加强固定资产管理,核实和分析上年度固定资产计划执行情况,针对不足要求整改,同时按照新的固定资产管理办法,对下划给地市行的电脑、汽车、设备等固定资产进行清理。1995 年,全面开展清产核资工作,对全行各项资产进行全面审核。1996 年,省分行机关处室实行电话费、公杂费等五项费用包干,增强员工成本意识。1998 年,在分解下达利润指标的同时,以总量控制、按季下达、季末考核、奖惩分明为原则,合理安排各项费用支出,按月编制主要财务指标监控表,强化对利润指标完成和费用支出的监控力度。同时,省分行部室的费用支出实施事前计划报批、实际支出分部门登记的管理方式。各地市分行积极推行财务中心管理模式,逐步回收所辖县支行费用支出审批权,实行报账制。1999 年,对全行未来 3 年经营管理、机构发展、低产机构调整和资源重组进行整体规划,全面实行县支行费用报账制,上收县支行以下机构的财务审批权。加强对费用科目的管理,对单笔大额修理费、租赁费实行逐笔报批制度。按月跟踪监控在建项目执行情况,建立已批的购置项目数据库,对上报的机构装修进行实地考察核实。2001 年,先后制定《中国银行安徽省分行采购评审领导小组工作章程》《中国银行安徽省分行财务支出审批权限》,建立财会处、分管财会的行领导、采购评审领导小组、预算和财务控制管理委员会、行长以及行长办公会 6 级财务决策机制。坚持按照效益优先的原则分配财务资源,压缩固定费用比重,扩大浮动费用范围,切块专项奖励费用,从机制上引导各级机构积极创造更多效益。制定《中国银行安徽省分行固定资产投资管理细则》,规范固定资产投资行为,严把项目审核。2002 年,积极推进分部门核算工作,优化资源配置机制,对二级行的费用配置方式进行重大改革,将费用分为基础费用、与净收入挂钩费、与中间业务收入挂钩费三大块,按照收入实现情况分配资源。2003 年,开发调试新的经费核算系统,作为分部门核算系统的补充,使之逐步具备分产品、分客户、分员工核算费用的条件。2003 年下半年起,首次试点费用实拨制,规范二级分行备用金划拨、审批报销等。制定《中国银行安徽省分行损益真实性监督管理办法》,构建起覆盖全辖的损益真实性预警和风险控制机制。2004 年,强化财务预算的指导作用,编制下达各行年度营业利润计划,实行营业利润一票否决制,建立滚动预算监控机制。将费用实拨制由 2003 年的 2 家扩大到 12 家。加强财会信息化建设工作,建设和完善递延资产管理系统、工资管理系统、凭证管理系统等,提高财会管理的信息化水平。制定《中国银行安徽省分行经费账管理办法》《中国银行安徽省分行费用监管办法》《中国银行安徽省分行租赁装修项目效益评估办法》等文件，加强经费账户、费用监管和租赁项目管理。2005年，继续落实股改建账，建立新的固定资产管理系统，对县支行固定资产进行上收。制定《中国银行安徽省分行建设工程项目管理办法》《中国银行安徽省分行营业网点装修标准方案》和《中国银行安徽省分行租赁项目管理办法》，规范在建工程、营业网点和租赁项目装修。根据总行企业所得税核算办法变化，制定《中国银行安徽省分行企业所得税核算办法(试行)》，加强纳税指导，按时、准确核算与划转税款。

中国建设银行安徽省分行于1986年审查40个主管部门、2455个建设单位的财务决算报表，剔除不合理开支7885万元。通过对地方级基建财务决算分析，发现在建工程高、结余资金高、交付一元固定资产占用资金高和交付使用率低的“三高一低”现象，撰写《1986年地方级基建决算分析专题报告》，受到总行通报表扬。1987年7月，总行修订《建设银行财务管理暂行办法》，实行“统一领导、计划管理、分级核算、利润分成”的财务管理体制，规定总行、分行地市支行实行独立经济核算，自负盈亏。在审编决算中制止、追回各种转移资金553万元，剔除不合理开支1.26亿元。省分行在建行系统最早对部分县支行实行独立经济核算和财务承包。基层行利用留成利润，改善了办公条件和职工福利待遇，促进业务发展。1988年，省分行审批省直主管部门的基建财务决算报告共76份，发现差错100余处，均在批复文件中做了纠正。1989年1月起，按1988年末的固定资产余额分别实行分类折旧与综合折旧办法。3月，省分行召开一年一度的地方级基建财务决算会审评比会议，全省共汇总1988年度建设单位的2185份财务决算，并按时按质上报建行总行。11月，总行在福州召开全国地方级基建财务决算会议，对安徽审查基建财务决算工作进行了表扬。1990年，省分行和省财政厅联合部署编审工作，下发《关于编报1989年度地方级基本建设财务决算的通知》。省直各主管部门和各地市建设银行按时按质完成了1989年基建财务决算审查汇总任务，再次得到总行通报表扬。总行根据财政部《国营金融、保险企业成本管理实施细则》的要求，颁发《建设银行财务管理制度》，继续实行“统一领导、计划管理、分级核算、利润留成”的财务管理体制，总行、省、市、自治区、计划单列市分行，地市、州分支行，县支行和县支行级的办事处都为独立核算单位。对固定资产折旧实行新的分类办法，固定资产单位价值由原来的200元调整为500元。省分行从当年起改进了内部利润留成办法，实行三奖一补贴。为适应建设银行由国家专业银行向现代商业银行转轨的经营管理需要，完善和改进计划管理调控机制，省分行在全国建行系统较早探索资产负债比例管理的经营模式。1992年，省分行分别在桐城、舒城、肥东、无为和萧县等5个县支行进行资产负债比例管理试点，1995年，将试点扩大到合肥市和芜湖市分行。1996年，省分行成立资产负债管理委员会，在全行树立资产负债比例管理的经营理念，促进资产负债业务协调发展。1998年，省分行将财务计划与业务计划合并，形成集财务计划与业务计划为一体的计财管理体系。1999年，省分行成立网点规划委员会，对全辖机构网点设置进行总体论证,统一规划。资本性支出更多地向中心城市行和经营绩效好的行倾斜,对低效、无效资本性占用实行有序的退出。2000 年,省分行全面实施综合经营计划,明确各行和各部门在经营管理过程中的责权利。资源分配更多地向经营环境好、经济发达程度高、经营管理规范、经营绩效好的行和具有广阔发展空间、盈利能力强的重点业务产品和服务品种倾斜,提高资源配置对经营效益的贡献度,支持和促进各项业务稳定发展,推动银行价值最大化经营目标的实现。省分行在建行系统较早对工资总量分配政策进行改革,将工资总量划分为基本工资和绩效工资两部分,打破长期一贯制的档案工资管理办法。2001 年,在系统内率先将绩效工资分配与增量经营效益和业务发展指标挂钩。省分行对二级分行综合经营计划完成情况进行全面考核,考核结果作为二级分行领导班子成员个人年度考核业绩。在业务指标考核设置上,在系统内率先采用日均余额口径进行考核,较早树立起各项业务稳定健康发展的政策导向。彻底消化长期以来累积形成的巨大资金缺口,实现信贷资金自求平衡。2004 年末,净存放总行资金近 305.6 亿元。2005 年,制定《中国建设银行安徽省分行 2005 年绩效工资性费用考核分配方案》,突出以经济增加值总量为考核重点。制定《中国建设银行安徽省分行 2005 年专项激励费用和业务拓展费用考核分配方案》,对资产质量控制、战略性业务、客户发展与优化结构、精简机构、公司与机构业务拓展、个人银行业务和房地产金融业务等设置专项激励费用,有针对性地促进全行业务、产品和客户结构的战略调整。制定《中国建设银行安徽省分行二级分(支)行负责人年度考核关键业绩指标(KPI)体系》,对辖内 22 个分(支)行行长下达 KPI 年度控制目标,将 KPI 指标完成情况作为挂钩分配行领导绩效年薪的主要依据。

交通银行合肥分行于 1987—1992 年实行"多级法人、分级管理、独立核算、损益集中"的财务管理模式。分行按照财政部《国营金融、保险企业成本管理办法》和《交通银行财务费用核算规定》,进行财务管理和核算,除定期存款利息外,成本原则上按照实际发生额进行核算。预提专项基金,各季度按照营业收入一定比例上缴总行管理费,固定资产按照原值的 4% 计提修理费。总行根据财政部核定的成本降低率和综合费用率,下达分行成本计划和业务及管理费用明细计划指标,分行在计划内自行列账,年末计划不得突破。年末各办事处损益上划分行集中核算,分行结转利润后统一分配。利润留成比例由总行管理处核定,其中总利润的 33% 作为利润留成和公积金分配,总利润的 67% 用做股息分配,按照各入股单位实际投资期计算股红息。分行在当地缴纳企业所得税。1988 年,建立贷款呆账准备金制度,按照贷款余额的一定比例建立专项补偿基金,用以弥补贷款呆账损失。1993 年,财政部下发《企业财务通则》和《金融保险企业财务制度》,分行执行新的财务会计制度,采用权责发生制原则核算。新制度实施以后,企业所得税统一按照 55% 税率缴纳。实行利润"先留后分、先分后税"的办法,即实现利润先提取 3.8% 的利润留成和 30% 的公积金,然后按股分配。按照财政部《关于修订国家专业银行建立呆账准备金的暂行规定》和新财务制度规定,呆账准备金按年初贷款余额的6‰全额提取。1994年,实行“统一法人、分级经营、单独核算、严格考核”的经营管理原则。各行利润由总行集中统一分配,同股同权,同股同利。营业费用按照固定费用和变动费用分别编制预算计划,固定费用采用以上年基数为基础,相应考虑增减因素的办法测定,变动费用采用与资产总额平均余额和经营效益挂钩的办法测算。经总行核定后,分行包干使用,固定资产和在建工程资金实行绝对额控制。呆账准备金提取在执行1993年相关规定的基础上每年增加1‰,直至呆账准备金余额达到年初贷款余额的1%。企业所得税按照33%税率,分行按季预缴。同年,总行下发《交通银行综合指标考核暂行办法》,对存贷比例、资产质量、经营效益、防范案件等4项指标进行考核。对系统内本外币资金往来实行“内部计息,表外登记、按季汇总、年终考核”的办法。1999年,总行下发《交通银行利润目标考核暂行办法》,将利润计划、资产收益率、人均利润、利息回收率作为利润目标考核的主指标。在总行4项主指标考核下,分行经营业绩良好。实行营业费用专户管理办法,专门用于营业费用的核算、考核与管理,不得透支。营业费用指标由总行下达,凡是盈利行,适当增加营业费用指标,亏损行适当削减营业费用指标。将代办员工资由手续费支出调整为从营业费用中支出代办费。建立大宗项目招标制度。2000年,企业所得税实行“统一计算、分级管理、就地预缴、集中清算”。2002年,实行“一级法人、两级管理、分行独立核算、分别考核”的财务管理体制。实行年度财务预算管理制度。2003年,企业所得税由总行预缴,分行不再就地预缴。年末不再计提呆账准备金,由总行统一计提。2004年,内部财务管理系统上线,包括账务核算和财产管理两个子系统,实行“集中管理、独立核算”的内部财务管理体制。分行修改财务管理办法,实行新的财务管理办法。2005年,芜湖、蚌埠、淮南、安庆支行划归分行管理、财务经营一体化。在总行下达的各项预算指标内层层分解下达,监控各行和全辖计划完成情况。同时,总行下达《交通银行经营绩效考核试行办法》,以实现效益最大化为目标,建立以经济资本为核心的风险约束和回报约束机制,将绩效考核与分行经营者的薪酬挂钩。管理会计系统上线,实现对业务条线、产品、重点客户的成本效益核算和分析,为促进精细化管理和集约化经营打造管理工具。分行按照一年定期存款利率向总行交付营运资金占用费。

股份制商业银行　中信银行合肥分行于2001—2005年遵循“统一标准、预算约束、逐级授权、差别管理”的原则,通过明确财务管理委员会的工作制度、规范财务行为、明确财务审批程序和加强财务授权管理来防范和控制财务风险。

中国光大银行合肥分行执行总行统一制定的基本会计制度、财务收支核算办法。合肥分行在总行授权下进行财务管理,要求“遵循权责发生制原则,及时、准确、真实合规地反映财务收支情况”。2002年,分行集中列支各项开支改为分支机构报账制,即由分行审核费用预算,逐笔审查费用报销单据,分支机构自行列支。分行拟定下发《费用管理暂行办法》《行政经费会计核算手续》,分支机构按规定执行。2004年6月,总行主导开发管理会计系统(SAP系统)正式上线运行。2002年,根据总行大额支出集中审批采购管理规定，合肥分行拟定《大额支出集中审批采购管理实施细则》，建立大额支出集中审批制度。2003 年、2005 年分别对实施细则进行修订完善。固定资产通过分行集中管理，建立账卡体系，由财务部门记账，实物管理部门管理卡片账，定期进行账卡、账实核对，年终进行全面盘点。管理会计系统上线运行后，固定资产通过电子台账进行实物管理。2005 年，拟定下发《合肥分行固定资产管理实施细则》。1999—2004 年 6 月，合肥分行使用综合柜台业务系统直接进行财务核算，2003—2004 年 6 月，使用金蝶 K3 财务管理软件进行辅助核算管理。2004 年 6 月后，使用管理会计系统进行财务核算。

招商银行合肥分行采用财务集中的管理模式，“总量控制、集中核算、分别考核”。对所辖网点采用“核定范围、划分权限、指标控制、定期报账”的财务管理体制。应用 SAP 管理会计系统加强财务管理工作。改革费用管理办法，促进业务发展，将成本费用优先配置到效益好的部门和项目上，将成本费用管理与业务经营、费用使用效益联系起来，提高财务资源的效率。2004 年，完成分行车改工作。2005 年，制定《招商银行合肥分行 2005 年度效益工资分配办法》，科学奖励分配，有效调动员工工作积极性。

浦发银行合肥分行本着“在把控风险的前提下运营服务全行业务”的原则，以强化内控管理、支持新业务推广运用、规范核算行为为工作着力点，持续落实推进《会计出纳操作及运行管理制度规范》和尽职尽责活动，将总行开展的防风险、保安全，内控大检查与落实《会计出纳操作及运行管理制度规范》、尽职尽责活动复查工作相结合，排查风险，对有关操作和内控管理方面可能存在的风险隐患，完善规章制度，明确岗位职责，落实跟踪整改；以人民银行开展的账户核实工作为契机，加强银企一年一度的对账工作。切实防范运营操作风险，员工自身防范风险能力和防范意识不断增强。

安徽省邮政储汇局　安徽省邮政储汇局无业务收入，省局在财务管理上对其实行预算拨款制。1993 年，在执行省局《邮政汇兑业务和会计会审办法》的基础上，制定《邮政储汇稽查会审暂行规定》，规定今后对全省地、市、县邮政储蓄和汇兑业务、收支、执行制度等情况每年集中检查会审一次，会审实行互评计分，评出先进并表彰。

徽商银行　2001 年，部分城商行根据全行机构改革需要，调整财务管理模式。将原有“总部—支行”两级财务管理模式调整为“总部—中心支行—支行”三级财务管理模式。配合新财务管理模式，修订《费用管理办法》，修改费用财务指标的考核办法，加强对费用开支的控制和管理。2002 年，对支行历年核销的呆账和表外应收利息进行清理核对，对全行财务管理和费用开支情况进行检查。2003 年，强化一级法人观念和约束机制，调整财务管理委员会成员，制定管理办法，规范工作程序，强化对财务的管理和控制。

人力资源管理

劳动用工制度的改革　*国有独资商业银行*　中国工商银行安徽省分行于 1984—1992 年实行用工计划报批制。1993—1995 年，实行政策性增人与效益增人。1998 年，全面实行劳动合同制。1986 年 8 月，制定信贷专业定额定员试点方案，在 8 个省辖市、

8个县支行进行。1987年7月,规定业务人员和非业务人员比例,一二类县支行业务人员占80%;三四类县支行业务人员占75%;城市办事处业务人员占85%。1994年后,对劳动组织形式进行改革,实行"多功能一体化专柜"。

中国农业银行安徽省分行自1981年起,在全系统开展专业技术职务评聘工作。2000年起,在本省农行系统推行劳动合同制管理。

中国银行安徽省分行于1986—2004年实行行政指令性计划管理。2005年股份制改革后,实行从行政指令性向政策指导性计划管理过渡。1986—1990年,系统人员编制由中国银行统一管理。1995年,由于用工人数增长过快,中国银行总行建立员工总量约束机制,每年下达减员计划。1999年末,实行全员劳动合同制。2001—2004年,实施两次大规模的内部退养,并对原三产部门及附属公司等用工进行清理。2005年,对人员总量和结构进行调整,除合同制员工外,逐步增加劳务派遣工比重。

1986年,中国建设银行安徽省分行对劳动工资实行分级管理。1987年,劳动工资制度实行中国建设银行统一计划、分级管理的体制。中国建设银行审定省分行的劳动工资计划,实行总量控制;省分行负责全辖系统内劳动工资计划的编报和检查,审定地、市支行的劳动工资计划。为适应业务发展需要,经省劳动局批准,1987年和1990年分别招收一批计划外合同制工人。2001年,取消二级分行及以下分支机构聘用非正式用工的审批权限。2002年8月,省分行实行全员劳动合同制。2005年,制定省分行本部浮动绩效工资分配方案。

交通银行合肥分行于1995年推行行员制度和工资制度改革。1997年,对信贷人员、银行卡人员实行竞争上岗机制。2001年,制定和完善柜面员工绩效考核办法。2002年,实施科技人员考核办法。2003年,推行劳动合同制管理。2005年,实施人力资源改革,行员等级工资制废止。

股份制商业银行　中信银行合肥分行自1996年起实行多种用工形式,包括正式、聘用、临时员工。2001年8月起,实行用工制度改革,全部改为劳动合同制,员工与分行签订劳动合同。

光大银行合肥分行岗位等级工资制度改革起自2003年。全员劳动合同制度自2006年1月起实行。

招商银行合肥分行于2002年实行全员劳动合同制。结合部门分工特点与全行抓业务发展的战略需要,分行制定《招商银行合肥分行工资奖金考核分配办法》,并据此对各部门进行考核。2003年,加大考核力度,完善物质激励机制。结合分行机关与支行工作的不同特点,修订《招商银行合肥分行经营目标考核管理办法》,据此对分行机关和支行进行季度考核。同时,调整奖励工资分配办法,加大对营销业绩的考核力,向营销人员、一线业务骨干等倾斜。2004年,保证SAP－HA人力资源管理系统上线,提高人力资源管理的效率。2005年,推行柜员序列改革,成立分行柜员序列评审领导小组,组织专门的培训与考试,制定《招商银行合肥分行柜员序列管理实施细则》进行套改。在首次柜员序列套改工作中，共评定初级柜员34名、中级柜员53名，为全面推行综合柜员制奠定了人员基础。制定《招商银行客户经理制实施细则》，合理调配提拔人员。全年完成人员调配82人次，新聘任干部35人，办理离行11人，人员流失率保持合理。为员工统一购买人身意外险，解决员工福利保障。

上海浦东发展银行芜湖分行把考核作为检验员工适岗的尺度，结合总行工资政策，完善岗位绩效工资，使考核发挥激励作用。对借聘人员制定考核管理办法，完善工资制度，调动借聘人员的工作积极性。出台客户经理工资等级与营销业绩挂钩的考核办法。高起点引进应届大学毕业生、同业的管理人员和专业人员。推进干部人事制度改革，继续实行考核竞争上岗末尾淘汰制度，优者上，庸者降。为适应业务发展，增设国际业务部和科技信息部并配备管理人员。加强对后备干部的培养，配备行长助理和见习行长。从人才建设的高度，在人力资源管理上按照目标、任务、奖惩三定要求，充实调整岗位管理和任务分解考核内容，按发展要求完善客户经理工资等级与营销业绩挂钩的考核办法。人力资源管理水平工作基本适应了快速发展的业务需求，使分行的管理人员、业务人员的学历、知识结构和能力配置趋向合理。

安徽省邮政储汇局　1986年，改革固定工制度，对新招收的工人逐步实行劳动合同制。1996年，全省邮电系统实行劳动合同制。2000年8月，执行省邮政局关于专业技术职务评聘工作暂行规定。

徽商银行　徽商银行成立之前，合肥、芜湖、安庆、马鞍山、淮北和蚌埠市商业银行（包括更名前的城市合作银行时期），均内设职能部门　人事教育处或人事教育部，负责全行干部、职工的管理、教育、考核和调配等工作，都逐步制定了劳动人事管理、考核管理、待岗人员管理、员工退休、考勤制度、假期管理、后备干部、教育、工资、福利待遇、人事档案等一系列相关制度。在劳动用工制度上，大都实行全员劳动合同制和岗位聘任管理，实行以全员劳动合同为主要形式的行员聘用制度，行员职位实行岗位聘任制，员工能进能出，干部能上能下，公平竞争，考核上岗。每年组织新员工劳动合同签订和老员工劳动合同到期续签工作，实行员工年度考核制度。六安、淮南、铜陵、阜阳的7家城市信用社没有设立专门的职能部门，由办公室等综合后勤部门代为行使职能。在干部、组织、机构、员工、薪酬等方面，也陆续制定下发了相关制度和办法，实行劳动合同制管理和岗位聘任管理。

员工教育培训及职工队伍建设

国有独资商业银行　中国工商银行安徽省分行于1984—1991年，对员工以学历教育与岗位培训教育为主。1992年，分行对员工的培训以岗位培训为主。1993年，对员工教育工作以商业银行经营管理为主的系列培训。1996年，根据中国工商银行“九五”时期“百千万”人才工程规划要求，分行开始实施“百千万”人才工程。2003年后，为全方位服务于全行的业务和改革需要，分行安排大规模培训干部工作。

中国农业银行安徽省分行于1985年组织实施地（市）、县正副行长参加国家经济委员会统一举办的企业经理(行长)统考培训,实训人数占应训人数 89.5%,考试合格率达 99%。1986 年,省分行在阜阳、宿县、安庆、滁县和合肥市农业银行干校招收 5 个电大金融专业班学员,计 185 名。委托安徽省银行学校代培农村金融函授中专,共招生 778 名。同年,与省教委联合下文开设农村金融专业中专自学考试。1987 年 9 月,省分行按照总行《岗位职务培训试行方案》精神,在滁县、徽州两个地区各选一个县试点。培训以县为单位,以在职、业余、自学为主,按照教材集中辅导,定期完成学习任务,经上级教育部门考试合格后发给结业证书。1988 年,脱产电大班停招,试办业余电大,分别在安庆、阜阳和合肥市农业银行干校设班,学员 150 名。1989 年 8 月,停止中专自学考试,转为中专函授。1990 年,省分行成立电化教育中心,由单一服务走向多方位服务。1991—1995 年,全省农业银行电化教育迅速发展,在职工教育和业务宣传等领域发挥重要作用。1996 年,省分行遵照中国农业银行《"115 工程"规划》要求,按照分级管理、按计划实施原则,通过多种渠道和方式,强化后备干部培养,让其得到全面锻炼和提高。1998 年,省分行在全省开展储蓄、会计、信贷等业务岗位资格考试,推进持证上岗制度落实。1999 年,与南京农业大学合作举办函授教育大专班(二年制)。2000 年,与南京农业大学合作举办函授教育本科班(三年制)。2000 年,省分行下发《人事改革工程实施意见》,培养、选拔、使用一批优秀年轻干部,推动岗位交流工作,加快人才成长步伐。2001 年,按照中国农业银行《员工培训规划(2001—2005)》统一要求,区分不同层次、不同岗位开展培训工作,着力拓宽员工学习渠道,推动员工终身学习体系建立。2004 年,省分行按照中国农业银行统一部署,制定人才培养五年规划,把建设"三支队伍"(经营管理、专业技术、岗位技能人才队伍)、培养"五类人才"(决策人才、管理人才、专业技术人才、市场营销人才、岗位操作人才)作为全行人才队伍建设重点。在组织开展全员培训基础上,重点抓好中高级管理人才培训和专业技术人才培训。

中国银行安徽省分行于 2000 年 9 月成立培训中心,围绕建立具有针对性和系统性的培训体系,提高员工整体素质的总体目标,先后制定《培训工作管理暂行规定》《本部员工业余进修管理暂行规定》《培训班管理办法》等制度。加强培训硬件基础建设,增添培训教室,搭建模拟柜面业务操作的教学环境。联系大专院校教授前来讲授《市场营销》《人力资源管理》《金融英语》等课程,拓宽参训员工视野。加强教研和教学等基础工作,组织编写《综合柜员业务基础培训教材》《综合柜员相关业务规章及文件汇编》和《金融产品学习手册》等教材,方便广大一线员工的学习与工作。对员工的培训和队伍的建设,省分行坚持加强培训工作统筹管理,实行统一规划、归口管理、分层实施;坚持培训与使用相结合,与员工职业生涯发展相结合;坚持思想教育与业务培训并重,把爱行敬业、员工守则、职业道德、遵纪守法等内容渗透到各级各类培训之中;坚持改革创新,充分利用信息科技手段,多形式、多渠道开展培训工作。自培训中心成立至 2005 年,分行共组织各类培训班 729 期,计 42723 人次参训。

中国建设银行安徽省分行于 1987 年 3 月在干部学校基础上创建安徽省投资管理

学校。部分地、市支行也设有干部培训中心。1986—1990年，先后举办会计审计、信贷管理、项目评估、建筑经济、综合统计、微机应用、投资信息调查等各项短期培训班1386期，参加培训职工逾万人次，占职工总人数的80%以上。1986年以来，为了提高干部文化、业务素质，以适应建设银行业务发展的需要，在全省建行系统内，推荐政治条件好、有培养前途的中青年干部报考高、中等专业学校，派送部分处级干部和地、市支行行长赴辽宁财经学院学习，与安徽省财政学校联合举办一期业余中专班，与上海财经学院、安徽财贸学院联合举办函授大学专科班和电大班各一期。截至1990年，全省建行系统有2137人参加电大、函授、夜大和业余中专学习。组织部分处级以上干部41人参加中共安徽省委党校理论研究班，学习政治经济理论、经济体制改革等，以提高干部的政治经济理论水平。1991年，干训工作坚持长短结合、形式多样、分层次培训的原则，全年举办各类培训班27期，培训1175人次。1999年，为改善队伍的专业知识结构，省分行与安徽财贸学院、哈尔滨投资管理学校合作，开办"货币银行学"专业函授专升本班和"银行会计"专业函授大专班。2000年，全年两次组织信贷、审计、筹资、会计、国际业务、监察、信用卡、保卫及房产金融等9个岗位计2717人次参加全行系统岗位考试，完成新入行大学生及军转干部岗前培训。2001年，制定《中国建设银行安徽省分行教育培训管理暂行办法》，推荐2名行级领导干部、2名处级干部分别参加中央党校总行分校领导干部进修班和中青年干部进修班学习，推荐10名处级干部参加总行党校常州分校学习；推荐5名年轻处级干部分别赴清华大学、复旦大学、武汉大学和厦门大学参加现代商业银行管理高级研修班学习；推荐4名二级分行行长参加总行第十三期、第十四期行长轮训；推荐12名县（市）、城区支行行长参加总行统一举办的基层机构负责人培训；组织172名基层机构负责人参加为期7天的岗位培训与集中辅导。2002年，全年推荐24名处级及以上领导干部参加中央党校总行分校领导干部进修班、中青年干部进修班，赴总行党校常州分校、清华大学、复旦大学、武汉大学和厦门大学等参加各类学习；推荐30名县（市）、城区支行行长参加总行统一举办的基层机构负责人培训。为提高基层机构负责人的经营管理水平，增强风险防范意识，全面提高建设银行的市场竞争能力，根据总行《关于在全行进行基层机构负责人统考的通知》精神，积极做好基层机构负责人统考考前辅导工作。经过统筹组织和安排，顺利完成了基层机构负责人统考工作。2002年4月，全行共有400人参加基层机构负责人统考，考试合格率为95.75%。2003年，为提高中高级管理人员的综合理论水平和经营管理能力，全年组织16位处级以上干部参加各类培训。组织对177名基层机构负责人进行为期一周的集中培训。同时，还推荐21名优秀基层机构负责人参加总行统一举办的基层机构负责人轮训班。全辖共举办各类培训班620期，参加培训人数达28512人次。2004年，省分行印发《中国建设银行安徽省分行关于适应股份制改造要求，加强员工培训，提高员工素质的实施意见》，作为贯彻总行人才战略工作会议培训体制改革精神的具体举措。实施青年业务骨干专项培训工作，共推荐了520名年纪轻、业务好、潜力大、学历高的业务骨干参加专项培训。全年针对不同岗位的履岗要求,共举办各类培训班550期,参加培训人数达24512人次。2005年,省建行专门成立培训工作领导小组,对培训工作实行统一规划和统一管理。全辖共开展各类培训833期,参训人次为40499人次。全行共推荐42名省分行部门副总经理级以上领导人员参加总行举办的各类培训班,16名基层机构负责人参加总行统一举办的基层机构负责人轮训班。

交通银行合肥分行于1997年组织各类业务技术培训、考试、上岗培训6期。2000年,分行在适当引进部分高层次、复合型专业人才的同时,立足于提高现在员工素质,优化人力资源配置,促进干部员工在行内合理流动,在培训、培养中提高队伍素质。全年引进各类专业人员5人,选送30人次参加总行组织的培训,开展营销、计算机专业培训40余次,培训600多人次,并首次组织19人离岗集中培训一个月。全年共组织员工岗位轮换近百人次。分行还积极鼓励员工通过各种途径更新知识,接受学历教育,全年有40人获得高一层次学历。截至2012年末,全行员工中达到大专及以上学历的有239人,占员工总数的51.6%,获得中级及以上专业技术任职资格的87人,占员工总数的18.1%。2001年综合业务系统上线期间,对员工队伍培训350人次,长达4个月。各网点为适应业务需要,加大轮岗力度。进行多形式、多层次、不同规模的培训活动。选拔管理人员到总行接受培训。8月,组织两批基层营业部门负责人共22人外出考察学习。工会牵头组织两批业务人员共40人外出学习。按照中国交通银行2004年教育培训工作指导思想,省分行制订《交通银行合肥分行2004年教育培训工作计划》《交通银行合肥分行2005年教育培训工作计划》。按照交通银行培训总体规划,结合分行实际情况,重点做好员工持证上岗培训、新行员入职培训、市场营销人员培训及中高级管理人员培训工作。

股份制商业银行　中信银行合肥分行采取内训和外训相结合的方式,在注重提高员工岗位技能和业务水平的同时,注意对员工团队协作能力的加强、企业文化的培训。注重提高干部的管理能力。

光大银行合肥分行将带队伍、育人才作为考核评价下属单位及部门负责人的重要内容。设立"人才引进奖",鼓励从行外推荐引进优秀人才,鼓励下属机构向分行输送人才。改进培训工作,与知名大学合作,送员工出去集中培训,更新理念。在执行光大银行有关人力资源管理制度的同时,结合分行实际,修订有关员工休假、考勤等方面制度,制定员工年度考核方案,《员工招聘管理实施细则》《行员待岗管理办法》等制度,完善员工准入退出机制。分行内着力打破等级壁垒,倡导建立无障碍沟通,以此了解情况、发现人才。针对客户经理短缺的问题,分行采取诸如薪酬分配向经营机构倾斜,向营销人员倾斜,增加营销岗位的吸引力。2003年,根据《中国光大银行员工教育培训管理暂行办法》,分行制定《中国光大银行合肥分行中长期教育培训规划》,努力形成以培养高素质的经营管理人才、专业人才、操作型人才为核心的教育培训格局。至2005年,分行有对公对私营销人员207人,占员工总数的34%;本科以上学历员工467人,占员工总数的77%。

招商银行合肥分行于2002—2003年,要求员工学习招商银行各种业务,组织新员工、老员工参加总行组织的远程教育培训及新业务培训,将新入行员工安排至相关业务部门及营业部的相应岗位进行实习。由各部门牵头组织岗位知识和新业务推广培训。各部门牵头组织培训20多次,内容覆盖公司银行业务、个人银行业务、会计、法律、外汇、信贷、计划资金等多种岗位和专业。2004年,逐步加大对前台人员的培训和考核力度,从服务态度、服务技能、服务效率等方面不断提升柜员的服务技能水平。2005年,根据总行对分行年初上报的44期二级培训计划的反馈意见和业务发展新形势,加强综合素质提高类培训课程,适当调整一些业务系统操作类的培训。结合战略调整和重点工作需要,完成新系统上线、新员工入行、厅堂营销人员、客户经理等重点培训。要求全行员工学习各项业务知识,全年累计举办各类二级培训班43期,办班时间累计567小时,参训学员1869人次,人均培训147小时。

安徽省邮政储汇局　1986年前,全省邮政汇兑人员学习和执行的规定主要有邮电部颁发的《邮政汇兑业务和资金管理补充规定》,省局印发的《邮政汇兑业务和会计会审办法》等。1986年3月,省局举办邮政储蓄业务短训班,参训人员为第一批开办邮政储蓄业务的合肥市邮政局和蚌埠、安庆、芜湖市邮电局邮政业务管理人员共27人。学员经培训后,均担任邮政储蓄管理、稽核或营业人员。1987年,省局采取地、市、县邮电局相结合的办法,多渠道、多层次、多形式对邮政储蓄专业人员进行培训,未经培训不得上岗。1992年3月至1993年7月,举办5期全省邮政储蓄事后监督微机培训班。1993年3月和7月,组织全省相关人员参加邮储前台微机专业培训。1999年5月,组织开展全省邮政储蓄"2000年问题"应急业务培训。2000年3月,开展全省邮政储蓄业务人员上岗资格证函授培训。12月,安徽省邮政储汇局选聘了全省首批邮政职工兼职教师5名。邮政储蓄专业开展"强化学习、考核评定、合格使用"三位一体的岗位培训,对营业、复核、事后监督人员进行岗位函授培训,全面实行持证上岗制度。同年,4800多名营业、复核、事业监督人员经培训,获得由人民银行颁发的邮政储蓄任职资格证书。2003—2005年,全省市、县城区邮政储蓄营业岗位新使用的劳务人员一律实行"统一考试、集中培训、持证录用"政策,通过技能鉴定考试后持证上岗。

徽商银行　徽商银行成立之前,合肥、芜湖、马鞍山、安庆、淮北和蚌埠市商业银行(包括更名前的城市合作银行时期),根据业务发展的需要和员工的素质情况,采取多种形式,开展多层次、多渠道的金融专业理论考试,银行业务和操作技能等方面培训。同时,不断加强思想政治教育,开展党、团和青年文明创建等活动,积极发展优秀团员入党。大力加强专业队伍建设,实施专业岗位资格认证和持证上岗;鼓励员工加强自身学习,提高综合素质。2001年,安庆市商业银行委托南京金融高等专科学校(后改为南京审计学院)举办两期金融专业大专学历教育脱产班,学员在校期间圆满地完成了各科学习,并取得良好的成绩。受员工人数规模的限制,六安、淮南、铜陵、阜阳的7家城市信用社在员工培训的形式和内容上,明显单一和不足,缺乏系统性和连续性。为适应业务发展需要,有效解决人力资源结构失衡的矛盾,合肥、芜湖、马鞍山、安庆、淮北和蚌埠市商业银行从成立之初就注重同业引进和公开招聘,在内部公开竞聘,建立"引进、交流、培训、转岗、内退"机制,实现干部、员工的合理流动。芜湖市商业银行于2003年制定了人才培养计划。六安、淮南、铜陵、阜阳的七家城市信用社也能根据业务发展需要,适时引进和招聘人才。

金融电子化建设 全省辖内各家金融机构的电子化建设,都有其各自的独立系统,且建立的时间和进程不一。

国有独资商业银行 中国工商银行安徽省分行电子化建设始于1985年。1986年2月,合肥工商银行营业部成为全省银行业第一家使用电脑办理对公业务的银行。1987年3月,合肥工商银行稻香楼储蓄所成为全省第一家电脑储蓄所。一、二级分行先后建立科技处(科),开发处理银行对公、储蓄及电传等业务。1988年起,金融电子化建设全面展开,全省第一个超级小型机城市局网和IBM4381中型机网投入运行。1991—1995年,实施柜面业务的计算机处理,电子化网点覆盖率达100%。所有对外营业网点全部实现计算机联网作业,各种传统柜面业务、中间业务、虚拟银行业务、管理信息及日常办公实现了计算机在线处理。同时,建设银行的主干网络,率先在国内推出全国联行对账等应用,首创资金划拨24小时到账。1991年投入资金2761万元,1992年投入资金6113万元,购机447套,建设电子化营业网点195个。1996—2000年,实施"大机延伸"工程,数据集中到省分行,逐步形成科学合理的技术体系。1998年5月28日—1999年5月19日,将传统的会计、储蓄和银行卡业务集中到省行处理,实现了大机延伸。建成覆盖全行的三级计算机网络,开通多协议并存的帧中继高速综合骨干网络。完成一级网的帧中继传输加密和二级网的加密工作。基本形成了基于数据中心的双星型动态热备份网络运行体系。国内第一家实现实时电子汇兑。研发第二代应用系统(综合业务处理系统CB2000)。2001年9月24日和2002年5月12日运行综合业务系统一期、二期工程。中国工商银行股份制改革成功后,研发第三代核心应用系统(全功能银行系统NOVA)。全面推进管理信息化建设,推出信贷管理系统(CM2002)、综合统计报表系统(CS2002)、个人客户关系管理系统(PCRM)等管理系统。推进无纸化办公进程,全部实现办公和业务报表的计算机处理。推广应用办公自动化系统(OA),并开通省行、二级分行和县支行的NOTES系统,实现了电子邮件和公文的网上传输处理。开通工行安徽网站,大力发展网上银行和95588电话银行。

中国农业银行安徽省分行于1984年推广使用计算机,1985年4月成立信息处。1985年,在全省范围内举办首期微机培训班。1986年,项目电报开始采用人机并用工作方式。1987年,推广应用通用汉字软件,劳资、月计表软件,开始在合肥市分行营业部进行微机业务试点。1988年,全省县级单位远程通讯传输网开通,对公业务推广到部分县支行,电脑储藏开始试点。1989年,开始城市网络试点。1991年,自主开发储蓄事后监督软件。同年,合肥市分行开始活期存款同城通兑。1992 年,安徽省政府批准分行通过租赁 2500 万元用于建设城域网,实现全行战略转移。1994 年,启用第一台 ATM 机。1995 年,电子化网点 763 个,网点覆盖率达 25%,计算机处理年业务量 3848 万笔。1996 年上半年,电子汇兑系统投入使用。到 1998 年底,建成小型机城市业务网络 3 个、同城微机网络 32 个,覆盖全省 55 个县级支行、530 个储蓄网点,网上开通储蓄通存通兑、代发工资、代收水电等多项业务。1998 年末至 2000 年初,成功解决"2000 年问题",实现计算机系统平稳过渡。1999 年,在分行系统内首批推广应用新一代综合应用系统(简称 ABIS)。2001 年 7 月 22 日,淮北分行成功切入全省大网,ABIS 在全省全面开通,实现安徽省农行数据大集中,省域数据中心覆盖省、市、县、乡镇四级 1300 多个网点,联网网点数据居全省同业首位。此外,分行利用 ABIS 和"大前置"系统平台,开办百余种代收费等中间业务。到 2003 年末,联网在线 ATM 取款机、存款机和存取款一体机共 224 台,自助银行 23 套,在线 POS 机 2138 台,银行卡由 2001 年的 30 万张增至 184.6 万张。建设金穗校园卡工程,创新银行与高校合作。开通信贷管理信息系统,为统一管理信贷资源和信贷项目提供支持。公文传输系统、保卫信息系统、人事信息系统、综合业务统计信息系统等全面推广使用。省域数据中心建成后,进一步对省域数据中心主机、存储系统及网络进行整合和升级改造。开通运行作业、运行保障和业务支持"7×24 小时"快速响应运行体系。推行"7×24 小时"运维,稳步提高系统运行质量。2003 年,开通网上银行及落地业务,当年即有个人注册客户 802 户,交易笔数 45025 笔,交易金额 24037.3 万元。企业注册客户 204 家,交易笔数 24737 笔,交易金额 84427.9 万元。2004 年,上线中间业务平台,整合中间业务应用,推动省网增值业务发展。汇利丰、本利丰、银关通、银保通、银烟通、水电气话费保费代收付系统、代理财政非税收收入收缴业务系统、代理财政授权支付系统等研发成功并投产,开通国债、基金、黄金买卖业务柜面和自助办理渠道。完成现金管理平台推广,为企业、机构等团体客户理财提供高效、安全、快捷的现金管理方案。成功营销中国电信集团安徽省电信公司、省人寿保险集团公司、麦当劳安徽分公司、安徽航天信息科技公司等客户,至 2005 年 6 月,上线账户数 539 个,交易笔数近 37 万笔,交易额为 565 亿元。大额支付系统上线,提供更加快速、高效、安全的支付清算手段。在中国农业银行《管理信息系统基础架构》蓝图下,逐步搭建起涵盖信贷、财会、法规、审计、人事、监察、保卫、办公室等部门的各种信息平台和管理平台,开启信息管理现代化进程。启动经营分析系统建设,把科技从传统支持保护角色转变为银行价值创造的重要组成部分。2005 年 11 月,启动数据上收中国农业银行工程,2006 年 3 月 17 日,数据顺利上收。2005 年,安徽省数据中心共发生 ABIS 业务 27830 万笔,日均交易 77 万笔,日均交易金额 218.1 亿元,交易峰值达到 123.8 万笔;ATM 机、POS 机上各类交易日均 18 万笔。2005 年末,分行电子化建设累计投入 8.95 亿元。

中国银行安徽省分行金融电子化建设开始于 1988 年。同年,省分行及各二级分行先后成立了电脑部、电脑科,专职从事信息化建设和银行业务系统开发维护工作。全行采用较为先进的宝莱电脑系统作为业务应用平台,开发本外币储蓄、会计核算、国际结算、信用卡、POS、事后监督等系统。1988 年 9 月,合肥三孝口办事处成为省分行第一家使用电脑系统办理柜面业务的营业网点。1989 年 7 月,合肥市营业网点实现了本外币储蓄业务通存通兑,是全省金融系统第一家实现储蓄通存通兑的机构。截至 1993 年,分行网点全部实现了柜面业务的电脑化处理,电脑化网点覆盖率达到 100%。1994 年开始,分行对全行电脑系统进行升级换代,实施以二级分行为中心的数据集体处理工程,以 IBMRS6000、U6000HP9000 等企业级服务器以及大型存储系统作为交易、数据集中处理平台,开发综合业务处理系统,并在全辖推广应用,建设完成了安全可靠完备的一级网、二级网、同城网等覆盖全辖的网络架构。1993—2000 年,年均信息化建设投入资金达到 2000 万元,全辖信息化建设涵盖了柜面业务、后台账务业务、办公自动化、NOTES、公文流转、ATM、自助、电话银行等多品种、多渠道银行业务。分行的 SWIFT 全球资金汇划系统实现全球外币资金的实时解付,中行 EIBS 电子联行系统实现中国银行系统内资金实时汇划,是国内第一家实现资金实时汇划的金融机构。2001 年,省分行实施以全省业务集中处理的“IT1818”工程,推广应用中国银行新一代综合业务系统。省分行花费两年时间,以省分行为中心,将全省 16 家二级分行银行业务的交易数据集中到省分行数据中心集中处理,全省日均交易笔数达到 60 万笔,实现了“7 × 24”小时多渠道对外服务。2003 年,总行开始实施区域数据大集中工程,省分行主要业务系统上收华东信息中心,随后,电子信息化建设全面推进,除银行传统业务外,信息化应用领域涵盖银行业务的各个方面,包括个人网银、企业网银、多品种代收费、外行实盘买卖、基金、第三方存管、银企直连等业务。

中国建设银行安徽省分行电子化应用起于 20 世纪 80 年代初。1986 年,重点实施会计和储蓄业务的微机单点核算。1991 年,开发储蓄柜台核算软件,在 55 个所(柜)推广应用,新增 55 个会计柜台,已有 181 个会计柜台。1992 年,完成省分行信息管理系统的总体规划设计工作。1994 年,在金融系统首家开发“建设银行证券磁卡”系统并投入使用。1996 年,开始城市综合网联网建设和网点通存通兑。先后开发与推广了全省数据集中系统、资金清算系统、龙卡网络系统、办公自动化系统(OA)、信用卡授权系统、网上银行、电话银行、重要客户系统、证券基金系统、银证转账系统、银券一户通(存折炒股)、代理收费业务系统、信贷管理信息系统、人力资源管理信息系统、企业银行、自助产品、建设银行证券磁卡系统等 17 个重点业务应用系统,计算机应用覆盖了全行的主要业务。1997 年,全省 16 个地市行均已开通城市综合业务网络系统,市区营业网点入网率平均已达 90% 以上。合肥市分行于同年 12 月 1 日正式加入全国龙卡网络系统并成功运行。1998 年,实现城市综合网与证券系统的互联。按照中国建设银行统一部署,分行解决了计算机“2000 年问题”。2000 年,建成了全省建行骨干网络系统,网络业务基本覆盖全省。2001 年,完成全省数据集中处理系统建设。2002 年,对全省数据集中系统进行二期优化，增加前台客户管理、单证控管、贷款账户转移、风险控制等功能。2003年，龙卡网络调账系统上线，完全实现了调账业务无纸化传输。2004年，进行全国数据集中系统（DCC）建设。2005年，完成DCC系统上线工作。

交通银行合肥分行信息系统达60余个，各系统均有较为完备的备份策略及应急预案。分行中心机房改选于2005年完成，有小型机10余台、各种服务器100多台。分行完成400多个有分行特色的业务交易、经营管理系统的项目开发、实现交通银行至省直分行一级骨干网、省直分行至省辖二级行的网络架构。城域网采用由不同运营服务商提供的主备各一条、带宽为2M的数字线路。实现办公与业务网段的分离。多套防火墙和IDS、IPS等网络防护手段，确保内部业务网、办公网、第三方网络、互联网等访问的安全。针对全行数据集中后运行管理模式的变化，建立全省统一的生产运行流程，全面推行安全生产运行审计系统（HAC）。

股份制商业银行　中信银行合肥分行自成立以来，先后开发了公共事业代收费系统、公积金贷款系统、财政非税系统、商品房预售监管系统等项目。为实现产品创新，先后开发财运通系统、一卡通系统、个人账户资金归集系统，为业务部门抢占市场、获得潜在客户提供强有力的技术工具。在建立全行管理信息指标体系的基础上，开发了综合考核系统、FTP分析统计系统、理财基金查询系统、个贷综合收益考核系统、出国金融考核系统、客户综合贡献度系统等项目，为管理决策提供可靠依据。为提高分行的管理水平，先后开发了固定资产管理系统、低值易耗品管理系统、事件管理系统、考核系统等软件。分行机房建设符合国标，配置市电/备用发电机自动切换系统、交换配电系统、交流不间断电源系统、防雷保护系统等设备。建有信息系统的应急处理机制。

招商银行合肥分行于2002年进行主机初步测试，在立足“一卡通”、网上银行等技术产品的同时，开发出“通讯缴费一卡通”项目。2003年10月，完成人行现代化支付系统并在合肥分行上线运行。2005年5月，招商银行新一代核心业务系统在合肥分行上线运行。开发有燃气、电力、有线电视、自来水等代收费功能的缴费系统；开发IC卡充值平台，并将所有的缴费项目囊括在IC卡中。

上海浦东发展银行芜湖分行于2000年3月开业。开业初期，为提高客户服务能力，分行率先在营业网点部署了两台自动存取款一体机，满足24小时不间断服务客户的业务需求，同时开通了电话银行服务系统。2000—2005年，营业网点和自助银行基本覆盖了芜湖市主要城区，客户还可以通过芜湖市区30多家邮政储蓄银行取款代理点办理取款业务，POS商户数量也有较快的发展，方便企事业和客户的消费活动。2003年，浦发银行总行启动“628数据大集中”项目，通过该项目，分行客户在全国所有网点可以很方便地实现实时办理业务，大大提高了客户服务能力。2004年，分行率先提供客户“及时语”短信服务，准确及时地让客户了解资金账户变动情况。同时，浦发银行网上银行业务的开通，真正地实现让银行建在网上，为客户提供“7×24小时”全天候服务的能力。2005年，随着“95528”电话银行短号码的开通，分行在客户服务能力提升、品牌建设以及金融电子化建设方面又取得较好的成绩。

安徽省邮政储汇局　1991 年 9 月,安徽省邮政储汇发行局设立微机室,负责微机设备硬件维护、调配、管理及微机软件更新和开发工作,开始全省邮政金融电子化建设。2000 年 3 月 16 日,安徽省邮政局设立安徽省邮政信息技术局,确保邮政金融网的有序建设和高效运营。

储蓄信息化建设工程　1992 年至 1993 年,实现了计算机单点处理的生产作业模式。1993 年至 1994 年,实现了市(县)同城通存通兑。1994 年,全国邮政启动金融计算机网络系统技术改造工程(邮政绿卡工程)。该工程是利用电信通信平台和现代计算机技术实施的大规模计算机技术改造工程,网络结构实行三级中心体制,即邮电部中心、省中心和城市中心。1996 年,合肥城市中心投产运行,1998 年,芜湖、蚌埠城市中心投产运行,实现了皖南、皖中、皖北区域数据集中的生产作业模式。2000 年至 2001 年,实现全省数据集中处理的生产作业模式。2003 年至 2004 年,完成全国邮政储蓄计算机系统的统一版本改造工作,自此,邮政储蓄业务拥有了全国通存通取的方便、快捷通道。

电子汇兑系统建设工程　2001 年 7 月,电子汇兑系统建成投产,对社会试行开办电子汇兑业务。2001 年 9 月 25 日,全省 79 个市、县中心和 140 个网点联入全国网络,所有市县向社会推出电子汇兑业务,彻底改变了中国邮政百年来汇票的传递方式,增强了汇兑业务的市场竞争力。

综合服务平台建设工程　2004 年 4 月,安徽省邮政综合服务平台系统建成投产,与储蓄系统信息资源共享,实现了多种代收付、代理业务的全省联网实时处理。

邮保通系统建设工程　2004 年 11 月 18 日,代理保险系统成功上线,标志着全省邮政金融代理保险业务结束了多年的手工出单历史,实现了全省联网、实时出保单的质的飞跃。

储蓄系统和邮政电子汇兑互通工程　2005 年 6 月 22 日,全省邮政储蓄系统和邮政电子汇兑互联互通工程上线,实现储蓄资金和汇兑资金合并使用,开办邮政账户类汇款业务,邮政金融信息化再上新台阶。

徽商银行　徽商银行本着以业务带动科技创新、以科技促进业务发展的理念,各家城市商业银行自成立时起就着手科技信息建设,逐步实现柜面业务电子化和自助服务全天化,逐步实现从传统模式向现代商业银行的转变,有效推进了业务发展。

柜面业务电子化　1998 年,合肥市商业银行建设储蓄通存通兑和会计业务处理系统。2000 年,安庆市商业银行完成通存通兑系统上线。2002 年,芜湖、马鞍山、蚌埠 3 家商业银行投产新一代综合业务系统。2003 年,淮北市商业银行、铜陵市城市信用社实现个人储蓄通存通兑、报表电子化。

电子渠道快速发展　1999 年始,各家城市商业银行先后开通“96588”电话银行查询和电子回单箱系统。2001 年,合肥市商业银行建设投产自助银行系统。2002 年,省内城市商业银行完成联合发卡业务系统建设。2003 年,芜湖市商业银行增加银联黄山卡、一本通等业务;各城市商业银行陆续增加 ATM、多媒体查询机等业务;合肥市商业银行开通银证通业务,实现网上交易结算转账功能。2005 年,银信通、财务 POS、银证转账、代理财政非税收入收缴业务系统、代理财政授权支付系统等陆续投产。

加强内部管理系统建设,推进管理规范化　实现内部网站、办公 OA 系统、报表分析系统的应用。2005 年,建设信贷和个人征信系统,开发数据库、客户关系管理系统(CRM)、客户信息管理系统(CIM)等相关系统。

第四章 农村合作金融业务

第一节 负债业务

各项存款 农村信用社各项存款余额从2004年711.59亿元增长至2005年843.06亿元,增长18.5%。2005年,安徽省农村信用社通过改革开始焕发出新的生机和活力,整体经营状况明显好转,存款业务较快增长,经济效益稳步提高,服务"三农"的能力进一步增强。至2005年末,安徽省农村信用社(全系统83家法人机构,下同)各项存款843.06亿元,较上年净增131.47亿元。存款余额居全省金融机构第三位。

2004—2005年农村信用社各项存款余额统计表

表4-4-1 单位:万元

年份	各项存款余额
2004	7115928
2005	8430619

企业存款 至2005年末,安徽省农村信用社在财政涉农资金增加等惠农政策影响下,企业存款增长较快,比年初增加25.9亿元。

2004—2005年农村信用社企业存款余额统计表

表4-4-2 单位:万元

年份	企业存款余额
2004	948841
2005	1207852

机关团体存款 截至2005年末,安徽省农村信用社机关团体存款余额112.03亿元,比年初增加23.14亿元。

2004—2005 年农村信用社机关团体存款余额统计表

表 4-4-3　　　　单位:万元

年　份	机关团体存款余额
2004	888883
2005	1120284

储蓄存款　截至 2005 年末,安徽省农村信用社从存款增量构成来看,储蓄存款增量占总增量的 79.79%,比上年末增加 105.57 亿元。

2004—2005 年农村信用社储蓄存款余额统计表

表 4-4-4　　　　单位:万元

年　份	储蓄存款余额
2004	6167087
2005	7222767

同业存款　截至 2005 年末,安徽省农村信用社同业存款余额 183.71 亿元,比上年末减少 27.28 亿元。

2004—2005 年农村信用社同业存款余额统计表

表 4-4-5　　　　单位:万元

年　份	同业存款余额
2004	2109881
2005	1837074

第二节　资产业务

各项贷款　农村信用社各项贷款余额从 2004 年 513.36 亿元增长至 2005 年 589.01 亿元,增长 14.7%。截至 2005 年末,安徽省农信社各项贷款余额 589.01 亿元,农户及农村经济组织贷款 402.47 亿元,农村工商业贷款 109.79 亿元。同年,安徽省农村信用社贷款市场份额为 13.6%,比上年上升 0.4 个百分点,贷款增量居全省金融机构第二位。

2004—2005 年农村信用社各项贷款余额统计表

表 4－4－6　　单位:万元

年　份	各项贷款余额
2004	5133597
2005	5890071

短期贷款　截至 2005 年末,安徽省农村信用社短期贷款余额 384.45 亿元,比年初增加 66.94 亿元。

2004—2005 年农村信用社短期贷款余额统计表

表 4－4－7　　单位:万元

年　份	短期贷款余额
2004	3175140
2005	3844498

中长期贷款　截至 2005 年末,安徽省农村信用社中长期贷款余额 48.86 亿元,比上年末增加 5.65 亿元。

2004—2005 年农村信用社中长期贷款余额统计表

表 4－4－8　　单位:万元

年　份	中长期贷款余额
2004	432049
2005	488550

其他类贷款　截至 2005 年末,安徽省农村信用社其他类贷款余额 155.7 亿元,比年初增加 3.06 亿元。

2004—2005 年农村信用社其他类贷款余额统计表

表 4－4－9　　单位:万元

年　份	其他类贷款余额
2004	1526387
2005	1557023

第三节　中间业务及表外业务

结算业务　1986年至1993年,安徽省农村信用社仅少数获准参加人民银行票据交换和电子联行系统,开办结算业务的种类少,仅能提供现金支票、转账支票等业务种类,结算渠道不畅通成为制约农村信用社发展的瓶颈。1996年,在人民银行的支持下组建了安徽省特约电子汇兑中心,农村信用社开始办理汇兑业务。从2002年开始,在人民银行总行的统一组织下,农村逐步开始建设人民银行现代化支付系统。2005年安徽省农村信用社实现一点接入现代化支付系统,最终建立了现代化的支付结算体系。

代理业务　1986年至2005年底,安徽省农村信用社经营的中间业务产品主要限于汇款、银行承兑汇票、代理等业务。中间业务收入仅占各项收入的很小部分,据粗略统计,不足1%。

第四节　内部控制

内部监督管理

内部审计、稽核与监督　安徽省农村信用社在1985年至1996年隶属农业银行管理,1996年,农村信用社与农业银行脱离行政隶属关系,先后由体制改革委员会办公室、人民银行、银行业监管部门管理,全省各县(市、区)农村信用社内控监督管理模式各有不同。2004年12月18日,安徽省农村信用社联合社正式挂牌成立,全省农村信用社由安徽省联社统一管理,审计稽核工作也由省联社统一指导和管理,逐渐步入规范化、制度化的良性发展轨道。安徽省联社成立后,结合全省农村信用社审计稽核工作实际,研究确定了安徽省农村合作金融机构审计稽核工作组织架构,按照"精干高效、责权分明、统一管理、全面监督"的原则,分省联社、办事处、行社三级设立内部稽核监督机构,建立起"统一指导、以县为主、分级负责"的审计管理体系。审计稽核工作实行董(理)事长负责制,直接向董(理)事会报告。安徽省联社设立审计稽核处,对省联社理事会负责,独立行使稽核监督权,履行对全系统审计稽核工作的指导和推动职能,代表省联社对全省各行社、办事处审计制度建设和审计稽核工作统一指导,统一管理,研究制定审计稽核工作基础性制度和办法,对全省农村合作金融机构各项工作进行内部审计监督。14家市级办事处指定专人负责审计稽核工作,向办事处主任和省联社审计稽核部门负责,办事处代表省联社对辖内法人行社行使稽核和监督职能。县级联社和农村合作银行设立独立的审计稽核部门,在董(理)事会授权范围内开展工作,向行社董(理)事会负责,承担对辖内营业机构的稽核监督工作职责,采取"人员派驻、分片包干、定期轮换"的形式对辖内分支机构开展稽核工作。

内控机制

安徽省农村信用社联合社成立后,省联社结合系统实际,先后制定出台了《加强全省农村信用社内控制度建设的工作意见》《安徽省农村信用社稽核工作暂行规定》《安徽省农村信用社稽核员管理办法(试行)》《安徽省农村信用社稽核工作管理若干规定》等一系列基础性制度和办法,指导行社完善内部控制制度,规范稽核监督行为,并在实践中取得了较好效果。这些制度办法的出台,规范了全省农村合作金融机构审计稽核工作,为行社加强自我约束和监督、规范开展审计稽核工作提供了制度保证。

风险控制 2005 年是安徽省农村信用社改革产权制度、转换经营机制的关键一年,结合全省农村金融系统改革进展情况及改革发展需要,安徽省联社及时组织开展高管人员离任审计和专项审计,指导、推动行社以防范和控制风险为核心,完善稽核工作制度,加快稽核体系建设,加大稽核力度,加强责任追究,并取得初步成效。2005 年,省联社共开展离任审计项目 103 个。其中,省联社直接组织实施离任审计项目 16 个,委托办事处组织实施离任审计项目 87 个;开展专项审计项目 1 个,成立 13 个检查组,投入 2028 个工作日开展全系统案件专项治理检查和内控制度稽核,共抽查了全省 25 家县级联社、50 家基层信用社(营业部),所查单位覆盖全省 17 个地、市,占县级机构总数的 30.12%。行社在省联社统一指导下,按照省联社审计稽核工作总体部署和要求,着力构建内控体系,充实稽核人员,建立稽核工作程序化、制度化、规范化管理制度,加强内部审计稽核,强化内部风险控制,重点加强风险点排查,对基础差、管理弱、风险大的营业机构加大稽核力度,对各种内、外部审计结果开展后续审计。通过加强审计稽核与监督,全系统 83 家行社在深化改革的同时,内控制度逐步完善,内部管理日益规范,制度执行力显著提高。

会计财务管理 安徽省农村信用社在 1985—1996 年的会计核算管理和财务管理中,比照当时的农业银行模式,采取收付记账法,按科目核算内容进行会计核算,用计划、指标等方法进行财务管理。之后,农村信用社的管理部门依次更替为体制改革委员会办公室、人民银行、银监部门和省联社。在此期间,农村信用社均为法人,单个信用社规模很小,会计财务管理难度大、成本高,管理部门先后出台《农村信用社财务管理实施办法》《农村信用社会计基本制度》《农村信用社出纳基本制度》等。

人力资源管理

劳动用工制度的改革 安徽省农村信用社联合社成立前,全省农村信用社劳动用工制度改革工作进展缓慢。从补员情况上来看,在当时的特定历史条件下,主要是沿袭计划经济条件下的"子女顶替"模式,其间也计划分配了部分银行中专学校毕业生。1997 年后,陆续通过公开招聘形式,招录了少量大专以上文化程度的计算机、法律、文秘专业员工。从用工形式上看,2004 年前,主要是采用劳动合同制形式,但是无论合同格式还是内容都非常简单和形式化,没有体现出真正的合同制用工原则。从人员退出机制来看,2004 年以前,除了正常退休、非正常死亡、自动辞职、判刑,以及违规违纪处分辞退外,人员基本没有出口。2004 年 12 月 18 日,安徽省农村信用社联合社成立,将

农村信用社劳动用工制度改革，转换经营机制摆在突出位置。2005年初，在对县级联社实行等级管理的同时，把劳动用工制度、分配制度等改革作为转换经营机制的关键措施，制定了《安徽省农村信用社劳动用工制度改革指导意见》和《安徽省农村信用社薪酬制度改革指导意见》等文件，全面推行员工竞争上岗和劳动合同制，实行干部聘任制，打破现行员工身份界限，打破“铁饭碗”和“铁交椅”，努力形成员工能进能出、干部能上能下的劳动用工和干部管理制度。加快推进分配制度改革，将员工收入与联社等级和经营绩效紧密挂钩，根据不同岗位和承担的职责以及工作绩效来确定员工报酬。全系统83家县级联社共核减人员5395人。按照公平、公开、公正的原则，实行阳光操作，保证了劳动用工制度和分配制度改革的稳步进行。全面推行员工劳动合同制和干部聘任制，引入竞争机制，努力形成员工能进能出、干部能上能下的人事管理制度。加快推进分配制度改革，将员工收入与联社等级和经营绩效紧密挂钩，适当拉开不同岗位收入差距。全省2005年有75个县联社进行了“双考”，共分流人员3440人，其中，待岗899人，内退1630人，辞退456人，其他措施分流455人。

员工教育培训及职工队伍建设　2004年前，全省农村信用社主要由各个法人联社在各自辖区内以开展劳动竞赛的方式强化员工技能培训。由于受区域和培训方法等因素影响，职工队伍素质、技能素养、知识更新亟待提高。省联社成立后，针对农村信用社管理的需要，举办多次高管人员和部门负责人培训班，举办党风廉政建设培训班，请省纪检委负责人授课，增强了高管人员防腐拒变意识。举办统一法人改革培训班，请中国银监会合作部专家授课，增进了员工对统一法人改革的了解。举办员工违规行为处罚办法培训、稽核部门负责人培训、财会人员培训等。2005年，省联社共举办各种形式的培训班11次，参加培训的人数1200多人。各县联社也分别进行了形式多样、注重实效的培训，对提高现有员工队伍素质起到了重要作用。与此同时，省联社结合案件专项治理工作，指导各法人联社全面清理清退农村信用社临时代办员。在此基础上，根据制定的《安徽省农村信用社员工管理暂行办法》《安徽省农村信用社员工招聘办法》等规范员工管理的文件，引导全省县级联社积极促进人员更新，公开招聘具有较高素质的员工。省联社严格审批招聘计划，严格招聘条件，规范招聘程序。2005年，全省批准11个县级联社286名员工招聘计划，通过公开、平等竞争的方式招聘员工112人。开始有计划地面向全省金融系统，公开招聘具有丰富金融管理经验的管理型人才。在县级联社班子建设上，省联社坚持依照干部任用管理条例，对部分县级联社高管人员进行必要的交流和调整，提拔了一批年轻干部。2005年，省联社对51个县级联社领导班子进行了考核，提拔县级联社正职23人、副职44人，异地交流县级联社正职6人、副职14人。通过考察调整及统一法人改革，共37人退出领导班子。此外，从其他金融机构引进4人进入领导班子。经过努力，县级联社领导班子整体素质得到提高。各县级联社也按照干部聘任制的要求，对干部队伍进行了调整，通过竞争的方式，按照年轻化、专业化、知识化的要求选拔了一批中层干部。到2005年末，安徽省农村信用社共有员工26540

人,全部实行劳动合同制管理。

金融电子化建设 安徽省农村信用社金融电子化建设分为几个阶段。20 世纪 80 年代,农村信用社电子化建设发展严重滞后,广泛采用传统的手工记账。90 年代,随着改革开放的进一步深入,各家银行加大了电子化建设的步伐,农村信用社也进行了多次改革的尝试,但电子化建设一直处于落后状态。至 1996 年,行社脱钩前,部分信用社依托农行开展电子化试点工作。行社脱钩后,从 1997 年开始,农村信用社开始聘用一大批专业技术人员,迈开了艰苦卓绝的电子化建设之路。当时,在农村信用社点多面广、人员素质普遍较低的情况下,信合人付出了艰辛的努力,系统的研制与开发,设备的安装、调试与维护,员工的培训,计算机知识的普及与推广,从无到有,由点到面。至 2000 年,70% 以上的农村信用社综合门柜业务实现了单机操作。合肥(肥东、肥西、长丰)、巢湖、淮北 6 家农信社组成了 3 个区域性网络柜面系统,但功能相对单一。2005 年 10 月,安徽省联社启动全省综合业务网络系统建设。

第五篇　非银行业务

第一章　资产管理公司

第一节　不良资产收购

全省四家资产管理公司均成立于20世纪末期。各家公司成立初期，按照国家有关规定，接收对应银行的不良资产。之后，不良资产的接收方式由政策性转变为通过市场进行商业化竞购。

2000年，中国华融资产管理公司合肥办事处从工商银行安徽省分行收购不良资产合计2757户、9089笔，收购债权额107.05亿元。其中，呆账贷款1546户、1552笔（原则上按1户1笔统计），金额35亿元，占收购债权的32.7%；一般不良资产（呆滞贷款）1193户、7094笔，金额55.89亿元，占收购债权的52.2%；拟债转股18户、443笔、金额16.16亿元，占收购债权的15.1%。按整体债权口径则总额为146.54亿元，其中，呆账50.8亿元，逾呆滞资产为79.29亿元，拟转股16.45亿元。2005年，第二批接收安徽省工行系统损失类资产3968户，金额77亿元。其中，损失类信贷资产2488户，66亿元；损失类非信贷资产1480户，11亿元。

2000年，中国长城资产管理公司合肥办事处收购安徽省农行剥离的不良贷款5890户，84.37亿元，其中呆滞贷款1488户，67.76亿元（其中债转股企业6户，转股额6.89亿元）；呆账贷款4402户，16.61亿元。从整体上看，接收的不良资产"散、小、差"特点非常突出，收购资产不论是债务人的经济属性，如贷款额度、贷款占用形态、债务人经营现状等，还是债务人的自然属性，如债务人区域分布、债务人行业和性质分布等，都较为明显地反映出收购资产的总体质量较差、资产的可经营性不强。从行业分布看，主要集中在乡镇企业、供销社、农副产品加工收购企业等，科技含量低，市场前景暗淡。按照国家经贸委淘汰类企业认定标准，多属于淘汰类企业。较为明显的行业区域分布特征是江南地区以茶叶、丝绸企业为主，江北地区以皮革、小造纸企业为主，沿江地区以小水泥、小砖窑等建筑材料企业为主。其中，供销系统贷款为12.85亿元，占15.23%；乡镇企业21.6亿元，占25.6%。从区域分布看，收购的5890户贷款中，多位于县级以下乡镇、农村，集中在城区的企业较少。位于县及县以下的54.17亿元，占64.2%，3879户，占65.86%；在地市级城市城区的仅23.5亿元，仅占27.85%。从资产形态和贷款方式来看，多数为信用贷款，担保方式贷款较少。其中，信用贷款占73.04%；无效担保则达

22.01 亿元,占 26.09%;实际信用贷款高达 99.13%。从贷款占用形态看,呆账贷款 4402 户、16.61 亿元,分别占全办收购总量的 74.7% 和 19.7%;事实呆账 54.52 亿元,占全办收购呆滞贷款总量的 80.5%。呆账和事实呆账共计 71.13 亿元,占收购贷款总量的 84.31%。

中国长城资产管理公司合肥办事处不良资产接收统计表

表 5-1-1 单位:万元

时间	接收户数	呆滞贷款	呆账贷款	不良资产合计
2000 年	5890 户	677600	166100	843700

2000—2001 年,中国东方资产管理公司合肥办事处接收中行安徽省分行政策性剥离不良资产 370820.69 万元,另由中行安徽省分行划入表外利息 101363.53 万元,合计接收债权 472184.22 万元,计 442 户、2016 笔。2004—2005 年,合肥办事处接收中行损失类贷款 3626 笔、本金 229628.78 万元、利息 278043.87 万元。2004—2005 年,合肥办事处商业化收购信达公司转让原建行可疑类贷款共计 5735 户、6854 笔,本金 212043.53 万元。2005 年,根据《关于中国工商银行向东方资产管理公司转让可疑类信贷资产有关问题的通知》精神,合肥办事处商业化收购工行可疑类贷款"安徽资产包"贷款 2054 户,合计本金 723626.82 万元。其中公司贷款 1731 户,本金 721336.71 万元;个人贷款 323 户(含 3 个资产包中个贷 146 户),本金 2290.11 万元。合肥办事处经审查档案、现场核实,截至 2005 年末,已与工行签约公告 762 户,贷款本金 34.81 亿元,公告户数及债权本金占比分别为 37.1% 和 48.24%。截至 2005 年末,中国东方资产管理公司合肥办事处拥有中行损失类贷款、建行可疑类贷款、工行可疑类贷款(包括正在接收中的贷款)以及剩余待处置政策性债权合计 1 万余户,126 亿元,其债权资源规模总量占全省资产管理公司总量的 40.5%。

1999 年 9 月 2 日,中国信达资产管理公司合肥办事处接收建行安徽省分行剥离政策性不良资产(包括转为接收表外利息在内),其中可疑类本金 436956.7 万元。1999 年 12 月 30 日,接收国家开发银行合肥分行剥离政策性不良资产(包括接收煤炭统贷不良资产在内),其中可疑类本金 621040.4 万元。2000 年 6 月,接收建行安徽省分行剥离呆账资产。2004 年 6 月 21 日至 25 日,审查接收建行安徽省分行受托财政部贷款损失类资产。2004 年 7 月 21 日,接收建行安徽省分行可疑类资产。2004 年 7 月 21 日,总部从市场通过商业化竞购方式,在全国范围内收购交通银行部分不良资产,合肥办事处接收交通银行合肥分行可疑类、损失类及核销类资产,计 426 户、761 笔,其中可疑类本金 69042.1 万元。2004 年 7 月 30 日,总部通过商业化竞购方式,在全国范围内收购中行部分不良资产,合肥办事处正式接收审查中国银行安徽省分行移交的可疑类贷款

（批发及零售类），计692户、1283笔。

1999—2004年中国信达资产管理公司合肥办事处不良资产接收统计表

表5－1－2　　单位：万元

时间	接收户数	本金	应收利息	表外利息	接收债权合计
1999年9月	345	436956.7	100275.2	177790.3	715022.2
1999年12月	36	621040.4	112433.4	246.5	733720.3
2000年6月	1965	69392.4	–	36560.5	105952.9
2004年6月	3133	294567.6	–	218096.1	512663.7
2004年7月	5735	212043.5	1185.1	96296.5	309525.1
2004年7月	426	110936.0	–	37797.1	148733.1
2004年7月	692	155066.6	–	54502.5	209569.1

第二节　不良资产处置

不良资产管理　对不良资产的管理，全省四家资产管理公司的方法不一。

由于中国华融资产管理公司合肥办事处接收的不良资产具有呆账占比大、事实呆账多、小户多、省内分布广、债转股缺乏国家骨干企业、经营状况普遍不好等特点，办事处以强化不良资产管理、维护国有资产权益为基础，采取的资产管理方法是在收购初期，运用多种方式对债权资产进行确权的基础上，充分利用最高院为资产管理公司债权催收创造的特殊方式，坚持定期通过《安徽日报》对所有的信用债权和保证债权进行公告，包括已账销案存的呆账资产，以保障诉讼时效，保证时效中断的连续性；分地、市资产管理责任，明确到处置部门，明确到具体责任人，并根据工作量大小，在绝大多数地、市招聘具有相应工作经验的资产协管员；注意收集债权资产信息，了解企业经营、资产、负债变动情况及企业领导班子、人员状况，将每次深入企业了解的情况形成记录，纳入管理档案；运用一切方法和途径，坚决抵制各种形式的逃废债行为。合肥办事处努力抓住典型事件积极抗争，扩大华融抵制逃废债的社会影响。如针对破产企业省内某公司在未履行破产法定程序的情况下，即擅自拆除办事处抵押厂房变卖抵押设备招商引资事件，办事处分别向省政府专题报告，请求予以制止和干预；向当地市政府和有关部门陈述此破产案不规范操作的认定理由及危害，表明办事处的严重关注态度；向省高院反映，要求采取审判监督程序关注此案；向当地法院提出维护华融合法权益的严正立场和要求。利用人民银行金融债权人联席会议和按时填报人民银行逃废金融债权情况表的形式，及时反映逃废债的总体和动态情况，以引起各方面的重视。审慎对待计划内破产项目,努力争取最大限度的清偿效果;加强债权资产的风险管理和保全,通过法律手段,对有资产而没有还款意愿的债务人,适时依法诉讼或诉前保全,并建立了诉讼台账制度,明确每项诉讼案件的责任人及管理责任;做好债权资产档案管理,对工商银行接收不良贷款的原始凭证、要件及相关资料,办事处按户整理分类,设置档案库,实行专人保管,做到安全存放、有序调用。在此基础上,办事处对要件类档案进行了“缩微”管理。

中国长城资产管理公司合肥办事处为摸清家底,认真开展了多次资产摸底核查工作。2000 年下半年,合肥办事处即组织员工对涉及 1000 万元以上的呆滞债权的债务人进行实地调查,要求做到见人见物。开展了事实呆账认定、初评估值认定调查和粗放剥离调查工作。2002 年初及 2003 年初,合肥办事处集中时间和精力,组织开展对剥离过来尚未处置完毕的资产进行全面清理。2005 年底,为做好当年的政策性收尾工作,合肥办事处对存量资产再次进行清理和分类,落实时间,落实到人。通过几次大规模的清查,细化了分类,并为做好资产处置工作打下了坚实的基础。坚持多管齐下、多种维权方式并举的方法,切实保障债权安全有效。合肥办事处先后 8 次分别在《安徽日报》《安徽法制报》《安徽市场报》《安徽商报》上进行公告维权,及时中断诉讼时效,确保维权工作的连续性和有效性。另外,对部分诉讼整户终结项目,合肥办事处也是按规定一户不漏地在报纸上进行公告催收,确保收购资产的安全有效。在统一公告维权后,合肥办事处针对不同情况,灵活运用多种维权方法,诉讼维权 693 户,诉讼标的额 15.96 亿元。聘用部分代管员协助维权,发放催收通知书,发现企业动态情况及时汇报,采取维权措施。对于申请破产还债的企业,合肥办事处积极介入破产程序,提高破产清偿率。在维权过程中,力求做到“两个结合”,结合一般时效性维权与追偿债务人和偿债责任人,债权维护与掌握债务人有关情况和收集有关资料,真正实现债权维护与资产处置的有机结合。建立债权管理台账,实行动态风险监测。针对不同的具体工作,合肥办事处建立起详细的债权管理台账。通过台账,对债权相关信息进行筛选、分类、记载,为不良资产的催收、管理、经营和处置打下了坚实的基础,实现了从时效维权到效益维权、从规模维权到单户维权、从静态维权到动态维权的转变。根据总公司的要求,合肥办事处还建立了债权维护、资产分类和资产处置进度按季统计分析制度,按时按质上报总公司。同时,对所有资产均落实责任,由项目经理承担资产的日常管理和实地监控,要求项目经理每次出差回来必须首先更新项目台账。

中国东方资产管理公司合肥办事处建立审查接收风险控制机制,严格实行双人经办、交叉复核、三级审查。在工行可疑类贷款审查接收过程中,明确分工,受托律师中介机构,负责承担项目档案法律审查任务,重点关注主体资格合法性、保证担保及抵押担保效力、债权诉讼时效、申请执行期间等法定期限,建立相关时效台账,及时提示风险、紧急维权。审查经办人员负责核对债权本息、回收现金、实交档案资料。依据财金〔2005〕33 号文件规定填制补档通知单,向工行反馈补档意见。复核受托律师中介机构录入数据,判定结论及时效台账的完整性和准确性,督促中介机构进行紧急维权。审查复核人员，主要抽查复审3000万元以上贷款档案交接、信息录入、时效判定、风险提示情况。重点关注经办人暂缓接收的审查意见、事实依据，对涉及风险提示、紧急维权事项进行跟踪督办，确保项目接收合规合法、手续完善、资料齐备、维权到位、责任分明。认真开展审前培训，组织员工认真学习政策规定，逐条研究接收方案，通过现场演示、模拟接收，帮助员工熟悉操作流程，把握审查要点，掌握判定依据，提高审查技能。借助中介力量，清理债权时效，建立时效台账，实施紧急维权，采集、核对、录入相关资产信息，并从法律审查上加强技术指导。审阅档案与实地调查相结合，对重点项目、疑点问题深入实地核实清楚，为核实工行披露信息不对称问题，办事处集中近两个半月的时间，对预计回收300万元以上的项目逐户进行调查和复查，掌握了有关事实和证据，并通过中介第三方认证，锁定194户项目卖方信息披露不客观、公开档案资料不完整，为办事处谈判协商争取了主动。2005年，结合建行、工行可疑类贷款的审查接收，中国东方资产管理公司合肥办事处选聘律师中介机构集中时效清理，并逐户建立诉讼时效、申请执行期间等8种时效法定期间的台账，及时提示风险，开展紧急维权，实行动态管理。对工行尚未公告的项目，提前梳理，打出清单，积极协助工行维护债权。面对项目户数陡增的维权压力，及时选聘中介机构开展诉讼代理，做好涉诉项目日常维权工作。按照项目到人、责任到人、监控到位的要求，定期考察监控目标企业经营情况、资产财务状况，了解有关改组改制、破产兼并等信息。在深入调研、全面分析的基础上，按照公司《债权分类管理实施细则》，对资产进行清理分类，实行动态管理，有针对性地进行资产整合和分类处置。中国东方资产管理公司合肥办事处对部分企业利用改制、破产或变卖抵押财产的逃废债行为，及时向当地政府、主管部门汇报反映，请求地方政府协调解决资产确权、保全、处置、诉讼中与地方相关部门的关系，支持配合依法保全、处置不良资产。对回避接触、拒不配合的债务人企业，在查清企业资产状况、财产线索和存款账户的情况下，果断采取法律手段。对关闭停产、人去楼空的企业，通过向法院、工商、税务、企业主管部门调查取证，收集充实处置旁证材料。对调研、谈判、协调中各方意见，规范整理出书面调查报告、谈话记录、谈判纪要或通话记录等，作为资产处置的档案资料，客观记载处置过程和背景情况。办事处筹建之初，专门规划两间用房作为综合档案室，先后投入30多万元购置档案密集架、保险柜、密码柜等档案管理设备。按照统一管理、集中保存、及时归档、完善手续的要求，三次集中时间，集中人力，规范收集、复查、整理资产档案。规定凡资产接收、管理和处置过程中产生的各种文件、资料、法律文本、相关凭证、谈判纪要、调研报告，以及中介机构出具的各项文件等正本材料，由项目经办人收集整理，按季移交档案室集中保存，归档立卷。各类抵、质押权证等一级档案资料，及时移交档案室，存入保险柜，实行双人分管，推行档案管理责任制。在工行可疑类贷款审查接收期间，利用公司下发分户项目清单和工行卖方调查表导出的基本信息，办事处将审查接收、时效清理、资产清分、紧急维权等统计分析需求整合在一起，精心筛选出62个关键字段，分户分笔建立相关信息电子台账，结合接收审查同步采集录入，为后续统计分析、数据汇总、信息反馈奠定了基础,提高了整体运行效率。

1999 年,中国信达资产管理公司合肥办事处按照总公司的统一布置,完成 345 户企业拟剥离贷款债务落实的证明材料的审查,在规定期限内完成项目调查和资产接收。建立债权管理信息系统,对办事处所接收债权数额与建设银行总行经总公司下传的数额进行核对确认。12 月 10 日,召开债权清收动员大会,分成 4 个小组,30 人次,分赴各地市清收债权。2000 年,办事处组建 8 个项目组,每个项目组负责 2—3 个地市的资产处置工作。根据资产质量和经济状况下达资产处置任务,并实行绩效工资与现金回收和处置任务切实挂钩。每月初召开项目处置工作分析会,对年内回收额在 1000 万元以上的重点客户确定高级经理负责制,成功促成中外合作经营蚌埠热电厂项目。加大依法收贷力度,重点抓好涉诉案件的执行工作,并成功收回 2550 万元。认真做好自办实体、对外投资核查工作,完成建设银行安徽省分行上报投资金额为 6.75 亿元的 250 个项目及划拨固定资产原值为 177.84 万元、净值为 129.49 万元的审查。确定符合应交实交条件项目 195 个,资产总额为 2811 万元;不应交实交项目 40 个,资产总额 17735 万元。2001 年,办事处继续贯彻“千方百计提高回收率,千方百计降低处置成本”的经营方针,坚持先易后难、抓大带小的经营策略,区分不良资产的不同情况,积极尝试各种处置手段。按季下达综合经营计划和资产处置计划,按月、按季召开项目处置分析会。加强对 2000 年已签重组协议单位的适时监控,继续推行债务重组,全年通过债务重组方式处置债权 26 笔,账面值达 1.6 亿,重新达成分期偿债协议 1.5 亿元,平均协议资产回收率达 93.8%,已实际回收现金 9571.9 万元。加快对处于加速贬值状态的不良资产处置,申报破产 18 户,申报债权 5.86 亿元。对属于呆账规模和不良资产中零回收的资产进行专项清理,上报符合零回收资产的项目 15 户,合计金额 5.63 亿元。全年依法起诉 23 家债务人,涉诉金额达 2.64 亿元,以诉促谈项目 5 个。当年 4 月,蚌埠热电厂外资全部到位,一次性回收现金 7499 万元,累计回收 8927 万元,是成立金融资产管理公司之后第一笔引进外资盘活不良资产的成功案例。努力尝试投资银行手段,注重提高资产处置技术含量,加快资产证券化试点步伐,有 4 个推荐项目进入总公司资产证券化项目池。根据总公司的安排,做好资产证券试点准备工作,积极尝试资产管理范围内的上市推荐工作。对债转股企业淮南矿业集团、淮北矿业集团的上市作可行性论证,并积极协助企业做好准备工作。参与非主债权企业扬子集团、合肥新钢铁集团的上市协调工作。2002 年,审批及上报总公司审批项目 27 个(含打包处置和外售呆账二次处置)。处置购入债权 113562.22 万元,回收率为 30.33%。处置方式呈现多元化。政策性债转股 60.1 亿元,处置前本息清收 0.66 亿元,债权重组 14.91 亿元,债权转让(包括资产分包)3.04 亿元,诉讼 4.03 亿元,计划内破产 10.97 亿元,计划外破产 10.23 亿元,呆账核销 2.33 亿元。全年以减低诉讼成本、提高诉讼效益,最大限度地实现资产保全与清收为原则,稳步开展诉讼业务,积极发掘诉讼手段在资产处置中的积极功能。全年新起诉案件 16 个,累计标的额 30835 万元,同时加大已诉项目执行力度,促使债务人确定改制重组意向，并以诉促谈，促使重组方案的形成。全年通过诉讼执行和和解，共收回现金3100万元。2003年，办事处加大二三类资产的处置进度，提高集约化处置程度，努力提高处置质量，提高处置效益。办事处以呆账和问题严重类贷款为重点，加大重组整合力度，提高社会化、集约化处置程度，成功举办安徽省首场债权拍卖会，共拍卖合肥、安庆、巢湖、淮南4个地市呆账资产包，计514户，购入债权7265.9万元。办事处积极采取打包出售方式，处置剩余呆账和外售呆账。对于处置成本高于处置收入的呆账贷款和问题严重贷款，加快内部核销报损，最大限度降低管理成本，全年认定零资产14户，涉及贷款金额2083万元。先后与安徽工贸有限公司、马鞍山传动机械厂、铜陵营造等一批大项目达成债务重组协议。办事处要求项目组采取"走出去，请进来"的方式，加大不良资产的营销力度，设立资产展示厅，集中展示、推介办事处的股权和债权资产，吸引一批具有较强实力的投资银行、中介机构和民营企业前来参观洽谈。发挥法律在资产处置中的重要作用，加大执行力度，打击逃废债行为。全年对39个项目依法提起诉讼或上诉，标的额3.06亿元，诉讼回款6045万元。2004—2005年，办事处认真研究剩余资产状况，科学确定处置方式，多次召开项目分析会议，对剩余政策性债权资产进行细致分类，并逐一研究处置方式。对于资产质量日益恶化、回收无望的，利用诉讼、零资产认定等方式，抓紧处置；对于具有重组价值的大项目，组织精干人员组成项目组，精心设计处置方案，力争实现处置回收最大化；对于分散且不具备单项处置条件的，积极对外招商，争取打包处置。以大项目为龙头，积极推进资产处置回收工作，与淮南矿业达成剩余债权累计偿还现金3.5亿元的重组方案。集中对安徽建工、淮北焦化厂、华北地产等大项目进行处置，回收现金2000多万元。认真做好履约回收工作，其中铜陵港务局、蚌埠热电厂等大项目回收现金达7300多万元。加大对诉讼项目管理，全年共新起诉项目13个，债权标的额总计16363万元，全年总计召开21次案件评审会议，通过法律途径回收现金4587万元。

不良资产的经营　中国华融资产管理公司合肥办事处以重大项目为突破口，先后成功实施了安徽拖拉机厂、马鞍山磁性材料厂、马鞍山巨龙有限公司、华光玻璃、宣城纺织厂等千万元以上项目。尤其是马鞍山巨龙有限公司项目，历经两年多的积极努力，促使政府、企业、外方与办事处达成最终的债权处置方案。通过诉讼途径，以及对执行的督促，再辅之以和解折扣变现、协议转让、抵债拍卖等处置方式，一方面顺利完成了既定的工作目标，另一方面，也经受了时间的检验。截至2005年，办事处未有道德风险、操作风险、涉诉风险发生。办事处通过资产拍卖、债权转让等方式努力提高不良资产的回收率；通过积极推行打包处置方式加快资产处置的进度，如按整个建制县形式的打包、按城区形式的打包、按行业系统形式的打包、打包向外商出售等方式，推进了处置进度。通过认真遴选项目，积极参与公司组织的向国外投资者打包出售不良资产的国际招标活动。办事处进入包内的24户企业，4.6亿元债权资产业，经"安永会计师事务所"的审查、若干国内外投资者的尽职调查，以及现场和非现场答疑，于2003年12月中旬开标。办事处资产包以其资料翔实、披露充分、答疑得当赢得了国外投资者的青睐,成为公司当年招标成交资产包之一,且成交价格与办事处报价基本接近。

中国长城资产管理公司合肥办事处拓展经营思路,实现处置手段多样化。合肥办事处审议处置方案时,坚持通过多种处置方式的比较分析,选择最优的方案。截至2005年12月底,在所有实施项目中,债权转让项目239个(含打包和拍卖),回收现金24148万元;折扣变现项目70个,回收现金9444万元;诉讼项目486个,回收现金5025万元;债权追偿项目136个,回收现金66万元;破产项目185个,回收现金984万元;经营性租赁项目1个。合肥办事处根据总公司有关制度要求,制定和完善了一系列操作规程、规范处置程序。如《资产处置操作要点》《资产审核和管理规程》《关于规范资产处置程序的通知》《资产处置审核和管理规程》《关于进一步改进和完善资产处置有关问题的通知》等,对资产处置过程中的项目审核、公开竞价、维权管理等方面进行了细化,明确职责,落实责任,使整个处置过程清晰明了,审核效率提高。办事处采取项目公示制度,对拟处置转让和折扣变现项目采取在长城网和省级报纸上公示的方式进行询价。通过公开竞价方式,吸引更多的参与者竞购或参与,充分体现资产处置效益最大化。建立项目论证制度,办事处挑选有一定经验的项目经理及有关律师成立项目论证小组,采取集体会诊、集体论证的方式,对重大疑难项目,通过集体比较分析、号脉诊断来确定处置方式和步骤。至2005年底,召开会议14次,共研究了25个项目。在资产处置中,办事处始终坚持凡能竞价转让的就不拍卖转让,凡能转让、折让或以资抵债的就不诉讼。对于确需诉讼的项目,在项目经理充分调查论证的基础上,根据企业实际资产状况和清偿能力,合理确定诉讼标的额,采取部分诉讼的方式,以降低诉讼成本。截至2005年底,合肥办事处启动资产经营处置项目1117个,涉及5716户,经营处置不良资产账面原值61.36亿元,经营处置进度77.94%;回收现金4.26亿元,提前一年超额完成总公司核定的现金回收目标计划。其中,经营处置终结项目823个,涉及5242户;正在实施项目294个,涉及474户。

中国长城资产管理公司合肥办事处不良资产处置统计表

表5-1-3　　　　单位:万元

时间	处置项目	处置户数	处置债权	经营处置进度	累计回收现金
2000—2005年	1117个	5716户	613600	77.94%	42600

中国东方资产管理公司合肥办事处于2000年将省直外贸债权作为启动处置的突破口,回收现金目标任务3300万元,实收3353万元,任务完成率101%。2001年,利用补收4.9亿元不良贷款契机,按照接收政策、处置思路、现金回收三个基本到位的要求,上下联动、整体运作,回收现金目标任务8220万元,实收10006万元,任务完成率

122%。2002 年,采取快速缩短经营战线,降低处置综合成本,抓规模大的项目,也抓规模小的、差的项目,加大了呆账资产清户力度。回收现金目标任务 6777 万元,实收 10228.78 万元,任务完成率 150.93%。2003 年,为整体推进处置进度,加快有效处置资产,实行处置资产、回收现金、项目清户三位一体联动运作,回收现金目标任务 4022 万元,实收 11599.7 万元,任务完成率 288.41%。2004 年,坚持快处置、快回收,提前两年完成承包任务,回收现金目标任务 3600 万元,实收 12311 万元,任务完成率 341.92%。2005 年,办事处着重于自身转型发展,统筹兼顾政策性处置与商业化运作,坚持将政策性处置作为重中之重,积极参与工行二次剥离竞标收购,实现了政策性处置与商业化收购“双丰收”。回收现金目标任务 5000 万元,实收 10781.25 万元,任务完成率 215.63%。截至 2005 年末,中国东方资产管理公司合肥办事处回收现金 58276.91 万元,连续六年完成公司下达处置回收现金目标任务,提前两年完成承包考核任务,超收现金 1.24 亿。

1999 年,中国信达资产管理公司合肥办事处收回债权 2513.1 万元,实际到账 1646.1 万元,较好地完成了总公司下达的债权回收任务。其中,安徽省安庆监狱项目是办事处成立之后处置的首个政策性项目。1999 年 12 月 23 日,办事处与建行安庆分行签署债权转让协议。2000 年 6 月 12 日,经过谈判,与债务人安庆监狱方面达成协议,采取债务重组的方式,该项目回收现金 162 万元,按购入债权计算,回收率达到 100%,实现首次圆满处置。2000 年,办事处以资产处置为重点,综合运用投资银行手段,加快现金回收速度,回收现金 8471 万元,完成全年回收计划的 30%。其中,债权处置回收现金 8413 万元,完成全年计划的 64.7%;股权回购 58 万元,完成全年计划的 3.8%;完成非现金回收 5197 万元,完成全年计划的 37.3%;核查安徽省建行自办经济实体和对外投资项目 250 个,投资金额 6.75 亿元,基本完成不良贷款折算现值工作。2001 年,全年现金回收额 2.33 亿元,完成考核计划的 117.3%,完成目标计划的 105.1%。不含转股现金回收 2.32 亿元,完成计划的 116.6%。新增处置额 11.64 亿元,完成任务的 112%,其中,规模内处置额 11.05 亿元,完成任务的 149%;呆账处置 5939 万元,完成任务的 19.8%。2002 年,全年资产处置计划 14.1 亿元,实际完成 28.4 亿元,超计划 101%。其中,债权重组 9 亿元,破产及诉讼 3.6 亿元,政策性破产 10.3 亿元,债权转让、零资产认定、正常清收等 5.5 亿元;处置四类购入资产 5.3 亿元,完成计划 5 亿元的 106%;处置二三类资产 23.4 亿元,超计划 9.1 亿元的 157%。办事处确定债权处置现金回收目标为 2 亿元,实际完成 2.17 亿元。销户 1903 户,占总户数的 81%;外售呆账处置 282 户,处置债权 7933.17 亿元,占外售债权的 27%,处置回收现金 41 万元。2003 年,全年资产处置额新增 8.05 亿元,完成总公司下达任务的 80%。全年现金回收 3.03 亿元,现金回收首次突破 3 亿元。规模内资产回收现金 2.66 亿元,完成总公司考核任务的 77.5%,其中债权处置回收 2.66 亿元,完成总公司考核任务的 332%;股权回购、分红 16.97 万元。2005 年,全年处置政策性债权 6.9 亿元,完成全年目标的 77.1%。

全年政策性债权处置回收现金1.9亿元,完成全年目标的113.5%;全年股权分红249万元。办事处回收现金12.1亿元,完成责任目标考核任务的91.1%。商业化业务方面,全年处置交行资产回收现金3835.1万元,完成全年目标计划的58.5%;共完成中行可疑类100万元以上项目的尽职调查工作,回收现金5689.7万元,完成全年目标计划的281.7%。委托业务方面,处置中石化股权、阜阳金达通机电有限公司股权和芜湖扬子一汽汽车制造有限公司的股权,共收回资金1.7亿元。全年公开拍卖中国移动委托处置资产成交金额735万元,实现委托收入75万元。截至2005年末,共处置项目2215户,账面原值558572.71万元,回收现金98622.79万元。

1999—2005年中国信达资产管理公司合肥办事处不良资产处置情况统计表

表5-1-4　　单位:万元

处置方式	户数	购入债权			划转表外利息	处置额	回收现金额	现金回收率(%)
		小计	本金	应收利息				
重组、分包项目	230	204138.8	164961.99	39176.8	47569.3	198157	82005.9	41.38
破产项目	117	191372.6	155646.54	35726.1	67769.38	191373	5720.25	2.99
其中:计划内破产	9	22929.92	17766.73	5163.19	16961.29	22929.9	535.79	2.34
计划外破产	108	168442.7	137879.81	30562.9	50808.09	168443	5184.46	3.08
诉讼项目	72	104974.3	88948.38	16025.9	31383.28	64886.9	10022.5	15.45
零资产认定项目	195	32410.18	31995.7197	414.46	16805.42	32410.2	384.96	1.19
呆帐外售项目	1601	25676.78	25676.7793	-	15096.74	25676.8	489.15	1.91
累计处置	2215	558573	467229.41	91343	178624.1	512503	98623	19.24

第三节　债转股

中国华融资产管理公司合肥办事处实施债转股的股权资产约占收购资产的14%。根据股权管理专业性较强的特点，坚持管理与处置有专门的职能部门，日常管理采用项目经理负责制的方式。根据转股企业董(监)事职数需要，从办事处领导班子成员开始，动员了近百人次出任董(监)事，并督促派出人员按公司法和章程规定认真履行职责。执行严格的内部决策审批程序，凡属列入董监事会议的议题，必先通过内部审议和审批程序。加强对持股企业的调查研究，要求及时并较为切近地把握企业的动态信息和经营状况，着重做好企业的财务分析，积极参与企业战略投资、重组、预决算等重大活动，以便有针对性地提出意见和建议。国家首批下达的拟债转股企业，涉及办事处的共18户，由办事处牵头的和非牵头的各有9户。至2005年6月末，有15户企业先后组建新公司挂牌运行，办事处转股金额14.57亿元；有2户企业经国家有关部门批准停止转股，改按一般债权处理。

安徽省24家债转股企业中，涉及中国长城资产管理公司合肥办事处的有6家，转股金额总计为6.89亿元，其中办事处牵头企业有3家，即扬子集团公司、宣州丝织集团有限公司、安徽氯碱化工集团。从2002年开始，合肥办事处单设资产经营部，专门从事股权管理和新业务拓展，建立了6户债转股企业动态管理档案、台账，多次开展对债转股企业经营能力的调研和会诊，提高自身参与债转股企业经营管理能力。2005年始，向牵头债转股企业扬子集团、安徽氯碱化工集团派出专职副董事长，加强对债转股企业的管理。针对扬子集团亏损居高不下的情况，牵头组织其他资产公司对扬子公司转股后经营状况开展联合调查，帮助企业分析转股后新公司在构筑法人治理结构方面的不足，剖析企业经营管理中的深层次问题，形成对其亏损原因的框架性认识。针对安徽宣城丝织集团有限责任公司治理结构中存在的制度缺陷，在进行了基础性调研后，又联合组织了专题调研，就其公司治理结构方面存在的问题进行深入的分析，并提出合理化建议，向地方政府和总公司进行反馈和汇报。宣城丝织集团经国资委、财政部、银监会批准，正式退出政策性债转股序列。2005年，重点对扬子集团的股权资产价值实施资产评估。同时，为全面衡量、评价安徽氯碱化工集团有限责任公司的资产经营情况，分析公司债转股前后的亏损情况，聘请会计师事务所对其实施全面审计。合肥办事处利用公司特别主承销商资格优势，在对债转股企业安徽氯碱化工集团有限责任公司进行深入调查后，积极帮助企业修改改制方案。应企业要求，担任企业上市副主承销商，并应主承销商东方证券邀请，与其联合担任该企业的上市推荐人。

2000年，根据总公司债转股工作会议的有关部署和要求，中国东方资产管理公司合肥办事处对中国银行安徽省分行提交的9个拟债转股项目进行实地调研，实施债转股8户，转股金额折合人民币36608.66万元。对安徽美菱集团拟债转股的不良资产，因不符合国家债转股政策,已做退档处理。截至2005年末,中国东方资产管理公司合肥办事处已实施政策性债转股8个项目,计12户企业。按行业分类,化工行业2户,纺织印染行业3户,制造加工行业1户,建材行业1户,有色金属冶炼加工行业1户。其中,牵头债转股企业为安徽省巢东水泥集团公司,其余均为非牵头公司。

中国东方资产管理公司合肥办事处债转股非牵头公司股权比例统计表

表5-1-5　　单位:万元

单位名称	转股额	占股权比例
中国扬子集团有限公司(机械、家电制造行业)	7215.00	10.54%
淮北印染集团(针织印染行业)	1777.00	14.28%
安徽宣州丝织集团公司(纺织行业)	7029.84	28.16%
安徽巢东水泥集团公司(建材行业)	3997.66	16.64%
安徽氯碱化工集团有限公司(化工行业)	8734.86	23.72%
蚌埠珠绒股份有限公司(针织印染行业)	1341.80	4.62%
铜陵有色金属有限责任公司(有色金属行业)	5395.00	9.10%
铜陵化学工业集团公司(化工行业)	1107.33	0.88%

在股权资产管理方面,中国东方资产管理公司合肥办事处根据公司股权资产管理办法和委派董事、监事及其他管理人员的管理办法等规定,向8家企业派出董事、监事16人次。通过实地参加转股企业股东会、董事会和监事会议,认真编制上报转股企业股东会、董事会和监事会议案审查方案,依法行使股东权益。对企业经营决策、投资担保、资本重组以及内部改革等重大事项进行审议和表决,维护公司股东利益。联手持股资产管理公司寻访调研,研究分析转股企业经营状况、发展潜力和市场风险,加强企业财务监督,指导企业建立现代企业制度,完善法人治理结构。定期收集企业财务、经营信息和报表,定期报送重点企业调研报告,严格落实公司《股权信息统计管理办法》规定上报内容。围绕加快股权退出与处置,中国东方资产管理公司合肥办事处就股权转让事宜与淮北印染集团公司、蚌埠珠绒股份有限公司多次进行磋商,两家均表示企业无收购中国东方资产管理公司合肥办事处股权资产的实力。为拓宽股权资产退出渠道,中国东方资产管理公司合肥办事处将安徽氯碱化工集团有限公司等5家政策性债转股企业情况整理成项目资料,连同股权转让意向,通过公司网站平台对外推介。向法国拉法基北京办事处直接推销中国东方资产管理公司合肥办事处持有的巢东水泥集团公司股权资产。2004年,中国东方资产管理公司合肥办事处配合牵头资产公司,完成了扬子集团、铜陵有色金属有限公司股权处置调研、评估工作,编制上报了扬子集团、铜陵有色金属有限公司股权处置预案,获总公司批准。在股权资产处置方面,12户债转股企

业,仅有5家企业回购中国东方资产管理公司合肥办事处少量股权,回购金额合计72.58万元。因安徽省宣州丝织集团公司下属6家子公司,3家停业,1家注销,1家破产,经牵头公司报经国家有关部门批准,决定停止宣州丝织集团公司实施政策性债转股。

1999年,根据国家经贸委提供的债转股企业名单和总公司的具体要求,中国信达资产管理公司合肥办事处对安徽军工集团、安徽华光玻璃集团、青峰机器集团及淮南矿业集团等债转股项目,进行细致的前期调查。12月29日,安徽军工集团债转股项目框架协议在北京签署,拟转股金额近1.8亿元,是安徽省实施的第一个债转股项目。2000年,办事处完成作为主债权人的4家债转股企业的调查、协议签订工作,转股金额达59亿元。全面完成国家经贸委推荐的债转股签约工作,预计转股金额达69.5亿元。其中,信达转股54亿元,占安徽省债转股总额的56.5%;安徽矿业集团转股金额达53亿元,是煤炭系统也是安徽省最大的债转股项目。转股后,新的长城军工有限公司于11月17日正式成立。2001年,办事处完成芜湖扬子一汽汽车制造公司的挂牌工作,对淮南矿业、淮北矿业、铜陵有色金属有限公司和阜阳青峰集团进行审计和评估。为加强和完善股权管理,办事处制定《股权管理实施细则》,明确股权管理部门、项目部、项目组关于股权管理的各级职责范围和分工。按照公司法和建立现代企业制度的要求,经总公司批准,向有关企业选派董(监)事27人次,其中副董事长2人次。加强外派董事、监事及管理人员的业务培训,推动企业完善法人治理结构。按季向委托方提交转股企业的经营情况汇报。2003年,办事处对17户的债转股项目进行全面调查,着重对股权企业近年来经营、财务、法人治理结构、分红、存在的问题等方面进行调查分类。对存在严重问题的债转股企业进行专题研究,积极参与债转股企业的改制。对安徽长城军工有限公司、淮北矿业(集团)煤业有限公司股改方案进行设计。制定下发《关于规范债转股企业召开股东会、董事会、监事会的通知》。对内实行严格的授权制度,全年对债转股企业的"三会"50多项议题进行审核。2004年,17户债转股企业除了淮南矿业(集团)有限公司外,其余16户已完成新公司的注册登记工作,能按期提供财务报告,对重大事项实行报告制度并经董事会、股东进行集体决策。按照总公司部署,着手估算债转股资产的回收率。加大与淮南矿业(集团)有限公司的联系,在测算股权资产回收率的基础上,按照中长期持有和即期处置原则做好分类管理工作。2005年11月16日,办事处与淮南矿业(集团)有限公司举行债转股股东协议签字仪式,解决淮南矿业长期非债非股状态。先后完成中石化股权、阜阳金达通机电有限公司股权和芜湖扬子一汽汽车制造有限公司股权的处置、退出工作,共回收资金1.75亿元。根据人民银行总行与总公司《关于终止非剥离债转股委托关系后有关后续工作的通知》精神,在规定时间内完成向建设银行移交委托股权资产。进一步强化股权项目管理,对股东会、董事会、监事会的议题进行严格审查,所有债转股企业"三会"召开,项目经理必须填制统一的审核表。对董(监)事的各种津补贴按总公司的要求进行统一管理。截至2005年末,债转股项目共计7户,账面原值699415.79万元,现金回收20131.73万元。

第二章 信托公司

第一节 存贷款业务

1987年,兴泰信托公司经人民银行批准,予办理各类存贷款及结算业务,先后与全市近500家企业建立了信托(委托)存贷业务关系,多方筹措资金,支持工商企业生产和技术改造,支持县、区乡镇企业发展,扶持基础工业、国有大中型骨干企业、利税大户及出口创汇项目。

2002年,根据《中国人民银行关于清理规范信托投资公司业务问题的通知》的要求,兴泰信托按照余额控制、逐年压缩的原则,自当年6月开始公司对信托存款、委托存款逐步进行清理、压缩和规范,存贷款总量从2002年起逐年下降。2002年底,公司各类存款余额267291万元,其中信托存款46470万元,委托存款220821万元。同时,按照中国银监会关于到2005年12月信托公司必须完成所有负债业务清理的要求,公司原负债经营的存贷款业务到2005年三季度前全部清理完毕,公司从过去以存、贷款为主业的准"银行"业务中全部退出,回归信托本业。2005年,不断拓展经营领域,扩大资产规模,完善制度体系,提高运营能力,逐步构建以资金信托、股权信托、综合财务管理等为核心的信托经营模式,实现各项工作全面转型。当年,公司自营资产规模5.19亿元,信托资产21.80亿元,实现净利润1368万元。

2001—2005年,国元信托公司业务主要包括自有资金贷款、证券业务、长期投资、存款和委托贷款等。其中,公司对存款和委托贷款进行逐年清理。截至2005年末,公司存续存款和委托贷款余额均降为0。2002年,国元信托公司原有的信托业务需要清理、压缩、规范,新的业务品种尚不能推出,证券市场持续低迷,盈利渠道受到限制。公司积极推进重新登记工作进程,妥善处理合并重组中有关历史遗留问题,加速原有不合规信托业务的清理、规范,加大新业务的调研开发。当年底,公司资产总规模为101.36亿元。2003年,国元信托公司提前完成全年清理任务。按照监管部门对信托业务的要求,制定新的业务流程和操作规范并进行试运作,初步建立固有资产和信托资金两个运营和管理框架。2005年,完成12.68亿元的原有负债清理任务,原有的31.90亿元的负债全部清理完毕。信托业务稳健发展,品质逐步增加,年末,规模达14.07亿元。

1987—2004 年合肥兴泰信托公司、安徽国元信托投资公司信托存款统计表

表 5－2－1　　单位:万元

年度	合肥兴泰信托公司	安徽国元投资公司
1987	2354	–
1988	–	–
1989	–	–
1990	2541	–
1991	9265	–
1992	5283	
1993	4134	–
1994	10873	–
1995	23312	–
1996	18771	–
1997	37651	–
1998	89227	–
1999	77225	–
2000	60305	–
2001	71488	84388
2002	46570	44802
2003	29469	26900
2004	13497	15870

1987—2004 年合肥兴泰信托公司、安徽国元信托投资公司委托存款统计表

表 5－2－2　　单位:万元

年度	合肥兴泰信托公司	安徽国元投资公司
1987	6437	–
1988	–	–
1989	–	–
1990	18402	–
1991	20449	–
1992	48285	–

续表 5－2－2　　单位:万元

年度	合肥兴泰信托公司	安徽国元投资公司
1993	54411	–
1994	68725	–
1995	123200	–
1996	158281	–
1997	178472	–
1998	163796	–
1999	152690	–
2000	192730	–
2001	200547	624294
2002	220821	592112
2003	271898	562440
2004	197372	328274

兴泰信托公司积极推进“百亿产值规划”和全市财政税收目标的实现。为冶金、轻纺、烟草、商贸、建材等行业投放各类贷款82.66亿元,其中,为合肥美菱股份有限公司发放贷款3.39亿元。为合肥卷烟厂发放贷款4.23亿元为安徽国风塑业股份有限公司发放贷款1.41亿元。2003年,兴泰信托认真有效地落实抵押、质押、担保等风险防范,累计投放贷款2亿元,比上年减少28.6%;贷款到期回收率98.8%,利息回收率88.4%,不良贷款率6.8%。

1987—2005年合肥兴泰信托公司、安徽国元信托投资公司信托贷款统计表

表5－2－3　　单位:万元

年度	合肥兴泰信托公司	安徽国元投资公司
1987	2785	–
1988	–	–
1989	–	–
1990	4908	–
1991	9082	–
1992	13920	–
1993	13931	–

续表 5－2－3　　单位:万元

年度	合肥兴泰信托公司	安徽国元投资公司
1994	14925	－
1995	11072	－
1996	15421	－
1997	24821	－
1998	35677	－
1999	36644	－
2000	36843	－
2001	25965	43229
2002	28664	37351
2003	20440	25060
2004	17840	10382
2005	6155	68978

1987—2005 年合肥兴泰信托公司、安徽国元信托投资公司委托贷款统计表

表 5－2－4　　单位:万元

年度	合肥兴泰信托公司	安徽国元投资公司
1987	1698	－
1988	－	－
1989	－	－
1990	11201	－
1991	19935	－
1992	48252	－
1993	54340	－
1994	67705	－
1995	98468	－
1996	123388	－
1997	124343	－
1998	116863	－
1999	113873	－

续表5-2-4 单位:万元

年度	合肥兴泰信托公司	安徽国元投资公司
2000	119703	-
2001	129730	475624
2002	106361	414510
2003	116183	386950
2004	101734	316255
2005	-	0

第二节 信托业务

兴泰信托和国元信托均进行过重组及重新登记。兴泰信托自1987年以后,基本上是以其公司为主体进行重组和重新登记,所以保存的资料较全面,业务种类也较多。国元信托是以国元控股为主发起人,以安徽省国际信托投资公司和安徽省信托投资公司等非银行金融机构为主要参与者,于2001年设立,业务种类相对较少。

2004年,兴泰信托开始开展资金信托业务,结合地方经济发展的特点和投融资需求,开展了集合类、单一类、股权类信托业务品种,业务区域涉及安徽合肥、芜湖、铜陵、蚌埠、阜阳、六安等地,项目投向主要集中在城市基础设施建设、教育、有色金属、土地储备、高速公路建设等领域。其中,定向募集的信托计划有2004年省内单笔融资金额最大的信托产品,规模超亿元的铜陵有色金属(集团)公司硫铁项目集合资金信托计划;安徽师范大学新校区建设项目集合资金信托计划;蚌埠医学院新校区建设项目集合资金信托计划;合肥教育信息服务中心建设项目集合资金信托计划等。不定向募集的信托计划有合肥城市集中供热管网工程项目集合资金信托计划合肥一六八中学教育发展项目集合资金信托计划、合肥香樟雅苑项目集合资金信托计划、皖南医学院学生公寓项目集合资金信托计划、合肥兴泰恒利贷款系列集合资金信托计划等。这些信托资金主要是采用贷款方式,投向城市基础设施工程、高等院校校园建设,以及合肥市"1346"行动计划、"工业立市"的重点项目。截至2005年底,设计并成立了"铜陵有色金属(集团)公司硫铁建设项目集合资金信托计划""兴泰恒利贷款集合资金信托计划1、2、3期""武大有机硅公司股权管理信托""合肥教育信息服务中心建设项目集合资金信托计划"等23只信托产品,募集资金14.1亿元,公司管理的信托项目累计达32个,涉及基础设施建设、重点项目建设、教育产业等多个领域。

2003年末,国元信托以资金信托为主要业务模式的信托业务正式起步,到2005年末,国元信托共发行资金信托项目56个,信托规模115973万元。其中,集合项目17

个，规模 56951 万元；单一项目 39 个，规模 59022 万元。国元信托作为身处安徽的信托机构，运用信托功能服务地方建设，业务领域遍布全省，项目资金主要投向基础设施建设、道路建设、制造业、工商企业、文化、教育、卫生等领域。国元信托发展信托主业的经营思路进一步明确，信托产品种类逐渐丰富，信托主业地位逐步巩固。其间，公司发行的有标志意义的集合信托项目有：

大中型股权投资集合资金信托计划。募集资金金额 2020.74 万元。这是国元信托成立后发行的第一支集合资金信托计划，也是第一支股权投资类集合信托计划。世纪家园集合资金信托计划。募集资金金额 2000 万元，该产品为公司开发的第一支房地产贷款类集合资金信托计划。合肥城市建设投资贷款集合资金信托计划。募集资金金额 5000 万元，该产品为公司设计发行的第一支信政合作类集合资金信托计划。

国元信托在大力发展资金信托业务的同时，积极拓展业务领域，在财产权信托等方面开展尝试。截至 2005 年末，公司开展非资金信托业务 9 笔，总额度 35292 万元。其中，公司发行的"黄山工贸信托计划"，规模 225 万元，是公司发行的第一支信托产品，产品为单一财产权信托，是公司稳健、规范开展各类信托业务的良好开端；为淮南矿业集团主辅分离量身定做的"淮南矿业集团主辅改制"系列计划，涉及单一财产权信托 6 笔，规模 33811 万元，运用信托方式助推国企改革，取得了良好的社会效应。

第二节　其他业务

结算业务　兴泰信托在信托行业发展初期，经人民银行批准办理各类结算业务。公司设立营业部，办理银行结算业务，并参加合肥市票据交换所同城票据交换，直接参与全国银行间的资金清算。1997 年业务高峰期，日均票据交换量达 1500 笔，资金往来上亿元。1994 年公司组建合肥兴业城市信用社，办理银行存贷款及结算性业务。

证券业务　1993 年，安徽马钢、合肥美菱、皖能等公司上市，兴泰信托公司发行股票认购证，并成为皖能、合肥美菱内部职工股托管券商之一。同年，公司申请成为沪深证券交易所会员，成立证券交易营业部，为合肥市及安徽省第一家同步开通沪、深股票交易的场所，并在深圳设立了深圳证券代表处。1993—1995 年，公司在武汉证券交易中心和天津证券交易中心申请席位并成为会员，进场从事国债现券及回购交易。1995 年，公司筹建合肥红星路证券交易营业部并开业。1996 年 9 月，公司筹建的上海斜土路证券交易营业部开业，开辟了全市市级金融机构在上海的第一家窗口。2001 年，为适应全国信托投资公司第五次清理整顿，合肥市信托投资公司以所属三家证券营业部经评估确认的净资产，参股安徽国元证券有限责任公司，并办理各项移交手续，完成信证分业工作。

国元信托公司根据市场变化，灵活开展证券市场投资。2002 年，国元信托及时调整投资策略，努力抓住止损止盈机会。在证券市场持续低迷的情况下，国债业务取得长足发展,联合其他信托机构组成国债分销协作体,全年承销国债 23.7 亿元,增长 196%,承销量位于全国第二十位,在信托公司中列第二位;现券交易量达到 54 亿元,增长 445%;国债回购 57.52 亿元,增长 162%。2001 年末至 2005 年末,公司证券业务余额分别为 139296.95 万元、176102.21 万元、103102.41 万元、84869.10 万元和 10831.07 万元。

资金拆借业务 1987 年 2 月,兴泰信托开业之初,公司开办资金拆借业务,直接参与同城同业资金拆借市场、人民银行融资中心和各商业银行、金融机构之间的资金市场。

代理业务 1988 年 8 月,兴泰信托获得代理经营国库券转让业务资格,成为安徽省第一家由财政部门经营的国债代理商。1988 年后数年间,承销各类国债 7800 万元,先后为合肥市一环路建设工程、经济技术开发区和中菜市改造工程代理发行地方企业债券 3.26 亿元,所有到期债券全部兑付。1993 年,在合肥市启动住房制度改革之初,公司作为受托承办金融机构之一,全程代理房改资金的收缴业务。1994 年起,公司代理核算合肥市住房公积金业务,至 2003 年底,累计开户单位达 400 户,共计 4 万人。1995—1997 年,公司受托代收合肥市捐资入户资金,总量达 3 亿元,涉及数万人,并一直负责历史账务查询与核对工作。1999 年 7 月,公司代理合肥市行政事业性收费业务,截至 2005 年 12 月 13 日移交时收受 34 亿元,在市财政局连续两年对收费网点的业务综合考核中均为第一名。

投资业务 1993 年,兴泰信托公司投资参股安徽中州置业有限公司、振业(合肥)股份有限公司。1994 年,公司投资参股合肥安利化工有限公司、合肥市商业银行。对外投资企业运作良好。

2001—2005 年,国元信托公司以金融股权投资为主,开展长期投资。2001 年末至 2005 年末,公司长期投资业务余额分别为 100221.71 万元、87317.40 万元、96949.36 万元、95313.63 万元和 63071.85 万元。

参与政府重点工作和项目 1994 年,兴泰信托公司受市政府委托,成立中菜市改造工程指挥部办公室,承办市政府为民办实事项目——中菜市东段改造工程。1996 年 6 月,公司抽调 20 多人参与组建合肥城市合作银行(即后来的合肥市商业银行股份公司,徽商银行的主体)。公司参与政府重点工作和项目时,于 1996—1997 年抽调人员参加市属 49 户国有企业破产清算工作。同时,主动消化政策性破产给公司带来的 6000 多万元经济损失。1998—2002 年,合肥市以盘活存量为突破口,推进国有企业战略性重组,公司先后为安纺一厂、安纺二厂、淮海机械厂等重组企业提供贷款,间接吸引了中国华源公司、江西昌河汽车公司等知名大企业、大集团落户合肥。1999 年,为顺应信托机构重新登记工作的政策需要,经合肥市政府批准同意,公司牵头设立合肥兴泰投资有限责任公司。

第三章　银联商务安徽分公司

第一节　主要业务和经营情况

银联商务安徽分公司成立于2004年3月10日，为银联商务有限公司在安徽省设立的银行卡收单及专业化服务机构。公司成立后，始终把社会责任放在首位，在大力发展传统市场的基础上，努力为客户提供全方位、差异化、高品质的综合支付服务，为改善银行卡受理市场和国内综合支付环境积极贡献力量。银联商务安徽分公司主要开展银行卡收单及专业化服务工作，负责所开展业务地区的市场拓展、终端维护和市场服务。截至2004年底，银联商务安徽分公司服务商户达到603家，维护POS终端1335台，累计受理银行卡刷卡交易55.5万笔，累计清算交易金额8.2亿元。截至2005年底，服务商户达到1308家，维护POS终端3445台，受理银行卡刷卡交易209.4万笔，清算交易金额38亿元。

第二节　内部控制

内控机制的建立与完善　贯彻落实总公司风险事件管理制度，结合实际制定本地区风险事件报送和调查处理工作实施细则，在辖内组织开展风险事件的报送和调查处理工作；设立风险事件报送和调查处理岗，指定专人负责风险事件的报送和调查处理，部门负责人负责对风险事件的报送和对调查处理情况进行审核、分管领导负责辖内风险事件报送和调查处理工作的组织协调和审批；协调、配合中国银联分支机构、发卡和收单机构，做好银行卡风险事件的协查处理和信息共享，共同防范银行卡风险；建立风险事件档案管理制度，对风险事件的报送和调查处理情况进行登记，妥善保管风险事件档案资料；对辖内风险事件的报送和调查处理情况进行统计分析，并以业务报表和分析报告的形式，定期向总公司报送辖内风险事件的报送和调查处理情况；对辖内商户风险事件报送和调查处理情况进行监督、检查和指导。

风险控制与管理　风险管理工作是分公司能否健康、可持续发展的重要保障，一直以来，银联商务安徽分公司把风险工作作为首要工作来抓。在经营过程中，银联商务安徽分公司严格执行人民银行、中国银联和总公司相关要求，选派工作责任心强、业务功底扎实、风险处置经验丰富、作风过硬的干部员工任职风险管理专岗,建立了风险管理工作的逐级负责制度,制定风险考核激励机制,对有效保障公司健康、稳定和持续发展起到了积极的作用。

在特约商户发展方面,坚持客户经理实地调查,严格落特约商户实名制入网,防止虚假申请。建立健全了特约商户入网审批三级管理制度,明确了商户发展、商户审核、商户审批的职责和权限,杜绝了混岗操作现象。

在特约商户日常风险管理方面,所有新装机的商户按照总、分公司回访制度上门回访,一个月后再提交客服中心电话回访,坚持商户日常巡检、培训及风险核查相结合的方式,日常巡检中加强对商户的培训和风险教育,定期对大型商户集中培训,并按照档案管理的要求将巡检单、培训档案妥善保管。

在商户风险监控方面,除了使用总公司风险监控系统外,分公司另外通过流水人工排查、筛选、监控。发现疑似风险商户,及时上门调单调查,排除风险隐患。另外,分公司建立了风险情况通报制度,按月通报全辖近期风险状况,做到风险管理齐抓共管。

在专业化服务风险管理上,严格对照与商业银行签订的合作协议约定的风险职责,开展风险管理工作,对于监控出专业化服务疑似风险的商户,以书面方式或收单机构认可的方式向商业银行报送,提示风险。采取撤机、警告等风险控制措施,协助其做好风险管控工作。

在终端管理方面,银联商务安徽分公司制定了终端应用程序管理办法和参数管理规范,安排专人负责 POS 版本程序和密钥下载。未出现终端交易信息安全或程序版本问题引发的风险事件。另外,安排专人负责 POS 机出入库管理,建立出入库台账,所有客户经理手中的机具均要求当日入库,严禁私自存留机具。所有商户的终端机具均按片区落实到每个客户经理负责维护、巡检,若有遗失,严肃追究相关当事人责任。

在 MIS(管理信息系统)商户账户信息安全管理方面,商户不留存敏感信息,包括磁道信息、密文 PIN(个人识别密码)信息、卡片有限期、卡片验证码等敏感数据,只保留卡号,而且每日清除已超过一年的卡号数据。所有数据通过专线传输,MIS 系统客户端至服务器端的其他交易或账户信息(如磁道信息等)通过调用加密程序进行加密传输。PIN 使用硬加密,使用 3DES(三重数据加密算法)加密,并使用经过安全认证的密码键盘。

第三节 财务管理

银联商务安徽分公司财务工作归属于综合管理部,在综合管理部配备相应的财务人员,保证财务核算、财务预算、成本(财务)控制、财务分析等财务管理工作的进行。公司财务按照银联商务总公司的规定实行“统一领导、分级核算、预算管理、绩效考核”

的管理体制。

管理体制　以银行卡专业化服务为中心,合理配置并充分利用各种经济资源,努力增收节支。

规范财务行为,强化经营约束。健全内部控制制度,完善各项财务操作规程,严格贯彻执行各项财经法规和财务管理制度,促进经营管理合法、规范、优化。

客观反映经营状况,监督各项财务活动,准确、及时提供财务信息,为实现经营方针、实现经营目标提供服务。

建立和完善科学合理的绩效考核机制,对分支机构的经营绩效进行评价。

财务管理原则　依法合规经营原则。本公司的财务管理活动,必须依据现行法律、法规和制度办事。不得弄虚作假,违规经营。

成本控制原则。牢固树立成本观念,各项经营业务活动必须注重投入与产出的关系,兼顾近期和长期、局部和全局利益,消除各种不计成本、不顾能力、不讲积累的投资行为。

监督制约原则。建立预算和财务控制管理机构,规定财务审批权限和程序,严格按程序办事,增加透明度。

统一领导原则。公司的业务收支由综合管理部财务岗统一管理;在银行统一开立账户,设立账簿。其他部门不得设账,不得搞账外经营。

公司配备相应的财务人员,保证财务预测、财务决策、财务预算、成本(财务)控制、财务分析等财务管理工作的进行。

第四节　人力资源管理

劳动用工制度的改革　银联商务安徽分公司实行全员劳动合同管理。银联商务与员工在平等自愿、协商一致的基础上,签订劳动合同,明确双方的权利和义务,依法确立劳动关系。订立劳动合同,遵守法律、法规的规定,贯彻平等自愿、协商一致的原则。银联商务根据国家劳动人事政策及自身的实际情况,在聘用期间支付给员工劳动报酬,提供福利待遇和劳动保险;根据教育和培训计划,组织员工参加有关的业务学习和岗位培训,使员工适应并胜任岗位工作,不断提高自身素质;保障员工民主权利和员工履行听取员工合理化建议的义务。劳动合同的期限分为有固定期限、无固定期限和以完成一定的工作为期限三种。有固定期限的合同期一般为一至五年。银联商务新入员工一律签订有固定期限的劳动合同。员工在银联商务连续工作十年以上,当事人双方同意续延劳动合同的,如员工要求,可签订无固定期限的劳动合同。

员工教育培训及职工队伍建设　根据公司发展战略目标,有组织、有计划地对员工进行专业知识、专业技能与综合素质培训,以提高其管理能力、业务处理能力和实务操作能力,符合岗位胜任要求,从而对内增强凝聚力,对外提高竞争培训原则。员工培训,以提高岗位业务能力、专业技能和综合素质为目的,以不影响本职工作为前提,遵循统筹兼顾、分类指导的原则;坚持学以致用、讲求实效、加强管理、逐级审批的原则。培训方式以内部举办的短期专项、技能、管理培训为主,外部举办的培训为辅,使培训形成制度化、多样化、全员化。

附　　录

关于印发《安徽省金融机构设置或撤并管理的暂行规定施行细则(修订)》的通知

皖人银字〔1993〕第 398 号

人民银行各二级分行;省各专业银行、省保险公司、各省级信托投资公司:

根据我国金融机构管理政策和我省实际情况,我们对(92)皖人银字第 76 号文印发的《金融机构设置或撤并管理的暂行规定施行细则》进一步作了修订。现将修订后的《安徽省金融机构设置或撤并管理的暂行规定施行细则(修订)》印发给你们,请认真贯彻执行。原施行细则自本发文之日起即废止。

一九九三年九月十五日

安徽省金融机构设置或撤并管理的暂行规定施行细则(修订)

(一九九三年九月十五日)

第一章　总则

第一条　为维护良好的金融秩序,完善我省金融组织体系,提高金融宏观调控效果,保障金融事业健康发展,根据中国人民银行《关于金融机构设置或撤并管理的暂行规定》和《关于严格金融机构审批的通知》,结合我省实际,制定本施行细则。

第二条　中国人民银行安徽省分行及其二级分行、县支行是其辖区内金融机构管理主管机关,对省内金融机构实施分级管理。

第三条　本省境内凡从事金融业务行为机构的设立、变更、撤销,必须报经人民银行审查批准,任何地方政府和部门无权批准设立金融机构。

第四条　凡未经人民银行批准,擅自设立金融机构为非法金融机构,人民银行依法对其实施经济处罚、责令停办金融业务、坚决取缔并向社会公告。

第五条　非金融机构不得经营金融业务,其资金有偿使用必须委托金融机构办理。

各类金融机构除国家特许者外,不得兼营非金融业务。

第六条　公民个人不得设立银行或非银行金融机构,不得经营金融业务。

第二章　金融机构设置原则、基本条件

第七条　设置金融机构必须遵守以下基本原则

一、确属经济发展需要,有利于提高社会经济效益

二、符合金融体制改革方向,有利于完善金融组织体系

三、布局合理、注重经济核算,有利于建立适应社会主义市场经济的金融体制和运行机制

四、符合基本业务分工要求,实行银行、信托业、证券业、投资基金业、保险业分别管理、分业经营的原则。

第八条　设置金融机构必须具备以下基本条件:

一、具有规定的最低实收资本金或营运资金。资本金来源必须是投资者有权支配的自有资金,不得以实物作价、借入资金作为投资资本。禁止抽逃资本。

二、具有合格的管理人员和业务专业人员。其法定代表人和主要负责人必须符合中国人民银行规定的任职资格;一般工作人员应有60%以上从事过金融专业工作;离退休人员不得担任非银行金融机构法定代表人。

三、完备的组织章程。非银行金融机构必须有组织章程,章程需明确机构名称、性质,经营宗旨,法定代表人,资本数额,业务范围,经营管理,财务分配等事项,并应符合国家有关规定。

四、有固定的营业场所和必要的安全设施。消防设备、报警装置、通讯工具、防盗措施必须完备。

五、有健全的管理制度,包括业务、计划、财务、人事等制度。

第九条　试点性金融机构,需经省分行(或总行)批准方可设立。

第三章　专业银行分支机构

第十条　本细则所称专业银行分支机构为中国工商银行、中国农业银行、中国银行、中国人民建设银行在我省设立分支机构。

第十一条　专业银行分支机构,必须按照以下区域布局规定设置:

一、中国工商银行分支机构,主要在县城和县城以上城市以及工矿集中区设置。

二、中国农业银行分支机构,主要在县城或县城以下的镇、乡以及大中型国营农场所在地设置。

三、中国银行分支机构,主要在县城以上外贸和"三资"企业发达的城市设置。外贸出口额达到一千万元人民币以上的可设置支行,但需取得当地政府支持。

四、中国人民建设银行分支机构,主要在县城以上、大中型基本建设基地设置。有工程建设项目的地方可设立临时性营业机构。

第十二条　机构设置级别:在省辖市或大型工矿区设置专业支行或办事处(科级)。在县级市、县城或工矿区设置分理处(股级)。在县以下的镇、乡设置营业所(股

级）。

第十三条　储蓄所（包括联办、代办储蓄所）按全年工资性现金投放、年末所均吸储额、服务范围与人口、吸储机构之间距离等项综合指标考核。储蓄所开业一年后，吸储总额基本要求为：城市所不得少于五百万元；县城所不得少于二百万元。

第十四条　专业银行分支机构营业用房面积应不低于以下标准：

（一）支行（含专业支行），营业面积200平方米以上；

（二）办事处、营业所营业面积150平方米以上；

（三）储蓄所营业面积50平方米以上；

第十五条　审批权限：支行（含专业支行）办事处（科级）的设立，由专业银行地、市行向当地人民银行提出申请，人民银行二级分行审核后，由地、市专业银行向其省分行报告，再由省专业银行报省人民银行审查批准，其科级以下建制的金融机构由人民银行二级分行审批，报省分行备案。

第四章　其他银行、保险公司分支机构

第十六条　本细则所称其他银行是指交通银行、中信银行、光大银行和住房储蓄银行。

本细则所称保险公司是指中国人民保险公司、太平洋保险公司和平安保险公司。

第十七条　其他银行分支机构设置：

一、交通银行按经济区域设立支行，其办事处、储蓄所主要在大中城市设置。

二、中信银行、光大银行可在省会城市或经总行特批的城市设立支行、办事处。

三、其他银行（不含住房储蓄银行）可下设证券交易营业部，其最低营运资金为五百万元。

四、住房储蓄银行按照总行统一规划设置。

根据省政府委托和人民银行有关规定，专业银行分支机构可设立房地产信贷部。

蚌埠住房储蓄银行可在其市辖县设立支行。

五、其它地方性银行原则上不须在本省境内设立分支机构。

第十八条　综合性银行支行由省人民银行负责审核，报人民银行总行批准。综合性银行办事处、储蓄所审批权限照本细则第十五条办理。

第十九条　保险公司分支机构须按以下规定设置：

中国人民保险公司按行政区划设立支公司。原则上办事处只在中心支公司所在地城市设置。

根据业务发展需要，保险公司可在区、乡设立保险业务代理机构，其设置与经营按中国人民银行总行《保险代理机构管理暂行办法》规定执行。

第二十条　保险公司分支公司必须具有最低限额资本金；

一、经营人寿险业务的分支公司为二千万元人民币以上；

二、经营人寿险以外险种业务的分支公司为三千万元人民币以上；

三、同时经营以上两项险种业务的分支公司为五千万元人民币以上；

四、上述资本金应随着经营规模扩大而相应充实，其数额不低于其金融资产总额的百分之八。

第二十一条　保险公司分支机构审批权限：

中国人民保险公司分支机构审批权限依照本细则第十五办理。

第五章　非银行金融机构

第二十二条　非银行金融机构必须按以下规定设置：

一、信托投资公司、证券公司、金融性租赁公司在确有需要的大、中城市设立。

二、财务公司在国家重点扶持产业的紧密型联营总资产不低于10亿元人民币的大型企业集团内部设立。

三、城市信用合作社主要在大、中城市设立；城市经济较发达、集个体户不少于二千户、营业额达到2500万元-3000万元的县城可设置一个。

城市信用合作社不得设立分支机构。为了加强对城市信用合作社的管理，有条件的地方可设置城市信用合作社联社。

四、农村信用合作社在县以下的郊区、乡、镇设立。农村信用合作社可下设分社、储蓄所。为了加强对农村信用合作社的管理，可在县或县级市设立农村信用合作社联社。

五、信托投资公司可下设证券交易营业部。

第二十三条　申请设立具有法人资格的非银行金融机构，必须具有法定的实收人民币货币资金，其最低限额分别是：

省、地市信托投资公司分别为五千万元、三千万元；

金融租赁公司为三千万元；

企业集团财务公司为5000元；

证券公司为一千万元；

城市信用合作社联社、农村信用合作社联社为一百万元；

城市信用合作社、农村信用合作社、农村金融所为五十万元；

信托投资公司下设的证券交易营业部为五百万元。

第二十四条　上述金融机构资本金的充实比照本细则第二十条第四款办理。

第二十五条　非银行金融机构审批权限：

一、下列机构由省人民银行审核，报总行批准：

信托投资公司、财务公司、金融租赁公司、风险投资公司、投资基金管理公司、证券公司(均含分支子公司)城市信用合作社联社和典当行。

二、下列机构由人民银行逐级审核报省人民银行批准：

农村信用合作社联社、城市信用合作社、农村金融所、证券交易营业部以及本条第一款所列机构在我省境内设立的办事处或代办处。

第六章　审批程序

第二十六条　严格金融机构审批制度。设置金融机构必须经过筹建、正式开业二个阶段。人民银行实行按季研究审批。

第二十七条　金融机构设立申请单位,必须在筹建时向人民银行提供下列资料;

一、申请报告;

二、申请筹建表或申请登记表;

三、可行性论证报告(包括服务区域的经济状况、机构规模、资金、业务量及人员状况);

四、筹建人员名单及简历;

五、申请筹建非银行金融机构还需提供组织章程;资本金(股金)来源和性质的意向性说明书;

六、人民银行要求的其他资料。

第二十八条　申请筹建的金融机构必须经人民银行正式批准后方可筹建。

第二十九条　筹建工作就绪,申请开业必须向人民银行提供下列资料:

一、申请开业报告;报告中需说明筹建情况及营业场所的面积、人员编制和预算业务量等;

二、审核行的意见;

三、营业场所的所有权或使用权凭证,安全设施证明;

四、非银行金融机构还需提供组织章程及有权单位出具的验资证明。证券交易营业部需提供主办单位近两年的资产负债表;

五、人民银行要求提供的其他材料。

第三十条　人民银行在收到上述资料后,经考察验收,正式批准,颁发《经营金融业务许可证》。申请单位持证到工商行政管理部门登记注册后,方可正式营业。

所有新设置的金融机构自批准开业之日起,三个月内必须对外营业。逾期未开业,原批准文件自动失效。

第七章　变更和撤销管理

第三十一条　金融机构凡需更名、升格、迁址、合并、调整业务范围、增减资本金或营运资金,更换法定代表人或撤销,必须按本施行细则划分的审批权限报批。未经审批,不得擅自变更、撤销。

第三十二条　拟撤销的金融机构,应于停业前两个月向原批准的中国人民银行提出书面申请,经批准后在报纸上发出公告,并在原批准行监督下清理债权债务。清理结束后,方可撤销。

第三十三条　金融机构变更或撤销应按下列程序办理:

一、向中国人民,银行提出书面申请;

二、缴回原《经营金融业务许可证》;

三、经中国人民银行批准,换发《经营金融业务许可证》;

四、金融机构撤销者须到工商行政管理局办理注销手续;变更者须到工商行政管理局办理变更登记手续,更换《营业执照》。

第三十四条　各金融机构应妥善保管《经营金融业务许可证》。如有遗失或毁损须于五日内,在经营活动区域内声明作废,并持书面报告,到原批准的中国人民银行补办《经营金融业务许可证》。

第八章　年检

第三十五条　中国人民银行对各类金融机构实行年检。

第三十六条　年检手续由各金融机构所在地人民银行管辖行负责办理。受检金融机构必须按照年检有关规定(另行制定),向所在地中国人民银行管辖行提供和报送有关资料。

第三十七条　年检主要内容为:机构名称、业务范围、经营状况、制度建设、人员素质、资本(营运资金)状况、经营场所、安全设施等。

第三十八条　经中国人民银行年检合格者,向其颁发《年检合格证》,受检单位凭《年检合格证》到工商行政管理局办理企业年检登记。

第三十九条　对拒绝接受年检或年检不合格者,中国人民银行可建议工商行政管理局不予受理企业年检登记。

第四十条　金融机构必须定期向中国人民银行报送业务计划及其执行情况、会计报表、统计报表和其他业务资料。

第九章　罚则

第四十一条　凡违背本规定者,一律为非法行为。中国人民银行有权视情节轻重,依法给予经济和行政制裁。

处罚由所在地管辖行负责执行。

第四十二条　擅自设立金融机构者,责令其立即停业并没收其非法所得。拒不停业者,登报公告其为非法金融机构。

第四十三条　擅自经营金融业务者,责令其立即停止经营金融业务,没收其非法所得。拒不停止经营金融业务者,自通知送达之日起,按日加处1000元以上罚款。

第四十四条　擅自抽走资本金(营运资金),或者弄虚作假骗取验资证明者,按抽走或作假的金额;处以百分之一以上、百分之三以下罚款,并建议有关部门追究其法定代表人或主要负责人的行政责任。

第四十五条　擅自扩大经营范围者,责令其立即纠正,没收非法所得或处以五千元以上罚款。拒不纠正者,责令其停业整顿,并建议有关部门追究其法定代表人或直接责任者的行政责任。

第四十六条　擅自晋升规格者,责令其限期恢复原机构级别,并处以一万元以上、五万元以下的罚款。拒不执行者,并按拖延日期每日处以一千元以上、三千元以下罚款。

第四十七条　擅自更改名称者，责令其限期恢复原机构名称。拒不执行者，对其法定代表人及直接责任者按照拖延日期每月处以五百元以上、一千元以下罚款。

第四十八条　擅自迁移地址者，对其处以五千元以上、一万元以下罚款，并按迁移位置是否符合金融机构合理布局的要求，责令其限期补办报批手续或迁回原址。拒不执行者，按拖延日期每日加处五百元以上的罚款。

第四十九条　擅自变更主要负责人，或拒不接受年检，或拒不送交报表和有关资料者，责令其纠正，并对直接责任人员处以五十元以上、二百元以下罚款。拒不执行者，按拖延日期每月处以五百元以上、一千元以下罚款。

第五十条　同时违反上述规定两条和两条以上者，可择其重者处罚，也可以并罚。

第五十一条　擅自抽走资本、扩大业务范围、晋升规格、更改名称、迁移地址，并经罚款无效者，责令缴回《经营金融业务许可证》，并通知工商行政管理局吊销《营业执照》。

第五十二条　被处以罚没款的单位，接到处罚通知后，应按规定期限主动交纳。不主动交纳者，由决定处罚行发出扣款通知，从其开户银行帐户扣款。

第五十三条　应缴的罚没款项，应由个人支出的，不得由单位支付；应由单位支出的，不得列入成本。

第五十四条　罚没收入的解缴与支配，按国家有关规定执行。

第十章　附则

第五十五条　本施行细则不适用于外资、中外合资金融机构。

第五十六条　本施行细则自一九九二年九月十五日始生效，过去有关规定凡与本施行细则规定相抵触的一律废止。

第五十七条　本施行细则由中国人民银行安徽省分行负责解释，修改时亦同。

关于贯彻《制止存款业务中不正当竞争行为的若干规则》的通知

皖人银字〔1996〕第186号

人民银行各地市分行、各国有商业银行省分行、省农业发展银行、省级信托投资公司、省邮电管理局:

根据总行银发〔1996〕66号《关于颁布 <制止存款业务中不正当竞争行为的若干规则 >的联合通知》的要求,经与省各国有商业银行、省邮电局、部分基层人民银行共同研究,特制定出具体贯彻意见,与《若干规则》一并转发各地,请认真遵照执行。

一、要充分认识用不正当手段进行存款业务竞争的危害性。用不正当手段拉存款,严重影响了国家银行和其他吸存机构的信誉;加大了存款成本,影响了经济效益;甚至诱发利率战、储蓄战,最终也危害了金融机构和邮储机构自身的根本利益。因此,金融机构、邮储机构都要加强内部管理,自觉依照《商业银行法》、《反不正当竞争法》、《储蓄管理条例》和《制止存款业务中不正当竞争行为的若干规则》(以下简称《若干规则》)等,制定业务规则,建立健全内部稽核检查制度,规范化地推进、组织存款工作。

二、各级人民银行要认真履行监管职责,坚决维护金融秩序稳定,为各金融机构创造公平、平等、有序的竞争环境。要经常对存款情况进行检查监督,要设立举报电话,对举报人要保护并给予适当奖励。有下列情况之一的,上一级人民银行要责令其纠正,并予以通报批评。造成严重后果的,要追究直接责任人的责任。

(一)对于个人、单位的真实举报不受理,不认真查处的;

(二)未按要求组织金融机构进行互查,抽查的;

(三)查实后,未按《商业银行法》、《反不正当竞争法》、《储蓄管理条例》、《若干规则》和本《通知》规定等依法处理的。

三、金融机构和邮储机构有下列情形之一,由人民银行责令改正,有违法所得的,没收违法所得,并处以违法所得一倍以上三倍以下罚款,没有违法所得的,处以五万元以上三十万元以下罚款。

(一)未经批准设立、分立、合并办理存款业务机构的;

(二)违反规定提高或者降低利率吸收存款的;

(三)无故拖延、拒绝支付存款本金和利息的;

(四)将单位的资金以个人名义开立帐户存储的;

(五)人民银行依据有关规定认定的其他不正当竞争手段。

有1、2、3、4项情形之一,对直接负责的主管人员和其他直接责任人员,应当给予纪律处分。

四、有下列行为之一的单位和个人,由人民银行责令其纠正,并可以根据情节轻重处以罚款,停业整顿,吊销《经营金融业务许可证》,情节严重,构成犯罪的,依法追究刑事责任。

(一)擅自开办储蓄业务的;

(二)擅自开办新约储蓄种类的;

(三)擅自开办人民银行已明文禁止的不合规存款业务的。

继续实行存款单项考核和奖励办法,对非存款部门下达存款考核指标、把存款考核指标分解下达到职工个人并以此作为对个人奖励的依据。

五、金融机构和邮储机构应按人民银行检查要求提供财务会计资料业务合同和有关经营管理方面的其他信息。拒绝人民银行稽核检查监督的,按《商业银行法》第七十四条处理。

六、申报有奖储蓄要严格按《关于加强有奖储蓄管理的通知》(皖人银字〔1995〕第107号)中的规定进行审批和检查。

七、统一规范储户约定的转存业务。储种限于整存整取定期储蓄存款;必须根据储户意愿按储户在存款凭条上的书面约定;约定转存期限不得超过原存期档次;利率为约定转存日国家挂牌利率。对未经储户书面约定及不符合上述规定的,均作为逾期支取的定期储蓄存款,按支取日挂牌公告的活期储蓄存款利率计付逾期部分利息。

八、《若干规则》及本《通知》规定适用范围:辖内所有办理单位存款、储蓄存款的金融机构和邮政储蓄机构。

附件:关于颁布《制止存款业务中不正当竞争行为的若干规则》的联合通知

关于颁布《制止存款业务中不正当竞争行为的若干规定》的联合通知

银发〔1996〕第66号

中国人民银行各省、自治区、直辖市、计划单列市分行,中国工商银行、中国农业银行、中国银行、中国建设银行、交通银行,其他商业银行,邮政储汇局:

今年以来,按照国务院有关领导的指示,中国工商银行、中国农业银行、中国银行、中国建设银行等国有商业银行已经相继作出规定,要示所属分支机构停止执行存款单项考核和奖励办法。但是,仍有个别金融机构和储蓄机构在盲目追求存款增长率和市场份额,甚至使用种种不正当手段进行存款业务竞争。这不仅加大了经营成本,浪费了大量的人力物力财力,而且严重损害了我国金融机构的信誉,在社会上造成不良影响。为制止存款业务中的不正当竞争行为,维护正常金融秩序,在中国人民银行组织下,中国工商银行、中国农业银行、中国银行、中国建设银行、交通银行共同商订了《制止存款业务中不正当竞争行为的若干规则》。现印发给你们,请各商业银行、城乡信用社及邮政储蓄机构共同认真遵守。

附件:制止存款业务中不正当竞争行为的若干规则

附件

制止存款业务中不正当竞争行为的若干规则

第一条　为督促商业银行加强经营管理,完善内部激励机制和自我约束机制,制止存款业务中不正当竞争行为,根据《中华人民共和国商业银行法》、《中华人民共和国反不正当竞争法》、《储蓄管理条例》制订本规则。

第二条　各商业银行要不断改进和完善内部经营管理制度,建立健全科学、合理的内部综合考核指标体系。自本规则发布之日起,一律废止存款单项考核和奖励办法,不得对非存款部门下达存款考核指标,不得把存款考核指标分解下达到职工个人,并以此作为对个人奖励的依据。

第三条　各商业银行开办各项个人存款业务(包括储蓄存款、支票存款、信用卡存款及其它存款),必须严格遵守《储蓄管理条例》有关存款期限、支付方式、计息办法等方面的规定,不得自行变更。

第四条　各商业银行开办各项单位存款业务,必须严格遵守《中华人民共和国商业银行法》和中国人民银行有关帐户管理的规定,不得违反规定吸收单位存款。

第五条　各商业银行办理存款业务,不得违反国家有关规定提高或变相提高利率,不得向储户、单位存款的经办人和关系人支付利息以外任何名目的费用和馈赠物品。

第六条　各商业银行试办新存款业务,由该银行总行向中国人民银行总行提出申请并附该项存款业务章程,经批准后施行。

第七条　各商业银行要严格遵守本规则,并实行互相监督。对于违反本规则及有关规定的行为,各商业银行有义务向中国人民银行检举揭发。

第八条　中国人民银行及其分支机构要加强对各金融机构、邮政储蓄机构存款业务的监督管理,制止存款业务中的不正当竞争行为,对继续使用不正当手段进行存款业务竞争者,要严格依照《中华人民共和国商业银行法》、《储蓄管理条例》和中国人民银行有关规定,根据情节轻重进行处理,并追究有关机构负责人和当事人的经济和行政责任。

第九条　本规则自发布之日起施行。

关于印发《交通银行合肥分行中小企业贷款管理办法(试行)》的通知

合交银〔1999〕40号

信贷管理处、信贷业务处一处、二处:

为适应市场经济的发展,改善金融服务,支持中小企业发展,规范贷款运作,防范经营风险,提高信贷资产质量、信贷经营管理水平和工作效益,现将《交通银行合肥分行中小企业贷款管理暂行办法(试行)》印发给你们,请遵照执行。

交通银行合肥分行

一九九九年二月二十五日

交通银行合肥分行中小企业贷款管理办法(试行)

为适应市场经济的发展,改善金融服务,支持中小企业发展,规范贷款运作,合理协调信贷资金的安全性、流动性和效益性,防范经营风险,提高信贷资产质量和信贷经营管理水平和工作效率,根据国家有关法律法规和总行的有关规定,特制定本办法。

第一条 贷款对象和用途

凡本行辖区的中小企业以及实行企业化管理的事业法人单位,因经营过程中资金周转需要,向本行申请贷款,均适用本办法。

本贷款主要用于临时性、季节性原因引起的合理资金需要,其性质属于中短期流动资金贷款。

第二条 贷款条件

申请贷款必须具备下列条件:

①实行独立核算,在本行开立存款帐户的法人;

②具有一定比例的自有资金,并建立自有资金补充制度;

③在本行信用等级在BA级以上(含BA级);

④经济效益良好,有还本付息能力,并能提供经本行认可的担保;

⑤接受本行对贷款使用情况的监督、检查,并提供有关生产、经营、财务等情况和报表资料。

有下列情况之一的不予贷款:

①未经工商部门年检;

②注册资金未到位;

③资产负债率≥80%;

④股本权益性投资超过其净资产的50%;

⑤经营性亏损或历年亏损未消化。

第三条　贷款方式

本贷款分为保证贷款、抵押贷款、质押贷款三种。

第四条　贷款期限与限额

本贷款一般在六个月以内,最长不超过一年;本贷款最高限额100万元(含)。

第五条　贷款利率

依照中国人民银行和总行的有关贷款利率规定执行。

第六条　贷款申请的受理、调查与审批

①信贷业务部门受理贷款申请,借款人在借款申请书中必须载明贷款的具体用途和确切的还款来源。

②信贷业务部门受理申请后,指派专人在三日内进行调查,写出调查报告,提出对贷款的明确意见,报信贷管理处。信贷管理处根据提交的调查报告,指定专人核实,信贷业务部门配合。

③信贷管理处审核后,提出意见,报请行长审批。

第七条　贷款的使用与归还

①借款人应按合同规定用途使用贷款,不得挪用,否则,本行有权提前收回部分或全部贷款,并对违约使用的贷款按有关规定加收罚息。

②借款人必须按期归还贷款本息,逾期还款的按国家有关规定加收相应罚息,到期不能还款的由保证人负责清偿或以抵(质)押物处理清偿。

③本贷款按"一笔一清"的原则进行管理,凡申请本贷款的企业,必须在还清前一笔贷款后方可重新申请,前贷不清,后贷不贷。

第八条　信贷员责任

1. 本贷款严格执行信贷员第一责任人制度,信贷员必须负责按期收回贷款,信贷员调出信贷部门或岗位轮换,仍负有按期收回其所发放贷款的责任。

2. 信贷员如不能按期收回其所发放贷款,按分行有关信贷员考核办法进行处理。

第九条　本办法自一九九年元月一日起执行。

关于印发《交通银行合肥分行中小企业贷款管理办法(试行)》的通知

合交银〔1999〕40号

农业发展银行省分行及直属营业机构,各国有商业银行省分行及直属营业机构,合肥市分行,交通银行合肥分行,中国投资银行合肥支行,中信实业银行合肥支行,合肥市商业银行,中国人民银行肥东、肥西、长丰三县支行:

现将中国人民银行合肥中心支行《银行机构高级管理人员任职资格管理暂行办法》印发给你们,请遵照执行。

本《暂行办法》下发后,原中国人民银行安徽省分行和合肥分行的有关规定与本《暂行办法》有抵触的,以本《暂行办法》为准。如今后上级行有新的规定,我中心支行将及时作修正补充。

银行机构高级管理人员任职资格管理暂行办法

为加强对银行机构(含合肥驻地省市级金融机构和三县及郊区)拟任高级管理人员任职资格的管理,根据《金融机构管理规定》和《金融机构高级管理人员任职资格管理暂行规定》的有关规定,并结合我市实际,制订本办法。

一、任职资格审查的对象

银行机构的行长、副行长(董事长、副董事长),营业部的总经理、副总经理、主任、副主任,办事处的主任、副主任。

二、任职资格审查的申报材料

银行机构拟任高级管理人员应向人民银行提交下列材料以进行任职资格审查。

1、申请进行任职资格审查的报告;

2、拟任职机构的上级主管部门对拟任人员任职资格初审意见,包括对其政策素质、业务能力、工作实绩等方面的综合鉴定。如有违法、违规问题,及纠正与受处理情况也应如实反映;

3、《银行机构拟任高级管理人员任职资格审查表》;

4、拟任高级管理人员的身份证、学历证明、职称证书的复印件;

5、如拟任人员原是另一金融机构的高级管理人员,则必须出具人民银行认可的离任审计结论;

6、人民银行认为需要提交的其他材料。

三、任职资格审查的程序和权限

1、省分行拟任行长、副行长及合肥市商业银行拟任行长、副行长、董事长、副董事长由人民银行合肥中心支行审核后上报人民银行南京分行审批，考察谈话由人民银行合肥中心支行行长或副行长负责。

2、省分行营业部拟任总经理、副总经理、主任、副主任和合肥市分行拟任行长、副行长，应由其省分行向人民银行合肥中心支行提交申请报告及附件材料报人民银行合肥中心支行审批，考察谈话由人民银行合肥中心支行分管行长或银行监管处处长负责。

3、合肥市区各支行拟任行长、副行长，市分行营业部拟任主任、副主任，办事处拟任主任、副主任，应由其市分行或履行市分行职责的省分行营业部向人民银行合肥中心支行提交申请报告及附件材料报人民银行合肥中心支行审批，考察谈话由人民银行合肥中心支行银行监管处处长或副处长负责。

4、三县银行支行机构拟任行长、副行长，应由其市分行或履行市分行职责的省分行营业部向所在县人民银行县支行提交申请报告及附件材料，经人民银行县支行审核后报人民银行合肥中心支行审批，考察谈话由人民银行县支行行长或副行长负责。

四、变更负责人的管理

1、分理处、营业所、储蓄所拟任负责人不办理任职资格审查，只办理负责人变更审批手续。具体办理采取《银行机构变更负责人审批表》的形式。

2、已经任职资格审查合格的人员在升任上一级机构负责人时，应重新申报办理任职资格审查；在调任同级机构负责人时，可不再办理任职资格审查，但应持原任职资格审查的批文和离任审计结论，办理变更负责人审批手续。

3、县辖银行机构变更负责人应由其市分行或履行市分行职责的省分行营业部向所在县人民银行县支行提交变更申请报告，经人民银行县支行审核后报人民银行合肥中心支行审批。

五、处罚管理

银行机构负责人未办理任职资格审查或未办理变更审批手续即宣布任职的，人民银行合肥中心支行将按照有关规定取消其任职资格并予以处罚。

六、受理时限

人民银行合肥中心支行在收到银行机构申请报告之日，即对其申请报告和附件材料进行审核。如所报材料齐全，在10日内提出审核意见报分管副行长或行长审签。如所报材料不齐全，在3日内通知申报行补齐有关材料，收到补齐材料后的10日内提出审核意见报分管副行长或行长审签。对处级以上机构的正处级干部由分管行长审核后报中支行长审签。

银行机构拟任高级管理人员任职资格审查表

姓名		性别		身份证号	
出生年月		政治面貌		职称	
学历		何时毕业于何学校何专业			
拟任职务					
个人简历	自何年月至何年月	在何单位何部门工作		任何职	
有无《规定》中第八条列举的情形					
上级主管部门意见		人民银行县支行意见		人民银行合肥中心支行意见	

银行机构变更负责人审批表

姓名		性别		身份证号	
出生年月		政治面貌		职称	
学历		何时毕业于何学校何专业			
拟任职务					
个人简历	自何年月至何年月		在何单位何部门工作		任何职
上级主管部门意见		人民银行县支行意见		人民银行合肥中心支行意见	

关于印发《中国信达资产管理公司合肥办事处项目处置操作规程》的通知

信合发〔2000〕第27号

各部门:

《中国信达资产管理公司合肥办事处项目处置操作规程》(试行)业经办事处第26次办公会议讨论通过,现印发给你们,请遵照执行。

附件:中国信达资产管理公司合肥办事处项目处置操作规程(试行)

2000年7月5日

中国信达资产管理公司合肥办事处项目处置操作规程(试行)

为规范不良资产项目处置工作程序,提高工作效率,最大限度地保全和回收资产,特制定本操作规程。

一、立项

立项阶段主要包括项目前期调查、项目可行性研究和成立项目组。

1、项目前期调查

项目前期调查的主要内容:企业的基本情况、企业近期生产经营状况、资产负债情况、存在的问题及企业自身及主管部门的设想等。

2、可行性研究

可行性研究是在项目前期调查的基础上对进入处置的可行性分析,主要内容:企业分析,行业分析、市场分析以及可能的处置方式和回收预测分析等。

3、成立项目组

经过可行性研究后,对进入处置的项目以地区项目小组为基础成立项目组,确定项目经理和项目组成员,具体实施项目运作。

重大项目由办事处成立专门项目组。

二、项目谈判和方案制定

以项目组为单位与企业及相关各方进行谈判，并制定方案。

1、项目的谈判

（1）项目组与企业和相关各方进行谈判的时候要坚持有理、有利、有节的原则，坚决维护公司的利益；

（2）项目经理对项目的谈判负主要责任，进行谈判时要合理地制定谈判方案，使用谈判策略；

（3）谈判中遇到的有关问题要及时请示和汇报。

2、方案的制定

（1）处置方案

主要内容包括企业的基本状况、债权状况，处置的具体做法、步骤，需要解决的问题和解决途径及方法等。

（2）回收方案

主要内容包括债权回收方式、现金回收额、非现金回收额及占比，方案落实的组织、制度和财务保障条款。

三、报批

1、业务部门审查

项目组根据处置手段的不同将项目送审表连同方案报投资银行部或资产管理部，经业务部门审查同意后，由业务部门提交办事处办公会议讨论审批。

2、办事处决策

在办事处权限内的，经办事处讨论通过后，项目进入实施阶段；超越办事处权限的，经办事处审查通过后报总公司审批。

四、实施

方案经办事处、总公司审查通过的，接到批文后，由项目组进行具体实施。

1、方案的修改、完善

根据办事处、总公司的审查意见，对方案进行修改、完善。如有要求，对修改、完善后的方案还须上报、审查。

2、审计、评估

项目组根据总公司、办事处的要求，协助总公司、办事处指定的审计师事务所、评估师事务所对项目单位的财务、资产进行审计、评估，以切实维护公司利益。

3、资产变现

项目组根据审计、评估意见，对照方案，按照方案制定的原则，对资产进行变现。如审计、评估结果有重大出入，应及时汇报办事处、总公司，根据总公司、办事处的要求，对方案予以调整，重新报批。

五、项目总结

项目进行完毕，项目组对项目有关资料、文件、报表等应及时归档，并对项目完成情况，包括项目实施中的经验、教训，遇到的问题及解决途径等，项目组应提交项目总结报告。

六、附则

1、本操作规程适用于各种方式处置的项目，属债务减免类的项目，还要遵守办事处关于债务减免的操作规程。

2、不同处置方式的项目，实施本规程时，可根据实际情况增加或减少部分环节。

关于印发《合肥市金融机构联合制裁逃废债行为暂行办法》的通知

合银发〔2001〕267 号

国家开发银行合肥分行、农业发展银行安徽省分行营业部，安徽省国际信托投资公司，安徽省信托投资公司，各国有独资商业银行安徽省分行营业部，交通银行合肥分行，中信实业银行合肥支行、中国光大银行合肥支行，合肥市商业银行，合肥市郊区信用联社：

现将经合肥市金融债权管理行长联席会议审议通过的《合肥市金融机构联合制裁逃废债行为暂行办法》印发给你们，请认真遵照执行。

附件：合肥市金融机构联合制裁逃废债行为暂行办法

合肥市金融机构联合制裁逃废债行为暂行办法

第一条　为维护金融机构合法权益，优化社会信用环境，加强金融债权管理，依法制裁逃废金融债务行为，根据《国务院关于在中小企业和集体企业改制过程中加强金融债权管理的通知》（国发明电〔1998〕4 号）中国人民银行总行《关于加强金融债权管理，建立防范和制裁逃废债务行为制度的通知》（银发〔1999〕10 号）和人民银行南京分行《关于建立和完善金融债权管理行长联席会议制度，加强辖区金融债权管理的通知》（南银发〔1999〕35 号）等文件规定，结合合肥市金融债权管理工作实际，特制定本办法。

第二条　本办法所称“逃废债行为”主要包括：

1. 违反国家法律、法规，借承包、租赁、分立、合资、联营、破产、兼并、股份制改造、出售或转让有效资产等途径，逃避金融机构信贷监督，故意悬空金融债务的；

2. 利用多头开户逃废金融机构债务的；

3. 具备全部或部分偿还能力，但故意拖欠不归还到期贷款的；

4. 合肥市金融债权管理行长联席会议（以下简称“行长联席会议”）认定的其他逃废债行为。

第三条　本办法适用于合肥市，制裁对象限于由合肥市金融债权管理行长联席会议各成员单位所申报的逃废债企业及个人。

第四条　各成员单位应当积极依法清收债权。当债务人出现逃废金融债务行为时,要主动与有关企业及企业主管部门联系协调落实债权。

协商落实不了的,可以向合肥市金融债权管理行长联席会议办公室(以下简称“债权办”)填报《逃废金融债务行为认定申请表》,并随表书面报送有关文字材料(1式25份),内容包括:企业及个人生产(经营)基本情况、借款合同、借据等有关材料复印件及认定逃废债的主要事实和依据。报送材料要求情况确实、数据准确,申报单位负责人签名,并加盖单位行政公章。

第五条　债权办收到成员单位报送的《逃废金融债务行为认定申请表》及其他文字材料后,进行登记、整理,按时提交行长联席会议认定。

第六条　行长联席会议对债权办提交的有关企业或个人的逃废债行为进行研究、认定。之后以债权办名义向申报单位发送《限期整改逃废金融债务行为通知书》,由申报单位在3日内送达逃废债企业或个人。

第七条　《限期整改逃废金融债务行为通知书》送达15日后,申报单位应向债权办书面反映逃废债企业或个人的整改情况,并附转帐凭证、还款计划等证明材料复印件。对未有任何整改行为、确需实行联合制裁的一并填报《联合制裁申请表》,明确提出实行金融机构联合制裁或向社会公开曝光的具体制裁方式。

第八条　债权办收到申报单位报送的《联合制裁申请表》后,提交行长联席会议研究。经行长联席会议审议,决定采取联合制裁措施。

第九条　对逃废债企业或个人进行金融机构联合制裁的措施有:

1.停止贷款卡(证)年检,在“银行信贷登记咨询系统”公告栏向金融机构公布逃废债企业(及其法人代表)、个人名单。

2.停止办理新贷款(包括贷款展期),停止办理承兑汇票、贴现,停止开出信用证、保函。

3.逃废债企业法定代表人或个人到新的企业担任主要负责人的,各金融机构不得对该新企业发放贷款。

4.对改制的国有中小型企业和集体企业,不予开立存款帐户,不得为其提供结算服务。

5.联席会议研究认为应依法采取的其它制裁措施。

第十条　对企业或个人采取金融机构联合制裁措施的,债权办发出《联合制裁通知书》,通知各成员单位。各成员单位应在接到《联合制裁通知书》当日通知到各分支机构。

第十一条　经行长联席会议审议,认为有必要的,对逃废债企业或个人除由金融机构实施联合制裁外,债权办还可以通过新闻媒体向社会公布施行联合制裁措施的逃废债企业、个人名单,有关费用由申报单位承担。

第十二条　对逃废债企业或个人采取联合制裁措施的,债权办应将制裁对象和采取的制裁措施向地方政府有关部门通报。企业为上市公司的,还应向证券监管部门通报。

第十三条　金融机构联合制裁的终止:

1. 被制裁的逃废债企业或个人,在落实了全部金融债务后,应以书面形式向原申报单位提出终止制裁申请。

2. 原申报单位接申请,或自己认为金融债权确已得到落实的,在3个工作日内填写《终止联合制裁申请书》,由单位负责人签名、加盖单位行政公章后,连同有关企业或个人落实债务的证明材料复印件,一并报送债权办。

3. 债权办经审核无误并经债权办主任审签后,对实行金融机构联合制裁的,债权办在3个工作日内发出《解除制裁通知书》,通知各成员单位,各成员单位在收到通知当日终止联合制裁措施;对通过新闻媒体宣布实施联合制裁措施的,对该企业或个人收取有关费用后(由申报单位负责收取后划转),在相关媒体上公告终止对该企业或个人的联合制裁。

第十四条　对逃废金融债务企业及个人进行认定和实施联合制裁原则上每年进行二次。各成员单位向债权办报送《逃废金融债务行为认定申请表》的时间为每年4月10日前和10月10日前。每年4月份和10月份分别召开行长联席会议,研究认定各成员单位所报送企业或个人逃废债情况。如遇特殊情况,经债权办同意,可召开特别会议研究决定。需要采取联合制裁措施的,适时召开行长联席会议进行审议决定。

第十五条　对不按本办法开展联合制裁逃废债工作的金融机构,债权办将根据有关规定采取以下措施:

1. 警告、限期纠正;

2. 通报批评;

3. 停止受理其制裁逃废债企业的申报;

4. 对有关责任人员取消其金融机构高级管理人员任职资格。

第十六条　肥东、肥西、长丰三县金融机构对逃废债企业及个人进行联合制裁,可参照本办法执行。

第十七条　本办法由合肥市金融债权管理行长联席会议办公室负责解释。

第十八条　本办法自发布之日起执行。

关于切实加强收购资金封闭管理的通知

皖农发行字〔2003〕87号

各市分行、省分行营业部：

当前，我们面临的形势十分严峻。一方面全省粮棉流通体制改革的步伐进一步加快，另一方面防治“非典”已进入关键时期，同时夏收在即。面对复杂多变的形势，各行要审时度势，周密安排，坚持一手抓“非典”防治，一手抓封闭管理。现将有关要求通知如下：

一、密切关注粮棉流通体制改革动态。粮棉购销市场化改革和企业的自身改革是形势发展的必然趋势，我们要顺应新形势，适应新变化。各级行要密切关注当地的粮棉改革动态，认真执行现有的各项规定，正确把握和处理好改革中出现的新情况和新问题，履行好农发行现阶段的工作职责，最大限度地减少改革所带来的负面影响。要增强政策的敏感性，加强上下级的信息沟通，严格执行重大问题报告制度，及时反馈工作中出现的情况和问题。

二、进一步强化粮棉库存监管。目前是非常时期，各行要切实增强风险防范意识，坚持粮棉出库报告制度、查库制度等各种制度，强化粮棉库存监管。在防治“非典”期间，各基层行要保证查库用车和饮食安全，做到既要严防资金风险，又要确保员工安全。要结合“三查一落实”和日常工作掌握的企业信用状况，明确监管重点，有针对性地采取各项有效措施，全力遏制企业挤占挪用收购资金行为的继续发生，确保信贷资金安全。

三、下大气力清收挤占挪用的收购资金。前一时期，各行在自查及“三查一落实”中已暴露出部分企业恶意挤占挪用收购资金的情况，眼前当务之急是抓好资金清收工作。一要积极向当地政府汇报，责成有关部门采取可行措施，制定还款计划，明确清收责任，落实资金来源，加快清收进度，减少资金损失；二要充分运用信贷制裁手段，对工作不配合，清收不积极，效果不明显的企业坚决给予停贷，由此引起的“卖粮难”问题，其后果由企业或相关部门承担。

四、切实加强粮食风险基金的监管。管好用好粮食风险基金既是粮改工作顺利进行的重要保证，也是加强我行封闭管理和财务管理的主要措施之一。各行要认真履行监管职责，在没有出台新的粮食风险基金使用政策前，要认真执行现有政策，严禁任何形式的挤占挪用。要加强帐户管理，严格监督拨付，明确支付责任，对不认真执行政策，不坚持原则,造成资金流失的,将追究有关人员的责任。

五、要加大棉花促销力度。四月末,我省2002年度新棉库存157万担,库存占用贷款59431万元,新棉购销比仅为41.73%,贷款收回率为40.27%,均低于全国平均水平。各行要严格按照国家五部委《关于促进棉花销售的紧急通知》要求,消除企业惜售和观望思想,加快棉花销售进度。要采取有效措施,督促企业落实销售任务和还贷计划,确保2000年度棉花库存占用贷款于5月底前全部归还,2002年度棉花库存占用贷款在8月底前全部归还。

六、积极做好夏收资金供应的准备工作。夏收在即,油菜籽收购即将开磅,小麦收购也将在6月份登场。各行要早调查、早预测、早安排,做好收购资金供应的各项准备工作。一要开展贷前调查,预测资金需求,把握市场行情,了解企业仓容余缺以及粮油购销合同落实情况等;二要认真落实粮油购销政策,严格执行信贷政策和贷款管理办法,要重点研究"以销定贷,以效定贷"的操作办法。一方面要切实增强风险意识,坚持审慎贷款的原则,把好贷款投放关;另一方面要加强服务,创造性地开展工作,支持企业搞活经营,提高效益。

二〇〇三年五月十二日

关于印发《中国农业银行安徽省分行利率管理实施办法》的通知

皖农银发〔2003〕156 号

各二级分行:

现将《中国农业银行安徽省分行利率管理实施办法》印发给你们,请认真贯彻执行。执行中遇到问题请及时告省分行(资产负债管理处)。

二〇〇三年五月六日

中国农业银行安徽省分行利率管理实施办法

第一章 总则

第一条 为适应利率市场化改革,切实控制利率风险,在遵守人民银行利率管理规定的基础上,建立以扩大市场营销为导向、以稳定利差收入为目标、以分类定价指导和分级授权管理为手段的科学、规范的利率管理机制。根据《中国农业银行关于加强利率管理的若干意见》精神,特制定本实施办法。

第二章 存款利率管理

第二条 人民币存款必须严格按照人民银行有关利率政策执行,严禁任何形式的高息揽存或变相高息揽存。

(一)按客户核算存款的公关费用及其它投入,全面测算存款的实际成本,为实施存款客户取舍打下基础。

(二)逐步由只注重存款数量向注重存款数量和存款付息率并重转变。逐步消除空账户、睡眠账户和低效账户,提高存款账户的含金量。

(三)要按规定足额计提存款应付利息,真实反映存款利率风险状况。强化对存款应付利息科目管理,严禁不按规定计提存款应付利息的做法。

第三条 对小额外币存款要严格按照人民银行公布的利率执行。对大额外币存款,总行采用同期同档次“LIBOR”利率减点的方式。目前大额外币存款利率按《转发有关调整大额外币存款利率授权标准文件的通知》(皖农银资负〔2002〕17 号)的规定执行。上浮幅度超过最高价,须报总行批准。

第四条 对保险公司协议存款,其利率确定权在总行,未经总行授权不得自行办理。

第五条　对信用社约期存款利率，要严格按照总行规定的指导利率上限进行控制，并按总行要求进行备案管理，不得超过规定的利率上限吸存。具体依据《转发有关约期存款事宜文件通知》（皖农银办发〔2002〕159）有关精神办理。

第三章　贷款浮动利率管理

第六条　人民币贷款利率浮动范围。按照人民银行规定，中小企业贷款利率上下浮动空间已经达到了40%。

第七条　人民币贷款浮动利率管理必须坚持“利差测算、面向市场、风险控制、弹性管理”的原则。

（一）成本核算，即在效益预测的前提下，合理确定贷款价格。

（二）面向市场，即根据扩大市场营销的需要，采取积极主动的灵活定价策略；

（三）风险控制，即依据信贷风险程度，实行扶优限劣、区别对待的利率定价；

（四）弹性管理，即建立贷款利率审批程序，明确利率审批权限，实施贷款浮动利率弹性授权管理。

第八条　根据总行对贷款浮动利率管理的有关规定，结合我行资金成本、市场竞争要求和贷款风险程度等有关因素，特制定各项贷款的分类指导利率（见附件1）。利率上调，不得超过人民银行规定的利率最高上浮幅度；利率下浮须报省分行审批，具体报批表式和要求见附件3。

对已评定信用等级的法人客户贷款主要按信用等级制定指导利率；对未评定信用等级的法人客户贷款根据贷款项目的资产负债比率制定指导利率；对自然人贷款按照同类金融产品市场平均价格制定指导利率。

第九条　对不参加信用等级评定又无法提供项目资产负债率的交通、水电、通讯、院校、医院、广播电视集团、大型报业、出版集团等企事业单位项目贷款，由贷款审批行按照资金成本和收回贷款本息的保证程度等具体情况确定实际执行利率，未经省分行批准，其实际执行利率不得低于同期贷款基准利率。

第十条　测算法人客户贷款综合收益的内容包括：贷款利息收入、贷款吸存收益、连带中间业务收益和放贷资金成本、计提呆帐准备金、营业税等。具体测算方法按附件2中有关要求。

第十一条　定价管理测算结果是研究制定贷款指导利率、确定利率授权标准、审批超授权贷款利率的重要参考依据。

第十二条　建立和完善利率审批制度。各级行贷审会在本级行权限内逐笔审批贷款利率定价。分支机构贷款利率低于基准利率，原则上要经过省分行审批。贷款指导利率原则上由省分行制定，省分行（不含）以下机构不得擅自制定贷款指导利率。

第十三条　对外币贷款利率，按照总行有关文件精神执行，目前按《关于调整外币存贷款利率的通知》（皖农银办发〔2002〕419号）执行。随总行利率调整而调整。

第十四条　对本外币存单质押贷款、国债质押贷款和票据贴现贷款等低风险法人客户贷款业务,以及总行未作规定的其它贷款业务指导利率,由各行根据人民银行的规定和当地同业同类业务利率水平自行确定。

第四章 系统内往来资金利率管理

第十五条 为传导宏观经济、金融调控意图,引导系统内资金合理流动,并考虑各分行资金差异较大等因素,对省、市分行往来资金利率管理总的原则是:不要求保持完全一致,各二级分行在传导总分行利率调整意图的同时,可根据内部资金调控的需要,确定辖内往来资金利率。

第十六条 上存资金利率水平要适应资金成本和市场利率的变化,防止过高的上存资金利率误导辖内机构盲目吸收高成本资金。同时,在确定上存资金利率时,要保护辖内机构吸存积极性。

第十七条 在当前市场资金整体富余,有效信贷需求不足的形势下,各行要合理调剂辖内资金余缺,满足有效信贷需求较大、资金不足的分支机构合理的资金需求。借款利率应当与贷款利率保持一定利差空间,鼓励分支机构拓展有效信贷市场。

第五章 利率管理制度建设

第十八条 各级行应把利率管理作为资产负债管理的重要内容,纳入资产负债管理委员会职责范围。

第十九条 省、市分行资产负债管理委员会负责审定利率管理战略;对调整资产负债结构、制定市场营销定价策略以及大宗业务定价等事项进行决策;监督有关部门采取必要措施监测和控制利率风险以及对内部各项利率政策的解释。

第二十条 省、市分行资产负债管理委员会办公室定期监测、分析利率水平和利率管理状况,提出加强利率管理的建议和意见上报资产负债管理委员会,并负责利率管理日常性工作。

第二十一条 各行要进一步完善利率风险管理流程和报价、审批程序,构建利率风险管理“三道防线”。

(一)第一道防线是营销环节。业务前台部门在有关利率授权范围内对客户报价,要提高价格谈判能力,讲求报价策略,尽可能争取有利的利率价格。超授权报价必须经过有权审批人审批,否则为无效报价。通过弹性营销,尽量降低资金成本,提高资金运用收益。

(二)第二道防线是控制环节。上级行或本行利率审批机构,在权限内对利率定价进行测算并决策。各级行贷款审查委员会负责审批本行权限内贷款利率,超授权利率定价须报上级行资产负债管理部门审批。

(三)第三道防线是化解环节。根据资产负债管理委员会决议或有关授权,资金营运部门利用债券、同业拆借、公开市场业务以及可以采用的衍生工具,集中处置过量的利率风险。

第二十二条 要继续执行利率管理监督检查制度,定期或不定期组织对辖内分支机构利率执行情况的全面检查或专项检查。各二级分行每年至少要实地检查2至3个重点行,并进行深入剖析。发现问题,分析成因,及时采取整改措施。

第二十三条　各二级行要按季开展资产负债利率分析,并形成利率分析报告。在利率分析的基础上,实施利率风险监测。各二级分行要定期上报贷款利率浮动水平统计表、存款期限利率结构表、大额外币存款和贷款利率备案表、农信社约期存款利率统计备案表等。大额外币存款和贷款利率备案表和农信社约期存款利率统计备案表按《关于大额外币存款和贷款利率备案管理的通知》(皖农银办发〔2002〕150号)和《转发有关约期存款事宜文件通知》(皖农银办发〔2002〕159)有关规定执行,贷款利率浮动水平统计表、存款期限利率结构表等待总行统一规定后,省分行再另行通知。

第二十四条　各二级分行要运用科技手段,建立管理程序和管理网络,加强对辖内机构利率执行情况的监测和管理,及时纠正利率执行中的差偏,避免利率管理不当造成的损失。

第六章　附则

第二十五条　本实施办法由中国农业银行安徽省分行资产负债管理委员会负责解释。

第二十六条　本办法自下达之日起实施。

附件:1.中国农业银行安徽省分行人民币贷款指导利率表

附件1

中国农业银行安徽省分行人民币贷款指导利率表

	指导利率
一、法人信贷客户	
(一)已评定信用等级法人信贷客户	
1、AAA级企业	上浮0%
2、AA级企业	上浮10%
3、A级以下企业	上浮20%
(二)未评定信用等级法人信贷客户	
1、客户资产负债率低于30%	上浮10%
2、客户资产负债率30-70%	上浮20%
3、客户资产负债率高于70%	上浮30%
二、自然人信贷客户	
1、个体工商户(农户)贷款	上浮30%
2、汽车消费贷款	上浮10%
3、个人住房装修贷款	上浮20%
4、个人商铺贷款	上浮20%
5、个人存单质押贷款	基准利率

注:指导利率为人民银行公布同期贷款基准利率基础上加上浮幅度

关于印发《中国工商银行安徽省分行综合业务系统管理办法(暂行)》的通知

工银皖办发〔2003〕594号

各二级分行、省分行营业部、亳州市支行：

为明确综合业务系统工作分工和部门职责，实现综合业务系统管理工作规范化、标准化，确保系统安全、稳定、高效运行，省行特制订《中国工商银行安徽省分行综合业务系统管理办法(暂行)》，现印发给你们，请严格遵照执行。

附件：1、数据变更流程图

2、变更申请表(地市行)

3、变更申请表(省行)

4、变更申请统计表

5、变更反馈表

6、变更申请确认书

7、问题报告流程图

8、问题报告表(地市行)

9、问题报告表(省行)

10、问题反馈表

11、问题报告回复书

二〇〇三年八月二十二日

中国工商银行安徽省分行综合业务系统管理办法(暂行)

第一章　总则

第一条　为明确综合业务系统工作分工和部门职责，实现综合业务系统管理工作规范化、标准化，确保系统安全、稳定、高效运行，根据总行《综合业务系统管理暂行办法》，特制定本办法。

第二条　本办法适用于我行综合业务系统及自行开发产品的需求管理、开发管理、测试管理、投产管理、数据变更管理、问题报告管理、应急处理管理、系统参数管理、系统制度管理,系统文档管理、违规处罚等方面内容,各相关部门和各级行必须严格按照有关规定履行职责、开展工作。

第三条 综合业务系统技术和业务相关工作均采用归口管理原则进行分工。技术方面工作由省行信息科技部牵头负责,业务方面由业务归口管理部门牵头负责。按照会计核算一体化的原则和统一会计管理的要求,资产类业务及其风险防范、数据仓库建设及其管理信息化业务和网上银行、电话银行、手机银行等电子银行业务及各种新业务中涉及会计核算及参数管理的内容,均由会计结算部门进行统一管理,并提出最终审核意见。

第四条 各二级分行应比照省行归口管理原则进行分工,各归口管理部门应负责本行需求管理、系统版本测试投产、数据变更申请、问题报告和系统应急处理等工作。

第二章 需求管理

第五条 为保证综合业务系统业务需求的权威性和整合性,各二级分行应按照"归口管理、逐级上报"的原则,将自身业务需求上报省行业务归口管理部门。省行业务归口管理部门对下级行报送的业务需求审核、整理后,与综合业务系统相关的需求上报总行业务归口管理部门;为适应当地业务发展而需自行开发的业务需求,要提交省行信息科技部受理。其中所有需求中涉及会计核算的内容均须报省行会计结算部审核、签章后方可提交省行信息科技部门。

省行信息科技部只受理省行业务管理部门提交的业务需求,二级分行不能直接向省行信息科技部提交业务需求。

第六条 需自行开发产品的业务需求提交后,省行信息科技部应在一周内完成需求初审工作,并将处理意见反馈需求提交部门。

第七条 对初审通过的业务需求,需求提交部门应编写详尽的项目可行性报告和立项申请书提交省行信息科技部。信息科技部应在两周内反馈审批意见。

第八条 经审批同意立项的项目,省行信息科技部应立即组织实施开发,并报总行信息科技部和业务归口管理部门备案。

第三章 总行系统版本测试、投产管理

第九条 综合业务系统新版本测试、投产的组织协调工作由各级行综合业务领导小组和系统版本中涉及的具体业务管理部门共同负责,若一个版本中包含多项业务内容,版本投产的牵头组织工作由版本涉及的主要业务管理部门承担,会计结算部门承担协调职责。

第十条 系统版本测试部门应制定包含测试目标、测试内容、测试方法、测试环境等内容的测试方案,进行详细测试,并向上级行业务归口管理部门和信息科技部提交测试报告、投产意见、问题报告等文档资料。

第十一条 系统新版本投产前的培训工作由省行统一组织,技术培训工作由信息

科技部负责,业务培训由业务管理部门负责。各二级分行辖内技术和业务培训工作由二级分行各相关部门自行负责。

第四章　本行业务需求开发、测试、投产管理

第十二条　各级行为适应当地业务发展而开发的项目,其开发、测试、投产工作由本级行综合业务领导小组负责组织,需求提交部门和信息科技部组成项目开发小组实施。

第十三条　需求提交部门应全面介入所提业务需求开发、测试过程,参与系统设计说明书、业务操作流程和操作手册等文档资料编写,及时与信息科技部门沟通技术和业务信息。

第十四条　信息科技部门应及时将业务需求开发时间安排、周期等相关信息回复给需求提交部门,如无法按既定时间完成开发任务,则应及时以书面形式通知需求提交部门。

第十五条　业务需求测试过程分为开发阶段测试、验收测试两个阶段。各测试阶段,需求提交部门应制定包含测试目标、测试内容、测试方法、工作分工和测试环境要求等内容的测试方案。

第十六条　开发阶段测试结束后,由业务需求提交部门负责组织相关人员组成验收小组,对信息科技部门提供的程序进行功能验证,审定业务操作流程和操作手册等文档资料,提交验收报告和投产意见,并在验收投产书上确认签字。如已经签字确认但产品投产后出现重大功能性疏漏的,签字人要承担相应的责任。

第十七条　系统投产前的技术培训由科技部门负责,业务、操作培训由业务归口管理部门负责。系统投产必须有系统验收小组和业务归口管理部门签发的投产确认书。

第五章　数据变更管理

第十八条　数据变更是指各级行因移行、系统程序问题或操作失误等原因造成的主机数据错误,经相关业务部门确认影响正常业务处理且无法通过联机交易调整,需提请总行数据中心(上海)在主机生产环境下进行的数据变更,以及涉及到我行中间业务平台生产环境数据的变更。

第十九条　数据变更相关部门:

1、申请提出部门:二级分行辖内单位,省行业务部室;

2、协助受理部门:省行业务部室;

3、最终受理部门:省行信息科技部;

4、实施部门:总行数据中心(上海),省行信息科技部。

第二十条　数据变更申请提出部门的业务人员及各级审核签章人员必须对数据变更内容的合法性、合规性和数据正确性以及确认变更结果正确性负责。

第二十一条　省行业务主管部室对数据变更申请内容的真实性、合法性、合规性和合格性进行检查。对不合法或不合规的数据变更申请,注明原因予以退回;对合格的数据变更申请按照数据中心(上海)的要求进行相关的汇总合并,并向省行信息科技部提

供申请表格的电子文档和负责人签章的有效申请表格。

第二十二条　省行信息科技部对省行业务主管部室报送的数据变更申请负责审查申请表的填报格式、电子文档格式及手续是否符合总行的规范。对不符合总行规范要求的数据变更申请,应注明原因予以退回;对合格的申请按照总行规范要求进行同类型汇总命名,并上报总行数据中心(上海)处理。

第二十三条　需要进行数据变更的,按数据变更管理流程执行。

第二十四条　数据变更实行逐级上报审批制度。凡涉及账务核算、内控管理内容的数据变更由网点业务经办人员提出,营业经理审核签字确认后报管辖支行,管辖支行总会计、主管行长审核签字,并加盖管辖支行公章后,上报二级分行业务主管部室(会计结算部)。凡非核算和内控类数据变更由各管辖支行相关业务部门业务管理人员提出,部门负责人、主管行长审核签字,并加盖管辖支行公章后,上报二级分行对口业务主管部室。二级分行业务主管部室及变更业务涉及的相关部室负责人对管辖支行上报的数据变更审核签字,并加盖各部门公章后,报省行对口业务主管部室审查批准。对调整额度在100万元(含)以上的申请,还需二级分行分管行长审批、签章。省行调整额度超过500万元(含)的,需由主管行长审批、签章。

第二十五条　数据变更申请提出部门按照格式填写《变更申请表》,《变更申请表》的提交采用书面(或传真)、电子邮件的方式。

《变更申请表》填报要求说明如下:

1、填报的文字、符号、数字等基本要素必须清晰可辨,内容必须具体详实,无涂改痕迹;

2、变更编号栏:二级分行业务主管部室和省分行主管部室必须分别进行统一的连续编号;

3、变更名称栏:关于本次数据变更的主题;

4、需求来源栏:提出申请的支行、二级分行业务部室、省行业务部室名称;

5、联系人员、联系电话、传真号码、NotesID栏:二级分行辖内单位的申请以二级分行业务部室为联系单位;省行业务部室的申请以省行业务部室为联系单位。

6、变更级别、缓急程度栏:重大、紧急数据变更应在其相应框内打勾以免延误处理。

7、变更需求的内容栏:由提出原始申请的单位写明“变更原因”等具体内容和日期,提出变更申请的人员签字;

8、营业经理审核意见:由提出原始申请的单位营业经理签署审核意见,并签字确认;

9、管辖支行审核意见:由提出原始申请的单位管辖支行的总会计(或业务部门负责人)、分管行长签署审核意见,签字确认,并加盖部门公章;

10、二级分行审核意见:由二级分行业务主管部室、相关业务部室负责人及分管行长签署审核意见,签字确认,并加盖部门公章;

11、变更计划栏：应写明“变更前状态”和“变更后状态”；

12、部门主管意见栏：由省行业务主管部室和信息科技部分管领导签字并加盖公章。

第二十六条　二级分行的数据变更申请由其业务主管部室通过传真和专用邮箱发送 NOTES 邮件向省行业务主管部室提出。省行信息科技部以省分行业务主管部室为受理对象，省行信息科技部门 NOTES 专用信箱为：变更管理/科技/安徽/ICBC@ ICBC。

第二十七条　各二级分行业务部室、省行业务部室申报的数据变更文档（数据包）、变更文本及 NOTES 标题的命名必须按照《数据中心（上海）关于数据变更文本的具体规范》的命名规则。对于省行业务部室报送给省行信息科技部的数据变更应附上当日变更申请统计表（见附件 4）。

第二十八条　数据变更申请经总行数据中心（上海）处理后，省行信息科技部根据所提供的《变更反馈表》（见附件 5）将变更结果反馈给省行业务主管部室。省行业务主管部室据此编制《变更申请确认书》（见附件 6），将数据变更处理结果反馈给二级分行业务主管部室。

第二十九条　二级分行业务主管部室接到省行反馈的变更结果后，必须通知提出变更申请单位对变更结果的正确性予以确认，并填写《变更申请确认书》回复省行业务主管部室。在 3 个工作日内没有得到变更申请单位对变更处理结果反馈的，省行业务主管部室视同变更结果正确。

第三十条　二级分行 10 个工作日内没有得到省行变更处理结果反馈时，可以向省行业务主管部室提请查询，省行业务主管部室接到二级分行查询时，向省行信息科技部门提请查询。省行信息科技部负责向总行数据中心（上海）提请核查，并将总行数据中心（上海）答复的核查结果反馈给省行业务主管部室，省行业务主管部室负责将核查结果下发二级分行。

第三十一条　对数据变更申请相关资料，各级行应按照重要档案资料的管理要求做永久保管。数据变更申请表原件应定期交上级行业务主管部门存档。省行业务部室报送省行信息科技部的变更申请表由省行信息科技部存档。

第六章　问题报告管理

第三十二条　问题报告特指各级行在业务处理过程中，遇到的无法解决的技术、业务问题，需向上级行主管部门或总行数据中心（上海）、总行开发中心咨询、反映、解决的问题。

第三十三条　问题报告相关部门：

1、问题提出部门：二级分行辖内单位，省行业务部室；

2、问题受理部门：省行业务部室，省行信息科技部；

3、问题解决部门：省行业务部室，省行信息科技部，总行业务管理部门，总行数据中心（上海），总行开发中心。

第三十四条　需要进行问题报告的,按问题报告管理流程(见附件7)执行。

第三十五条　问题报告提出部门签章人及其主管业务部室签章人应对问题内容的真实性、必要性负责。

第三十六条　省行业务主管部室对可以由省行解决的问题负责协调解决。对需上报总行解决的问题,涉及新增系统功能的业务问题由省行业务主管部门上报总行相关业务管理部门;业务处理过程中遇到的技术、业务问题通过省行信息科技部上报总行数据中心(上海)或开发中心。

第三十七条　问题报告实行逐级上报审批制度。涉及账务核算、内控管理方面的问题报告由网点业务经办人员提出,营业经理审核签字确认后报管辖支行,管辖支行总会计审核签字,并加盖申请部门公章后,上报二级分行业务主管部室(会计结算部)。非账务核算类问题报告由各管辖支行业务部门业务管理人员提出,部门负责人审核签字,并加盖申请部门公章后,上报二级分行对口业务主管部室。二级分行业务主管部室负责人审核确认。本级行无法解决必须上报上级行的,由负责人签字并加盖各部门公章后,最终报省行对口业务主管部室审查批准。

第三十八条　问题报告提出部门按照格式填写《问题报告表》(见附件8、9),《问题报告表》的提交采用书面(或传真)、电子邮件的方式。

第三十九条　《问题报告表》填报要求和栏目说明如下:

1、所报告的问题内容必须具体详实,无涂改痕迹;

2、问题编号栏:二级分行业务部室和省行主管部室必须分别进行统一的连续编号;

3、问题名称栏:关于本次问题报告的主题;

4、报告单位栏:提出问题的支行、二级分行业务部室、省行业务部室名称;

5、报告人、联系电话、传真电话栏:二级分行辖内单位的申请以二级分行业务部室为联系单位;省行业务部室的申请以省行业务部室为联系单位。

6、问题描述栏:由提出问题的单位写明所报告问题的具体内容,并由问题报告提出人员签字;

7、营业经理审核意见:由提出问题的网点营业经理签署审核意见,并签字确认;

8、管辖支行审核意见:由提出问题的单位管辖支行的总会计或业务管理部门负责人签署审核意见,签字确认,并加盖部门公章;

9、二级分行审核意见:由二级分行对口业务主管部室负责人签署审核意见,签字确认,并加盖部门公章;

10、报告单位意见栏:由省行业务主管部室和信息科技部分管领导签字并加盖公章。

第四十条　二级分行辖内单位的问题报告最终由其业务主管部室通过传真和使用专用邮箱发送NOTES邮件向省行业务主管部室提出。省行信息科技部以省行业务主管部室为受理对象。

第四十一条　问题报告申请经总行数据中心处理后，省行信息科技部根据提供的《问题反馈表》（见附件10），将问题处理结果反馈给省行业务主管部室。省行业务主管部室据此编制《问题报告回复书》（见附件11），将问题处理结果反馈给二级分行业务主管部室。二级分行业务主管部室应及时将问题处理结果通知问题提出单位。

第四十二条　二级分行对问题处理反馈结果有疑问，或10个工作日内没有得到省行相关问题处理反馈时，可以向省行业务主管部室提请查询。省行业务主管部室接到二级分行查询时，可直接向省行信息科技部门提请查询。省行信息科技部负责向总行数据中心提请查询，并将总行数据中心答复的核查结果反馈给省行业务主管部室，省行业务主管部室负责将查询结果下发至二级分行。

第七章　应急处理管理

第四十三条　系统出现故障无法正常运行时，应在第一时间向主管行长和上级行主管部门反映，并立即启用应急技术措施。在所有技术措施均无法及时使系统恢复正常运行的情况下，按照有关业务部门制定的应急方案实施应急处理。

第四十四条　各对外营业网点在应急处理过程中应保证对外营业，不得以计算机网络和系统故障为由拒绝为客户服务。

第四十五条　应急处理后恢复运行的系统要进行严格检查，并进行账务核对，保证与原生产系统的一致性和连续性。

第八章　参数管理

第四十六条　参数表管理与维护必须坚持“依法合规、统一管理、分级维护、事权划分”的原则，实现参数对综合业务系统各项业务处理的支持和统驭目标。

第四十七条　全行所有业务参数、新业务新产品需要设置的参数中，除少数实效性、个性化强的参数表由总行统一管理维护外，均由省行会计结算部统一管理，相关部门配合管理。

第四十八条　省行、二级分行会计结算部门分别负责本级权限范围内参数表的维护和管理，二级分行以下机构原则上不得维护参数表。因系统设置原因涉及必须由网点维护的参数表，应由网点提出参数表维护需求，报经二级分行会计结算部批准，再由二级分行参数表管理人员授权委托网点主管进行联机维护，同时须将网点联机维护结果上报二级分行会计结算部备案存档。

第四十九条　参数表的编制、建立和维护必须以有关法律、法规及各项业务规章制度的规定，同级业务部门或下级行的申请等合法有效信息为依据，并保证其时效性和准确性。

第五十条　参数表日常维护必须坚持分级审批、双人操作、授权管理。

第五十一条　各级行会计结算部门必须设置参数维护岗位和参数授权岗位。每岗位应配备2名以上管理人员，各岗人员实行A、B制。参数管理人员应保持相对稳定，人员配备及其变动情况应逐级备案。

第五十二条　各级行参数管理人员应具备以下条件：

1、品行端正，爱岗敬业，责任心强；

2、熟悉政策、法规及相关规章制度；

3、精通账务核算和综合业务系统业务流程；

4、熟悉计算机应用基础知识和日常操作；

5、维护岗须由在综合业务系统投产及运行期间主要从事参数表的编制、维护及管理工作的业务骨干担任；

6、授权岗须由同级会计结算部门主管参数的负责人或以上级别的人员担任。

第五十三条　参数表电子文档必须与主机生产参数严格保持一致，按照计算机数据安全管理要求定期进行备份并由各级行会计结算部门妥善保管。生产参数维护后，应立即更新有关电子文档。

第五十四条　参数表变更通知书、申请书等资料应分别按顺序编号并装订成册，归档保管。

第五十五条　参数管理人员必须做好参数表电子文档及相关资料的保密工作。

第五十六条　各级行会计结算部门必须定期或不定期对参数表维护与管理工作进行检查。

第九章　制度管理

第五十七条　综合业务系统的制度管理实行统一管理，由各级行会计结算部牵头组织。

第五十八条　各综合业务系统归口管理部门负责在系统正式投产前制定相关制度，以确保系统顺利投产，其中涉及会计核算的内容均需报本级会计结算部门审核批准。省行应建立完善的综合业务系统制度体系，并根据系统变化及时完善，同时进行前瞻性制度调研，为系统优化提供制度保障。

第五十九条　各二级分行业务管理部门可依据总、省行制定的综合业务系统管理制度，结合本行情况制定相应的实施要点，并负责具体组织实施。

第六十条　为保证制度的贯彻实施，各级行业务管理部门应定期、不定期地组织制度检查。

第十章　文档管理

第六十一条　技术或业务部门在业务需求开发、验收过程中所形成的具有保存价值的各种资料应由归口管理部门按照《中国工商银行档案工作规定》和《中国工商银行档案分类大纲》等制度中的有关规定进行管理。

第六十二条　业务需求开发、验收过程中产生的各种文档根据编制和使用部门的不同，分为业务文档和技术文档两类。

业务文档由需求提交的业务部门负责管理，包括业务需求书、功能说明书及操作说明书等内容。

技术文档由信息科技部门负责管理，主要包括需求研究分析阶段形成的需求说明书、可行性分析报告等文档资料；项目策划立项阶段形成的任务书、协议书、立项等文档资料；开发阶段形成的系统设计规格书、应用系统功能说明书等文档资料、测试阶段形成的测试计划、业务部门验收报告等文档资料。

第六十三条　各类文档的主管部门应指定专人负责本部门文档的收集、整理、汇总和管理，并负责编目、保管、使用管理，定期移交本行综合档案管理部门进行统一保管。为确保档案的完整、准确和安全，任何个人不得自行保管。

第六十四条　归档部门应针对文档资料重要性划分文档密级，各文档的形成部门应负责对文档的保管期限、借阅范围及密级进行审核，报分管领导批准。

第六十五条　各类文档的保管和使用，应遵守国家和我行有关安全保密规定，未经主管领导批准，不准向外提供任何资料；文档的移交、销毁必须按照相关档案管理办法执行。

第十一章　罚则

第六十六条　责任确定

（一）综合业务系统报表拆分人员未执行操作规范，造成报表拆分、传输错误，影响前台报表打印、勾对的，应追究操作人员及有关领导责任；

（二）技术人员未执行操作规范，造成系统运行故障，影响业务正常进行的，应追究操作人员及有关领导责任；

（三）系统出现故障后，因相关的应急准备工作未落实而造成不良社会影响的，应追究当事人及有关领导责任；

（四）因“数据变更申请书”内容填写有误造成主机数据调整错误的，由变更提出原始行经办及各级审批人员承担责任；

（五）业务操作人员因违反事权划分原则或权限卡管理办法而引发各类案件的，应追究业务操作人员及有关领导责任；

（六）各级行参数表管理人员未经有权人批准，擅自调整参数表有关信息，应追究经办人员责任；

（七）未按要求进行参数表检查，或检查人员未履行职责造成参数表管理混乱，应追究检查人员及有关领导责任。

第六十七条　上述所列各类责任应根据《中国工商银行稽核处罚暂行规定》（工银发〔2000〕37号）、《中国工商银行解除违规违纪员工劳动合同的规定》（工银发〔2001〕370号）和《中国工商银行安徽省分行违反规章制度处罚规定（试行）》（406条）及其他相关规定予以处罚。

第十二章　附则

第六十八条　本办法自印发之日起执行。

第六十九条　本办法由省行负责制定、解释和修改。

关于印发《改善对民营企业金融服务的实施意见》的通知

合银发〔2004〕66 号

人民银行各市中心支行,人民银行肥东、肥西、长丰县支行,各政策性银行安徽省分行,各国有独资商业银行安徽省分行、股份制商业银行合肥分(支)行,合肥市商业银行,合肥市区农村信用联社:

为贯彻落实《中共安徽省委、安徽省人民政府关于加快民营经济发展的决定》(皖发〔2003〕13 号)精神,促进安徽省的民营经济发展,经安徽省人民政府,人民银行南京分行审定,现将《改善对民营企业金融服务的实施意见》印发给你们,请抓紧组织实施,并将实施中遇到的问题报人民银行合肥中心支行。

请人民银行各市中心支行,人民银行肥东、肥西、长丰县支行将文件转发到辖区内股份制银行、城市商业银行、农村信用社。

附件:改善对民营企业金融服务的实施办法

附件:

改善对民营企业金融服务的实施办法

为贯彻落实《中共安徽省委、安徽省人民政府关于加快民营经济发展的决定》(皖发〔2003〕13 号)精神,根据中国人民银行《关于加强和改进对小企业金融服务的指导意见》(银发〔1999〕379 号)和《关于进一步加强对有市场、有效益、有信用中小企业信贷支持的指导意见》(银发〔2002〕224 号)等文件及相关的法规,制定本实施办法。

一、进一步提高认识、更新观念、改进金融服务,促进民营经济大发展

民营经济是社会主义市场经济的重要组成部分,民营经济的发展对促进经济增长、扩大就业和保持社会稳定有重要意义,支持民营经济加快发展是我省实现富民强省、全面建设小康社会的一项战略举措。各银行金融机构要牢固树立振兴区域经济的意识,积极探索支持民营企业融资的新思路、形式及方法;将支持民营经济发展同调整信贷资产结构、拓宽业务领域结合起来,增强责任感和紧迫感。对民营企业的金融服务需求,银行等金融机构要积极给予支持,在提供信贷、票据、理财、结算等服务方面,要一视同仁,平等对待。要解除金融服务上的某些束缚与限制,明确支持民营企业的具体政策措施，努力营造一个有利于促进民营经济发展的良好环境。

各级人民银行要引导辖区金融机构加大对民营经济支持力度，采取银企见面会、项目资金对接会等方式，促进银企沟通和联系。积极配合政府有关部门，探索建立多种形式、多层次的社会化中介服务体系；要引导商业银行与担保机构合理确定担保基金的担保倍数；支持民营企业发行债券和股票，增加民营企业的融资渠道。

各国有独资商业银行都要明确专门为中小企业服务的信贷部门，适当充实为民营企业服务的信贷管理人员。省分行以及各级分支行要按季编制经营计划，安排支持民营企业的贷款规模，基层营业机构要及时了解和掌握本地民营企业对贷款的需求情况，主动发现和培育民营企业客户，及时上报；经批准后认真组织实施。要加强与地方城乡信用社、地方商业银行之间的合作，打破空间上的限制，拓宽服务区域，方便解决民营企业在地方金融机构无法办理业务的困难，如承兑、贴现、国际结算等。

各股份制商业银行要结合本行实际，把培育和发展民营企业作为一项重要的发展策略，防止贷款过度向大企业、大客户集中而潜伏新的信贷风险；各城市商业银行要从各地经济发展的实际出发，立足地方、服务市民，以发展地方经济为己任，重点为民营中小企业服务；各农村信用社要根据自身经营特点，进一步提高对农村和县域民营企业的服务水平。

二、简便贷款手续，扩大贷款范围，改进对民营企业的信贷管理，满足民营企业的资金需求

1、拓宽支持民营经济的信贷品种和信贷方式

对信用较好的客户可适当发放信用贷款。按照民营企业不同的信用级别，根据其净资产的5%到20%发放信用贷款。

增加质押贷款品种。对民营企业可以用下列权益到银行办理质押贷款：商业汇票、债券、存款单、仓单、提单；依法可以转让的股份，股票；依法可以转让的商标专用权、专利权、著作权中的财产权；以公路、桥梁、渡口等不动产收益权；依法可以质押的其他权利。

拓宽抵押贷款范围。民营企业申请有效资产抵押贷款，金融部门在核实抵押合法有效后，及时办理贷款手续；对产品市场前景好、管理能力强的企业，允许用商铺、非标准厂房、土地、设备、私人住宅、现有或新购置机器设备办理抵押。企业用适销对路并具有有效销售合同、进入到销售状态但尚未销售和未取得货款的库存商品为抵押物，由购货单位书面担保承诺付款，经申请贷款的金融部门认定后，可以申请抵押贷款。

适当放宽条件，扩大担保范围。采取有效措施，运用企业互保、联保、贷款保险、中小企业信用担保机构担保等多种形式，解决中小民营企业贷款担保难问题。银行要加强与有关担保机构合作，合理确定担保基金放大比例，比例一般为5倍，对规模较大，运作良好的担保机构，担保此例可适当放大。对担保机构担保的民营企业贷款利率原则上不上浮。对产品试销对路和信誉好的企业，允许符合担保条件的、与申请贷款的民营

企业生产经营相关联的部门和企业提供关联担保、互保,金融部门可对民营企业发放联保贷款。

2、完善授权授信制度,适当下放审批权限。各商业银行要改进授权机制,实行差别授权,根据不同地区、不同类型业务和业务风险状况,合理确定信贷审批授权体系,增强分支机构经营的灵活性。对于经济欠发达和社会信用环境欠理想的地区,可在继续狠抓盘活存量资产的同时,适当扩大部分低风险信贷品种的审批权限。要建立健全适应民营企业又区别于现行适应大中型企业的信用评级体系,支持民营企业发展。

3、简化贷款手续。各商业银行要在有效防范信贷风险的前提下,结合实际建立"贷款申请回复时限公开承诺制度",对于民营企业提出的贷款申请,应在收到书面申请后15个工作日内给予答复并说明理由。对优质民营企业开通金融服务"绿色通道"和"直通车"。对存单质押、票据贴现业务,实行"一站式"服务,减少审批环节。

4、适度放宽贷款期限,改进还贷方式。各金融部门要适应民营企业资金需求额度小、使用频率高的特点,根据民营企业的生产周期,合理确定贷款期限,尽量满足其合理流动资金需求。对民营企业推行"整贷零偿"信贷方式,一次贷款,分期还款,减轻民营企业集中还款的负担;推行"循环贷款"办法,对能够提供有效的足值担保的民营企业可在一定担保额度内掌握发放循环贷款,在一定期限内周转使用,随借随还。

5、密切关注贷款投向,加强贷款管理。要切实加强对新增贷款的管理,防止贷款流向盲目投资、低水平重复建设,保证贷款质量。要落实贷款责任制,建立有效的贷后跟踪检查制度;要严格执行国家有关部门发布的《淘汰落后生产能力、工艺和产品的目录》和《当前工商领域禁止投资目录》,严禁贷款用于技术落后、污染严重、浪费资源的项目。对没有发展前途、国家明令关停的民营企业不得发放贷款。

三、提供多样的金融中介服务,满足民营企业发展需要

创新金融服务机制,为企业发展提供综合创新的配套服务体系。金融部门在做好开户、结算等服务的基础上,充分利用自身点多面广、信息灵通的优势,参与民营企业资本募集、项目融资、项目评估、资产评估、财务管理等活动,充当财务顾问,及时为民营企业提供信息,帮助解决生产经营中的问题,增强其市场竞争能力。优先为有进出口外汇业务的民营企业办理开设外汇账户、外汇结算及外汇贷款业务,并为民营企业提供外汇业务咨询服务。尽快设立外汇管理与服务机构,建立相关外汇服务体系与品种创新产品体系为社会提供外汇服务。积极推介网上银行业务,为民营企业节省财务费用。

四、突出支持重点,加大支持力度,促进民营经济加快发展步伐

积极支持科技型民营企业的发展,促进民营企业的技术进步。按照国家有关部门发布的产业政策,对科技型民营企业推广技术成果,具有良好市场前景的高新技术产品和专利产品的项目,要积极发放贷款支持。

适当扩大出口信贷业务范围。对出口规模大、经济效益好、产品在国际市场具有一定竞争力的大中型民营出口企业在信贷上给予倾斜。对国家鼓励的高新技术产品出口,可以采用卖方信贷,也可在符合贷款条件的前提下办理买方信贷业务;对取得出口经营权或以生产经营出口产品为主的外向型民营企业,继续办好出口退税账户托管贷款,积极办理出口贴现、出口押汇、出口信用证打包放款,出口信用证保险和保理、出口应收账款押汇、提货担保、提单背书、进口票据买断业务、远期售付汇业务等外贸融资业务。

对运作规范、经营良好的融资租赁或设备租赁公司开展民营企业技改设备租赁业务,可给予必要的信贷支持。民营企业以贷款方式向经销商购买机械设备,金融部门提供设备价格一定比例的按揭,设备抵押给金融部门,保险公司为贷款合同提供机械设备保险、还款保证保险,充当贷款担保人。

支持商业、外贸、农业及新兴领域企业的发展,适当扩大贷款范围。对以仓储、配送、分销等为主要内容的物流服务型民营企业,只要有经银行认可的有关证件,承兑汇票或以库存货物作抵押的,都可以给予贷款支持。对符合贷款条件,具有还本付息能力的旅游、城镇社区服务及音像、出版、新闻、文化、教育,卫生、体育等新兴产业领域的民营企业,也要及时发放贷款支持,培育新的经济增长点。加大对农产品加工量大、加工产品销路好的企业,特别是农业产业化龙头企业的信贷支持,引导民营企业积极为"三农"发展作贡献。

支持下岗失业人员再就业工作。对有能力多吸纳下岗失业人员的民营经济组织,银行要按照《关于进一步推动下岗失业人员小额担保贷款工作的通知》(银发〔2004〕51号)文件规定,加大对吸纳下岗失业人员达到一定比例的劳动密集型民营企业信贷支持,积极发放小额担保贷款。

五、创造良好的信用环境,防范金融风险

着力加强信用制度建设,建立符合市场经济要求的信用保障体系,树立信用风险意识。对国有集体企业改为民营企业的单位,在改制过程中,落实好银行的债权,督促企业主动归还银行的到期贷款,千方百计保全银行信贷资产,防止逃废债现象的发生。对没有落实好原有贷款债权的民营企业,银行不增加新的贷款。对不守信用、长期恶意拖欠贷款本息的民营企业,可予以同业制裁。

关于全面推进
中间业务发展的指导意见

工银皖发〔2004〕117号

各二级分行、省分行营业部、亳州市支行：

省行4月份召开的全省中间业务工作会议紧紧围绕今年实现2.35亿元中间业务收入这一工作目标，提出了富有针对性的发展思路和工作措施。为进一步解放思想，开阔思路，拓宽视野，坚持走内涵型、集约型、效益型的发展之路，以全新的经营理念发展中间业务，省行现提出以下指导意见，请认真贯彻执行。

一、提高认识，加强领导

（一）进一步提高思想认识。按照把国有商业银行建设成为资本充足、内控严密、运营安全、服务和效益良好的现代金融企业的综合改革目标要求，我行面临的主要任务是大力压缩不良资产，积极完善公司治理机制，而大力发展中间业务是解决不良资产问题、转换增长方式的重要举措，有着深远的现实意义。在向现代商业银行转轨的过程中，各行要把中间业务提高到一个新的发展水平，特别是各级领导干部要从坚持科学发展观，加快建设现代商业银行步伐，实现可持续发展的高度，来认识发展中间业务的战略意义，增强发展中间业务的紧迫感和使命感，进一步解放思想，转变观念，真抓实干，加快完善中间业务快速发育机制。

（二）加强中间业务组织领导。各行要进一步完善中间业务委员会工作制度，提高中间业务委员会统筹管理中间业务工作的水平，使其成为名副其实的中间业务决策咨询机构。要加强中间业务牵头部门建设，进一步完善职能，充实人员，赋予其开展中间业务组织协调工作所必需的职权，同时加强业绩评价和评比，奖优罚劣，实现责、权、利的统一，使其真正能够承担起中间业务牵头组织的责任。要加强中间业务组织领导，切实把中间业务工作落实到具体的领导、部门和个人，进一步完善中间业务责任制度，真正把中间业务工作落到实处。

二、发挥优势，积极创新

（一）巩固传统优势中间业务地位。现有传统业务在我行各项业务中占有很大比例，利用好这一优势，是发展中间业务的一条重要途径。我行电子化水平较高，支付清算系统发达，信息集中，一线员工数量多、网点多，这就决定了我行在发展资源密集型和劳动密集型中间业务方面具有比较成本竞争优势，具备了以量谋求收入的条件，而且具有良好的发展空间和潜力。因此，在今年以至今后一段时间内，各行要在巩固、完善和优化传统中间业务品种的同时，进一步加强与各级政府、保险、证券、中小商业银行、住房、邮电、铁路、交通、电力等客户的联系，巩固扩大合作关系，重点营销传统结算、代理保管、汇兑、资信证明、代发工资、汇款直通车、银证通、代收话费、代理保险等业务，使业务量和交易额全面放大。同时，要密切关注新的经济增长点，充分把握当前信贷结构和客户结构调整的有利时机，积极开拓中间业务潜在市场和优质客户，保持传统中间业务领域的优势地位。

（二）积极发展智力密集型中间业务。各行要充分利用现有资产业务的资源，大力拓展信贷衍生类中间业务产品的市场，逐步扩大汇款直通车、账户管理、个人支票使用等新兴结算业务的市场份额；加快发展网络结算、集团账户管理、资金清算与管理、现金管理、银行卡、个人理财、受托理财、外汇理财、电子银行、资产托管、外汇买卖等业务；以代理保险、财务顾问、银团贷款组织安排、并购重组、基金托管、开放式基金销售、代理证券经纪、证券投资咨询等业务为重点，充当业务产权交易并购的中介，逐步实现银行业务与资本市场的对接。今年，投资银行业务是发展的重点，各行要按照做大业务、规范管理、树立品牌的原则，通过完善利益分配机制，采取新措施，面向市场、面向客户、面向一线，紧紧抓住投资体制改革和资本市场改革开放的机遇，积极介入资本市场业务，加速开拓投资银行业务领域，扩大业务规模，以省行营业部为重点，以城市行为基础，全面推动，重点突破，夯实基础，努力探索我行投资银行业务发展的新路子，实现跨越式发展。

（三）充分发挥区域经济优势，促进经济发达地区中间业务发展。我行中间业务收入的80%来自城区支行，15%来自县支行，降格分理处中间业务收入仅占5%，其中城区支行收入的85%来自经济发达地区的城市行。因此，城区支行尤其是经济发达地区的城市行中间业务发展的好坏直接关系到全行中间业务的发展水平。省行将在今后一段时间内，在各种资源分配上实行倾斜，使其在中间业务发展上加快步伐，增强示范作用，并以此辐射其他经济欠发达地区，带动全行中间业务的全面发展。今年，省行营业部、芜湖、蚌埠、马鞍山、淮南、淮北、铜陵等经济发达地区二级分行要在巩固传统业务优势地位的同时，努力提升高科技含量、高附加值中间业务品种收入的占比，并每年重点推出1至2个中间业务新品种，试点后在全省全面铺开。安庆、阜阳、滁州、巢湖、宣城、宿州等经济相对发达地区二级分行要根据自身特点，充分发挥比较优势，在各自优势品种上加大力度，使收入迈上一个新的台阶。对其他经济欠发达地区二级分行，要侧重于传统结算业务的扩大以及我行的一些精品业务，如汇款直通车、代理保险等业务的宣传与推广。

（四）加快中间业务产品整合，不断提高综合收益水平。主要从三个方面入手：一是对业务品种进行整合。对那些规模大、收益好、有潜在市场竞争能力，又不需增加规模投资的项目，如代理国债、代理保险和基金等，应重点发展。对投资大、回报低、综合效益差的中间业务品种要逐步退出；二是对收费项目进行整合。应本着收益与风险、投入与产出相匹配的原则，对收费标准进行全面调整，采取分步或分品种逐步提高收费标准。总行已经下发了关于市场调节价部分的中间业务收费标准,各行要认真研究,结合省行的要求,做好各项收费工作;三是对中间业务区域布局进行整合。即根据社会资金配置格局的变化,寻找中间业务市场,努力实现"社会资金流动到哪里,客户在哪些领域有需求,中间业务就发展到哪里"的格局。

三、完善制度,加强管理

(一)切实加强中间业务定价和收入管理。各行要像管理利率一样管理费率,建立中间业务收费标准调整机制,实行中间业务收费统一管理,严格按照国家计委、人民银行以及总、省行确定的收费标准收费。要规范中间业务收费减免权限,并作适当上收,同时实行收费减免备案制度。建立中间业务收费责任制度,对少收、漏收中间业务收入的,要追究相关责任人的责任,并敦促其限期清收。坚持中间业务收入支出相分离的原则,实行中间业务收入的全封闭管理,保证中间业务收入及时入账。

(二)进一步完善中间业务经营管理。一是加强中间业务战略管理。面对激烈的市场竞争,各行要紧紧围绕抓收费、抓创新、抓结构调整和抓管理等中心工作,加强对政策变化、市场走向、客户需求、同业竞争形势和本行中间业务发展形势的跟踪研究和分析,为全行制定科学和先进的中间业务发展战略提供依据,实现中长期发展战略和阶段性发展措施的有效对接。

二是加强中间业务分项目收入计划管理。今年,中间业务收入计划完成情况对实现全行经营目标影响较大,各行要从大局出发,确保完成省行下达的中间业务收入计划。要进一步完善对中间业务计划的管理,努力提升对计划执行情况的跟踪、分析、检查和监督水平,为各级领导掌握中间业务发展动态,制定中间业务发展策略提供参考,为各行寻找差距、改进工作、明确努力方向提供依据。

三是加强中间业务收入管理。要严格按照规章制度进行中间业务账务核算,提高核算质量,保证各类中间业务能准确收费,正确核算。要严格中间业务收入管理,对私自截留中间业务收入的以贪污论处。今年,省行将对中间业务进行稽核,对中间业务收费标准执行、入账、收入真实性和规范化情况进行全面检查。各行要对相关业务人员加强思想教育和业务培训,提高员工遵章守纪的意识和业务操作技能,杜绝乱用、错用会计科目进行核算行为的发生。要加强中间业务信息管理,实现中间业务产品、信息跨专业、跨部门、跨地区的共享,为中间业务产品推广普及提供支持。

(三)健全中间业务考核奖励制度。进一步完善对中间业务收入计划完成情况的监控、分析、指导和定期通报制度,切实维护中间业务收入计划的严肃性。建立健全以中间业务收入为核心的中间业务收入计划和目标考核体系,根据中间业务对全行经营效益的贡献份额变化,对中间业务在二级分行行长经营绩效考核中的权重进行调整。今年省行将继续加大中间业务收入与各项费用分配挂钩力度,按照收入的34%挂钩费用,鼓励各行多增中间业务收入。

四、培养人才,建立队伍

随着中间业务的快速发展,新产品、新业务不断推出,市场竞争日趋激烈,急需培养一批懂业务、会管理、善营销的复合型中间业务人才。各行要按照“立足市场,面向基层,注重实效”的原则,着眼于人才总量的增长和素质的提高,加大中间业务培训力度,普及中间业务知识,提高员工素质。今年,省行中间业务培训以客户经理为重点,争取组织一期二级分行中间业务主管行长培训班。通过加大人才培养力度,迅速建立起一支专业管理和业务操作相容的中间业务人才队伍,为中间业务发展提供人才支撑。

二OO四年六月一日

关于印发《安徽省农村信用社县级联社等级管理暂行办法》的通知

皖农信联发〔2005〕13 号

各县(市、区)农村信用联社:

《安徽省农村信用社县级联社等级管理暂行办法》已经省联社第一届理事会第二次会议讨论通过,现印发给你们,并就有关问题要求如下:

一、高度重视县级联社等级管理工作。实行等级管理,是评价农村信用社经营管理水平和综合发展实力的客观需要,也是转变经营观念、转换经营机制、加快自身发展的内在要求。各联社要高度重视,以等级管理为动力和压力,切实加强领导,结合等级管理的各项指标,制定发展规划,明确发展目标,改进考核方法,充分调动广大员工的积极性,促进机制转换,努力实现"自主经营、自我约束、自我发展、自担风险"。

二、正确反映会计统计基础数据。会计统计基础数据的准确与否,直接影响有关指标数值以及等级状况的真实程度。各地要严格按照会计核算内容和统计管理要求,正确核算反映会计和统计的基础数据,真实反映等级状况。

三、做好等级管理相关情况的保密工作。县级联社的等级状况,反映了农村信用社的经营管理情况、资金实力、盈利水平和抗风险能力,各地要严格做好保密工作,各项数据、指标与等级情况不得对外泄露,未经省联社批准不得擅自用于对外宣传或理论研究,以免造成负面影响。

四、各县级联社 2004 年度等级状况,省联社将根据等级管理暂行办法确定后另行通报。

二〇〇五年二月十七日

安徽省农村信用社县级联社等级管理暂行办法

为进一步促进全省农村信用社转换经营机制,加强经营管理,增强经营活力,充分调动广大员工的积极性、主动性和创造性,努力提高经营管理水平和综合发展能力,特制定本办法。

一、等级管理的指导思想和原则

指导思想:通过等级管理,形成有效的激励和约束机制,促进各县级联社不断加强和改善经营管理,建立健全经营管理机制,提高经营效益,努力实现上等级,上水平,推动农村信用社稳定健康发展。

基本原则:

1. 综合评价原则。以全省农村信用社经营管理水平为依据,确定全省统一的等级管理指标和标准,公正合理地对各县级联社进行综合评价。

2. 重点突出的原则。结合农村信用社实际,简化考核指标体系,适度体现指标的先进性,重点反映经营管理水平和综合发展实力。

3. 奖惩挂钩的原则。将县级联社的等级与员工薪酬挂钩,调动县级联社上等级、上水平的积极性,强化等级管理的激励和约束机制,推动县级联社"自主经营、自我约束、自我发展、自担风险"。

二、等级管理评级指标

(一)定量指标(标准分为 100 分)

指标项目	指标值	标准分	扣减分标准
1. 月均人均存款额	600 万元	15	每减少 40 万元扣减 1 分
2. 资本充足率	8%	15	每减少 0.5 个百分点扣减 1 分
3. 不良贷款比例	10%	15	每增加 1 个百分点扣减 1 分
4. 综合费用率	20%	20	每增加 1 个百分点扣减 1 分
5. 资产收益率	5%	10	每减少 0.5 个百分点扣减 1 分
6. 人均利润额	6 万元	25	每减少 0.24 万元扣减 1 分;每增加 1 万元加 1 分。

以上第 1－5 项指标均不实行加分制,扣减分以扣完本项标准分为限;第 6 项指标实行加减分制,加分以本项指标加分后得分满 40 分为限,扣减分以扣完本项标准分为限。

(二)定性指标(实行扣分制)

1. 综合评价指标:包括经营方向是否端正,市场定位是否明确;农户小额信用贷款有效需求是否基本得到满足,有无举报、反映农户有效需求贷款难问题;省联社的各项工作部署和管理制度是否得到贯彻落实;是否依法合规经营,有无违规违纪行为;各项管理制度是否健全,内控机制是否完善;领导班子是否团结进取、勤政廉洁;社风社貌建设情况。综合评价指标实行扣分制,扣分上限为 10 分,出现重大问题实行一票否决(扣分办法及"重大问题"的界定另行制订)。

2. 安全性指标:扣分上限为 10 分。

(1)未造成资金损失的案件扣分如下:涉案金额 10 万元以下(不含 10 万元)的,每件扣 1 分,涉案金额每增加 10 万元,加扣 1 分;涉案金额 100 万元(含)以上的,实行一票否决。

(2)造成资金损失的案件扣分如下:全年案件损失金额合计,每损失金额5万元扣1分,损失50万元以上实行一票否决。

(3)安全责任事故扣分如下:未造成人员伤亡和资金、财产损失的,每件扣1分;造成资金、财产损失的,按上述第(2)款扣分办法扣分;造成人员伤残以上重大事故的,实行一票否决。

经济案件指标的扣分,以最后一次作案时间所在的年度进行扣分。

三、等级的设置及标准

县级联社等级设置为一至七级,根据对各指标的综合考核得分确定各县级联社的等级。

一级联社:综合得分在95分以上;

二级联社:综合得分在90分以上(含90分)95分以下;

三级联社:综合得分在80分以上(含80分)90分以下;

四级联社:综合得分在70分以上(含70分)80分以下;

五级联社:综合得分在60分以上(含60分)70分以下;

六级联社:综合得分在50分以上(含50分)60分以下;

七级联社:综合得分在50分以下。

四、等级联社的奖惩

(一)联社等级与员工薪酬挂钩,具体挂钩办法按照《安徽省农村信用社薪酬制度改革指导意见》执行。

(二)等级在六级和七级的县级联社,连续两年未实现升级的,对领导班子进行必要的调整。

五、等级的考评和管理

(一)省联社成立县级联社等级评定委员会,委员会成员由省联社领导班子成员、机关内部各主要职能部门负责同志组成。各县级联社的考评结果由等级评定委员会审定后确认。

(二)每年年初,省联社根据各县级联社上年度各项指标完成情况进行考核计分,确定各县级联社上年度的等级。定性指标被一票否决的,按上限扣分,若扣分后未影响其等级的,则下降一个等级。

(三)各县级联社的等级每年考核评定一次,实行动态管理。

(四)各县级联社、基层信用社应严格按财务制度规定规范核算行为,准确反映经营成果。对弄虚作假的县级联社,一经查实,按纠正后实际等级再降一个等级,已兑现的薪酬全额扣回,并对联社主要负责人及相关责任人进行严肃处理。

(五)农村合作银行的等级管理参照本办法实行。

附:各定量指标计算公式

1. 月均人均存款额 = 全年各项存款月均余额 ÷〔（上年末员工总数 + 本年末员工总数）÷2〕

全年各项存款月均余额，为“成本核算表”中的“各项存款月均余额”；上年末员工总数、本年末员工总数，以“劳动人事报表”和“会计决算报表”反映的人数多者计算。

2. 资本充足率按照中国银监会印发的《农村合作金融机构风险评价和预警指标体系（试行）》（银监发〔2004〕1 号）中的计算方法进行计算。

3. 不良贷款比例 = 年末不良贷款余额 ÷ 年末各项贷款余额 ×100%

4. 综合费用率 = 营业费用 ÷（营业收入 + 投资收益）×100%

5. 资产收益率 =（营业收入 + 投资收益）÷ 资产总额 ×100%

资产总额指“资产负债表”上资产总额。

6. 人均利润率 = 净利润 ÷〔（上年末员工总数 + 本年末员工总数）÷2〕

净利润为：在严格执行有关提留、摊销等财务制度规定和会计核算要求的前提下实现的账面净利润反映为盈利情况下，按以下公式进行调整数：

净利润 = 账面利润 + 财务损益表中呆账准备金当年实际计提额 − 按规定标准当年应计提呆账准备金额 ± 应收利息比上年减少（增加）额 ± 应付利息比上年增加（减少）额。

其中，按规定标准当年应计提呆账准备金额 = 年末风险资产总额 × 应计提呆账准备金比例 − 上年末呆账准备金余额，若为负数则以 0 计。

关于印发《中国人民银行合肥中心支行辖区利率监测系统管理暂行办法》的通知

合银发〔2005〕46 号

人民银行各市中心支行,肥东、肥西、长丰县支行,各政策性银行安徽省分行,各国有商业银行安徽省分行及营业部,各股份制商业银行合肥分行,合肥市商业银行,合肥市区农村信用联社:

为稳步推进利率市场化改革,加强辖区利率水平监测,促进金融机构加强利率风险管理,完善利率定价机制,人民银行合肥中心支行利率监测系统将于 4 月 1 日正式投入运行。现将《中国人民银行合肥中心支行辖区利率监测系统管理暂行办法》(以下简称《暂行办法》)印发给你们,请遵照执行,并就有关事宜通知如下:

一、“利率监测系统”是依托于互联网建立的实现利率信息报送、信息共享的电子化平台,为保证该系统的正常运行,各金融机构应在 3 月底前配备必要的计算机及网络设备,保证各种报表信息的正常报送。

二、《暂行办法》中所涉及报表的相关报送要求详见《转发 < 中国人民银行办公厅关于填报人民币贷款利率浮动情况报表有关事宜的通知 > 的通知》(合银办转〔2005〕5 号)及《关于报送外币存贷款利率情况的通知》(合银办〔2005〕3 号)要求,上述文件中未涉及报表请按“利率监测系统”要求填报。

三、“利率监测系统”登录用户名及用户密码随后下发,各金融机构获取用户名及密码后,请及时登录系统修改密码,以保证系统的安全性。

四、为确保利率报表的正常报送,各金融机构 2005 年 3 月份及 1 季度利率报表采取手工和“利率监测系统”同时报送方式,报送时间详见《暂行办法》要求。

五、农业发展银行安徽省分行及其分支机构暂不参加“利率监测系统”。请农业发展银行安徽省分行根据《关于做好商业化贷款利率上浮工作的通知》(农发银发〔2005〕40 号)要求,在正式执行商业化贷款利率上浮政策时,及时向人民银行合肥中心支行报备,经批准在适当时候加入“利率监测系统”。

六、“利率监测系统”运行中遇到的问题,请及时与人民银行合肥中心支行货币信贷处联系,联系人:陈红斌,联系电话:0551 - 3691234、3691143(传真)。

请人民银行各市中心支行、肥东、肥西、长丰县支行速将本通知转发至辖内法人金融机构、商业银行各分(支)行,同时请各国有独资商业银行安徽省分行、交通银行合肥分行及时将本通知转发至辖内市级分支机构。

附件:中国人民银行合肥中心支行辖区利率监测系统管理暂行办法

附　件

中国人民银行合肥中心支行
辖区利率监测系统管理暂行办法

第一条　为稳步推进利率市场化改革,加强对安徽省辖区利率水平的监测工作,建立金融机构利率信息平台,促进金融机构加强利率风险管理,完善利率定价机制,维护正常的金融市场秩序,特制定《中国人民银行合肥中心支行辖区利率监测系统管理暂行办法》。

第二条　本办法所称"利率监测系统"系指依托"中国货币网"实现利率信息报送、信息共享的电子化平台,金融机构可通过互联网登录 http://www.chinamoney.com.cn/网址,点击"利率监测系统"后按提示要求报送相关报表。

第三条　参与人民银行合肥中心支行利率监测系统的金融机构为安徽省辖区人民银行各级分支机构,开办人民币、外币存贷款业务的金融机构。具体为:

(一)人民银行合肥中心支行、各市中心支行、各县级支行。

(二)各政策性银行安徽省分行,国有商业银行安徽省分行及市级分行、股份制商业银行分(支)行,城市商业银行、农村合作银行、城市信用社、农村信用社市、县(郊)联社。

第四条　利率监测系统按照属地管理原则,各金融机构的利率监测报表统一报人民银行合肥中心支行、各市中心支行。具体报送方式为:

(一)各政策性银行安徽省分行负责汇总、录入本行业务信息;

(二)中国银行、中国建设银行安徽省分行,中国工商银行、中国农业银行安徽省分行营业部,股份制商业银行合肥分行(含未设机构的异地业务)分别负责录入合肥本市的业务信息,由人民银行合肥中心支行审核、汇总;

(三)国有商业银行、股份制商业银行各市级分(支)行的业务信息由各市分(支)行负责汇总、录入;

(四)城市商业银行、农村合作银行、农村信用社市、县(郊)联社、城市信用社等金融机构直接登陆系统录入相关报表信息。

金融机构的所有报表信息经人民银行各市中心支行初审通过,人民银行合肥中心支行终审、汇总后形成综合信息,供金融机构查询。人民银行县级支行不负责报表信息的审核,可依权限直接进入系统查询相关信息。

第五条　人民银行分支行的权利和义务

(一)人民银行分支行的权利

根据人民银行总行要求及辖内金融机构业务发展的实际情况,调整系统的监测范围、内容及信息发布形式。

(二)人民银行分支行的义务

1、对金融机构利率报表信息进行审核、汇总、监测,维护正常的市场秩序。

2、定期通过电子平台向系统成员提供地区各类利率汇总信息及有关利率调研信息。

3、督促金融机构进一步加强利率风险管理,完善利率定价机制。

4、对金融机构的利率信息负有保密职责,不得将单个金融机构的利率信息提供给其他金融机构或其他单位。

5、维护辖区利率监测系统的正常运行。

第六条　各金融机构的权利和义务

(一)金融机构的权利:

1、在权限范围内查询本系统分、支行的利率信息和地区汇总利率信息。

2、同级人民银行提供的其他信息服务。

(二)金融机构的义务

1、按人民银行要求,及时通过利率监测系统报送各类利率报表和文件资料。

2、确保提供真实的利率信息,维护正常的市场秩序。

第七条　利率监测系统的监测范围

(一)各类型企业人民币贷款利率浮动区间分布

监测的主要内容为报告期金融机构对大、中、小型企业发放的贷款在各利率浮动区间的分布状况及占比情况。具体见《分企业类型人民币贷款利率浮动区间分布表》。

(二)人民币贷款利率浮动水平及浮动区间分布

监测的主要内容为报告期金融机构发放的浮动利率的贷款,在各利率浮动区间的分布状况、各期限贷款利率的极值水平和平均水平。具体见《人民币贷款浮动利率水平表》和《人民币贷款浮动利率区间分布表》。

(三)人民币固定利率水平及固定利率区间分布

监测的主要内容为报告期金融机构发放的固定利率的贷款,在各利率浮动区间的分布状况、各期限贷款利率的极值水平和平均水平。具体见《人民币贷款固定利率水平表》和《人民币贷款固定利率区间分布表》。

(四)人民币贴现利率水平

监测的主要内容为报告期金融机构对不同种类票据贴现及票据买断、回购的业务量、利率的极值水平和平均水平。具体见《人民币贴现利率水平表》。

（五）人民币同业资金往来利率监测

监测的主要内容为报告期同业借款和场外同业拆借的利率的极值水平和平均水平等，并附逐笔清单。具体见《人民币同业资金往来利率水平监测表》。

（六）人民币协议存款利率监测

监测的主要内容为报告期金融机构开办的协议存款的数量、利率的极值水平和平均水平，并附逐笔清单。具体见《人民币协议存款利率水平监测表》和《人民币协议存款汇总表》。

（七）外币存贷款利率

监测的主要内容为报告期金融机构各币种的外币存、贷款利率的极值水平和平均水平。具体见《外币利率备案表》。

（八）人民币内部资金往来利率监测

监测的主要内容为商业银行上级行制定的内部资金往来利率水平和地区法人金融机构制定的内部资金往来利率水平。

第八条　报表信息报送方式及要求

除人民币内部资金往来利率以纸质形式报送外，其他各类利率监测报表信息，均由各金融机构利率管理部门通过“中国货币网”利率监测系统向当地人民银行报送。其中，人民币贴现利率、人民币同业资金往来利率、人民币协议存款利率、外币存贷款利率监测报表按月报送。各类型企业人民币贷款利率浮动区间分布、人民币贷款利率浮动水平及浮动区间分布、人民币固定利率水平及固定利率区间分布等报表信息按季报送。人民币内部资金往来利率按季报送（暂不报送，具体报表格式、报送要求另行通知）。具体时间安排如下：

上报时间	月报	季报
金融机构录入	每月 7 日前	季后首月 8 日前
人行中心支行审核	每月 8 日	季后 9 日
金融机构错误修正	每月 9 日	季后 10 日

每月 12 日和每季 16 日后，金融机构可登陆系统进行相关信息查询。

以上时间遇节假日不顺延。

第九条　全国银行间同业拆借中心采取有效的技术手段和管理措施确保各金融机构在系统中有关利率信息的安全和保密。

第十条　本办法自 2005 年 4 月 1 日起执行，由中国人民银行合肥中心支行负责解释与修改。

编纂始末

2009年,人民银行合肥中心支行开始启动《安徽省志·银行志(1986—2005)》(简称银行志)编纂工作,成立《安徽省志·银行志》编纂委员会,人民银行合肥中心支行行长任编委会主任,编委会成员由各参编单位负责人组成,人民银行合肥中心支行副行长分管修志工作。编委会下设编辑室,负责银行志编写的具体运作及编纂工作,先后确定在职干部和聘请退休人员共12人承担修志相关工作。

人民银行合肥中心支行在编纂工作启动之初举办了一期修志知识培训班,邀请省地方志办公室专家进行专题培训,参编单位近百名编写人员听课。人民银行合肥中心支行有关承编处室克服工作忙、时间紧、任务重等困难,搜集资料,梳理分类,拟定条目,加班编写。各参编单位按照编纂方案的要求,成立编撰工作小组,发动相关部门提供资料,有的金融机构主要负责人亲自组织召开编撰工作专题会议,督促落实志稿撰写工作。按照人民银行合肥中心支行行长专题办公会的工作安排,在后勤部门的配合下,具体落实了地方志写作的办公场所、设备和经费,为修志工作提供保障。修志专职人员认真学习修志工作文件,结合实际,研究提出以安徽省银行业发展为内容、以1986—2005年为断限的银行志修编工作思路,着手拟订编纂工作方案,设计篇目大纲。以文件形式将大纲征求意见稿发至各参编单位,征询他们的修改意见。最后,根据各参编单位反馈的修改建议进行整理和修订,形成最终编纂大纲,报经安徽省地方志办公室审阅同意后,正式行文发各参编单位。

2011年,人民银行合肥中心支行组织召开系列编纂工作座谈会。邀请金融界老同志、修志专家针对某一个单位,对初稿提出修订建议,同时参编单位对遇到的问题向专家请教。座谈会采取了一对一的方式,根据各单位的初稿报送时间,分单位、分批次进行。这种系列座谈会,召开了约10次,有效促进双方沟通。2012年,为了做好银行志的后期编纂成稿工作,人民银行合肥中心支行组织专职修志的老同志召开了银行志工作协调会,会议就银行志统稿任务分配问题达成了共识,进一步明确修志人员的具体任务。2013年初,依照当时所掌握的材料,汇总了一个初稿,报省地方志办公室审阅。结合省地方志办公室的修订意见,督促参编单位报送二次修订稿。

2014年10月15日,人民银行合肥中心支行组织召开《安徽省志·银行志》评议会。省地方志办公室主任朱文根,安徽省金融学会会长、人民银行合肥中心支行行长刘兴亚出席会议并做重要讲话。合肥中心支行副行长陶诚到会致辞。省地方志办公室巡视员刘成典、省人大常委会法工委副主任纪荣荣,以及省地方志办公室、省银监局、省证监局、省保监局有关专家参加了评议会。省地方志办公室充分肯定了《安徽省志·银行志》评议稿质量。与会专家在听取《安徽省志·银行志》编纂工作情况介绍后,对志稿进行了认真评议,从政治立场、篇目设置、资料运用、图表选用、行文规范等方面,提出了许多宝贵的意见。会后,编辑室成员认真梳理各位领导、专家的评议意见,在消化、吸纳的基础上,按照省地方志办公室审定的修改方案,对志稿进一步进行修改、完善。

2014 年 11 月 24 日,为提升《安徽省志 · 银行志》稿件质量,对银行志评议稿内容做进一步调整,组织召开了《安徽省志 · 银行志》修志工作专题会。人民银行合肥中心支行党委副书记、副行长陶诚出席会议并做重要讲话。安徽省金融学会秘书长徐金伟主持会议,安徽省金融学会副秘书长胡健明确新编纂要求。省地方志办公室专家,人民银行合肥中心支行相关参编处室负责人,各参编单位分管此项业务负责人和经办人共计 60 余人参加了会议。会上,印发了《安徽省志 · 银行志》修订大纲和补充材料清单,要求各参编单位抓紧补充相关材料。会后,省金融志编辑室每周召开 1 次银行志工作专题会议,落实志稿后期完善工作。至 2015 年 2 月,基本完成志稿再修订工作。2015 年 3 至 5 月,人民银行各位行领导也先后完成对志稿的审阅工作。2015 年 6 月 17 日,形成银行志送审稿,经本行刘兴亚行长签字后,按规定程序报送省志办。同年 12 月 10 日,省志办三审完成。次年 3 月 22 日,方志出版社三审完成。2016 年 3 至 6 月,银行志编辑室根据省志办及方志出版社三审意见多次修订、校对银行志稿件,同年 7 月,编辑室将银行志印刷成样书,提交省志办会审。

2016 年 8 月 31 日,人民银行合肥中心支行组织召开《安徽省志 · 银行志(1986 – 2005)》会审会。省地方志办公室巡视员刘成典,合肥中心支行党委书记、行长刘兴亚出席会议并作重要讲话。合肥中心支行党委副书记、副行长陶诚主持会议。省地方志办公室吴良琴处长及金融研究处相关同志参加了会审会。会上,省地方志办公室充分肯定了《安徽省志 · 银行志》会审稿的质量。金融研究处同志朗读了银行志相关内容,与会专家就志稿进行了认真会审,从编委会名单、篇目设置、图标编排、语言表述等方面,提出了许多具体的修改意见。最后,刘兴亚行长作总结性讲话,对志稿的修改进行指导,要求编纂人员认真梳理和落实会审会意见,按照省志办编纂工作的统一安排和要求,以对历史高度负责的态度,认真修改完善,以使志书观点更明确、结构更合理、内容更全面。

《安徽省志 · 银行志》是在人民银行合肥中心支行党委领导下,在省地方志办公室具体指导下,在全体修志人员共同努力下,众手成志。安徽大学外语学院傅悦,省地方志办公室杨永成对目录进行了英文翻译和审核。在编纂过程中,得到各参编单位的大力支持和协助,行档案室为查阅资料提供方便,还有不少单位和个人为本志的编纂给予了热情的关心和工作方便。由于人数较多,恕不一一提名,在此一并表示谢意。

本志力求史实准确、体例规范、文风端正、文字通畅,体现行业特色和时代特色,但由于编纂人员水平所限,疏漏、错误之处在所难免,恳请有关方面给予批评指正。

《安徽省志 · 银行志》编辑室

2016 年 8 月